Beiträge Jugendliteratur und Medien

17. Beiheft 2006

Zauberland und Tintenwelt

Fantastik in der Kinder- und Jugendliteratur

Herausgegeben von Jörg Knobloch und Gudrun Stenzel
in Zusammenarbeit mit der AJuM der GEW

Jörg Knobloch, Gudrun Stenzel
Fantastik in der Kinder- und Jugendliteratur aus
literaturwissenschaftlicher und literaturdidaktischer Perspektive 5

Grundlagen

Bernhard Rank
Phantastik in der Kinder- und Jugendliteratur 10

Gerhard Haas
Funktionen von Phantastik 26

Irmgard Nickel-Bacon
Alltagstranszendenz: Literaturhistorische Dimensionen
kinderliterarischer Phantastik 39

Dieter Petzold
Fantastische Literatur des „Golden Age of Children's Literature"
und ihr Einfluss auf heutige fantastische Kinder- und Jugendliteratur 52

Motive, Stoffe, Themenkreise in verschiedenen Medien

Maren Bonacker
Eskapismus, Schmutz und Schund?!
Fantasy als besonders umstrittene fantastische Literatur 64

Winfred Kaminski
Fantastik in der Kinder- und Jugendliteratur
der 1970er- und 1980er-Jahre 71

Caroline Roeder
Keine Planstelle für Fantasie? Oder: Steinherzige Piraten,
goldbärtige Engel und falsche Prinzen. Ein kurzer Abriss
über die fantastische Kinderliteratur der DDR 80

Markus Tomberg
Fantastik und Religion – eine interdisziplinäre Herausforderung 89

Wolfgang Löffler
Bibliotheken als Motiv der Fantastischen Kinder- und Jugendliteratur 98

Jörg Knobloch
Joanne K. Rowling's fantastische Zoologie:
Fantastic Beasts aus intertextueller Sicht 109

Reinbert Tabbert
Fantastische Bilderbücher 119

Matthias Hurst
Magische Übergänge. Visualisierungen des
(kindlichen) Unbewussten im Fantasy-Film 129

Jürgen C. Abeln
Fantasy-Rollenspiele 146

Gerd Frey
Fantastik im Computerspiel 159

Didaktische Perspektiven

Gudrun Stenzel
Fantastische Kinder- und Jugendliteratur zwischen
entwicklungspsychologischen und literarischen Funktionen –
Anmerkungen zu Wolfgang Meißner 173

Dagmar Grenz
Phantasieräume statt Alltagswelten.
Paul Maars *Der verborgene Schatz* – eine Märchenerzählung 192

Verena Kassler
Fantastische Literatur in der Grundschule:
Tilde Michels' *Kleiner König Kalle Wirsch* 207

Kirsten Kumschlies
Kindliche Rezeption beim Szenischen Interpretieren
von *Hodder, der Nachtschwärmer* in einer 4. Grundschulklasse 215

Reinhold Lüthen
Von den Fantasyromanen der Gegenwart zu den fantastischen
Erzählungen der Romantiker – Wolfgang und Heike Hohlbeins
Drachenfeuer und E. T. A. Hoffmanns *Der goldne Topf* 226

Literatur
1 Primärliteratur 233
   1.1 Bücher 233
   1.2 Hörbücher 242
   1.3 Filme 242
   1.4 Computerspiele 243
2 Sekundärliteratur 244

Die Autorinnen und Autoren 263

Jörg Knobloch, Gudrun Stenzel

Fantastik[1] in der Kinder- und Jugendliteratur aus literaturwissenschaftlicher und literaturdidaktischer Perspektive

Fantastische Kinder- und Jugendliteratur boomt. Zahlreiche Autorinnen und Autoren und auch Kinder- und Jugendliteraturverlage versuchen, die durch die *Harry Potter*-Bände ausgelöste neue Popularität dieses Genres für sich zu nutzen. Doch nicht erst seit *Harry Potter* lesen viele Kinder und Jugendliche gerne Literatur, die sie in fantastische Welten, in *Zauberländer und Tintenwelten* entführt, deren Protagonistinnen und Protagonisten über magische Fähigkeiten verfügen oder in denen die Existenz fantastischer und mit Magie begabter Wesen Räume der Imagination öffnet. Durch *Harry Potter* hat sich nun die Aufmerksamkeit auch der erwachsenen Öffentlichkeit endlich (so möchte man sagen) dieser Literatur zugewandt.

Zahlreiche wissenschaftliche Veröffentlichungen (auch hier nicht erst seit *Harry Potter*) haben sich bereits mit der fantastischen Literatur für Kinder und Jugendliche befasst, haben versucht sie zu definieren, abzugrenzen, zu konkretisieren, zu analysieren, ihre psychologische und soziologische Funktion zu ergründen, ihr didaktisches Potenzial auszuloten.[2] Allerdings fehlte aus literaturwissenschaftlicher und literaturdidaktischer Perspektive bislang ein systematischer Überblick über diese Literatur für Kinder und Jugendliche, der der Komplexität eines sich weiterentwickelnden Diskussionsprozesses entsprechen konnte. Vor dem Hintergrund dieses Desiderates ist der vorliegende Band zu sehen.

Im ersten Teil werden literaturwissenschaftliche *Grundlagen* sowie Grundfragen der Rezeption und Funktion vorgestellt und diskutiert.

Bernhard Rank gibt einen Überblick über grundsätzliche theoretische Fragen, wobei er sich vor allem an der Unterscheidung einer „minimalistischen" und einer „maximalistischen" Definition und Gegenstandsbestimmung orientiert. Die Frage nach der „Unschlüssigkeit" (Todorov) gewinnt

---

[1] Den Autoren dieses Bandes war freigestellt, die Schreibweise „Phantastik" oder „Fantastik" zu verwenden, da beide nach der geltenden Rechtschreibung zulässig sind. Die Herausgeber verwenden in den von ihnen verfassten Texten durchgängig die Schreibweise „Fantastik".

[2] So z. B. Gansel 1999; Girndt-Dannenberg 1977; Haas 1985, 1995, 2005; Kaulen 2004; Koch 1959; Krüger 1960; Lehnert 1991, 1995; Lypp 1984; Meißner 1989 b; Nikolajeva 1988; Patzelt 2001; Rank 2002 a; Tabbert 2000 c.

mit der Erweiterung durch Peter von Matt eine neue Dimension, wobei Rank die Frage stellt, ob das spezifische Weltbild des Kindes hier nicht grundsätzlich andere Kriterien und Kategorien fordert. Unter Bezug auf erzähltextanalytische Kategorien und auf Maria Lypps Ausführungen zur Fantastik entwickelt er einen spezifisch kinderliterarisch anwendbaren Begriff von Unschlüssigkeit.

Gerhard Haas möchte Funktionen von Fantastik nicht im Sinne einer didaktisierenden Vereinnahmung verstanden wissen, sondern als Beispiele für die aussagerelevante „Leistung" einer „anderen Sehweise". Er geht systematisch verschiedene Funktionsfelder von Fantastik durch und diskutiert sie unter entwicklungs- und tiefenpsychologischer Perspektive ebenso wie aus dem Blickwinkel von Transzendenz und Religion. Literaturwissenschaftliche Ansätze wie der von Renate Lachmann kommen zum Tragen. Haas' Beitrag ist, wie schon seine früheren Texte, ein Plädoyer für das Fantastische als Darstellungsmöglichkeit für Verdrängtes ebenso wie Utopisches.

Irmgard Nickel-Bacon skizziert eigene Modelle des fantastischen Erzählens für Kinder. Sie stellt die Bedeutung der „Poetik des Wunderbaren" als literarisches Programm der deutschen Romantik und seine Umsetzung in Märchen dar. Anschließend weist sie an ausgewählten Beispielen fantastischer Kinder- und Jugendliteratur des 20. und 21. Jahrhunderts nach, wie sich welche zentralen Einflüsse aus der Romantik hier wiederfinden. Sie plädiert dafür, fantastische Literatur nicht nur als spannende Unterhaltung zu sehen, sondern, ganz im Sinne der Romantik, auch als Chiffrenschrift für existenzielle menschliche Erfahrungen.

Dieter Petzold fragt nach möglichen Einflüssen der englischsprachigen Kinderliteratur des „Golden Age of Children's Literature", von Büchern also, die etwa zwischen der zweiten Hälfte des 19. und den ersten Jahren des 20. Jahrhunderts erschienen und bis heute ihren Zauber nicht verloren haben. Zuvor setzt er sich mit der Frage nach Fantastik, nach Einfluss und Intertextualität und nach der grundsätzlichen Bedeutung des „Golden Age" auseinander. Darauf aufbauend analysiert er an ausgewählten, bis heute auch im deutschen Sprachraum bekannten Beispielen, wie sich deren Motive, Handlungsmuster und Erzählweisen in aktuellen Titeln der fantastischen Kinder- und Jugendliteratur wiederfinden.

Im zweiten Teil werden *Motive, Stoffe, Themenkreise in verschiedenen Medien* vorgestellt und diskutiert und damit besonders interessante Aspekte der fantastischen Kinder- und Jugendliteratur (im Sinne eines weiten, alle Medien einschließenden Literaturbegriffs) aufgegriffen.

Maren Bonacker setzt sich mit den Vorwürfen an populäre Fantasy, zum Eskapismus zu verlocken, auseinander. Besonders die Verarbeitung von „Versatzstücken", so Bonacker, werde häufig als Kriterium für literarische Abwertung herangezogen, und es werde übersehen, wie kreativ mittlerweile viele Autorinnen und Autoren gerade mit diesen Versatzstücken arbeiteten.

Winfred Kaminski zeigt auf, dass wesentliche Werke der in den 1970er- und 1980er-Jahren erschienenen Kinder- und Jugendliteratur der Fantastik zuzurechnen sind und in dieser Phase sowohl der politisch-gesellschaftlichen wie auch der kinderliterarischen Entwicklung durchaus unterschiedliche Funktionen übernommen haben. Modelle der Emanzipation stehen neben der Aufforderung, Utopien zu entwickeln. Ebenso aber entstehen Anti-Utopien, in denen z. B. Gudrun Pausewang negative Zukunftsszenarien entwirft. In diesen Jahren erschienen auch Werke von Otfried Preußler und Michael Ende, die in besonderer Weise die Entwicklung der deutschsprachigen fantastischen Kinder- und Jugendliteratur beeinflusst haben.

Caroline Roeder stellt die fantastische Kinder- und Jugendliteratur der DDR vor. Sie orientiert sich an Gansels Grundmodellen und kommt zu dem Ergebnis, dass von den 15.000 Titeln der DDR-Kinder- und Jugendliteratur nur ca. 100 der Fantastik zuzuordnen sind. „Keine Planstelle für Fantasie?", fragt sie daher. Einblicke in die Druckgenehmigungsverfahren und die Diskussion um Fantastik in der DDR bieten hier Erklärungsansätze. Die literarische Qualität dieser wenigen Titel ist allerdings erstaunlich hoch, und unter den Autoren finden sich so bekannte Namen wie Benno Pludra, Christa Kożik oder Hannes Hüttner.

Auch wenn in der fantastischen Kinder- und Jugendliteratur immer wieder das Motiv des Erlösers bzw. Erretters zu finden ist und damit eine Verbindung zur Religion gesehen werden kann, ist eine religionspädagogische Theoriebildung zur Fantastik bisher allenfalls in Ansätzen zu erkennen. Markus Tombergs Versuch, das Verhältnis von Fantastik und Religion näher zu bestimmen, geht, nachdem er sein Verständnis von Religion erläutert hat, vom Phänomen der „Mehrweltigkeit" als einer besonders interessanten Parallele zwischen Fantastik und Theologie aus. Eine genauere Analyse zeigt allerdings, dass es sich dabei um ein ambivalentes Phänomen handelt, dem Tomberg durch eine Differenzierung des Begriffs begegnet. Er bietet ein Schema fantastischer Mehrweltigkeit unter besonderer Berücksichtigung der Rezeption religiös konnotierter Motive an und kommt zu dem Schluss, dass die in der fantastischen Literatur feststellbaren religiösen Momente zu einem fächerverbindenden Unterricht führen müssten. Nicht zuletzt kommt die fantastische Wertschätzung von Büchern, Geschichten und Bibliotheken einer Buchreligion entgegen.

Bücher und Bibliotheken spielen als Motiv der fantastischen Kinder- und Jugendliteratur zwar eine bedeutsame Rolle, sind aber bisher kaum Gegenstand der literaturwissenschaftlichen Diskussion. So zählt der Aufsatz von Wolfgang Löffler zu den ersten Annäherungen an diese spezielle Thematik. Dabei greift er auch auf Bücher aus dem Bereich der Erwachsenenliteratur zurück, deren fantastische Bibliotheken als Vorbild für entsprechende Darstellungen in der aktuellen Kinder- und Jugendliteratur (zwischen Rowling und Funke) gelten können. Vor allem der Argentinier Jorge Luis Borges mit seiner *Bibliothek von Babel* ist in diesem Zusammenhang zu nennen. Löffler macht insbesondere die Unterschiedlichkeit der Darstellung und der Funktionen des Motivs der Bibliothek in der fantastischen Kinder- und Jugendliteratur deutlich.

Der fantastischen Kinder- und Jugendliteratur wird zwar vielfach eine besondere intertextuelle Dimension nachgesagt, letztlich steht die Forschung in diesem Bereich aber noch ganz am Anfang (vgl. Weinkauff 2004). Vor diesem Hintergrund versucht Jörg Knobloch die inzwischen langjährige und komplexe intertextuelle Diskussion auf ein Beispiel der fantastischen Kinder- und Jugendliteratur, konkret auf J. K. Rowlings bisher kaum beachtetes Werk *Fantastic Beasts & Where to Find Them* zu übertragen. Knobloch macht dabei deutlich, dass Rowling hier in der Tradition mittelalterlicher Bestiarien steht und identifiziert Borges' immer wieder erweiterte „Fantastische Zoologie" als wichtigen Prätext.

Reinbert Tabbert geht von Maria Nikolajevas drei Typen von Fantastik aus. Er stellt vier Bilderbücher in den Mittelpunkt seiner Analysen und Überlegungen, die das Fantastische auf unterschiedliche Art „inszenieren". Das Verhältnis von Bild und Text, die Traditionen aufnehmenden gestalterischen Mittel, die Brechungen und ironischen Zitate dieser Traditionen und die besonderen dramaturgischen Möglichkeiten des Bilderbuchs öffnen in Tabberts Augen Möglichkeiten zur Überwindung des mythisch-magischen Weltbildes des Kindes.

Matthias Hurst diskutiert die Besonderheiten und die daraus folgende Popularität von Filmversionen fantastischer Bücher vor dem Hintergrund grundsätzlicher medientheoretischer Überlegungen. In Analysen einzelner Beispiele arbeitet er die Initiationsthematik als wichtiges Merkmal dieser Filme (und der zugrunde liegenden Bücher) heraus und stellt hier einen Bezug her zur Bedeutung der Initiation als Thema des populären Films. Die fantastische Kinder- und Jugendliteratur bietet offensichtlich in dieser Hinsicht besonders attraktive Initiationsgeschichten.

Jürgen C. Abeln führt in die Fantasy-Rollenspiele ein, die als „Tischspiele" viele Jahre lang in kleinen Fangemeinden populär waren, als „Life-Rollenspiele" an abenteuerlich anmutenden Schauplätzen Fans für ein Wochenende zusammenführen und heute vielfach als Online-Spiele am Computer gespielt werden. Er setzt sich mit den vielfach beschworenen Gefahren kritisch auseinander, zeigt mögliche sozialpädagogische Perspektiven auf, die sich aus der Nähe z. B. zum Psychodrama ergeben, und fragt nach den Konsequenzen durch die Entwicklung weg vom gemeinsamen Spiel im Zimmer hin zum Online-Spiel, das nur noch virtuelle Begegnungen verlangt.

Gerd Frey macht den Leser mit unterschiedlichen, von zahlreichen Jugendlichen rezipierten Formen und Möglichkeiten des Fantastik-Computerspiels sowie deren Voraussetzungen bekannt. Dabei führt er insbesondere viele Pädagogen in eine weithin fremde Welt ein. Seine Unterscheidungs- und Abgrenzungskriterien sind eher aus den verbreiteten Computerspielkategorien abgeleitet als aus der literaturwissenschaftlichen Theorie der Fantastik.

Der dritte Teil bietet in theoretischen Erörterungen und praktischen Unterrichtsmodellen *Didaktische Perspektiven*. Damit widmet er sich der grundsätzlichen Bedeutung von fantastischen Texten für Kinder und Jugendliche und ihren literaturdidaktischen Potenzialen.

Gudrun Stenzel setzt sich mit Wolfgang Meißners Untersuchung von fantastischer Kinder- und Jugendliteratur auseinander, in der Meißner die Handlungsmuster und die Bedeutung der fantastischen Elemente mit Piagets Entwicklungspsychologie erklärt. Die Fähigkeit von Kindern, Fantasie und Realität zu unterscheiden, lässt sich nicht mehr ohne relativierende Einschränkungen nach Piaget bestimmen. Sowohl eine breitere Medienerfahrung als auch ein deutlich größeres und stabileres „Weltwissen" heutiger Kinder werfen die Frage nach der Gültigkeit von Meißners Theorie auf.

Dagmar Grenz stellt nach einer ausführlichen Analyse von Paul Maars „orientalischem Märchen" *Der verborgene Schatz* dar, welche Inhalte des Literaturunterrichts mit der Arbeit an dieser Lektüre thematisiert werden können. Sie skizziert eine Unterrichtsreihe, in der das Buch mit Hilfe der szenischen Interpretation bearbeitet wurde.

Verena Kassler stellt eine Unterrichtsreihe vor, in der Tilde Michels' *Kleiner König Kalle Wirsch* in 4. Grundschulklassen gelesen wurde. Oberstes Ziel war die Förderung der Lesemotivation. Um dieses Ziel zu erreichen wurde eine eher traditionell organisierte Lektüre- und Arbeitsphase, in der vielfältige Möglichkeiten eines handlungsorientierten Umgangs mit dem Buch realisiert wurden, durch eine am Konzept des offenen Literaturunterrichts orientierte Projektphase ergänzt.

Kirsten Kumschlies hat in einer 4. Grundschulklasse *Hodder, der Nachtschwärmer* von Bjarne Reuter szenisch interpretiert. Die Darstellung der Durchführung wird erweitert durch exemplarische Schülertexte, in denen sich die jungen Rezipienten in ihre Rollen „eingefühlt" haben.

Reinhold Lüthen hat in einem 11. Jahrgang das Thema „Epoche der Romantik" mit einem aktuellen fantastischen Jugendroman begonnen: mit *Drachenfeuer* von Heike und Wolfgang Hohlbein. Nach der (von engagierter Schülerkritik begleiteten) Lektüre wurde mittels des *Goldnen Topfes* von E. T. A. Hoffmann der Bezug zur Romantik hergestellt.

Wir hoffen, dass dieser Band vielfältige Anregungen zur wissenschaftlichen und praxisnahen Auseinandersetzung mit fantastischer Kinder- und Jugendliteratur, die die hier angesprochenen und diskutierten Aspekte und Perspektiven auf den Gegenstand weiter verfolgen und vertiefen.

Wohltorf bei Hamburg und Freising, im Juli 2006
Gudrun Stenzel und Jörg Knobloch

Bernhard Rank

Phantastik in der Kinder- und Jugendliteratur

„Denn das ist der Anfang aller Poesie,
den Gang und die Gesetze der vernünftig denkenden Vernunft aufzuheben
und uns wieder in die schöne Verwirrung der Phantasie,
in das ursprüngliche Chaos der menschlichen Natur zu versetzen."
(Friedrich Schlegel: *Gespräch über die Poesie*, 1800)[1]

1 Grundlegende Orientierung: Zur Unterscheidung von Phantasie, Fiktionalität, Phantastischem und Fantastik

Der heutigen Begeisterung für die „phantastischen Erzählungen" (oder sind es „Fantasy-Romane"?) von Joanne K. Rowling und Cornelia Funke entsprach ausgangs der 1970er-Jahre der Erfolg von Michael Endes Büchern *Momo* und *Die unendliche Geschichte*. Der innovative Charakter und die literarische Qualität dieser Texte sind bis heute unbestritten. Anders steht es mit einer Reihe von theoretischen Äußerungen Endes zur Phantastik in Literatur und Kunst, die zwar von begeisterten Leserinnen und Lesern gerne aufgenommen werden, deren begriffliche Präzision und Schlüssigkeit aber im Interesse der Sache auf den literaturwissenschaftlichen Prüfstand gestellt werden muss. Dies soll hier einleitend geschehen, um die begrifflichen Grundlagen für die weitere Beschäftigung mit der Phantastik (nicht nur) in der Kinder- und Jugendliteratur zu ermöglichen.

Als Ausgangspunkt kann ein Rundfunkgespräch vom 31.05.1980 dienen, in dem sich Ende ausführlich zu seiner Auffassung von der Eigenart und der Funktion phantastischer Literatur geäußert hat. Er betont, *Die unendliche Geschichte* sei auch aus der ganzen Diskussion heraus zu verstehen, die in den 1970er-Jahren auf dem Sektor des Kinder- und Jugendbuchs getobt habe: nämlich über die Frage, ob Phantasie überhaupt erlaubt sei oder ob man die jungen Leser sofort an soziale und reale Probleme heranführen solle. „Und in gewissem Sinn habe ich versucht, in diesem Buch meine Antwort auf die Frage zu geben, nämlich dass man ohne den Umweg über die Phantasie überhaupt nicht an die Realität herankommt."[2]

---

1 Schlegel o. J., 313 f.
2 Zitiert wird nach einer vom Verfasser (B. R.) angefertigten Transkription der Rundfunksendung (gesendet am 31.05.1980 im 2. Programm des damaligen Süddeutschen Rundfunks).

Ende begründet diese These zunächst mit der Handlung des Buches: Es erzähle die Geschichte eines kleinen Jungen, der auf dem Umweg über Phantásien zum ersten Mal in der Lage ist, seine wirklichen Probleme überhaupt in Angriff zu nehmen. Dann folgt ein philosophisches Credo: „Ich glaube nicht daran, dass es die Realität im direkten Sinne gibt. Realität ist immer das, was wir mit bestimmten Vorstellungen verbinden. Also philosophisch gesprochen: Den naiven Realismus gibt es gar nicht, den kann man gar nicht denken."

Auf der Grundlage dieses erkenntnistheoretischen Postulats stellt Ende auch gängige literaturwissenschaftliche Auffassungen in Frage: „Es wird ein wenig sonderbar klingen, wenn ich Ihnen sage, dass ich überhaupt nicht glaube, dass es realistische Literatur gibt." Balzac und Dostojewski sind für ihn keine „realistischen Autoren", weil sie eine „erfundene Welt" darstellen, bei der es sich immer um die „spezifische Welt" eines Schriftstellers handelt. Die Unterscheidung zwischen Realismus und Phantastik ist für ihn keine „kategorische", sondern eine „stilistische Frage", die mit dem Grad an mehr oder weniger starker „Übersetzung" (er meint damit Prinzipien der Abstraktion und Symbolisierung) des real Gegebenen in eine künstlerische Darstellungsform zusammenhängt. „Und deswegen bin ich eigentlich gegen diese ganze Unterscheidung zwischen realistischer und phantastischer Literatur. Ich glaube nicht, dass sie überhaupt gültig ist."

Dass diese ganzheitliche Sichtweise eine gewisse Faszination ausgeübt hat und noch immer ausübt, ist nachvollziehbar, zumal sie mit der Attitüde des Kreativ-Innovativen daherkommt und die wissenschaftliche Kategorienbildung ad absurdum zu führen versucht. Problematisch ist an dieser Denkweise aber vor allem, dass die Grundbegriffe, auf die sie sich stützt, in einem äußerst vagen Sinn verwendet werden und deshalb ihre Aussagekraft verlieren. Literatur wäre demzufolge als Produkt der Phantasie immer „phantastisch". Und dieselbe Phantasie wäre auch für die Erfassung der Realität und für die Lösung existenzieller Probleme unerlässlich. Kein Wunder, dass es dann auch keinen Sinn mehr macht, zwischen realistischer und phantastischer Literatur zu unterscheiden.

Doch Unterscheidung tut not und ist der erste Schritt zur Orientierung im weiten und lesedidaktisch bedeutsamen Feld der kinderliterarischen Phantastik. Phantasie, Fiktionalität und Phantastik sind nämlich weder dasselbe noch gehören sie dem gleichen Bezugssystem an. *Phantasie* bezeichnet ein kognitives Vermögen des Menschen und gehört als „Vorstellungskraft" (nach Kant = „Vermögen einen Gegenstand auch ohne dessen Gegenwart in der Anschauung vorzustellen") in den Bereich der philosophischen Erkenntnistheorie. In der gängigen Bedeutung als „schöpferisches Vermögen, Voraussetzung für Kreativität und innovatives Verhalten" ist der Begriff der Psychologie zuzuordnen.

Fiktionalität ist ein literaturtheoretischer Grundbegriff und bezieht sich sowohl auf realistische wie auf phantastische Literatur. Der Begriff wurde geprägt, um Gebrauchstexte (=„pragmatische") und literarische (=„fiktionale") Texte voneinander zu unterscheiden. Das Unterscheidungskriterium liegt in der Art und Weise der Kommunikation: *Pragmatische Texte* verpflichten Sprecher und Hörer auf Wahrheit und Aufrichtigkeit. Die Sachverhalte, die behauptet oder erwähnt werden, müssen nach dem Kriterium richtig/falsch beurteilt werden können. *Fiktionale Texte* (i.d.R. Erzähltexte) sind bestimmt durch den sog. „Fiktionsvertrag". Er beinhaltet nach den Worten von S. T. Coleridge (englischer Dichter und Kritiker, 1772–1834) the „willing suspension of disbelief": den willentlichen Verzicht auf „Ungläubigkeit" in Bezug auf die „Als-ob-Welt", die der fiktionale Text entwirft. Um direkt auf Ende zu antworten: Dass literarische Texte nie in einem vordergründigen Sinne „realitätsbezogen" sind, hängt mit ihrem fiktionalen Charakter zusammen. Ein Erzähltext entwirft und realisiert eine fiktive (erfundene) Welt; dieses „Erfundene" darf auf keinen Fall mit dem „Phantastischen" gleichgesetzt werden und macht die Unterscheidung zwischen realistischer und phantastischer Literatur keineswegs überflüssig.

Phantastik schließlich ist ein Begriff der literaturwissenschaftlichen Gattungslehre (Epik, Lyrik und Dramatik sowie die entsprechenden Untergattungen oder „Genres"). Um ihn näher zu bestimmen, ist es nötig, zwischen dem Phantastischen als einem künstlerischen und literarischen Darstellungsmittel und der Phantastik als literarischem Genre zu unterscheiden. Das bedeutet, dass nicht jeder Text, der Phantastisches enthält, automatisch auch zum Genre der Phantastik gezählt werden darf.

Phantastisches als Darstellungsmittel:
Nach einer Einteilung von G. Haas geht es hier um die stofflich-motivliche Komponente „phantastischer" Texte (vgl. Haas 1982, 18): um Figuren und Motive, die dadurch gekennzeichnet sind, dass sie von den Wahrscheinlichkeiten einer bestimmten historisch-sozialen Erfahrungswirklichkeit abweichen. Auf der Ebene der literarischen Darstellung werden diese Elemente (Figuren, Handlungen, Episoden, Zustände, Ereignisse) so miteinander in Verbindung gesetzt, wie das in der empirischen Wirklichkeit nicht oder noch nicht möglich ist. „Auf der Ebene der Darstellung erscheint Unmögliches als möglich und wird eine die Grenzen empirischer Wirklichkeit überschreitende künstlerische Spielwelt aufgebaut." (Gansel 1999, 93) Im Blick auf das Erklärungsmodell von Todorov muss diese Bestimmung erweitert werden: Auch Figuren, Motive und Ereignisse, bei denen es fraglich bleibt, ob sie dem Möglichen oder dem Unmöglichen zuzuordnen sind, gehören zum „Phantastischen". Ein so definierter Begriff des Unmöglichen kann als charakteristisch für die inhaltliche Bestimmung des „Phantastischen" angesehen werden. Hinzuzufügen ist, dass es auch vom historischen und kultu-

rellen Kontext abhängt, ob das im literarischen Text Dargestellte der Erfahrungswelt des Möglichen zugeordnet werden kann oder nicht.

Phantastik als literarisches Genre:
Von „Phantastik" sollte man sinnvollerweise erst dann sprechen, wenn das Phantastische zu einem dominanten, die Gesamtstruktur eines literarischen Textes prägenden Merkmal geworden ist. Bei sprechenden Tieren in der insgesamt allegorisch gemeinten Fabel oder bei der Darstellung von Träumen in einer insgesamt realistischen Erzählung (z. B. in *Lippels Traum* von Paul Maar) handelt es sich ohne Zweifel um „phantastische Elemente". Um zu entscheiden, ob Texte, in denen solche Elemente vorkommen, zum literarischen Genre der Phantastik gehören, muss herausgefunden werden, welche Funktion diese Elemente im Gesamtzusammenhang des Textes, d. h. seinem strukturellen Aufbau und seiner Intention, spielen.

Zur literarischen Phantastik gehören demnach all jene Texte, deren Grundstruktur *dominant* durch „Phantastisches" geprägt ist. Phantastik in diesem weiten, phänomenologisch beschreibenden Sinn dient so als Oberbegriff für die einzelnen Textgruppen, die – je nach der Reichweite des zugrunde gelegten Erklärungsmodells – zu diesem Genre gezählt werden könnten: Mythos, Märchen, Sage, Legende, Fantasy, Science-Fiction, (Anti-)Utopie, Schauerroman und phantastische Erzählung. Ob man den Begriff so weit und undifferenziert fassen sollte, ist allerdings umstritten.

2 Eine alte Streitfrage: Wie weit oder wie eng soll der Begriff „Phantastik" gefasst werden?

In der Literaturwissenschaft hat sich die Rede von „maximalistischen" und „minimalistischen" Phantastik-Definitionen eingebürgert.[3] Zu erinnern ist daran, dass die Diskussion am Anfang durch die französischen Theoretiker bestimmt wurde; Roger Caillois arbeitete dabei den Unterschied zwischen der Phantastik und dem Märchen heraus: „Das Märchen ist ein Reich des Wunderbaren, das eine Zugabe zu unserer Alltagswelt ist, ohne sie zu berühren oder ihren Zusammenhang zu zerstören. Das Phantastische dagegen offenbart ein Ärgernis, einen Riss, einen befremdenden, fast unerträglichen Einbruch in die wirkliche Welt." (Caillois 1974, 45) Diese Definition bezieht sich auf das „Wirklichkeitsmodell", das der Handlung eines Textes zugrunde liegt: Haben wir es mit *einer Welt* zu tun, deren Figuren und Ereignisse von widerspruchsfrei gültigen Gesetzmäßigkeiten geleitet werden (im Märchen z. B. die fraglose Anerkennung des Wunderbaren), oder stoßen *zwei Welten* aufeinander, deren Kausalitäts-Modelle nicht miteinander zu vereinbaren sind?

---

3 So vor allem Uwe Durst in seinem Überblick über die Forschungsgeschichte (vgl. Durst 2001).

In seiner zunächst auf Französisch erschienenen „Einführung in die fantastische Literatur" (1970) geht Tzvetan Todorov bei der Ausgrenzung nicht genuin phantastischer Genres noch einen Schritt weiter. Das entscheidende Kriterium ist für ihn nicht das Wirklichkeitsmodell selbst, sondern dessen Wirkung auf den „impliziten Leser" des Textes. Auf der Basis hochliterarischer Texte des 19. Jahrhunderts kommt er zu einer sehr engen Definition: „Das Fantastische ist die Unschlüssigkeit, die ein Mensch empfindet, der nur die natürlichen Gesetze kennt und sich einem Ereignis gegenübersieht, das den Augenschein des Übernatürlichen hat" (Todorov 1972, 26).[4] Das Phantastische ist für ihn ein „Grenzphänomen", das nur selten in reiner Form auftritt. Häufiger sind Texte, die er den „benachbarten" Genres zuschlägt: auf der einen Seite dem Bereich des „Wunderbaren", auf der anderen Seite dem Bereich des „Unheimlichen". Beim „Wunderbaren" (z. B. beim Märchen) muss der Leser übernatürliche Gesetzmäßigkeiten anerkennen, um die Ereignisse in sein Weltbild einordnen zu können, beim „Unheimlichen" finden sie eine natürliche Erklärung (z. B. Sinnestäuschung oder Traum, aber auch Betrug oder Zufälle). Einer der bekanntesten kinderliterarischen Texte des 19. Jahrhunderts, Lewis Carrolls *Alice's Adventures in Wonderland* (1865), würde dieser Einteilung gemäß nicht zur Phantastik, sondern zum „Unheimlichen" zu zählen sein, weil der Leser am Schluss erfährt, dass Alice aufwacht und alles „Phantastische" nur geträumt hat.

Für Gerhard Haas ergibt sich daraus eines der gewichtigsten Argumente gegen Todorovs „minimalistische" Definition: Sie mache viele Texte, die durch Phantastisches geprägt sind, gewissermaßen „heimatlos", vor allem die der Kinder- und Jugendliteratur. Weil ihm die Funktionen des Phantastischen wichtiger sind als Definitions- und Strukturfragen,[5] plädiert er für eine sehr weite Bestimmung des Genres. In einem grundlegenden und für seine weiteren Arbeiten maßgeblichen Aufsatz über „Struktur und Funktion der phantastischen Literatur" aus dem Jahre 1978 hat er vorgeschlagen, das für das Genre Typische als eine „Form des Erkenntnisgewinns" eine „Weltsicht" oder eine „Denkform" zu bestimmen, die, anders als die „realistische" Sicht der Welt, nicht auf rational-logisches, dem Prinzip der Kausalität verpflichtetes Ordnen und Argumentieren beschränkt bleibt, sondern „anderen", komplexeren Prinzipien folgt. Er findet diese „anderen" Prinzipien bei dem Ethnologen Claude Lévi-Strauss und formuliert sie in Anlehnung an das in „primitiven" Kulturen vorherrschende Prinzip des „Wilden Denkens":

– Wildes Denken setzt einen globalen und integralen Determinismus voraus; alles steht mit allem auf rational nicht aufhellbare Weise in Zusammenhang;

---

[4] Modifiziert wurde die Todorovs Definition von Uwe Durst (Durst 2001). Dazu ausführlicher Bernhard Rank in seinem Überblick über die Forschungsgeschichte der 90er-Jahre (Rank 2002 a).
[5] Vgl. dazu auch seinen Beitrag zu den „Funktionen von Phantastik" in diesem Band, S. 26.

- Wildes Denken ist Erkenntnisgewinn auf der Ebene der sinnlichen Wahrnehmung und der Einbildungskraft, ist ein „Denken" in komplexen Bildern;
- Wildes Denken ist „eine Art intellektueller Bastelei" mit einem begrenzten Bestand von Material, das immer neu geordnet wird und das prinzipiell heterogen ist (vgl. Haas 1978, 349).

Mit diesen „Strukturmerkmalen" kann Haas zufolge das ganze Gebiet der phantastischen Literatur charakterisiert werden, also die Phantastik des Grauens und Science-Fiction, Märchen und Sage, phantastische Texte der Erwachsenenliteratur und der Kinderliteratur. Damit ist die „maximalistischste" Definition umrissen, die in der literaturwissenschaftlichen Diskussion vorgeschlagen wurde. Für den Bereich der Kinder- und Jugendliteratur ist sie von besonderer Bedeutung, weil sie das gesamte Gattungsspektrum umfasst, das sich in diesem Segment seit der Romantik entwickelt hat. Zu fragen ist jedoch, ob sie auch den Differenzierungen gerecht werden kann, die sich dabei herausgebildet haben: Zwischen dem Märchen und der Discworld-Novel liegen zwar nicht Welten, aber doch entscheidende Unterschiede, die auch die Frage nach der Funktion dieser Sub-Genres betreffen.[6]

Wenn man in der Streitfrage um eine „richtige" Definition im Sinne einer solchen Differenzierung weiter kommen will, kann man sich nicht auf die Ebene der Textmerkmale beschränken, sondern muss die Erklärungsmodelle mit heranziehen, die den jeweiligen Definitionen zugrunde liegen.

3 Das weite Feld der Theorien und Erklärungsmodelle

Die literaturtheoretischen Erklärungsansätze für den Bereich der Phantastik sind zahlreich und unterscheiden sich in vielerlei Hinsicht: in der Gewichtung von inhaltlichen und strukturellen Textmerkmalen, in der Berücksichtigung leserbezogener Funktionen, im Grad der Beschränkung auf bestimmte Epochen und/oder Textgruppen und in der Frage nach Faktoren, die für die Kinder- und Jugendliteratur „spezifisch" sind. Explizit oder implizit wird immer auch auf philosophische, erkenntnistheoretische und wahrnehmungspsychologische Zusammenhänge in ihrem jeweiligen Theoriekontext Bezug genommen: Wo liegen die Grenzen zwischen „natürlich" und „übernatürlich", zwischen „normal" und „abweichend", zwischen „real" und „irreal", zwischen „vernünftig" oder der Vernunft widersprechend? Literaturtheoretisch sind Konzepte der „Nachahmung" oder „Widerspiegelung" der Realität in fiktionalen Texten und Probleme einer Begriffsbestimmung des literarischen „Realismus" eng mit diesen weltanschaulichen

---

[6] Vgl. dazu Carsten Gansels Analysen zu „aktuellen" kinder- und jugendliterarischen Texten (Gansel 1998 a, b, c).

Grundfragen verknüpft. In einigen Erklärungsmodellen werden zudem unterschiedliche erkenntnisleitende Perspektiven miteinander vermischt.

Damit die Darstellung überschaubar bleibt, werden hier diejenigen Aspekte herausgegriffen, die für die Kinder- und Jugendliteratur besonders relevant sind. Es ist sinnvoll, dabei nicht von den einzelnen Erklärungsmodellen auszugehen, sondern von übergreifenden Kategorien der Erzähltextanalyse.

3.1 Erzählte Welt – erzählte Welten

Der Begriff *erzählte Welt* stammt aus der Erzähltextanalyse und zielt auf diejenigen Textelemente, die den Inhalt einer Erzählung ausmachen (das, *was* erzählt wird): in erster Linie das erzählte *Geschehen* und die handelnden *Figuren*, beides situiert in einem bestimmten *Raum* und in einer bestimmten *Zeit*. Bei der Beschreibung der Struktur phantastischer Texte wird in diesem Zusammenhang oft der Begriff „phantastische Welt" verwendet. Es empfiehlt sich, diesen Begriff nur dann zu verwenden, wenn ein Text nicht nur durch ein einzelnes phantastisches Element geprägt ist, sondern durch ein ganzes Ensemble zusammengehöriger phantastischer Einzelelemente (Figuren und Ereignisse). An den Kategorien „erzählter Raum" und „erzählte Zeit" lässt sich das am besten festmachen: Phantastisches in einem eigenen „Raum" und/oder in einer eigenen „Zeit" konstituiert in der Regel eine „phantastische Welt" (z. B. M. Endes „Phantásien" in der *Unendlichen Geschichte* oder das von C. S. Lewis erfundene, geheimnisvolle Land „Narnia").

Ein weiterer Begriff, der damit in Zusammenhang steht, ist der der *Eindimensionalität*. Er zielt seit Max Lüthi auf ein wesentliches Merkmal einer speziellen phantastischen Textsorte, nämlich des Märchens. „Dimension" ist geistig, nicht räumlich zu verstehen: Die Gestalten des Märchens erleben alles, auch das Ungewöhnliche und das Jenseitige (d. h. das „Unmögliche"), ohne Befremden; sie wundern sich nicht darüber, weil es für sie die Dimension des übernatürlichen Wunders prinzipiell nicht gibt.

Auf das Konzept der „erzählten Welt" beziehen sich diejenigen Erklärungsansätze, die dem *Zwei-Welten-Modell der Phantastik* zuzuordnen sind. Es geht zurück auf einen Essay von J. R. R. Tolkien aus dem Jahre 1938: *On Fairy Stories*. Mit dem Begriff „fairies" ist jede Manifestation des Wunderbaren, Magischen und Übernatürlichen gemeint oder das, was Tolkien „Sekundärwelt" (secondary world) nennt. Wichtig ist die Anwesenheit der Menschen als Bewohner der Primärwelt (primary world). „Fantasy", das englische Wort für Phantastik, bedeutet für Tolkien das Erschaffen oder sich Einleben in Anders-Welten (other-worlds) und bezeichnet bei ihm eher ein Charakteristikum als ein fest umrissenes literarisches Genre.

Die russisch-schwedische Anglistin Maria Nikolajeva hat das „Zwei-Welten-Modell"[7] zu einem Interpretationsrahmen ausdifferenziert, der speziell auf Texte der Kinder- und Jugendliteratur zugeschnitten ist. Reinbert Tabbert hat seiner aktuellsten Darstellung der phantastischen Kinder- und Jugendliteratur Nikolajevas Unterscheidungen zugrunde gelegt und begründet diese Entscheidung damit, dass sie mit besonderer Klarheit die Gesetzmäßigkeiten und Muster phantastischer Erzählungen dargestellt und zumeist an englischsprachigen, aber auch an bekannten schwedischen und deutschen Kinderbüchern belegt habe (vgl. Tabbert 2000 c, 189 f.). Nikolajeva verwendet als Gattungsbezeichnung für „Phantastik" den Begriff „fantasy" und bestimmt ihn durch die folgenden Merkmale:

- Anwesenheit von Magie[8] (presence of magic): magische Wesen bzw. Ereignisse in einer ansonsten realistischen Welt;
- Gespür für das Unerklärliche, für das Wunder (sense of the inexplicable, of wonder) und
- Verletzung von Naturgesetzen (violation of the natural laws).

Im Laufe ihrer Studie betont Nikolajeva immer wieder, dass ein weiteres wesentliches Charakteristikum der Fantasy, wenn nicht sogar das wesentlichste, das Vorhandensein von zwei Welten ist: einer primären und einer sekundären (primary and secondary world). Sie unterscheidet dann drei Arten von „Sekundärwelten":

- Die „geschlossene Welt" (closed world) ist strukturell eine Sekundärwelt ohne jeglichen Kontakt mit der Primärwelt; Bücher dieses Typs gibt es nur wenige, zum Beispiel J. R. R Tolkiens *Der kleine Hobbit* oder *Der Herr der Ringe*. Hier kommt die Primärwelt nicht ausdrücklich im Text vor, sie existiert aber dennoch, weil angedeutet wird, dass Erzähler und Zuhörer/Leser in ihr leben.
- Bei der „offenen Welt" (open world) handelt es sich um eine ausformulierte, räumlich-zeitlich abgetrennte Sekundärwelt, die auf irgendeine Art und Weise Kontakt zur Primärwelt hat; beide Welten kommen im Text vor. In der Regel wird auch der Übergang zwischen der primären und der sekundären Welt dargestellt. Typische Beispiele sind *Nussknacker und Mausekönig* von E. T. A. Hoffmann, *Alice im Wunderland* von L. Carroll oder *Die unendliche Geschichte* von M. Ende.
- Im Modell der „implizierten Welt" (implied world) wird die Sekundärwelt im Text nicht als solche dargestellt, ist aber in der Primärwelt präsent, zum Beispiel in Form einer einzelnen Figur (wie das Sams in Paul Maars *Eine Woche voller Samstage*) oder eines magischen Gegenstandes bzw. Motivs

---

7 Vgl. Nikolajeva 1988. Eine ausführliche Darstellung ihres Erklärungsmodells findet sich bei Rank 2002 a.
8 Anzumerken wäre noch, dass „magisch" nicht eine spezielle Bedeutung trägt, sondern als Synonym für das alltagssprachliche „marvellous" verwendet wird.

(wie das Motiv der Zeitreise in H. M. Enzensbergers *Wo warst du, Robert*).

Nikolajevas Deutungsansatz hat Konsequenzen für die Eingrenzung der Textgruppen, die zum Genre der phantastischen Literatur gerechnet werden können: Ausgeschlossen bleibt das eindimensionale Volksmärchen, obwohl man sein Wirklichkeitsmodell als „geschlossene sekundäre Welt" auffassen könnte. Vom Wirklichkeitsmodell des Märchens unterscheiden sich „geschlossene Welten" aber dadurch, dass – man nehme als Musterbeispiel Tolkiens *Der kleine Hobbit* – dem Leser hier das Bewusstsein vermittelt wird, er blicke aus seiner primären Welt, die außerhalb des Textes existiert, auf die sekundäre. Daher erscheinen die sekundären Welten der Phantastik dem Leser nicht, wie im Märchen, als selbstverständlich, sondern verlangen immer das, was Tolkien „secondary belief" nennt. Unter einem anderen Aspekt gehören auch Texte der Science-Fiction für Nikolajeva nicht zur Phantastik: Sie stellen den Kontakt zwischen primärer und sekundärer Welt nicht durch eine Form von „Magie", sondern durch Prinzipien wissenschaftlich-rationalen Denkens her.

Weitgehend, aber nicht in allen Punkten stimmt das mit der „Arbeitsdefinition" überein, auf die Birgit Patzelt ihre Analysen phantastischer Kinder- und Jugendliteratur der 1980er- und 1990er-Jahre aufbaut: „Die Erzählungen gestalten eine fiktiv-reale Welt, in der eine oder mehrere Figuren mit einem für sie übernatürlichen, d. h. mit ihrer Welt nicht zu vereinbarenden, Phänomen konfrontiert werden. Dieses phantastische Phänomen tritt als strukturbildendes Element auf, d. h. es wirkt unmittelbar auf das Handlungsgeschehen ein. Im Text wird die Konfrontation mittels einer Erklärungsstruktur thematisiert. Die fiktiv-reale Welt des Textes ist mit dem Realitätskonzept des Lesers vereinbar." (Patzelt 2001, 65) Der Begriff „Konfrontation" ist bewusst nicht auf die negative Variante festgelegt: „Es kann sich um einen Einbruch, einen Riss handeln, verbunden mit Schrecken, Entsetzen, Grauen. Gerade in der Kinder- und Jugendliteratur ist es jedoch eher so, dass einem ersten Erschrecken oder Erstaunen eine angstfreie Auseinandersetzung folgt. Wichtig ist, dass überhaupt eine Reaktion auf übernatürliche Ereignisse stattfindet." (Patzelt 2001, 67)

Maßgeblich für die Bestimmung von „Phantastik" ist bei Patzelt also das Kriterium „zweidimensionales Wirklichkeitsmodell", was dazu führt, dass Texte des Typus „geschlossene sekundäre Welt" in ihrer Untersuchung nicht berücksichtigt werden. Sie zählt dazu neben dem Märchen, den allegorischen und anthropomorphen Tiererzählungen, den surreal-komischen und mythischen Erzählungen und dem „magischen Realismus"[9] auch die meisten Texte

---

9 In Anlehnung an Michael Scheffel (Scheffel 1990) versteht Patzelt darunter Texte, in denen eine fiktive Realität dargestellt wird, die für den Leser realitätsinkompatible Phänomene enthält, ohne dass diese auf der Textebene als übernatürlich bewertet werden. Die alltägliche Wirklichkeit scheint um eine „magische" Dimension verlängert, zwei Ordnungen zu einem synthetischen Ganzen, zu einem geschlossenen Er-

der „Fantasy" und der „Science-Fiction", wobei sie hier von den in der Jugendliteratur häufiger anzutreffenden zweidimensional angelegten „Grenzfällen" absieht. Beim Kunstmärchen unterscheidet sie zwei Grundtendenzen: „zum einen jene Texte, die eher märchenhaft-eindimensional das Wunderbare darstellen, zum anderen die dann als Wirklichkeitsmärchen bezeichneten Texte, die nicht mehr wunderbar sind, sondern strukturell der Phantastik i. e. S. zugeordnet werden müssen." (Patzelt 2001, 76)

In der Streitfrage nach einer „maximalistischen" oder „minimalistischen" Definition der Phantastik kann man nun eine erste Zwischenbilanz ziehen. Sie spitzt sich zu auf die Einordnung des Volksmärchens. Gegen die strukturalistische Betrachtungsweise Nikolajevas ist eigentlich nichts einzuwenden: Das Volksmärchen ist „eindimensional"; sein Wirklichkeitsmodell kennt eine Grundbedingung des Phantastischen nicht: die Unterscheidung zwischen „primärer" und „sekundärer Welt".[10]

Noch überzeugender ist ein literaturgeschichtliches Argument, das Peter von Matt unlängst wieder deutlich ins Bewusstsein gerufen hat. In seiner Züricher Abschiedsvorlesung bringt er die historischen Zusammenhänge klar auf den Punkt: „Die phantastische Literatur setzt nicht einfach die Linie des mythologisch-märchenhaften Erzählens fort, das wir seit den ersten Zeugnissen antiker Dichtung kennen. Sie mag sich ähnlicher Motive bedienen; ihre Voraussetzungen aber sind fundamental andere. Um es drastisch verkürzt zu sagen: Die phantastische Literatur setzt Newton voraus." (von Matt 2003, 134) Warum ist dies so? Die mythisch-märchenhafte Welt war überall belebt von Dämonen und Geistern. Seit Newton ist dagegen eine Welterklärung möglich, die konsequent unter der Prämisse operiert, dass übernatürliche Faktoren ausgeschlossen sind. Auf dieses aufklärerische Weltbild reagiert vor allem die Phantastik der Romantik – beispielhaft bei E. T. A. Hoffmann – mit einem literarischen Gegenentwurf. Er besteht, von Matt zufolge, nicht in der Wiederkehr des Gespensterglaubens, sondern in der immer neuen Beschwörung einer schockhaften Sekundenerfahrung: „dem plötzlichen Zweifel an der wissenschaftlich gesicherten Welt" (Matt 2003, 147). Todorovs Erklärungsmodell, das zunächst nur textimmanent auf die „Unschlüssigkeit" des Lesers setzt, wird so um eine wichtige geistesgeschichtliche Dimension erweitert. Und für das Volksmärchen ist wirklich kein Platz mehr im Reich des Nachaufklärerisch-Phantastischen.[11] Dafür stellt sich speziell für die Kinderliteratur eine alte Frage mit neuer Dringlichkeit: ob nicht das „magische Weltbild" des Kindes einen prinzi-

---

    einem geschlossenen Erzählraum verdichtet. Als Textbeispiele werden *Das Haus der Patentante* (1978) und *Maria auf dem Seil* (1979) von Lygia Bojunga-Nunes genannt.

10 So schon Caillois 1974.
11 Dem entspricht auch die Aufteilung der Darstellung in Lange 2000 a: Es gibt einen Beitrag zu Märchen, Mythen und Sagen (Leander Petzold) und einen gesonderten zur phantastischen Kinder- und Jugendliteratur von Reinbert Tabbert.

piell anderen Zugang zum Kriterium des „Zweifelns" und zur Kategorie des „impliziten Lesers" erforderlich mache. Diese Grundsatzfrage führt uns zunächst wieder zurück zur literaturwissenschaftlichen Theoriebildung.

3.2 Erzählvorgang und Erzählkonzept

Erklärungsmodelle, die hier aufzuführen sind, setzen bei der Frage an, *wie* eine phantastische Geschichte erzählt wird. Der Schlüsselbegriff ist der des *„impliziten Lesers"*. Wenn ein Autor etwas erzählt, das unterhaltend oder spannend, belehrend oder überzeugend sein soll, zielt er damit bereits beim Schreiben auf einen Typ von Leser, der unterhalten oder gespannt, belehrt oder überzeugt werden soll. Dieser Leserentwurf realisiert sich in der Wahl bestimmter *Erzählformen* (Er-Form, Ich-Form ...), durch die Entscheidung für bestimmte *Erzählmittel* (v. a. die verschiedenen Formen der Erzählerrede, der Figurenrede und/oder des inneren Monologs) und in einer bestimmten *Erzählhaltung* (= die Einstellung, die der Erzähler gegenüber dem Erzählten einnimmt).

Nach Todorov ist das Erzählkonzept phantastischer Erzählung darauf ausgerichtet, beim „impliziten Leser" eine bewusste Irritation darüber zu erzeugen, welchen Realitätsstatus die erzählten Ereignisse haben. Oft wird das damit verwechselt, dass der Leser im Unklaren darüber gelassen wird, wie die Geschichte ausgeht. Ein „offenes Ende" hat aber mit Todorovs Kriterium der „Unschlüssigkeit" strukturell nichts zu tun: es betrifft die Ebene der Handlung und nicht die Ebene des Erzählvorgangs, d. h. die Beziehung zwischen dem impliziten Autor und dem impliziten Leser.

Ein viel diskutiertes Beispiel für das Kriterium der „Unschlüssigkeit" ist E. T. A. Hoffmanns *Nußknacker und Mausekönig*. Die meisten Interpretationen gehen davon aus, dass die Schilderung der nächtlichen Erlebnisse und der Wunschträume der kindlichen Protagonistin Marie Stahlbaum von den Erwachsenen (sowohl von den im Text dargestellten als auch von den realen Lesern) als „Fieberphantasien" gedeutet werden. Nach dieser Lesart wäre dieses Kunstmärchen dem Feld des „Unheimlichen" zuzuordnen, weil die Ereignisse eine natürliche Erklärung finden. Die Kinder im Text und die kindlichen Leser akzeptieren dagegen das Außergewöhnliche als dem „Wunderbaren" zugehörig – wie im Märchen. Von „Unschlüssigkeit" könnte man dann sprechen, wenn Hoffmanns „impliziter Leser" einer wäre, der sich zwischen beiden Lesarten entscheiden müsste und dafür im Text keinen Anhaltspunkt hätte. Das ist aber in *Nußknacker und Mausekönig* nicht der Fall. Der Erzähler wendet sich immer wieder an seine kindlichen Leser und teilt ihr Wirklichkeitsverständnis: „Nun! – *wir* [Hervorhebung: B. R.] wissen am besten, wie es mit dem Mut der Husaren aussah, als sie von den hässlichen Kugeln Flecke auf die roten Wämser kriegten."[12] Hoffmanns Schlusssatz „Das war das *Märchen* [Hervorhebung B. R.] vom Nußknacker

---

12 Zitiert nach der Ausgabe im Cecilie Dressler Verlag, Hamburg 1993, 121

und Mausekönig" ist deshalb auch ein Signal an seinen in den Text eingeschriebenen „idealen" Leser, den durchaus vorhandenen Kontrast zwischen den unterschiedlichen Welten, die der Text entwirft, nicht als Anlass für Verunsicherung, sondern als Bestätigung der Vereinbarkeit von Natürlichem und Wunderbarem aufzufassen.

Schon damals ist darüber gestritten worden, ob kindliche Leser mit einem solchen Erzählkonzept nicht überfordert werden. Hoffmann nimmt diesen Einwand in sein „Nachwort" auf. Es gibt die Unterhaltungen wieder, die die Serapionsbrüder, ein Freundeskreis literaturbegeisterter Schriftsteller, nach dem Vorlesen des Märchens miteinander führen. Dem Erzähler wird vorgehalten, es sei ganz unmöglich, dass Kinder die feinen Fäden erkennen können, die sich durch das Ganze ziehen und seine scheinbar völlig heterogenen Teilen zusammenhalten. „Sie werden sich höchstens am Einzelnen halten und sich hin und wieder daran ergötzen." „Und ist dies nicht genug?" erwidert der Erzähler. „Es ist (...) überhaupt meines Bedünkens ein großer Irrtum, wenn man glaubt, daß lebhaft phantasiereiche Kinder, von denen hier die Rede sein kann, sich mit inhaltsleeren Faseleien, wie sie oft unter dem Namen Märchen vorkommen, begnügen. Ei – sie verlangen wohl was Besseres, und es ist zum Erstaunen, wie richtig, wie lebendig sie manches im Geiste auffassen, das manchem grundgescheiten Papa gänzlich entgeht. Erfahrt es und habt Respekt!"[13]

An exemplarisch ausgewählten, innovativen Texten[14] des späten 20. Jahrhunderts hat Gertrud Lehnert gezeigt, wie die Kinderliteratur „endlich" das einlöst, was Hoffmanns Erzähler in den Serapionsbrüdern vor über 150 Jahren gefordert hatte: die verunsichernde Komplexität phantastischen Erzählens auch Kindern zugänglich zu machen (vgl. Lehnert 1995, 288). Die Konsequenzen, die das für eine Adaption des Todorovschen Erklärungsmodells für die Kinderliteratur nach sich zieht, hat Maria Lypp bereits 1984 im Kontext ihrer Überlegungen zur Kategorie der „Einfachheit" in der Kinderliteratur gezogen (Lypp 1984). Weil ihre Ausführungen zur Phantastik bei weitem noch nicht die Beachtung gefunden haben, die sie verdienen, seien sie hier nochmals in Erinnerung gerufen.

Für Lypp wirken in Texten, die für Kinder geschrieben werden, zwei Tendenzen der irritierenden, den Realitätsstatus des Erzählten problematisierenden Intention phantastischen Erzählens in der Literatur für Erwachsene entgegen: zum einen eine in vielen Texten zu beobachtende Tendenz, phantastische Erzählelemente der Wunderwelt des Märchens zuzuordnen, zum anderen die deutliche Neigung zur allegorischen Auflösung rätselhafter Mehrdeutigkeit. In der Konsequenz dieser Analysen geht Lypp aber nicht

---

13 Hoffmann 1963, 246 f.
14 Analysiert werden u. a. Tonke Dragt: *Die Türme des Februar* (1973), Benno Pludra: *Das Herz des Piraten* (1985) und Antonio Martínez-Menchén: *Pepito und der unsichtbare Hund* (1985; dt. 1990).

so weit wie andere (z. B. Grindt-Dannenberg), die die phantastische Kinder- und Jugendliteratur konsequenter Weise nicht zur phantastischen Literatur im Sinne Todorovs zählen. Sie versucht stattdessen, die charakteristischen Abweichungen phantastischer Texte für Kinder von denen für Erwachsene differenziert zu beschreiben und kommt dabei zu folgenden Ergebnissen:

— Das Phantastische und das Märchenhafte können für Kinder ohne verunsichernde Widersprüche nebeneinander existieren.
Die Ursachen dafür liegen im literarischen Erwartungshorizont, der in unserem kulturellen Umkreis entscheidend von der frühen Begegnung des Kindes mit Texten aus dem Bereich des Wunderbaren geprägt ist, und im dichten Beieinander von Realität und Irrealität in der kindlichen Vorstellungswelt.
— Die Kinderliteratur braucht auf die Prämisse der Unschlüssigkeit nicht zu verzichten; sie gibt ihr nur einen empfängerspezifisch modifizierten Sinn.

„Das Fantastische wirkt hier weniger als Beunruhigung, die auf klare Distinktion drängt, denn als reizvolle Vermischung der realen und irrealen Sphäre, als ein Offenhalten und Verschweben der Grenzen" (Lypp 1984, 104).[15]
— Phantastische Erzählungen mit allegorischer Funktion können vom kindlichen Leser als rein phantastisch gelesen werden.
Nach Todorov kann Unschlüssigkeit nur dann entstehen, wenn der Leser nicht dazu angehalten wird, den Text „allegorisch" zu lesen, d. h. hinter dem Dargestellten konsequent nach einer übertragenen Bedeutung zu suchen (wie im Musterbeispiel der Fabel). Weil „Unschlüssigkeit" eine wirkungsästhetische, leserabhängige Kategorie ist, werden, so Lypp, literatur- und lebenserfahrene Leser „aus der fantastischen Erzählung mit allegorischer Funktion die eigentlich fantastische Wirkung des Unbestimmten nicht ziehen, wohingegen dieselbe Erzählung vom kindlichen Leser rein fantastisch gelesen werden kann, insofern für ihn das Gemeinte in ahnungsvollem Halbdunkel liegt" (Lypp 1984, 104 f.).
Dagmar Grenz hat für diese adressatenspezifische Modifikation des Todorovschen Erklärungsmodells einen empirischen Beleg geliefert: Während Erwachsene die phantastische Welt des Gurkenkönigs in Christine Nöstlingers Erzählung *Wir pfeifen auf den Gurkenkönig* als Allegorie auf die veralteten Prinzipien patriarchalischer Erziehung verstehen können, ist Kindern im Alter von 10-12 Jahren diese Lesart fremd: Sie lesen wörtlich und reagieren fasziniert, erschrocken und irritiert (vgl. Grenz 1986 a).

---

15 Reinbert Tabbert hat darauf aufmerksam gemacht, dass es phantastische Erzählungen für Kinder gibt, deren Leserkonzept nicht auf „Unschlüssigkeit", sondern auf „Staunen" ausgerichtet ist: z. B. *Der Engel mit dem goldenen Schnurrbart* von Christa Kožik (vgl. Tabbert 2005 b, 135 f.).

- Typisch für die Kinderliteratur ist nicht die „Phantastik der Abgrenzung", sondern die „Phantastik des Übergangs". Phantastische Darstellungen in der Kinderliteratur realisieren den Bruch mit der Wirklichkeit „unspektakulär" und vermeiden die „abrupte, verwirrende Konfrontation", den „Sturz ins bodenlose Unheimliche". Stattdessen gestalten sie den „gleitenden Übergang", die „nicht befremdliche, sondern wie selbstverständlich erscheinende Verflechtung des Realen und Irrealen". Auf diesem Weg der Erweiterung des Wirklichkeitsverständnisses könne das Phantastische vieles ausdrücken, was sich in realistisch abbildender Darstellung dem Verständnis von Kindern entzöge (vgl. Lypp 1984, 105).

Erstaunlich ist, wie man von ganz unterschiedlichen Voraussetzungen aus zu fast demselben Ergebnis kommen kann. Was Lypp hier auf der Basis des strukturalistisch-analytischen Denkens von Todorov über die Phantastik in der Kinderliteratur sagt, geht in dieselbe Richtung wie die begriffliche Unterscheidung zwischen „Phantastik im engeren Sinne" und „Spielarten des Phantastischen", die der Todorov-Kritiker Haas vorschlägt: Wenn bei der Begegnung einer „natürlichen" mit einer „übernatürlichen" Welt Brüche, Risse, unaufhellbare dunkle Flecken sichtbar werden, dann liege, gemäß etabliertem wissenschaftlichem Sprachgebrauch, *Phantastik im engeren Sinne* vor. Wenn sich bei dem gleichen Prozess überraschende oder erheiternde Konstellationen, Überlagerungen oder freie neue Figuren ergeben, spricht Haas von „*Spielarten des Phantastischen*", wie sie einen nicht geringen Teil der Kinder- und Jugendliteratur prägen (vgl. Haas 1978, 350). Lypp überschreitet allerdings die Grenzen einer engeren Definition des Genres nicht, sondern versucht den Spielraum auszuloten, den phantastische Darstellungen für einen spezifisch kindlichen Adressaten nutzen können.

Daran schließt sich die Frage an, wie dieses Adressatenkonzept genauer bestimmt werden könnte. Von besonderem Interesse wäre, inwieweit es sich auf entwicklungspsychologische Gegebenheiten wie etwa die Vorstellung vom „magischen Denken" des Kindes stützt und wie sich dieses Denkmodell mit dem Gesichtspunkt der „literarischen Komplexitätsgrade", die „Stufen literarischen Lernens" sein könnten (vgl. Lypp 1984, 101), in Übereinstimmung bringen ließe.[16] Da aber sowohl die Entwicklungspsychologie als auch die Konzeptionen für literarisches Lernen nicht von einer Abfolge starrer, klar abgrenzbarer „Stadien", sondern von dynamischen „Übergängen"[17] ausgehen, sollte man besser versuchen, die Diskussion auf der Ebene der Erzähltextanalyse voranzubringen. Die Aufgabe, die sich dann stellt, lautet: Welche Konstellationen zwischen der „primären Welt" des Lesers und der „sekundären Welt" des Phantastischen liegen im Text vor, wie werden diese „Welten" zu-

---

16 Vgl. dazu in diesem Heft auch den Beitrag von Gudrun Stenzel zur kritischen Weiterführung des Erklärungsansatzes von Wolfgang Meißner (S. 173).
17 Vgl. dazu vor allem Abraham 1988

einander in Beziehung gesetzt und welche Auswirkungen hat das für die Leserrolle, die der Text damit entwirft?

Mit den hier für die Ebene der „erzählten Welt" und die Ebene des „Erzählkonzepts" entwickelten Kategorien lassen sich diese Fragen für jeden einzelnen Text beantworten. Ausgehend von den dargestellten begrifflichen Unterscheidungen und Erklärungsmodellen sei abschließend ein Vorschlag zur Diskussion gestellt, wie sich, über die Analyse einzelner Texte hinaus, das weite Feld der Phantastik (nicht nur) in der Kinder- und Jugendliteratur mit Hilfe literaturwissenschaftlicher Kategorien ordnen und untergliedern lässt.

Aus systematischen und historischen Gründen sollte man von „Phantastik" nur dann sprechen, wenn einem literarischen Text das *Zwei-Welten-Modell* mit einem *Kontrast* zwischen einer „primären" und einer „sekundären" Welt zugrunde liegt. Damit sind zwei Grundkategorien gegeben: die der „zwei Welten" und die des „Kontrasts". Beide lassen sich weiter ausdifferenzieren: die zuerst genannte Kategorie nach der Typologie von Nikolajeva (geschlossene, offene oder implizierte sekundäre Welt), die Kategorie des „Kontrasts" nach dem *Spannungsverhältnis*, in dem die beiden Welten zueinander stehen. Wie Lypp gezeigt hat, liegt hier kein strukturelles, sondern ein graduelles und leserbezogenes Kriterium vor. Die beiden Pole, zwischen denen sich das Spannungsverhältnis graduell abstuft, lassen sich als *Phantastik des Übergangs* (geringes und überbrückbares Spannungsverhältnis) und *Phantastik der Abgrenzung* (hohes und nicht auflösbares Spannungsverhältnis) konturieren. Beispielhaft für die Phantastik des Übergangs sind Texte nach dem Muster von E. T. A. Hoffmanns *Nußknacker und Mausekönig*, Otfried Preußlers *Die Kleine Hexe*, Michael Endes *Momo* oder Jutta Richters *Der Hund mit dem gelben Herzen*. Phantastik der Abgrenzung liegt z. B. vor bei Otfried Preußlers *Krabat* – ein Text, der in der Tradition der zweidimensional angelegten Volkssage steht und diese Tradition für Jugendliche adaptiert – Paul Maars *Der Aufzug,* Tonke Dragts *Die Türme des Februar* oder Paul Biegels *Nachts kommen sie*. Weil die Unvereinbarkeit der unterschiedlichen Wirklichkeitsmodelle in diesen Texten bestehen bleibt, lösen sie beim Leser Irritation und Zweifel hinsichtlich der Möglichkeit des Unmöglichen aus. Auch Texte wie Zoran Drvenkars *Sag mir, was du siehst,* die in der Tradition des „Schauerromans" stehen, sind hier einzuordnen, wenn sie vom Kontrast zwischen dem Alltäglichen und dem „Schrecklichen" dominiert werden und dadurch auf irritierende Angstlust setzen. Von der Phantastik à la Todorov unterscheiden sie sich durch ein anderes Leserkonzept, das nicht primär auf das Wirklichkeitsmodell des Textes, sondern auf das Außergewöhnliche der dargestellten Ereignisse zielt.

Merkmal „komisch-phantastischer" Erzählungen sind Kontraste zwischen unterschiedlichen Realitätsebenen, die sich humoristisch-heiter auflösen oder satirisch zugespitzt werden. Reinbert Tabbert hat einen wichtigen Beitrag zur genaueren Bestimmung dieser Textgruppe geleistet (vgl. Tabbert

2004 b) und dabei herausgearbeitet, dass sich Nikolajevas Typologie für die Analyse struktureller und funktionaler Unterschiede nutzbar machen lässt: Es gibt komisch-phantastische Erzählungen des Typs „geschlossene sekundäre Welt" (z. B. *Jim Knopf* von Michael Ende), des Typs „offene sekundäre Welt" (z. B. Lewis Carroll: *Alice im Wunderland* oder Christine Nöstlinger: *Wir pfeifen auf den Gurkenkönig*) und des Typs „implizierte sekundäre Welt" (z. B. Astrid Lindgren: *Pippi Langstrumpf,* Paul Maar: *Am Samstag kam das Sams zurück* oder Andreas Steinhöfel: *Es ist ein Elch entsprungen*). Gemeinsam ist allen, dass die Kontraste zwischen der alltäglichen und der phantastischen Welt komisch-befreiende beziehungsweise, wie im Beispiel des *Gurkenkönigs,* satirisch verfremdende Wirkung haben.

Eine solche Untergliederung nach „Typen" und Abstufungen des „Kontrasts" zielt nicht primär auf eine gattungsbezogene, sondern auf eine phänomenologisch-heuristische Betrachtungsweise, die es erlaubt, dem spezifischen Charakter eines konkreten Textes besser gerecht zu werden als durch die Einordnung in eine genre-bezogene Schublade. Das ist auch deshalb sinnvoll, weil sich viele Texte nicht an textsortenbezogene Abgrenzungen halten. Die *Harry-Potter-Bände* z. B. sind „Querbücher", zusammengesetzt aus Elementen der Fantasy, der Satire, der Sage, des Schauerromans und der phantastischen Erzählung. Einzuordnen wären sie nach der hier vorgeschlagenen Vorgehensweise in den Typ der „offenen sekundären Welt" und, in den überwiegenden Anteilen, als eine Spielart der „Phantastik der Abgrenzung" mit von Band zu Band stärkeren Kontrasten auch innerhalb der phantastischen Welt selbst.

Zu unterscheiden ist demnach, um wieder auf die Grundbegriffe zurückzukommen, zwischen der „Phantastik in der Kinder- und Jugendliteratur" und „phantastischen Erzählungen" für Kinder und Jugendliche. Das Erste ist gemeint als Oberbegriff für das gesamte Genre, das Zweite umfasst die kinderliterarischen Möglichkeiten einer „Phantastik der Abgrenzung" und charakterisiert damit eine literarisch bedeutsame und entwicklungsfähige „Spielart" im ansonsten noch immer von Märchenhaftem und Komischem, von Fantasy und Unterhaltung dominierten Feld der Phantastik in der Kinder- und Jugendliteratur. Auch in diesem literarischen Feld kann demnach mit genuin „phantastischen Erzählungen" der Anspruch eingelöst werden, den Friedrich Schlegel an wahre „Poesie" stellt: „... den Gang und die Gesetze der vernünftig denkenden Vernunft aufzuheben und uns wieder in die schöne Verwirrung der Phantasie, in das ursprüngliche Chaos der menschlichen Natur zu versetzen."

Prof. Dr. Bernhard Rank, Pädagogische Hochschule Heidelberg,
Im Neuenheimer Feld 561, 69120 Heidelberg

Gerhard Haas

Funktionen von Fantastik

1 Vorbemerkung

Für eine tragfähige und schlüssige *Definition* der Phantastik liegen seit rund 40 Jahren im nationalen und internationalen Feld zahlreiche Entwürfe vor, und es kann scheinen, als sei die zeitgenössische Diskussion mit den strukturellen Darstellungen u. a. von Renate Lachmann, Maria Nikolajeva, Birgit Patzelt, Marianne Wünsch, und vor allem von Uwe Durst zu einem gewissen Abschluss gekommen[1]. Zu der Frage nach den spezifischen *Funktionen* phantastischer Texte dagegen gibt es zwar in so gut wie allen Erörterungen zum Thema mehr oder weniger beiläufige und punktuelle Beiträge; sie ist jedoch keineswegs in der gleichen stringent-systematischen Weise wie die nach der ‚richtigen' Definition beantwortet, denn mit diesen Definitionen werden zwar Strukturen beschrieben, aber nicht das, was Phantastik nach Wesen und Gehalt letztlich ausmacht, nicht, was sie aussagemäßig ‚leistet', welche Funktionen sie erfüllt.

Dass mit diesem Thema eine generelle und möglicherweise in der formulierten Direktheit nie völlig schlüssig beantwortbare Frage aufgeworfen wird, liegt auf der Hand: Was ist die Funktion von Kunst? Was ist die Funktion von Shakespeare's *Sonetten* oder nun eben auch von Bulgakows *Der Meister und Margarita* und L. Frank Baums *Der Zauberer von Oz*? Natürlich gibt es generalisierende Antworten: Kunst soll erfreuen, soll unterhalten, soll die Einbildungs- und Vorstellungskraft des Lesers oder Betrachters anregen, soll in ihm geistige und/oder seelische Prozesse in Gang setzen, soll das, was im Sinne Fausts „die Welt in ihrem Innersten zusammenhält", soll Welt und Wirklichkeit gestaltend sichtbar machen. Solche und andere Antwortversuche übergreifend kann schließlich auch auf eine

---

[1] Lachmann 2002, Nikolajeva 1988, Patzelt 2001, Wünsch 1991, Durst 2001. – Vgl. zur weiteren Diskussion der Positionen seit 1972 den Forschungsbericht von Bernhard Rank (Rank 2002 a). – Die Frage, ob ein im vorwissenschaftlichen Verständnis als ‚phantastisch' verstandener Text auch im Rahmen eines bestimmten Definitionssystems, z. B. dem Tzvetan Todorovs (1972) oder dem Uwe Dursts oder anderer Theoretiker/innen die Bedingung für die Bezeichnung ‚phantastisch' erfüllt, wird in der folgenden Darstellung ausgeklammert, da die verschiedenen Definitionen nicht zu identischen Ergebnissen führen und dementsprechend die Argumentation Stanislaw Lems im Blick auf Todorovs Bestimmung des Phantastischen, dadurch würden manche Texte gewissermaßen „heimatlos", auch in anderen Fällen nicht erledigt zu sein scheint.

Aussage von Paul Klee verwiesen werden, die lautet: „Kunst gibt nicht das Sichtbare wieder, sondern macht sichtbar." (Klee 1920)

Es liegt auf der Hand, dass sich mit einer so gearteten Auskunft eine auf das Genre Phantastik und einzelne Texte bezogene direkte Frage von Schülern, die Otfried Preußlers *Krabat* gelesen hatten, nicht beantworten lässt: „Warum gibt es überhaupt Geschichten, in denen Phantastisches wie Wirkliches erzählt wird? Sind alle diese Geschichten unsinnig, unwahr, überholt?" (Engelmann 1984, 4) Oder positiv gewendet: *Was* machen sie im Sinne Klees sichtbar? Was leisten sie? Was ist ihre *Funktion*?

2 Zur Frage nach der ‚Wirklichkeit' in phantastischen Texten

Einem Antwortversuch notwendig vorgeschaltet stellt sich allerdings die Frage, ob phantastische Texte nicht schlichtweg Hirngespinste seien, unverantwortete Träume und damit bunter Flitter, der den Blick auf die ‚wirkliche' Wirklichkeit verstellt. Das hieße in der Umkehrung der Klee'schen Definition: sie machten etwas, was *nicht* ist, was Schein ist, was Wirklichkeit nur vortäuscht, sichtbar: das Nichtige, das Nichtexistente. Phantastik spielte diesem Verständnis nach lediglich mit Wirklichkeit bzw. Wirklichkeitsstücken, die in der bunten Aufbereitung wie Seifenblasen zerplatzen.

Da es aber einerseits so geartete Texte auch im Bereich der trivialen realistischen Literatur gibt, ohne dass damit ein generalisierendes Werturteil gefällt wäre, und da andererseits auf phantastische Texte von fraglosem literarischen Rang verwiesen werden kann, behält die Frage nach wie auch immer gearteten Funktionen, nach der spezifischen *Leistung* phantastischer Texte unverändert ihr so aktuelles wie dringliches Recht.

Ausgangspunkt für eine solche Erkundung ist die stillschweigende Übereinkunft, dass einer sich im Rahmen allgemeiner, gewissermaßen alltäglich möglicher Erfahrungen bewegenden und den Gesetzen der wissenschaftlich beschreibbaren Wirklichkeit unterworfenen erzählerischen realistischen Literatur insofern ein höherer Wahrheitswert zukomme, als der Leser das darin entworfene Bild der Wirklichkeit als vernünftig erkennen und logisch nachvollziehen kann. Grundlage und Voraussetzung für dieses zeitgenössisch-moderne Wirklichkeitsverständnis stellt dabei am Beginn der Neuzeit Isaac Newtons Entwurf einer mathematisch-physikalischen Weltbeschreibung dar. Wenn dementsprechend phantastische Literatur, welcher Art auch immer, an dieser Grundlage nicht teilhat, dann ist nach den Möglichkeiten einer Alternative zu fragen.

Es mehren sich allerdings in neuester Zeit Anzeichen dafür, dass die Newton'sche Wirklichkeitsbeschreibung gewissermaßen an ihre selbstgesetzten Grenzen stößt und dass damit auch der phantastischen Literatur so etwas wie eine bisher nicht gesehene Legitimation zuwächst. So rechnet etwa die

Quantenphysik mit einer Dimension, in der der Zusammenhang von Ursache und Wirkung aufgehoben ist. Eine Deutung dieser Theorie besagt, dass alles, was geschehen kann, auch geschieht – und wenn nicht hier, dann in einem Paralleluniversum. (vgl. Randall 2004) Im ZEIT-Gespräch mit dem Wissenschaftsphilosophen Martin Carrier hält dieser die Forderung nach Verstehbarkeit der modernen Physik inzwischen für vergebliche Nostalgie: „... die bizarre Welt der Quanten ist völlig unanschaulich, und je mehr wir in sie eindringen, umso weniger verstehen wir sie." (Carrier 2006) Von hier aus lässt sich in einem weitesten Sinn Phantastik auch – *auch!* – als Möglichkeit begreifen, das nicht Verstehbare, nicht Fassbare quasi ins Bild zu setzen – nicht als Abbild des Nicht-Abbildbaren und keineswegs nur im Bereich von Science-Fiction, sondern auch generell im phantastischen Erzählfeld als bildlicher Verweis darauf.

In diesem offenen Raum bewegt sich jede ernsthafte Phantastik. Mit Wilhelm Gauger gesagt: „Phantastische Literatur ... ist eine Einstimmung in diese phantastische Konstruktion der Welt." (Gauger 1984, 149) Sie nimmt also nicht etwa quantentheoretische Erkenntnisse vorweg, nicht Ergebnisse des LHC-Teilchendetektors am Cern/Genf, nicht die Entdeckungen neuer Galaxien. Aber in ihr sind Ahnungen von Anderem, von *Möglichkeiten* des Seins, von möglichen Wirklichkeiten enthalten.

Rezeptionsfunktional gesehen: „Das Unglaubliche fasziniert den Leser und ist gerade deshalb der beste Informationsträger." (Bemmann 1975, 40) Informationsträger beispielsweise auch für das, was in Michael Endes *Die unendliche Geschichte* die Quasi-Figur des ‚Nichts' meint, in der die Funktion phantastischen Erzählens, das anders nicht Ausdrückbare auszudrücken, gewissermaßen zur (Nicht-)Gestalt gerinnt.

Auf solche gedankliche Möglichkeiten der Grenzüberschreitung (vgl. Kanzog 2000) hinzuweisen, scheint, neben der Öffnung der Vorstellungskraft im phantastischen Bild, neben der produktiven Provokation durch phantastische Geschehnisse und neben der Herausforderung zum gedanklich-bildlich-emotionalen Spiel, eine potentielle Grundfunktion der Phantastik schlechthin zu sein.

3 Funktionen von Phantastik

Es deutete vieles darauf hin, dass – abgesehen von solchen naturwissenschaftlichen Perspektiven – phantastischer Literatur ein Weltverständnis zugrunde liegt, das den modernen Menschen als alternative Möglichkeit begleitet. Dorothee Girndt-Dannenberg spricht von „uralten vorrationalen Wünschen der Menschheit", die in der Phantastik artikuliert werden. (Girndt-Dannenberg 1977, 151) Gespeist wird diese ‚andere' Sicht von Welt und Wirklichkeit durch

- das Erbe eines vorwissenschaftlichen bildlichen Denkens,[2]
- die Irritation angesichts einer absolute Dominanz der wissenschaftlich rationalen Definition von Wirklichkeit in der Moderne,
- ein unter der Schicht der Hochreligionen laufendes Bedürfnis, die säkulare Sicherheit von Lebensentwürfen durch ein Ausgreifen in den nichtrationalen Bereich zu ergänzen.

Von hier aus ergeben sich, zunächst thesenhaft aufgelistet, die folgenden je nach Art und Qualität des Textes unterschiedlichen Funktionen:[3]

- Phantastische Literatur stellt eine Möglichkeit der Befreiung von den Zwängen eines in Rationalität erstarrten Bewusstseins dar.
- Phantastische Literatur ist in der Lage, eine Erweiterung des Wirklichkeitsverständnisses durch Entwurf einer grundsätzlich nicht real einlösbaren Gegenwirklichkeit zu bewirken. Sie „weitet die Welt aus, indem sie den Leser über die einengenden Grenzen des Alltags hinausführt." (Freund 1982, 82) Gudrun Stenzel versteht es als „ein großes kreatives Potenzial", „die Grenzen unserer Realität auszuloten, und dem Unbewussten Ausdruckmöglichkeiten anzubieten." (Stenzel 1999, 139)
- Phantastische Literatur kann die nicht nur rationalen Erfahrungen von dem, was der Mensch ist, aktivieren. „Allein ‚Geschichten' (…) gestatten, vielschichtige Wahrheiten zu vermitteln, die in der wissenschaftlich-logisierten Sprache auf die eindimensionale Richtigkeit verkürzt werden." (Halbfas 1975, 174) Dieses Plädoyer von Hubertus Halbfas für eine Erneuerung der narrativen Unterrichtskultur zielt dementsprechend auch auf die Lektüre phantastischer Texte.
- Hartmut von Hentig nennt in entsprechender Weise am Beispiel der *Unendlichen Geschichte* als zentrale Funktion – von Hentig benutzt den Begriff „Pointe" – des Phantastischen: „Unsere Welt stirbt aus Mangel an Phantasie; unsere Vorstellungskraft ist zu klein für die Fülle des in ihr Wirklichen und erst recht des noch Möglichen. Der Kleinmut des Erkennens ist der Grund für den Zerfall der Welt – ihre Verarmung, Verkarstung, Verkrüppelung. Wenn Bastian keine Wünsche mehr hat, ist es um Phantásien geschehen." Die andere nicht weniger wichtige Leistung, die sich in gleicher Weise als Funktion verstehen lässt: „Die [erzählte] Geschichte fasst alle Bedrohung, alle Lüge, allen Wahnwitz, alle kleine und große Zerstörung in einem Mythos zusammen – sie macht dies alles fassbar, benennbar." (von Hentig 2000, 96 f.)
- Das ist offenbar etwas, was in der Moderne vor allem phantastische Literatur leisten kann: einen Mythos, d. h. eine bildlich-erzählerische Welterklärung zu entwerfen und darin festzumachen. Franz Fühmann betont in be-

---

2 Vgl. von einem ethnologisch-strukturalistischen Ansatz aus Lévi-Strauss 1973. – In anderem Zusammenhang betont Annette Simonis, dass in das Phantastische „Bestandteile eines älteren mythischen Bewusstseins sowie vormoderne Denkfiguren einfließen" (Simonis 2005, 12).
3 Vgl. dazu mit einer einlässigeren Begründung Haas 1978.

sonderer Weise diesen Aspekt: „Der Mythos ... macht es möglich, die individuelle Erfahrung, mit der man ja wiederum allein wäre, an Modellen von Menschheitserfahrung zu messen." (Führmann 1976, 164) Natürlich leisten das keineswegs alle Texte, auch nicht alle bedeutenden des Genres; aber dass es eine grundsätzliche Möglichkeit ist, belegen gleichwohl nicht wenige Werke – C. S. Lewis' *Narnia*-Zyklus gehört dazu, in variierter Weise Tolkiens *Herr der Ringe*, Jurij Brežans *Krabat oder die Verwandlung der Welt*, Michail Bulgakows *Der Meister und Margarita* und auch Ludwig Holbergs *Niels Klims unterirdische Reise* – um nur diese Beispiele zu nennen.

– Wenn Peter von Matt die neuzeitliche Phantastik als eine Art Protest gegen die generelle Vereinnahmung der Wirklichkeit durch Newtons *Mathematische Prinzipien der Naturlehre* betrachtet, was heißt, dass „der ganze Kosmos ... einem einzigen, in mathematischen Begriffen formulierbaren Gesetz [unterliegt]" (von Matt 2003, 135), so erklärt sich daraus die Irritation, die bei der Rückkehr des von der Aufklärung verbannten Wunderbaren in eine Welt, die es nicht mehr für wirklich nehmen kann, entsteht. Aber genau diese Irritation macht eine wesentliche Funktion der Phantastik aus. Sie nötigt zur Frage nach der Ursache, regt zur Stellungnahme an, d. h. sie aktiviert. Dazu Hans-Georg Werner in Bezug auf E. T. A. Hoffmann: „In der zeitgenössischen poetischen Literatur trat Hoffmann das Gespenstisch-Unheimliche als Material einer auf ein breites Publikum orientierten Wirkungsstrategie entgegen. Mit seiner Hilfe sollte der Leser gepackt und verunsichert werden." (Werner 1978, 94)[4]

– Phantastische Literatur kann einem dem Menschen innewohnendes, „beständiges, unveränderliches Bedürfnis" „nach einer Welt der Transzendenz hinter der realen Welt" (Schier 1976, 60) Genüge tun, wobei es sich in der Phantastik des Grauens vielfach um eine Art säkularisierter, auf das Genießen des Tremendums verkürzter Transzendenz handelt. Umgekehrt ist aber phantastische Literatur auch verstehbar als expressiver Ausdruck der Unsicherheit und eines Bedrohtheitsgefühls des Menschen. „Die Welt ist ein bedrohlicher Ort: das ist die Auffassung, die hinter allem steht, was ich schreibe. Deshalb müssen wir versuchen, eine andere Welt zu finden, die sicherer und schöner wäre." (Green1975, 85) Julien Green ist dabei nicht der Meinung, dass diese andere Welt im phantastischen Text abgebildet wäre; phantastische Literatur stellt aber möglicherweise den Anstoß zur Suche dar. In diesem Zusammenhang ist auch auf eine in der bisherigen Diskussion noch wenig beachtete Wurzel phantastischer Literatur hinzuweisen – die okkultistischen Texte des 17. und 18. Jahrhunderts. Unter dem Vorzeichen der Aufklärung vollzieht sich hier, wie Walter Lauterwas-

---

4 Wenn A. Simonis allerdings sagt, die Erzeugung einer unheimlichen Atmosphäre sei „ein wichtiges genretypisches Merkmal des Phantastischen" (Simonis 2005, 191), dann könnte sich damit das Missverständnis verbinden, eben dieses dunkel Unheimliche gehöre unabdingbar zu Definition des Phantastischen. Es gibt aber durchaus auch helle, spielerisch-heitere Phantastik.

ser dargelegt hat, nach und nach aus der religiösen und pseudoreligiösen Sphäre heraus eine „anthropologische Wendung" und wird „der psychologische Aspekt eines unstillbaren Verlangens nach dem Wunderbaren, also dem Außergewöhnlichen und Nichterklärbaren," als ein Grundelement der menschlichen Psyche verstanden. (Lauterwasser 2005, 594)[5]
- Die Lektüre phantastischer Literatur ist nach Erich Neumann ein Beitrag zur Wiederherstellung der seelischen Ganzheit, die in der Phase der Herausbildung eines Über-Ichs in Gefahr gerät, verloren zu gehen; sie dient insgesamt der geistig-seelischen Balance des Menschen. (Neumann 1949, 426 ff.)
- Phantastische Literatur kann bei der Bewältigung psychischer Krisen oder Probleme eine Funktion übernehmen. (s. unten 5.3)
- Phantastische Literatur kann als Ersatz für verweigerte Realität dienen. Der weithin allein gesehenen negativen Einschätzung entspricht aber eine positive Möglichkeit, und das nicht allein im Sinne Blochs als „unreifer, aber ehrlicher Revolutionsersatz" (Bloch 1959, 89), also bezogen auf die gesellschaftliche Wirklichkeit, sondern auch im Sinne von Georges Jaquemin als „Ablenkung und Berichtigung. Ablenkung, denn das monotone, enttäuschende, farblose Dasein kommt in Berührung mit dem Unerwarteten und Unzulässigen, zwei Dinge, die, auch wenn sie schrecklich sind, Farbe und Aufregung bringen, eine Intensivierung des Lebens, die auf jeden Fall angenehm ist. Berichtigung, weil das Phantastische dem Wirken der Justiz gleicht: die Folgen sind gleich, nicht die Wege und Mittel." (Jaquemin 1975, 46) Nur wer des Glaubens ist, Glück und Erfüllung aller Bedürfnisse des Menschen sei grundsätzlich machbar, kann diese Art von Kompensation völlig verdammen.
- J. R. R. Tolkien sagt, er könne im Zusammenhang von Märchen und phantastischer Literatur „den verächtlichen oder mitleidigen Ton, ... mit dem von ‚Flucht' heute so oft gesprochen wird," nicht billigen, denn Flucht sei im Leben vielfach etwas höchst Vernünftiges. Es gebe Zeiten und Situationen, „die den Wunsch erregen, zu flüchten, zwar nicht aus dem Leben, aber doch aus der Gegenwart und dem selbstgeschaffenen Elend" (Tolkien 1984, 116, 124). Und in einer Besprechung des Buches von Hans Belting: *Das echte Bild* heißt es in gleichem Sinne: „Das Publikum hat die Produzenten der virtuellen Wirklichkeiten längst aus der Realitätspflicht entlassen und bezahlt gern für seine kleinen Fluchten aus der alltäglichen Unwirtlichkeit." (Nordhofen 2005, 47)
- Phantastische Literatur kann eine Art allegorischer Funktion übernehmen, wenn sie eine Parallelwelt und Parallelwirklichkeit entwirft, von der aus die Alltagswirklichkeit des Lesers gewissermaßen verfremdet deutlicher

---

5 Vgl. auch Karbach 1980: „Spätestens seit 1917 (...) Gustav Meyrinks Werke erschienen, zählt der Okkultismus zu den Wurzeln phantastischer Literatur" (281). Karbach weist ebenso auf kabbalistische Einflüsse bei zentralen Werken der Phantastik hin (291).

erkennbar wird. „Komplizierte Inhalte können modellhaft vereinfacht (...), unanschauliche Sachverhalte in eine anschauliche Analogie transportiert werden." (Girndt-Dannenberg 1977, 179)
- Ebenso erweist sich phantastische Literatur nicht zuletzt immer wieder auch als Möglichkeit bunter Spielentwürfe. Funktional gesehen heißt das, dass Phantastik den Leser einlädt, aus den logischen und rationalen Formen seines Denkens heraus und in manchen Fällen in die völlige Freiheit des offenen, nicht ziel- bzw. aussagegerichteten Spiels einzutreten. Diese Spiel-Intention macht Phantastik in besonderer Weise dem nach Bedeutung und Sinn Suchenden, speziell dem erwachsenen Leser verdächtig und erklärt die vielfach zu beobachtende Reserviertheit gegenüber phantastischer Literatur bzw. deren grundsätzliche Ablehnung.

4 Beispiele für Leistungen phantastischer Sichtweisen

Solche sich mit der Kontur des Genres als Ganzem verbindende Funktionen schließen einzelne Themenfelder nicht aus, in denen das Phantastische mit seinen spezifischen Mitteln der Verfremdung, der sich daraus ergebenden gedanklichen Irritation und einer eindrücklich-originären Bildlichkeit die Aussage transportiert.

Dabei ist allerdings auf zwei mögliche Missverständnisse hinzuweisen. Die hier gestalteten Themen können im Rahmen eines anderen Welt- und Menschenbilds, mit anderer Akzentsetzung und mit anderen darstellerischen Mitteln durchaus auch Gegenstand realistischer Texte sein. Ferner: ‚Funktion' meint bei den im folgenden zu nennenden, vor allem mit dem Bereich der Kinder- und Jugendliteratur verbundenen thematischen Feldern nicht eine didaktische Kategorie, die sich unterrichtlich in Gebrauch nehmen lässt, wie das der Beitrag von Helmut Müller mit dem Titel *Die emanzipatorische Funktion der phantastischen Erzählung* intendiert. „Wie andere Gattungen auch, kann die phantastische Erzählung verschiedene Funktionen haben", heißt es da, und im Geist einer in den 70er-Jahren dominierenden ideologiekritisch-aufklärerischen Didaktik wird Phantasie und Phantastik „als ästhetisches Hilfsmittel zu einem Moment der engagierten und gesellschaftsbezogenen Literatur. (...) Soll die phantastische Erzählung wirklich emanzipatorische Wirkung erzielen, dann muss sie neben der Darstellung unserer gesellschaftlichen Verhältnisse und ihrer Widersprüche auch gerade mit Hilfe der phantastischen Elemente eine prinzipiell verwirklichbare Perspektive im Hinblick auf die Veränderbarkeit unserer Welt entwickeln." (Müller 1979, 443–446)

Gertrud Lehnert wendet sich mit Entschiedenheit gegen eine solche didaktische Vermarktung, bei der Phantastik „ausschließlich dem sozialen Lernen, der Sozialisierung" in einem ganz vordergründig instrumentellen Sinne dient, und bezeichnet es als „auffällig, wie vergleichsweise selten seelische Prozesse in der phantastischen Kinder- und Jugendliteratur thematisiert werden. In beispielsweise der englischsprachigen, schwedischen oder niederländischen Kinderliteratur ist das anders. Hier findet sich auch ein Interesse am Phantastischen als einem Phänomen, das hergebrachte Sehweisen aufzubrechen und zu zeigen vermag, daß es ‚viele Dinge zwischen Himmel und Erde gibt, von denen sich unsere Schulweisheit nicht träumen lässt'." (Lehnert 1991, 18)

Dorothee Girndt-Dannenberg spricht von „pragmatischen Funktionen fantastischer Erzählelemente" und meint damit „modellhaft vereinfachende Darstellung des Komplizierten, (...), Bildung anschaulicher Analogien zu unanschaulichen Sachverhalten ohne Verarmung und simplifizierende Verfälschung der Darstellung." Zwar seien das „auch didaktische Kategorien. Weil diese Funktionen jedoch zugleich genrespezifische literarische Kategorien sind, wirkt das Didaktische nicht ‚didaktisierend'." (Girndt-Dannenberg 1977, 182)

Wenn dementsprechend im Folgenden einzelne thematische Felder im Bereich der Phantastik genannt werden, dann nicht im Sinne einer didaktischen Verwertbarkeit, sondern ausschließlich als Beispiele für die aussagerelevante ‚Leistung' einer „anderen Sehweise."

4.1 Phantastik als Spiegelung politisch-gesellschaftlicher Verhältnisse und Probleme

In *Der weiße Wolf* von Käte Recheis gerät ein Junge auf magische Weise in den Bereich einer gewissermaßen ‚anderen', einer mythischen Welt, in der eine brutale, menschenverachtende Diktatur das Leben der Menschen bestimmt. Diese Parabel von Machtmissbrauch, Rassismus und nicht zuletzt von der ausbeuterischen Zerstörung der Natur kommentiert die Verfasserin in einem Nachwort so: „Die Zivilisation hat keinen Platz für eigenständige kleine Gemeinschaften, die auf einer anderen Entwicklungsstufe stehen. Im Buch dürfen sie überleben. (...) In dieser phantastischen Erzählung konnte ich das vielleicht noch etwas mehr erreichen als bei einer realistischen Erzählung. Die phantastische Geschichte bietet die Möglichkeit, allgemeingültiger zu formulieren, weil die Figuren, die Ereignisse, die Umwelt vielfach symbolische Bedeutung haben (...)."

Das gilt für eine ganze Reihe anderer, vor allem jugendliterarischer Phantastik-Texte in ähnlicher Weise, auch wenn die dabei verwendeten erzählerischen Mittel und die Themen sehr unterschiedlicher Art sind. Genannt seien hier lediglich Jurij Brežans *Die schwarze Mühle* oder Christine Nöstlingers *Wir pfeifen auf den Gurkenkönig*,[6] oder der im wörtlichen und übertragenen Sinne *zeit*- bzw. zivilisationskritische Märchenroman *Momo*

---

6 Vgl. dazu Grenz 1985. – Winfried Freund: „Im Medium phantastischen Stil entmythologisiert sie [Christine Nöstlinger] unhaltbare, der menschlichen Selbstverwirklichung im Wege stehende Bewußtseinsstrukturen." (Freund 1980, 206)

von Michael Ende; und insofern die Figur einer Glühbirne in Günter Herburgers *Birne*-Erzählungen Ausdruck instrumental-sozialer Phantasie ist, die konkrete Anstöße für die Veränderung von bewusstseinsmäßiger und realer Wirklichkeit liefert, ist dieses Buch neben einer ganzen Reihe weiterer Texte Beispiel für die hier zu nennenden spezifisch aufklärerisch-kritischen Möglichkeiten *auch* phantastischer Literatur.

Im Bereich der Erwachsenenliteratur gehört G. K. Chestertons *Der Held von Notting Hill* zu den Ahnen des phantastischen „Protests als legitime Ausdrucksform der gesellschaftlichen Kritik".[7] Ebenso betreibt, wenn auch auf sehr verdeckte Weise, Irmtraud Morgners *Amanda. Ein Hexenroman* Zeitanalyse und Zeitkritik. Ähnliches gilt für *Die andere Seite. Ein phantastischer Roman* von Alfred Kubin aus dem Anfang des 20. Jahrhunderts; und Stanisław Lem charakterisiert seinen Roman *Transfer* selbst als „zivilisatorische Warnung".

4.2 Phantastik als Spiegel entwicklungs- und tiefenpsychologischer Prozesse

Es bedarf nicht der Erwähnung, dass so gut wie jeder Text, je nach dem interpretatorischen Ansatz, unterschiedlichen Deutungen zugänglich ist.

So betont Hartmut von Hentig bei Michael Endes *Die unendliche Geschichte* neben der Stärkung der Vorstellungskraft auch die ethische und soziale Entwicklung in dem Anruf an den jungen Leser „Du bist wichtig für das Ganze, ja, auch du!" (von Hentig 2000, 97) Aber nicht weniger plausibel ist das Verständnis des Textes als psychologische Darstellung von überindividuellen Stationen eines Individuationswegs, der Konfrontation mit den hellen und dunklen Seiten der Seele und im ganzen eines Prozesses der Selbstannahme und Selbstverwirklichung – so etwa in der Interpretation auf tiefenpsychologischer Grundlage von Helmut Gronemann. (Gronemann 1985)

Auf die psychologische Dimension von Lewis Carrolls *Alice im Wunderland* ist schon früh hingewiesen worden. Die Motive kindlicher Erotik in den Bildern von der Kaninchenhöhle, dem Kaninchen selbst, den sprechenden Lilien und ihren Staubbeuteln und anderem stellen ein wahrhaft freudianisches Arsenal dar; und in ähnlicher Weise, wenn auch nicht ganz so deutlich akzentuiert, wird der psychologische Aspekt in Edith Nesbits *Die Kinder von Arden* und in *Der Traum von Arden* sichtbar. Es sind entwicklungspsychologische Träume, die „zum Werden eines jeden rechten Menschen" gehören und die, „wenn man etwas unter die Oberfläche blickt", in der phantastischen Zeitverschichtung besonders sichtbar werden – so die jeweilige ‚Erklärung' des Geschehens am Schluss der beiden Erzählungen. Auch die Geschichte von Timm Thaler, dem der Teufel das Lachen ab-

---

7 So Carl Amery im Nachwort der suhrkamp taschenbuch-Ausgabe st 1174 von 1985. – Vgl. dazu auch Petzold 1986.

kauft, transportiert in, neben oder unter der zivilisationskritischen Schicht einen solchen Werdens-Prozess. (Krüss 1962)

Eine tiefe seelische Verstörung schließlich beschreibt Paul Biegel in *Nachts kommen sie*, sich herausbildend aus Berichten und Bildern über die Schrecken des Kriegs und sich entwickelnd in einer Phase psychischen Umbruchs und Werdens der Mittelpunktfigur in der Vorpubertät. In der Identifikation mit dem nächtlichen Kämpfen und Sterben der zu Leben erwachten Zinnsoldaten vollzieht sich hier das Wachstum von kritischem Bewusstsein, von Seele und Gewissen.

4.3 Phantastik als Element einer pädagogisch-psychologischen Angst-Katharsis

Um des auf Grundsätzliches zielenden Ansatzes und um seiner Ausgearbeitetheit willen erhält dieser Aspekt eine Sonderstellung im Zusammenhang des Hinweises auf psychologische Themen und Aussagemöglichkeiten der Phantastik. Gundel Mattenklott stellt ihn in den Mittelpunkt ihrer funktionalen Betrachtung, wenn sie betont „dass Angst nicht nur ein Thema oder Motiv der phantastischen Kinderliteratur ist, sondern das Genre konstituiert. (…) Todeserfahrung und die Gefahr des Selbstverlusts … konfrontieren Leser und Leserinnen mit dem Schrecken extremer Beraubungen." (Mattenklott 2002, 19)[8] Diese Faszination des Schreckens wird aber nicht als etwas Negatives verstanden, denn „Erwachsene wie Kinder wünschen sich starke Emotionen, und anders als der Alltag hält sie die Literatur verlässlich und risikolos bereit. Die ängstliche Erregung des Lesers ist (…) grundsätzlich von der Angst im realen Leben unterschieden. Selbst der in seine Lektüre tief versunkene Leser (…) weiß, dass er liest (…)" und „kann jederzeit aus der Situation heraustreten." Eine kathartische Funktion hat eine solche Lektüre insofern, als so vor allem junge Leser „entwicklungsbedingte Ängste symbolisch durchspielen und verarbeiten können." (Mattenklott 2002, 17 ff.) Auch Alexander Mitscherlich sieht neben der psychotherapeutischen Funktion der Angst im Sinne von Schock und Lösung das in der Lektüre dosierbare und immer wieder zurücknehmbare Furchterregende in der Funktion eines psychisch-geistigen Antriebs- und Verstärkungselements, und er ist der Ansicht, dass Menschen ohne Angst ärmer wären.

4.4 Phantastik als Verweis auf eine Welt des Numinosen und Religiösen

Wer sich in die scholastischen Labyrinthe der Theologie verirrt, kann wie Jorge Luis Borges zu Meinung kommen, es handle sich bei dieser

---

8 Zu dem Problem, dass Angst, verstanden als konstituierendes Merkmal der Phantastik, das Genre zu eng zu definieren vgl. von Matt 2003.

Disziplin um einen Zweig der phantastischen Literatur. Umgekehrt gilt auch, dass Fantasy und Sciencefiction als Zweige von Theologie und Religionswissenschaft gesehen werden können, so häufig tauchen Motive und Figuren aus diesen Beständen des menschlichen Denkens noch in den abstrusesten Werken auf. (…) Gerade hier findet die eigentliche Diskussion über Religion heute statt. ‚Eigentlich' heißt nicht nur im Sinn der größten Rezeption, sondern durchaus auch im Sinne von Ernsthaftigkeit, von Radikalität und Aktualität." (…) „Hinter den modernen Texten steht eine Gnosis, die zweitausend Jahre Christentum überdauert hat und immer wieder einwirkt auf die Imagination." (vgl. Schenkel 2006, 30)[9]

Das Gegeneinander von Gut und Böse, von Hell und Dunkel ist Zentrum so gut wie fast aller phantastischer Literatur. Diese Konstellation wird auch zur Grundlage für die das Genre geradezu mitkonstituierenden und nicht nur in den trivialen Texten im Mittelpunkt stehenden Kämpfe gegen dunkle, Verderben bringende und widergöttliche Mächte. Lindgrens *Die Brüder Löwenherz* ist nur *ein* Beispiel für viele andere.

Dabei spielt immer wieder auf höchst problematische Weise auch magisch-esoterisches Gedankengut eine Rolle. Da ist etwa in Susan Coopers *Wintersonnenwende* der Held ein 7. Sohn eines 7. Sohnes, der am Tag der Wintersonnenwende seinen 11. Geburtstag feiert und dabei erfährt, dass er zu dem auserwählten Kreis der ‚Uralten' gehört, die das Licht gegen die Mächte der Finsternis, personifiziert in der Gestalt eines schwarzen Reiters, zu verteidigen haben. Subtiler entwirft Marion Zimmer Bradley dieses Bild in *Die Nebel von Avalon*; und hier wird der religiöse Aspekt nun auch direkt thematisiert. Gwenhwyfar fragt Artus: „Du stellst Magie und Zauberei über den Willen Gottes?" und Artus antwortet: „… als der heilige Joseph nach Glastonbury kam und dort seinen Stab in die Erde stieß, der Wurzeln schlug und blühte, hießen ihn die Druiden willkommen. Er fand nichts dabei, Gott gemeinsam mit ihnen zu verehren." (Zimmer Bradley 1984, 311) Schließlich hatte ihn ja auch der Druiden-Zauber seines Schwertes Excalibur vor dem Tod gerettet. Stoffe aus dem keltischen Sagenraum, in der zeitgenössischen phantastischen Literatur auffallend oft in Variationen und Abwandlungen wieder aufgegriffen – vgl. etwa T. H. White, Thomas A. Barron, Rosemary Sutcliff u. a. – drehen sich dementsprechend vielfach um das Spiel und Widerspiel zweier Religionen in der Frühzeit der Christianisierung. Dass C. S. Lewis in seinem *Narnia*-Zyklus – um nur noch dieses Beispiel zu nennen – dem Löwen Aslan christusähnliche Züge verleiht und insgesamt die phantastische Wirklichkeit mit einem eindeutig christlichen Hintergrund versieht, ist auch unter Theologen unstritten. Ähnliches gilt für J. R. R. Tolkiens Hauptwerk *Der Herr der Ringe*.

---

[9] Der Artikel ist eine Besprechung des Buches von Thomas LeBlanc/Johannes Rüster (Hrsg.): *Glaubenswelten. Götter in Science-Fiction und Fantasy*. Wetzlar: Phantastische Bibliothek 2005.

Wie unter einseitig dogmatischen Aspekten das Religiöse im Bereich der Phantastik allerdings auch als Teufelswerk gesehen werden kann, demonstriert Gabriele Kuby in ihrem polemischen Angriff auf Joanne K. Rowlings *Harry Potter*. (Kuby 2003) Souverän abwägend rückt dagegen Michael Maar die Dinge zurecht, wenn er sagt: „Ihre [Rowlings] Magie ist liberal und aufgeklärt und also keine. Aber stimmt das und ist die Erfinderin Harry Potters damit wirklich erfasst? Schließlich war es die Magie und nicht die Aufklärung, der sich ihr Werk und ihr Welterfolg verdankt. Und die Wahrheit ist auch komplizierter. (…) Joanne K. Rowling hat nicht die Gewissheit Tolkiens, der auf die überraschende gute Wende, die Eukatastrophe zählt, auf Gnade, Evangelium und Frohbotschaft. Rowling hat Zweifel, die sich in alle Richtungen drehen. Sind die Toten wirklich tot? Allein die Frage legt ihrem Werk eine schwache metaphysische Spannung an. Der Hauch des Zweifels ist das silbrige Zwielicht, das über den Harry-Potter-Bänden liegt; der Hauch, der diese Bände vielleicht erst ins Leben gerufen hat." (M. Maar 2005, 43)

Damit ist selbstverständlich sachlich nichts ausdiskutiert – es ist lediglich deutlich zu machen, dass vor allem im englischsprachigen Bereich in der sogenannten ‚high fantasy' der religiöse Aspekt eine ganz zentrale Rolle spielt.

4.5 *Phantastik als Schaffung eines Kreativität freisetzenden Spiel-Raums*

Ausgangspunkt und Grundlage all seines Schreibens, sagt Michael Ende, sei das „absichtslose freie Spiel der Phantasie." (Ende 1986, 3266 ff.) Die Beispiele für eine solche Funktion sind Legion; hier nur zwei exemplarische Texte: Paul Maars Erstling *Der tätowierte Hund* und Michael Endes *Jim Knopf und Lukas der Lokomotivführer*. Der im Postpaket auf der Spielzeuginsel mit der Spielzeugeisenbahn ankommende Winzling Jim Knopf lädt den Leser wie den Hörer auf die intensivste Weise zum Phantasie-Mitspiel ein. Und Maars Erzählung von dem Hund, auf dessen Fell die buntesten Geschichten abzulesen sind, tut das gleiche. Hier wird gewissermaßen Grund gelegt für das, was der zitierte Hartmut von Hentig von Literatur für junge Leserinnen und Leser einfordert: Entwicklung von Kräften der Phantasie und Aufbau eines reichen Vorstellungsvermögens.

Nicht wenige andere Texte vor allem der Kinder- und Jugendliteratur enthalten dieses Spielpotenzial. Natürlich lässt sich das Geschehen in Carolls *Alice im Wunderland* neben der Kritik am rational erstarrten Wirklichkeitsverständnis der Erwachsenen wie dargestellt auch als Ausdruck der geistig-seelischen Entwicklung eines Kindes verstehen; und natürlich kann Jasper Ffordes *Der Fall Jane Eyre* auch als ironische Persiflage auf den zeitgenössischen Literaturbetrieb und als bunter Verschnitt aus phantastischer Zeitreise-Thematik und einer Parodie des Kriminalromans gelesen werden; aber das Profil beider Bücher ergibt sich gleichwohl primär aus ihrer – in diesen Beispielen auch verdeckt oder ironisch provokativen – Spiel-Struktur. Sie repräsentieren neben vielen weiteren Texten eine Phantastik der ‚Was-wäre-wenn ...'-Spiel-Idee: Was wäre, wenn Träume gelebte Wirklichkeit würden ... wenn der Mensch in eine ferne Vergangenheit oder Zukunft eintreten könnte ...wenn die Zeit stehen bliebe ... wenn eine Vogelscheuche sprechen könnte ... ein Bibliothekar sich in einen Raben verwandelte ... Holzfiguren zum Leben erwachten ... der Wind zu einer individuellen Figur und ein Drache zum Flugtier und Gefährten eines Kindes würde ...?

Öffnung der Vorstellungskraft im Bild, provokative Anfrage an das selbstsichere Wirklichkeitsverständnis des Lesers und Herausforderung zum aktiv-produktiven und Freiräume öffnenden Spiel: elementare Grundfunktionen phantastischer Literatur für junge wie für erwachsene Leser.

Prof. Dr. Gerhard Haas, Friedrich-List-Str. 31, 72127 Kusterdingen

Irmgard Nickel-Bacon

Alltagstranszendenz

Literaturhistorische Dimensionen kinderliterarischer Fantastik

1 Das romantische Märchenkonzept und die phantastische Kinderliteratur des 20. Jahrhunderts. Vorüberlegungen

Als „Ungenügen an der Normalität" bezeichnete Lothar Pikulik (1979) die deutsche Romantik. Er trifft damit einen zentralen Aspekt dieser Epoche, die nach Lebensmöglichkeiten unter den Bedingungen der sozialen Moderne fragt und diese im Überschreiten der profanen Alltagswirklichkeit findet. Zu bewältigen war damals wie heute die zunehmende Kluft zwischen Anspruch und Realisierung, die seit der „Sattelzeit" um 1800 mit dem sozialen Fortschritt verbunden ist. Die bürgerliche Leistungs- und Risikogesellschaft mutet dem einzelnen tiefgreifende Wandlungsprozesse zu, vermag jedoch das damit verbundene Glücksversprechen der Aufklärung nicht einzulösen. Aus heutiger Perspektive ist die soziale Moderne als ein zwar unaufhaltsam, aber krisenhaft voranschreitender Prozess zu sehen, zu dem antimoderne und rückwärtsgewandte Tendenzen ebenso gehören wie eine „selbstreflexive Auseinandersetzung" (Wild 1997, 11), wie sie auch die Literatur leistet.

So strebte die Romantik nicht nur poetologische Veränderungen an, sondern revidierte auch die von der Aufklärung entworfene Leitvorstellung vom vernünftigen Menschen in einer nach Vernunftgesetzen funktionierenden Welt. Ein Überschreiten des auf Vernunft und Empirie gegründeten Verständnisses von Wirklichkeit, eine Erweiterung des Bildes vom rationalen Menschen um seine irrationalen Seiten, wie sie insbesondere in den Kunstmärchen und Märchennovellen der deutschen Romantik entworfen ist, nimmt ein Subjektmodell vorweg, das Sigmund Freud und die Psychologie erst sehr viel später bestätigten. Wie schon das europäische Volksmärchen (Lüthi 2004, 118), umschreibt das romantische Programm einer Poetisierung der Welt zugleich den Anspruch, durch Überschreitungen des profanen Alltags eine wesentlichere Wirklichkeit darzustellen als sie dem Alltagsbewusstsein zugänglich ist.

Ausgehend von der These, dass die romantische Poetik des Wunderbaren die poetologische Basis der phantastischen Kinderliteratur bildet, werde ich im Folgenden zunächst die wichtigsten Modelle dieser kinderliterarischen Gattung skizzieren, im zweiten Schritt Formen des phantastischen Erzählens in der Romantik beschreiben, um abschließend deren Nachwirkungen in der phantastischen Kinderliteratur des 20. Jahrhunderts zu umreißen.

2 Modelle des phantastischen Erzählens im 20. Jahrhundert

Seit den späten achtziger-Jahren bemühte sich die historische Kinderliteraturforschung um eine Bestimmung der kinderliterarischen Fantastik als Gattung. (vgl. bes. Grenz 1986 b) Diesem Versuch stand die Tatsache entgegen, dass es Fantastik im engeren Sinne, die mit einer Verunsicherung des impliziten Lesers und/oder handelnder Figuren bezüglich des Realitätsstatus' phantastischer Aspekte verbunden ist (Todorov 1992), in der Kinderliteratur kaum gibt. Schwierigkeiten bei der Gattungsbeschreibung bereitete auch die Heterogenität der phantastischen Kinderliteratur (vgl. Haas 2002; Rank 2002 a), die jedoch mittlerweile durch die Bestimmung von prototypischen Modellen des phantastischen Erzählens zumindest konzeptionell gelöst sind. (vgl. Gansel 1999; Kaulen 2004) Eine systematische Weiterentwicklung dieses Ansatzes, phantastische Literatur in Modellen zu kategorisieren, sollte neben literarhistorischen auch fiktionstheoretische Aspekte berücksichtigen.

In einem umfassenden fiktionstheoretischen Modell (vgl. Nickel-Bacon 2003 b) ist Fantastik als Aspekt der Inhaltsebene zu bestimmen. Hier lassen sich innerhalb von Fiktionen eher realitätsnahe („realistische") von eher realitätsfernen bis irrealen Elementen der erzählten Welt bestimmen. Kennzeichen phantastischen Erzählens sind irreale, da physikalisch unmögliche Erzählelemente. Phantastische Texte im engeren Sinn setzen voraus, dass „der Text ein Wirklichkeitsmodell ersten Grades aufbaut, das dann von einem solchen zweiten Grades überschritten wird." (Kaulen 2004, 14) Ersteres Wirklichkeitsmodell kann auch als (realistische) Alltagswelt, letzteres als (phantastische) Anderswelt bezeichnet werden. Auf einem Kontinuum zwischen

Realitätsnähe ◄─────────────────────────► Realitätsferne

sind die drei prototypischen Untergattungen[1] der kinderliterarischen Fantastik folgendermaßen einzuordnen:

---

[1] Aus Gründen der Systematik, die das Verhältnis von Fiktion und Wirklichkeit betreffen, weiche ich in der Anordnung von den Vorschlägen von Gansel (1999) und Kaulen (2004) ab.

Modell A: Phantastischer Besuch aus der Anderswelt in der Alltagswelt

In einer realitätsnahen Alltagswelt mit realistischen Handlungsträgern treten unvermutet realitätsferne/irreale Figuren, Gegenstände oder Phänomene auf, die unterschiedliche Funktionen für den weiteren Handlungsverlauf erfüllen können. Diese sind insgesamt auf Realitätsbewältigung ausgerichtet.

Als typische Beispiele sind zu nennen:

- Astrid Lindgren: *Pipi Langstrumpf* (1945/dt. 1949)
- Otfried Preußler: *Das kleine Gespenst* (1966)
- Christine Nöstlinger: Wir pfeifen auf den Gurkenkönig (1972)
- Paul Maar: Eine Woche voller Samstage (1973)
- Benno Pludra: Das Herz des Piraten (1985)
- Kirsten Boie: Prinzessin Rosenblüte (1995)

Als Beispiel auf der Grenze zwischen Modell A und C ist zu betrachten:

- Michael Ende: *Momo* (1973)

Modell B: Phantastische Parallelwelten

Eine kleine Welt, häufig mit kleinen Bewohnern, die in vielerlei Hinsicht der geläufigen Alltagswirklichkeit entspricht[2] bzw. ähnelt, ist mit einzelnen irrealen Figuren, Gegenständen oder Phänomenen ausgestattet und kann zudem nach eigenen Normen und physikalischen Gesetzen funktionieren. Phantastisch sind also vor allem bestimmte Eigenschaften dieser kleinen Welten.

Als Beispiele sind zu nennen:

- Otfried Preußler: *Der kleine Wassermann* (1956)
- Otfried Preußler: *Die kleine Hexe* (1957)
- Michael Ende: Jim Knopf und Lukas der Lokomotivführer (1960)
- Janosch: Oh, wie schön ist Panama! (1978)
- Tove Jansson: *Geschichten aus dem Mumintal* (1978/NA 1993)

Der Ein-Welten-Phantastik fehlt eine Verortung in Bezug auf die der empirischen Erfahrung zugängliche Welt. Aus fiktionstheoretischen Gründen muss diese aber als implizite Kontrastfolie zur erzählten irrealen Welt angesehen werden. (vgl. Eco 1994, 124; Martínez/Scheffel 1999, 123 ff.) Häufig handelt es sich um Miniaturgesellschaften (Haas 2002, 9), die kindlichen Lesebedürfnissen besonders entgegenkommen, weil sie einem Erlebensho-

---

2 Ein jenseits des Modells C (also als D) anzusiedelnder Typus der Ein-Welten-Phantastik steht in der Tradition von J. J. Tolkiens *Der kleine Hobbit* (1937) und *Der Herr der Ringe* (1954/55), der seine Motive und Stoffe altenglischen Mythen und Sagen entnahm und das Grundmuster von Fantasy-Romanen entwarf, in denen mythische Anderswelten entworfen werden, in denen archaische Kämpfe zwischen Gut und Böse um die Herrschaft über das Universum stattfinden.

Erlebenshorizont entsprechen, in dem Wunder und Wirklichkeit noch nicht streng unterschieden werden.

Modell C: Dualismus von Alltagswelt und Anderswelt

Eine realitätsnahe Alltagswelt mit realistischen Handlungsträgern wird konfrontiert mit einer realitätsfernen/irrealen Anderswelt, die nach eigenen Normen und physikalischen Gesetzen funktioniert und nach unserem gültigen Wirklichkeitsmodell als physikalisch unmöglich anzusehen ist. In der Regel findet der Übergang aus der Alltagswelt in die Anderswelt durch bestimmte dinghaft markierte Schleusen statt, einzelne Figuren bewegen sich selbstverständlich in beiden Welten.

Als typische Beispiele sind neben den Prototypen aus dem angloamerikanischen Raum[3] zu nennen:

- Erich Kästner: Der 35. Mai oder Konrad reitet in die Südsee (1932)
- Astrid Lindgren: *Mio, mein Mio* (1954/dt. 1955)
- James Krüss: Timm Thaler oder Das verkaufte Lachen (1962)
- Michael Ende: Die unendliche Geschichte (1979)
- Joanne K. Rowling: *Harry Potter und der Stein der Weisen* (1998) und Folgebände
- Cornelia Funke: *Tintenblut* (2005)

Phantastische Kinderliteratur im engeren Sinne stellt eine physikalisch unmögliche Welt (vgl. Martínez/Scheffel 1999, 130) dar, einzelne irreale Aspekte einer solchen Welt können auch im realistischen Kinderroman enthalten sein, wie etwa Kirsten Boies *Prinzessin Rosenblüte* zeigt. Phantastisch ist hier der Besuch einer mittelalterlichen Märchenprinzessin in der Welt des späten 20. Jahrhunderts. (vgl. Boie 1995) Auch bei Zeitreisen, die real mögliche Figuren in historisch mögliche Welten transportieren (vgl. Enzensberger 2000), handelt es sich um eher realistisches Erzählen. Dieser gemäßigten Form phantastischen Erzählens, in der der Bezug auf soziale Realitäten dominiert, wie insbesondere auch Nöstlingers sozialkritischer Roman *Wir pfeifen auf den Gurkenkönig* zeigt, stehen phantastische Romane im engeren Sinn (Kaulen 2004, 14) gegenüber, die vom Dualismus zwischen Alltagswelt und Anderswelt bestimmt sind. Die Zwei-Welten-Phantastik baut einen deutlichen Kontrast auf zwischen einer mit den Mitteln des Realismus geschilderten real-möglichen Alltagswelt und einer erfundenen, aber ebenso realistisch geschilderten, physikalisch unmöglichen Anderswelt.

Der Dualismus von wirklicher und wunderbarer Welt, wie er die Klassiker des phantastischen Kinderromans kennzeichnet, erlaubt die realistische Ausgestaltung phantastischer Anderswelten in Bezug auf eine mögliche Realität: Lindgrens „Land der Ferne" in *Mio, mein Mio* oder die mit dem

---

3 Vgl. bes. Lewis Carroll: *Alice im Wunderland* (1865), Lyman Frank Baum: *Der Zauberer von Oz* (1900), James Matthew Barrie: *Peter Pan* (1904).

sprechenden Namen „Phantásien" bezeichnete Anderswelt in Endes *Unendlicher Geschichte* lassen ihre kindlichen Leser probeweise in den Genuss der unglaublichsten Abenteuer kommen. Diese Wunderwelten stehen in hartem Kontrast zu der als Bezugsrahmen erzählten realitätsnahen Welt, die Ausgangs- und Angelpunkt der kindlichen Wunschwelten ist. Hier genießen die Protagonisten Anerkennung und Erfolg, die sie im Alltag vermissen. Doch die Anderswelten stellen ihre eigenen Anforderungen und halten nach dem Märchenschema[4] ganz besondere Aufgaben bereit.

Die phantastischen Anderswelten setzen sich in der Regel zusammen aus individuellen Kreationen ihrer Autoren und Elementen aus dem Motivbestand von Mythen und Märchen. So zitiert Astrid Lindgren beispielsweise in *Mio, mein Mio* auffallend viele Motive der Volksmärchentradition. Außerdem finden sich Anspielungen auf mythologische Figuren wie z. B. die Schicksalsweberinnen (Moiren) der antiken oder den Schwertschmied der germanischen Mythologie. Einzelne Motive erhalten sich von den Märchen über die Kunstmärchen der Romantik und der Biedermeierzeit bis zur neueren phantastischen Literatur, so etwa die Tränen, die ein versteinertes Herz erweichen. Diese finden sich bereits im Volksmärchen, aber auch in Andersens *Schneekönigin* und erneut in der Metapher vom „Wasser des Lebens" (Ende 1979, 469) in Endes *Unendlicher Geschichte*. Solche Märchenmotive betrachtete die Frühromantik als Teil einer kosmischen Chiffrenschrift (Uerlings 2000, 104) und Symbole der göttlichen Ordnung.

3 Poetik des Wunderbaren. Das literarische Programm der deutschen Romantik und seine Umsetzung in Märchen und Märchennovellen

Der Impetus zur Imagination von Anderswelten hat seine Ursprünge in der Poetologie der Romantik. Diese setzt um 1795 ein mit dem Programm einer „Sympoesie", die im Kreis der Jenaer Frühromantik, insbesondere von Friedrich Schlegel, Novalis und Schelling entworfen wurde. (vgl. Kremer 2003, 90 ff.) Zentral ist hier die Idee, dass Poesie innere Stimmungen und Anschauungen zur Darstellung bringen müsse, da diese ebenso wie Naturphänomene Manifestationen einer göttlichen Zauberschrift sind. (vgl. Uerlings 2000, 103) Die Subjektivität der individuellen Imagination wird zur Basis romantischen Erzählens, die Poesie des Wunderbaren unverzichtbarer Bestandteil der romantischen Ästhetik[5]. Verbunden ist diese neue, später auch als romantische Universalpoesie bezeichnete Poetologie mit dem Ver-

---

4 Das Märchenschema folgt dem Muster von existenziellen Schwierigkeiten und ihrer Bewältigung (Lüthi 2004, 25; Klotz 1985, 11).
5 Gerade die Verschmelzung von Ungleichartigem soll Ausdruck sein für das „nach neuen und wunderbaren Geburten ringende [ ] Chaos", das sich „unter der geordneten Schöpfung verbirgt" (A. W. Schlegel, zit. nach Behler 1992, 139). Nicht nur der Kunst, auch dem Leben sollten damit neue Dimensionen erschlossen werden.

dem Versuch, das Endliche mit dem Unendlichen, das Diesseitige mit dem Transzendentalen zu verbinden.

Insofern entwickelt die Romantik ein deutlich von der Anthropologie der Aufklärung unterschiedenes Menschenbild. Wie schon bei Herder erscheint der menschliche Seelenkern den Romantikern als etwas Göttliches. (vgl. Ewers 1989, 257 ff.) Kinder als poesie- und phantasiebegabten Wesen stehen der Allseele und damit dem Göttlichen näher als der zivilisierte Erwachsene. (vgl. Ewers 1989; Baader 1996) Der romantische „Bezug zum Unendlichen" (Behler 1992, 133) stellt die Säkularisierungstendenzen des 18. Jahrhunderts und die Herrschaft der menschlichen Vernunft in Frage. Damit hebt sich die romantische Poetik deutlich ab von dem auf Vernunft und Empirie gegründeten Programm der Aufklärung und ihrer auf Erziehung zum vernünftigen Menschen ausgerichteten Kinderliteratur. Sie begründet vielmehr eine zweite, grundlegend neue Entwicklungslinie der Kinderliteratur, die sich vor allem im phantastischen Erzählen manifestiert.

Phantastik im Volksmärchen

Insbesondere das starke Interesse der Romantik am Volksmärchen akzentuiert ein antiaufklärerisches Welt- und Menschenbild, dem Transzendenz eingeschrieben ist. Das Märchenschema von Schwierigkeiten und ihrer Bewältigung (Lüthi 2004, 25) impliziert ebenso wie das Motiv der Reise des Helden (zu sich selbst) archetypische Muster der Persönlichkeitsentwicklung. (Freund 2005, 90) Auch im Personal des europäischen Volksmärchens finden sich neben Diesseitsfiguren solche, die der jenseitigen Sphäre[6] angehören. Gerade die phantastischen Elemente des Volksmärchens gehen zurück auf Vorstellungen längst vergangener Epochen, ein magisches Weltbild, das den Zauber und das Wunderbare als real voraussetzt. Glaubensvorstellungen vermischen sich hier mit historischer Realität, insbesondere einer mittelalterlich-feudalen, ständisch gegliederten, was sich aus der Kontamination unterschiedlicher Überlieferungsniveaus erklärt.

Insgesamt sind nach Lüthi „altertümliche und fremdländische Züge" charakteristisch für Märchen. Diese haben die Funktion, das Märchen vom „profanen Alltag" (Lüthi 2004, 118) abzuheben und die erzählte Welt als wichtiger und wesentlicher darzustellen als die empirisch beobachtbare Alltagswelt. Insofern manifestiert sich im Märchen ein überkommenes Verständnis von Wirklichkeit, das Übernatürliches selbstverständlich impliziert. Die erzählte Welt der Märchen umfasst neben diesseitigen auch jenseitige Wirklichkeiten und gilt daher in der Phantastikforschung als eindimensional. Gerade die Selbstverständlichkeit der Wirklichkeitstranszendenz erklärt die Affinität der Romantik zur Volksmärchentradition.

---

6 Wie die Ethnographie zeigt, setzt sich die Welt der Märchen ebenso aus historischer Wirklichkeit zusammen wie aus Glaubenswirklichkeiten der unteren Volksschichten (Freund 2005, 108 f.) wie den Bräuchen primitiver Völker. (Lüthi 2004, 115)

*Fantastik in den Kunstmärchen und
Märchennovellen der Romantiker*

Auch die Kunstmärchen und Märchennovellen der Romantik zeigen eine neuerliche Orientierung an religiösen Weltbildern, die von der Aufklärung als Aberglauben verworfen worden waren. Tieck und Novalis greifen auf mystische Denktraditionen zurück (vgl. Rath 1996, 207, 232 ff.), um die Reglementierung und Enge der bürgerlichen Alltagswelt zu transzendieren. Dem Typus des Philisters stellt die Romantik den jungen Abenteurer entgegen, der auf Reisen geht, neue Erfahrungen sammelt und dabei sich selbst findet. Im Reisemotiv zeigt sich, dass der romantische Held seine Fähigkeiten nicht mehr innerhalb des bürgerlichen Lebens ausbildet, wie dies der klassische Bildungsroman vorsieht. (vgl. Voßkamp 1988; 1992) Die romantischen Protagonisten überschreiten die Grenzen einer vernünftigen bürgerlichen Lebensführung, um sich fremden Wirklichkeiten zu öffnen. Die Liebe, verstanden als umfassende kosmische Kraft, spielt dabei eine ebenso wichtige Rolle wie die Natur als eine von der menschlichen Ordnung unterschiedene göttlichkosmische Ordnung. (vgl. etwa Eichendorff 1997) Liebe und Natur als zentrale Aspekte der Göttlichen sind jedoch nicht der Vernunft, sondern nur der lebendigen Erfahrung zugänglich. Diese Einsicht führt zur Aufwertung des Irrationalen und Imaginären durch die deutsche Romantik.

Anschaulich wird die zentrale Bedeutung der nicht rationalen Seiten des Menschen in unterschiedlichen Aufbruchserlebnissen, von denen die Romantiker erzählen, und den damit verbundenen Emotionen. Eine differenzierte Darstellung von Unruhe, Sehnen und Niedergeschlagenheit findet sich etwa in Novalis' frühem Kunstmärchen *Hyacinth und Rosenblüthchen* (1795), aber auch in Eichendorffs spätromantischem *Marmorbild* (1820). In E. T. A. Hoffmanns Märchennovelle[7] *Der goldene Topf* (1814) führt eine merkwürdige Zerstreutheit des Protagonisten zu folgenreichen Begegnungen mit phantastischen Figuren. Schon in der Frühromantik werden allerdings auch mögliche Gefährdungen subjektiver Imaginationen thematisiert, wie zum Beispiel der Wahnsinn in Tiecks Märchennovelle *Der Runenberg* (1802) oder die Todessehnsucht in seinem Kunstmärchen *Die Elfen* (1812).

Das Sehnsuchtsziel liegt in der Frühromantik jenseits der banalen bürgerlichen Alltagswelt. Die Metapher vom wild zerklüfteten Gebirge steht in Tiecks *Runenberg* für aufregende Abenteuer. Eine magische Schrift aus Edelsteinen scheint das Rätsel des Lebens zu enthüllen, um das auch die gewaltige Schöne weiß, die „mit dem goldenen Schleier geschmückt ist" (Tieck 2003, 111) und den jungen Helden in ihren Bann zieht, bis er sich endgültig aus „dem Kreise der wiederkehrenden Gewöhnlichkeit" (Tieck 2003, 86) entfernt. Die erzählte Natur wird zur romantischen Seelenland-

---

[7] Die Novelle ist charakterisiert durch die dramatische Zuspitzung der Handlung (vgl. Rath 2000) und/oder durch ein Liebestabu als Handlungselement (vgl. Schlaffer 1993).

schaft. Mit dem Kontrast von Natur und Zivilisation, symbolisiert in Gebirge und Ebene, entwirft Tieck in seiner frühromantischen Märchennovelle eine unversöhnliche Spaltung zwischen zivilisierter Alltagswelt und magischer Runenbergwelt, wobei fraglich ist, ob sie real ist oder nur die Phantasie eines Wahnsinnigen.

Auch andere romantische Erzählungen thematisieren die Differenz zwischen profaner und magischer Welt, die sich etwa im Kontrast von bürgerlichem Frauenbild und antikem Venuskult widerspiegelt. Teilweise tendieren sie zur Versöhnung der Gegensätze im fließenden Übergang zwischen Alltagswelt und Wunderwelt, zwischen realer und ersehnter Frau. Dies gilt beispielsweise für Novalis' Kunstmärchen *Hyacinth und Rosenblüthchen* (1795), in dem der Protagonist nach langer Reise unter dem „leichten, glänzenden Schleyer" der „himmlischen Jungfrau" (Novalis 1987, 120) seine Jugendliebe findet. Transzendenz liegt hier in einer Poetisierung des Alltags, wie sie die romantische Reise mit sich bringt, aber auch der selbstvergessene Müßiggang als Lebensprinzip, der in Eichendorffs Novelle *Aus dem Leben eines Taugenichts* (1826) die spießbürgerliche Vernunft konterkariert.

Ebenso unversöhnlich wie in Tiecks *Runenberg* stehen sich die Welten hingegen in Hoffmanns *Goldenem Topf* (Hoffmann 1993) gegenüber. Sein Held entscheidet sich für ein poetisches Leben in der phantastischen Welt und gegen die Vernunftehe mit der spießbürgerlichen Veronika. Ironisch schreibt sich der Autor am Ende selbst in den Text ein und gibt sich als Grenzgänger zwischen den Welten zu erkennen. Eine systematische Spaltung der Welten, symbolisiert in den Gegensätzen von Tag und Nacht bzw. Sonne und Mond, findet sich auch in Eichendorffs *Marmorbild,* in dem der Protagonist sich allerdings vom heidnischen Venusbild lossagt, um sich dem „heitere[n] Engelsbild" (Eichendorff 1967, 48) seiner ersten unschuldigen Liebe zuzuwenden. Ein exotischer Palast mit einem freieren Liebesleben wird zwar imaginiert, dann aber unter dem Vorzeichen katholischer Christlichkeit abgespalten und tabuisiert. Nicht nur die Schauplätze, auch die Figuren sind wie schon bei Hoffmann streng dualistisch organisiert. Die Handlungsdynamik führt entschieden zurück in ein bürgerliches Leben, romantisches Sehnen beschränkt sich auf Anklänge an mittelalterliche Ritterlichkeit.

Phantastische Anderswelten in den Kindermärchen der Romantik

Der unüberwindbare Bruch zwischen Alltags- und Anderswelt, zwischen Tag und Traum, findet sich auch in den Kindermärchen der Romantik, am radikalsten in Tiecks *Elfen* (1812) und Hoffmanns *Nussknacker und Mausekönig* (1816). In der Kinderliteraturforschung ist daher die Rede vom „zweidimensionalen bzw. dualistischen Kunstmärchen der Romantiker." (Ewers 2002, 124) In den *Elfen* können die beiden Welten noch dem profanen Diesseits und einem wunderbaren Jenseits zugeordnet werden. Letzteres ist ein Elfenreich, ein Land des ewigen Frühlings und Sommers, den die gewöhnlichen Menschen als dunklen „Tannengrund" (Tieck 2003, 212) wahrnehmen, der ihnen „kalte Angst und wundersames Fürchten" (Tieck 2003, 221) einjagt. Einen paradiesischen Garten findet die kleine Marie, das göttliche Kind, das von süßen Früchten kosten darf. (Tieck 2003, 216) Der Phönix als Mittelpunktsfigur symbolisiert Ewigkeit, doch Marie wird ihrer nicht teilhaftig, sie muss das Elfenreich wieder verlassen und fühlt sich im profanen Diesseits nie wieder zu Hause. Das märchenhaft Wunderbare ist in eine den Sterblichen unerreichbare Jenseitssphäre verbannt. Wer sie einmal gesehen hat, wird des normalen Lebens nicht mehr froh, Grenzgänge scheinen daher selten und äußerst gefährlich.

Konfliktträchtig ist auch der Zusammenprall der bürgerlichen Alltagswelt mit der phantastischen Welt im innovativsten Märchen der deutschen Romantik, Hoffmanns *Nussknacker und Mausekönig* (1816). Hier wird ein kindlichen Wunschphantasien entsprechendes Königreich entworfen, in dem der Nussknacker, im profanen Leben ein Gebrauchsgegenstand, regiert und eine andere kleine Marie zu seiner Prinzessin macht. Märchentypische Kämpfe zwischen guten und bösen Mächten finden zu mitternächtlicher Stunde statt, Marie wird Zeugin und diesseitige Helferin des zur Geisterstunde belebten Nussknackers. Ihre Mutter jedoch betrachtet das phantastische Geschehen als Fieberphantasie des Kindes – und wird darin unterstützt von einem ausgesprochen unzuverlässigen Erzähler, der beide Sichtweisen zulässt: die der aufgeklärten Erwachsenen und die des wundergläubigen Kindes. Wie die Hoffmann-Forschung seit den 80er-Jahren betont, ist die erzählte Welt dieses Autors nicht nur dualistisch strukturiert, sondern von einer konsequenten Duplizität der Weltsicht getragen. (vgl. Nehring 1981) Wie schon im *Goldenen Topf* ist sie gekennzeichnet vom Neben- und Ineinander einer empirisch wahrnehmbaren und durchaus realistisch geschilderten Alltagswelt und einer imaginierten Welt der Wunder und des Grauens, die „mit den Gesetzen der Logik und der Empirie nicht zu erfassen ist" und daher sowohl bei der kindlichen Protagonistin wie beim impliziten Leser eine Bewusstseinskrise auslöst (Grenz 1990, 65). Aufgebrochen ist eine Kluft zwischen der kindlichen Phantasie und den Anforderungen einer vernunftbestimmten Erwachsenenwelt, die rational nicht zu überbrücken, sondern nur mit Hoffmann'scher Ironie zu ertragen ist. Insofern verlangt die Hoffmann'sche Duplizität ein modernes Bewusstsein von der Vielschichtigkeit und Widersprüchlichkeit dessen, was als wirklich betrachtet werden kann.

Eine Lösung für den Konflikt zwischen kindlicher Welt und Erwachsenenwelt entwirft Hoffmann in seinem zweiten Kindermärchen *Das fremde Kind* (1817), in dem sich die Erwachsenen zumindest die Erinnerung an die phantastischen Gestalten der Kindheit erhalten. Hoffmann zeichnet hier eine intakte Welt des Landadels, die den Kindern ein freies naturnahes Leben und kreatives Spielen erlaubt. Als in diese harmonische Kinderwelt städtischer Fortschritt einbricht, bringt er den Kindern zwar attraktives

Spielzeug, aber auch den Zwang zu bürgerlichen Konventionen. Schnell werden die Spielsachen langweilig, die Kinder flüchten wieder in den Wald und begegnen dort einer Art androgynem Christkind, aber auch der Figur des dämonischen Magister Tinte, der das „fremde Kind" bekämpft. In der phantastischen Welt wiederholt sich die Auseinandersetzung zwischen naturnaher Empfindsamkeit und dem bedrohlichen Zwang zur Zivilisation. An den Trost, der vom fremden Kind als Garant göttlicher Liebe ausgeht, können sich auch die Eltern erinnern und daher die Erzählungen ihrer Kinder über das phantastische Erleben tolerieren. Damit eröffnet Hoffmann eine Entwicklungsperspektive auf den bis dahin unüberbrückbaren Kontrast zwischen Alltagswelt und Anderswelt.

4 Nachwirkungen in der phantastischen Kinderliteratur des 20. Jahrhunderts

Mit der Etablierung des Volksmärchens als Lektüre für Kinder schufen die Brüder Grimm im Bereich der Kinderliteratur einen radikalen Kontrast zur realistischen Kinderliteratur der Aufklärungszeit, denn noch die „bereinigten" und poetisch überformten *Kinder- und Hausmärchen* von 1825 zielen auf eine „Entfesselung der kindlichen Imaginativkräfte." (Steinlein 1995, 308) Das Märchenhaft-Phantastische entspricht einem kindlichen Bewusstsein, im Alter von etwa vier bis neun Jahren denken Kinder vornehmlich in Bildern. Alltagsgegenstände und Spielsachen machen sie zu beseelten Wesen und holen sich von ihnen Trost und Unterstützung. (vgl. Rogge 2002, 7) Ebenso können aus harmlosen Dingen „böse Monster" und aus Schatten „Geister" werden – das Wunderbare und das Unheimliche sind dem Kind in dieser sog. „magischen Phase" ebenso selbstverständlich wie sie es in der phantastischen Literatur (vgl. Todorov 1992, 43) sind. Mit dem märchenhaft-phantastischen Erzählen öffnet sich die Kinderliteratur daher spezifisch kindlichen Lesebedürfnissen – eine Errungenschaft, die in den Märchendebatten des frühen 19. Jahrhunderts (vgl. Richter/Merkel 1974, 18 ff.; Steinlein 1987) von heftigen Kontroversen begleitet ist.

Einen weiteren entscheidenden Schritt zur Entwicklung einer genuin phantastischen Kinderliteratur bedeuteten die Kunstmärchen der deutschen Romantik mit ihren realistisch geschilderten Anderswelten. Sie erfordern neben dem kindlichen Glauben an das Wunderbare ein modernes Bewusstsein, das die Differenz zwischen Realität und Fiktion ebenso auszuhalten vermag wie die zwischen realistischen und phantastischen Welten. So verwundert es nicht, dass die innovativen „Kinder-Mährchen" der Romantik zu ihrer Zeit höchst umstritten und kinderliterarisch kaum präsent waren (vgl. Brunken 2000, 36). Ihre literaturhistorische Leistung besteht darin, erstmals ein Erzählmuster entworfen zu haben, das erst gegen Ende des 19. Jahrhunderts in der englischen Kinderliteratur wieder aufgegriffen wird[8] und im deutschsprachigen Raum erst seit den siebziger-Jahren des vorigen Jahrhunderts seine volle Wirkung entfaltet.

Nach 1945 dominiert zunächst der Typus der phantastischen Miniaturwelt. (Tabbert 2000 c; Steinz/Weinmann 2000) Wie Kaulen feststellt, knüpft gerade die phantastische Literatur der Nachkriegszeit, etwa Otfried Preußler in *Die kleine Hexe* (1957) und *Der kleine Wassermann* (1958), an die volksliterarischen Bemühungen der deutschen Romantik an. (vgl. Kaulen 2004, 16 f.) Das Erzählmodell ist allerdings eher biedermeierlich, denn es vermeidet Konflikte zwischen phantastischer Welt und Alltagsrealität. Damit steht es eher den sentimentalen Kunstmärchen Andersens nahe mit deren fließenden Übergängen zwischen Anderswelt und Wirklichkeit.[9] Die Ein-Welten-Phantastik der deutschen Kinderliteratur entspricht überwiegend einem kindlich-naiven, auf Harmonie und einen guten Ausgang fixierten Wirklichkeitsmodell.

Die anspruchsvollere, da spannungsreiche Zwei-Welten-Phantastik entwickelt sich in Deutschland auf breiter Basis erst nach dem Bruch der antiautoritären Bewegung mit der eher rückwärtsgewandten Nachkriegsliteratur. Ebenso typisch wie gattungsbildend sind hier die Werke von Michael Ende. Mit *Momo* (1973) belebt er die Kindheitsutopie der Romantik wieder und entwirft eine intakte vorindustrielle Parallelwelt, in der die Menschen noch Zeit füreinander haben und die Kinder sich dem kreativen Spiel (ohne mechanisches Spielzeug) widmen wie in Hoffmanns *Fremdem Kind*. In der *Unendlichen Geschichte* (1979) arbeitet er das Erzählschema des dualistischen Kunstmärchens zur Romanform aus. Dieser Prototyp eines phantastischen Kinderromans vermittelt seinen Lesern die Verunsicherung über den Realitätsstatus der erzählten Welt, den Schauder des Protagonisten bei der zunehmenden Annäherung an die phantastische Anderswelt.

Diese wird gerade in ihren wirklichkeitsfernen Aspekten höchst anschaulich geschildert, Ende stattet sie mit Märchenmotiven und Elementen der griechischen Mythologie aus. Dank der Magie des Wortes wird der kindliche Außenseiter hier zum Helden, der zahlreiche phantastische Abenteuer besteht. Dieses Erzählmodell hat sich in den achtziger und neunziger Jahren in

---

8 „Die phantastische Kinderliteratur ist erst im Viktorianischen England der zweiten Hälfte des 19. Jahrhunderts zur Blüte gelangt. Von den Kinderbüchern Lewis Carrolls und George McDonalds bis zu denen der Edith Nesbith, von P. L. Travers' Mary Poppins bis hin zu Pauline Clarkes The Twelve and the Genii (Die Zwölf vom Dachboden) von 1962 – sie alle greifen poetische Verfahren auf, die bei E. T. A. Hoffmann ihre erstmalige Ausprägung erfahren haben." (Ewers 1987 b, 327)
9 So bilden etwa in der Schneekönigin wie in Däumelinchen sprechende Tiere einen typisch „kindgemäßen" Übergang zwischen Menschenwelt und Elfenreich. (vgl. etwa Andersen 1999; 2000) Sie zeigen auch die Nähe zu anderer typischer Kinderliteratur der Biedermeierzeit, wie etwa Wilhelm Hey: Funfzig Fabeln für Kinder (1833). Reprint. 3. Aufl., Dortmund: Harenberg 1987.

unterschiedlichen Varianten durchgesetzt. Zu nennen ist vor allem Joanne K. Rowlings Serie um *Harry Potter*, beginnend mit *Harry Potter und der Stein der Weisen* (1998), die eine breite Akzeptanz der phantastischen Kinderliteratur als Familienliteratur (Abraham 2001, 89) bewirkte. Wie auch Cornelia Funkes *Tintenherz*-Trilogie (bes. Funke 2005) lässt sie die Mittelalter-Sehnsüchte der Romantiker aufleben. Innovativ ist bei Funke ein postmodernes Spiel mit dem Zauber der Worte (Funke 2003), vor allem aber die Reflexion auf die Macht von fiktiven Geschichten und die Gefahr, sich in ihnen zu verlieren.

Eine andere Form der Romantikrezeption findet sich in phantastischen Kinderromanen, die einzelne Märchenmotive aufgreifen und variieren. So spielt James Krüss in *Timm Thaler oder Das verkaufte Lachen* (1962) mit dem Motiv des Teufelspakts und greift dabei Motive aus Chamissos Märchennovelle *Peter Schlemihls wundersame Geschichte* auf. Kapitalismuskritik kommt ebenso zum Zuge wie schon in Hauffs Kunstmärchen *Das kalte Herz* (1827). Auch das Motiv des kalten oder versteinerten Herzens, das für die deutschen Romantiker so bedeutsam war[10], kehrt im modernen phantastischen Kinderroman wieder. Bei Benno Pludra (1985) findet ein einsames Mädchen einen magischen Stein, der sich als das Herz eines toten Piraten erweist und im Dialog mit dem Kind warm und lebendig wird. Das Wunderbare und das Unheimliche treten zugleich in Jessicas Leben, denn der Stein ist ihr zwar Vertrauter und Vaterersatz, zugleich erzählt er ihr von grausamen Verbrechen. Pludras Roman kann insofern als das avancierteste Beispiel phantastischen Erzählens in der deutschen Kinderliteratur gelten, als er nicht nur höchst kunstvoll mit romantischen Motiven spielt, sondern durch die Perspektivgestaltung auch von den Verunsicherungen der kindlichen Protagonistin erzählt. Dialoge gehen über in innere Monologe, szenische Beschreibung und Bewusstseinsstrom sind nicht scharf zu trennen. So bleibt unklar, inwieweit der Stein und seine magischen Eigenschaften Realität, inwieweit sie lediglich Projektionen der Vatersehnsucht eines elfjährigen Mädchens sind. Zweifel über den Realitätsstatus des phantastischen Besuchs sind dem Roman eingeschrieben, sie bringen die kindliche Hauptfigur in eine Krise, die nur durch die Trennung vom magischen Stein zu lösen ist. Mit diesem offenen Ende und der konsequenten Beschränkung auf die Perspektive des Kindes übertrifft Pludra noch die Modernität von Hoffmanns Erzählmodell.

---

10 Vgl. auch E. T. A. Hoffmanns *Das steinerne Herz*. In: ders., *Nachtstücke*. Stuttgart: Reclam 1990, 314–340.

5 Fiktionsbewusstsein und Genrewissen. Fazit

Zusammenfassend lässt sich festhalten, dass in der phantastischen Kinderliteratur des 20. Jahrhunderts Erzählmuster der Märchentradition weitergeführt werden. Während die Ein-Welten-Phantastik eher das eindimensionale Erzählmodell der Volksmärchen bzw. der Kunstmärchen aus der Biedermeierzeit kopiert, impliziert die komplexere Zwei-Welten-Phantastik ein modernes Differenzbewusstsein, das erstmals im dualistischen Erzählmodell der Romantik entwickelt wurde. Dieses kann als Reflexion einer Kluft zwischen Anspruch und Wirklichkeit betrachtet werden, wie sie die soziale Moderne kennzeichnet. Diese Kluft bestimmt auch das Leben von Kindern in der heutigen Zeit, denn diese gelten einerseits „als selbstbestimmter, reifer und eigenständiger in ihrem Handeln, andererseits erscheint ihre soziale Existenz weniger auf gesicherten Gegebenheiten zu beruhen als noch vor wenigen Jahrzehnten" (vgl. Richter/Fuhs 2005, 116). In der Tradition der romantischen Kunstmärchendichtung erlaubt gerade das moderne Bewusstsein von der Differenz zwischen Wunsch und Wirklichkeit die kreative Bewältigung dieser Kluft durch die Ausgestaltung imaginärer Welten, die nach eigenen Regeln und Normen funktionieren und ein Probeerleben im Schonraum der Fiktion ermöglichen (vgl. Nickel-Bacon 2006, 284 f.).

Allerdings stellt der Zwei-Welten-Dualismus hohe Anforderungen an die literarische Kompetenz der Leserinnen und Leser, da dieses typisch romantische Erzählmuster ein komplexes Bewusstsein von der Vielschichtigkeit des Wirklichen impliziert. Das literarische Modell der Alltagstranszendenz erfordert nicht nur Fiktionsbewusstsein, sondern auch Genrewissen und Genreerfahrung. Die Realitätsferne der Anderswelt und ihre offensichtliche Differenz zum Alltagsleben legen symbolische Lesarten nahe – und damit eine Integration der naiven Sehnsüchte und Wunschvorstellungen des Kindes in ein realitätsadäquates Wirklichkeitsmodell, wie es bereits bei E. T. A. Hoffmann vorgedacht ist. Anregungen zur Bewältigung des Entwicklungsschritts von der naiv-identifikatorischen zur symbolischen Lektüre sind eine wichtige Aufgabe des Deutschunterrichts. Dieser kann insbesondere bei wichtigen Märchenmotiven ansetzen, wie etwa dem der (romantischen) Reise oder auch dem Motiv vom kalten Herzen und dem Wasser des Lebens, das jenes erweicht. Es gilt, phantastische Kinderliteratur nicht nur als spannende Unterhaltung, sondern im Sinne der Romantik als Chiffrenschrift für existenzielle menschliche Erfahrungen zu lesen.

PD Dr. Irmgard Nickel-Bacon, Piusstr. 27, 50823 Köln

Dieter Petzold

Fantastische Literatur des *Golden Age of Children's Literature* und ihr Einfluss auf heutige fantastische Kinder- und Jugendliteratur

Es ist ein Gemeinplatz der Kinderliteratur-Geschichtsschreibung, dass England bei der Entwicklung der Kinder- und Jugendliteratur Europas eine Vorreiterrolle gespielt und eine Dominanz erlangt hat, die bis zum heutigen Tag anhält. Kein Land hat so früh so viele internationale ‚Klassiker' und Bestseller hervorgebracht wie England, aus keinem Land werden mehr Titel ins Deutsche übersetzt. Ganz besonders gilt dies auf dem Gebiet der fantastischen Fiktion, die als eigenständiger, ja dominanter Strang innerhalb der Kinder- und Jugendliteratur erstmals in jener Epoche in Erscheinung tritt, die als das „Goldene Zeitalter der Kinderliteratur" bezeichnet wird. Die Relevanz des Themas für den vorliegenden Band ist also offenkundig. Es enthält allerdings einige begriffliche Probleme, die im Vorfeld zu diskutieren sind.

1 Was heißt hier ‚fantastische Literatur'?

Wenn es nicht einfach einen anerkennenden Superlativ ausdrücken soll („eine fantastische Leistung"), bezeichnet das Adjektiv ‚fantastisch' im alltäglichen Sprachgebrauch etwas nur Ausgedachtes, das es in Wirklichkeit nicht gibt. Bezogen auf die literarische Fiktion, die ja in jedem Fall nicht einfach Realität wiedergibt, sondern stets virtuelle Welten entwirft, signalisiert das Adjektiv ‚fantastisch', dass der fiktionale Text nicht versucht, den Anschein zu erwecken, als sei die von ihm generierte Welt an der empirischen Wirklichkeit orientiert. Die fantastische Literatur zeichnet sich also – vereinfacht gesagt[1] – dadurch aus, dass in ihren virtuellen Welten Figuren und Ereignisse als wirklich geschildert werden, die es (nach mehrheitlichem Konsens zwischen dem Autor und seinem Publikum) nicht gibt und nicht geben kann – feuerspeiende Drachen zum Beispiel, oder die Verwandlung von Stroh zu Gold, oder das Versetzen eines Menschen in die Vergangenheit oder Zukunft.

---

1 Vgl. Durst 2001, 60–80, wo das Problemfeld ‚Wirklichkeit – Fiktion' sehr viel ausführlicher und radikaler behandelt wird.

So weit, so einfach. Kompliziert wird die terminologische Situation durch Versuche, zwischen verschiedenen Formen der Wirklichkeitsabweichung zu differenzieren. Folgenreich war in dieser Hinsicht vor allem Tzvetan Todorovs *Einführung in die fantastische Literatur* (1970, dt. 1972), in der das Fantastische auf dem schmalen Grat zwischen dem Unheimlichen und dem Wunderbaren angesiedelt wird und lediglich die relativ seltenen Fälle bezeichnet, in denen der Leser unschlüssig ist, ob er das Außergewöhnliche als mit den Naturgesetzen vereinbar oder als etwas Übernatürliches ansehen soll. Größere Akzeptanz haben etwas weniger radikale Vorschläge gefunden, als ‚fantastisch' solche Texte zu bezeichnen, welche die Diskrepanz zwischen dem Alltäglich-Realen und dem Außergewöhnlich-Übernatürlichen dadurch akzentuieren, dass sie zunächst eine ‚normal' erscheinende Welt vorführen (in Dursts Terminologie: ein „Realitätssystem" etablieren), in die das Übernatürliche oder Unerklärliche gleichsam einbricht[2], was in vielen Fällen in den Figuren wie auch den Lesern Gefühle der Verunsicherung und Angst erzeugt.

Begünstigt wurde diese Ausdifferenzierung durch die Einbürgerung des englischen Wortes „Fantasy", welches, als Gattungsbezeichnung verwendet, im Allgemeinen[3] solche Texte meint, deren fiktive Welten sich von vornherein deutlich von der Erfahrungswirklichkeit unterscheiden, unter anderem deshalb, weil das Wunderbare ein integraler Bestandteil dieser Welten ist – was zum Beispiel auf Tolkiens *Lord of the Rings* zutrifft, aber auch schon auf die meisten europäischen Zaubermärchen.

Die Unterscheidung scheint auf den ersten Blick einleuchtend, erweist sich in der Praxis jedoch häufig als schwierig und nicht selten auch als pedantisch. Sie lenkt von der Tatsache ab, dass auch in Texten, welche die oben geschilderte Diskrepanz zwischen ‚Normalwelt' und dem ‚Wunderbaren' nicht hervorheben, das Normensystem der empirischen Wirklichkeit im Bewusstsein des Lesers stets vorhanden bleibt und auch evoziert wird. Ist zum Beispiel *The Wind in the Willows*, wie Dahl meint, schon deshalb nicht der fantastischen Literatur zuzurechnen, weil seine Hauptfiguren nicht Menschen, sondern Tiere sind (vgl. Dahl 1986, 25), obwohl sie sich wie Menschen benehmen, teilweise in Häusern wohnen, Auto fahren und mit Menschen interagieren, als gäbe es keine Größenunterschiede? Den Figuren

---

2 Diese Eingrenzung vertritt zum Beispiel Dahl, der als zentrales Kriterium anführt: „In der Phantastischen Kinder- und Jugenderzählung reagieren die betroffenen Figuren und der Erzähler auf den Einbruch des Unglaublichen. Das Phantastische wird nicht einfach hingenommen, sondern bleibt das Magische, das Fremde in einer ansonsten rational bestimmten Welt." (Dahl 1986, 25)

3 Leider aber nicht ausnahmslos: daneben steht der Usus, „Fantasy" als Oberbegriff zu verwenden und zwischen „High Fantasy" und „Low Fantasy" zu unterscheiden, wobei mit der letztgenannte Begriff das meint, was sonst als „fantastische Literatur" (im oben beschriebenen, engeren Sinne) bezeichnet wird. Dass im Englischen „fantastic" häufig als das von „Fantasy" abgeleitete Adjektiv verwendet wird, macht die Sache nicht gerade leichter durchschaubar.

ist die groteske Diskrepanz zwischen dem ‚Normalen' und dem ‚Unmöglichen' in der Tat nicht bewusst – dem Leser dafür umso mehr. Umgekehrt wird selbst in Tolkiens *Lord of the Rings* Magie und andere Formen des Übernatürlichen von den Identifikationsfiguren keineswegs als selbstverständlich hingenommen, während der Leser – wie es Tolkien in seinem Essay *On Fairy Stories* fordert (Tolkien 1975, 37) – in die Sekundärwelt so weit eintauchen kann, dass er sie als ‚echt' empfindet und den Widerspruch zu seiner Erfahrungswirklichkeit übersieht.

Ich halte die oben skizzierte Unterscheidung nicht für irrelevant; aber sie ist nicht in jedem Fall gleich relevant. In einem Überblick wie diesem scheint mir die Erkenntnis wichtiger, dass es ein großes Spektrum von Möglichkeiten gibt, die Diskrepanz zwischen außerliterarischer Erfahrungswirklichkeit und innerliterarischer Freiheit von den Gesetzen dieser Wirklichkeit zu gestalten und zu funktionalisieren. Für unsere Zwecke scheint mir eine breite, „maximalistische" Genredefinition (zu dem Begriff vgl. Durst 2001, 27) fruchtbarer zu sein als eine allzu enge, „minimalistische", wobei es angesichts der Tatsache, dass es bis jetzt keinen allgemein anerkannten Überbegriff für alle Formen nicht-realistischen Erzählens gibt, letzten Endes egal ist, ob man von „fantastischer Literatur" oder von „Fantasy" spricht, da in beiden Fällen Missverständnissen definitorisch vorgebeugt werden muss. Wichtiger als eine terminologische Abgrenzung scheint mir die Frage, in welcher Weise und mit welcher Absicht das Verhältnis zwischen dem fantastischen Text und der außerliterarischen Wirklichkeit jeweils gestaltet ist. Sie wird im Folgenden als das Hauptkriterium dienen, mit dessen Hilfe einzelne Texte charakterisiert und miteinander verglichen werden können.

2 Was heißt hier ‚Einfluss'?

Auch der Begriff ‚Einfluss' bedarf der Klärung oder vielmehr der Modifizierung, bevor wir uns der literarhistorischen Betrachtung konkreter Texte zuwenden. Dass sich Schriftsteller gegenseitig beeinflussen können, ist ein Gemeinplatz; dennoch wird der Begriff des Einflusses in der Literaturgeschichtsschreibung heute als problematisch angesehen, da er die Komplexität intertextueller Bezüge auf ein einfaches Modell von Ursache und Wirkung reduziert.[4] Bei einer nicht produktions-, sondern textzentrierten Betrachtungsweise ist das Konzept der Intertextualität fruchtbarer, da es sich, unabhängig von der Frage, wie ‚Einflüsse' zustande kommen, auf die im Text vorhandenen Bezüge konzentriert. Bei genauerem Hinsehen lässt sich eine große Bandbreite der Formen intertextueller Bezüge beobachten, die von sehr deutlicher Markiertheit bis zu kaum wahrnehmbaren Ähnlichkeiten reichen. Der Bogen spannt sich von der Bearbeitung über die Fort- und

---

4 Vgl. Nikolajeva 1996, Kap. 6 (153–187).

Umschreibung[5] und Parodien, über explizite Anspielungen, über die Imitation formaler oder stilistischer Besonderheiten (z. B. Wortspiele) bis zu der Übernahme von Motiven (etwa der Zeitreise), Handlungsmustern (z. B. „Kind gerät in Anderwelt, erlebt dort Abenteuer und kehrt zurück") und (noch vager) allgemeiner Haltungen (etwa der Neigung zur Satire oder zur religiösen Allegorie). Je allgemeiner die intertextuellen Bezüge sind und je mehr Zeit zwischen dem (ursprünglichen) Hypotext und dem (späteren) Hypertext[6] liegt, desto weniger sinnvoll erscheint es, von ‚Einfluss' zu sprechen, denn zwischen Hypotext und Hypertext schieben sich unzählige andere Texte, die ebenfalls als ‚Einfluss' in Frage kommen.

Ganz besonders gilt dies für die fantastische Kinder- und Jugendliteratur Englands, denn zwischen dem Ende des „Goldenen Zeitalters" und der Jetztzeit liegt ja bereits fast ein Jahrhundert intensiver Produktion, wobei die Zeit zwischen 1945 und 1970 häufig als „Zweites goldenes Zeitalter" bezeichnet wird – wiederum speziell wegen der großen Menge hochwertiger fantastischer Kinderliteratur.[7] Und insbesondere liegen Tolkiens Werke dazwischen, die mehr als alle anderen die Entwicklung der fantastischen Literatur (für Erwachsene wie für Kinder) beeinflusst haben.[8]

Überlegungen und Beobachtungen dieser Art zwingen zu einer Verschiebung der Fragestellung. Der Schwerpunkt der nachfolgenden Untersuchung wird auf der Frage liegen, ob bzw. inwiefern die Autoren des „Goldenen Zeitalters" die Basis für die weitere Entwicklung der fantastischen Kinder- und Jugendliteratur bis hin in die Gegenwart geschaffen haben. Es wäre sicherlich reizvoll und erhellend, darüber hinaus auch in die umgekehrte Richtung zu blicken und zu fragen, wie die heutigen Autorinnen und Autoren mit der Tradition, in der sie unvermeidlich stehen, umgehen; doch kann dieser Ansatz schon aus Raumgründen hier nicht systematisch verfolgt werden.

---

5 Dergleichen Um- oder Weiterschreibungen sind in der Postmoderne nicht selten. Beinahe Kultstatus erreicht haben z.B. William Horwoods Weiterdichtungen von Kenneth Grahames *The Wind in the Willows* (s. Literaturverzeichnis). Ein weiteres Beispiel aus der Kinder- und Jugendliteratur erwähnt Nikolajeva: *Neverland* von Toby Forward, „a modern rewrite of Peter Pan" (Nikolajeva 1996, 155).
6 Zur Terminologie vgl. Genette 1996, 18–21.
7 Vgl. Tabbert 1995, der weitere Belege anführt (177), sowie Hollindale und Sutherland 1995, 256: "This transitional quarter of a century produced in the 1950s and 1960s what is still widely regarded as a second ‚golden age' of children's literature in Britain. In these decades a succession of major children's writers came to prominence, among them Lucy Boston, Philippa Pearce, William Mayne, Alan Garner, Rosemary Sutcliff, Leon Garfield, Joan Aiken, Jill Paton Walsh, and Peter Dickinson."
8 Zum Umgang gegenwärtiger Autoren mit dem Erbe Tolkiens vgl. Petzold 2006 a.

3 Das „Golden Age of Children's Literature"

Der Begriff „Golden Age of Children's Literature" wurde wahrscheinlich in den 1960er-Jahren geprägt;[9] auch wenn er in Literaturgeschichtsbüchern[10] vermieden wird, kann er als eingebürgert gelten. Ebenso herrscht wohl weitgehender Konsens, dass er sich auf die englische Kinderliteratur zwischen den 1860er- und den 1920er-Jahren bezieht; auch gegen die in dem Begriff implizierte Wertung scheinen keine Bedenken vorzuliegen.

Periodisierungen etablieren vereinheitlichende Sichtweisen. Welche Aspekte sind es, die es erlauben, diese rund sieben Dekaden in der Geschichte der Kinderliteratur als eine Einheit anzusehen? Auch wenn dies fast einem Zirkelargument gleichkommt, ist zunächst darauf hinzuweisen, dass in dieser Zeit auffallend viele Kinderbücher entstanden, die heute als ‚Klassiker' eingestuft werden. Interessanter schon ist die Beobachtung, dass die meisten dieser ‚Klassiker' doppelt adressiert sind (und auch de facto sowohl von Kindern als auch Erwachsenen gelesen wurden und werden), und dass darunter auffallend viele fantastische Kinderbücher sind. Carpenters Aufzählung der einschlägigen Autoren – „Kingsley, Carroll, MacDonald, Grahame, Potter, Nesbit, Barrie, with Milne as a latecomer" (Carpenter 1985, 16) – wäre noch durch Kipling mit seinem *Jungle Books* (1894 und 1895) zu ergänzen; dass darüber hinaus noch eine Vielzahl weiterer Namen zu nennen wären, die es nicht ganz bis zum Klassiker-Status geschafft haben, sei hier nur *en passant* erwähnt.[11] Bis auf *The Water Babies* (1863) von Charles Kingsley – ein reichlich vertracktes Unikum von Kinderbuch – sind die Hauptwerke der genannten Autoren auch in Deutschland weithin bekannt: ganz gewiss Lewis Carrolls *Alice's Adventures in Wonderland* (1865) und *Through the Looking-Glass and What Alice Found There* (1871), James Matthew Barries *Peter Pan, or The Boy Who Wouldn't Grow Up* (1904) und A. A. Milnes *Winnie-the-Pooh* (1926) und *The House at Pooh Corner* (1928), in etwas geringerem Maße vielleicht auch George MacDonalds Hauptwerke für Kinder *At the Back of the North Wind* (1871), *The Princess and the Goblin* (1872) und *The Princess and Curdie* (1882), die Bilderbücher Beatrix Potters, insbesondere *The Tale of Peter Rabbit* (1902), Kenneth Grahames Meisterwerk *The Wind in the Willows* (1908) und die (nur teilweise fantastischen) Kinderromane Edith Nesbits, z. B. *Fi-*

---

9 1962 erschien ein Aufsatz von Roger Lancelyn Green mit dem Titel *The Golden Age of Children's Books*: im Wesentlichen die Skizze einer Geschichte der englischen Kinderliteratur in der zweiten Hälfte des 19. Jahrhunderts (einschließlich Edith Nesbit), welche die im Titel enthaltene Wertung leider nicht explizit diskutiert (vgl. Green 1962).
10 Konsultiert wurden: Darton 1982 (^{1}1932), Muir 1954, Townsend 1987, Hunt 1994, Hunt 1995 und Manlove 2003.
11 Für ausführlichere Darstellungen vgl. die genannten Gesamtdarstellungen der englischen Kinderliteratur sowie Dahl 1986, Filmer 1991 und Manlove 2003.

Five Children and It (1902), *The Phoenix and the Carpet* (1904), *The Story of the Amulet* (1906) und *The House of Arden* (1908).[12]

Was die klassischen Autoren und Autorinnen des Goldenen Zeitalters der Kinderliteratur von ihren Vorgängern unterscheidet (und in gewissem Grade als Erben und Fortführer mit der Romantik vereint), ist die Entdeckung des Kindlichen als Eigenwert, was sich auch und gerade in der fantastischen Literatur niederschlägt. Dies manifestiert sich zum einen im weitgehenden Verzicht auf den moralisierenden Zeigefinger (wenn auch nicht auf die indirekte Vermittlung moralischer Werte); zum anderen – selbst in den Tiergeschichten, wo gar keine Kinder vorkommen – in der positiven Besetzung typisch ‚kindlicher' Eigenschaften wie ‚Unschuld', Frömmigkeit, Natürlichkeit, Unbefangenheit, Neugierde, Fantasie. Freilich zeigen sich bei genauerem Hinsehen bei den einzelnen Autoren unterschiedliche Akzentsetzungen in diesem Tugendkatalog; ebenso finden wir recht unterschiedliche Beziehungen zwischen den fantastischen Texten und der außerliterarischen Wirklichkeit. Wie diese Beziehungen konkret gestaltet wurden und inwiefern sie beispielgebend für die weitere Entwicklung der fantastischen Kinderliteratur gewirkt haben, kann hier nur anhand einiger weniger exemplarischer Texte angedeutet werden.

3.1 Lewis Carroll: Alice, Anarchie und Albtraum

Der Oxforder Mathematikprofessor Charles Lutwidge Dodgson (1832–1898), besser bekannt unter seinem Pseudonym „Lewis Carroll", gilt zu Recht als Pionier der Kinderliteratur des 19. Jahrhunderts, sein bekanntestes Werk, *Alice's Adventures in Wonderland* (1865), wurde als „the most brilliant and original children's book of the century and perhaps of all time" bezeichnet (Briggs/Butts 1995, 140). Die Geschichte der kleinen Alice, die durch ein Kaninchenloch in ein „Wunderland" fällt und dort die merkwürdigsten Abenteuer erlebt, ist nicht ohne Bezüge zum Märchen und verdankt auch einiges Jonathan Swifts fantastisch-satirischem Roman *Gulliver's Travels*; gleichwohl haben jene Literaturhistoriker Recht, die die Originalität von Carrolls Kinderbuch betonen. Sie liegt zum einen in der Selbstverständlichkeit, mit welcher hier das Kind als Persönlichkeit (und nicht als Objekt der Erziehung) in den Mittelpunkt gestellt wird. Alice ist in keiner Weise außergewöhnlich; dennoch kann sie als Identifikationsfigur und als Vorbild dienen, weil sie sich von den wundersamen und überdies meist aggressiven Gestalten des Wunderlandes nur kurzzeitig einschüchtern lässt und sich mit ihrem gesunden Menschenverstand letztendlich doch durchsetzt. Sie bekommt keine Lektion erteilt, sondern verkörpert selbst die Normen und Werte der Gesellschaft, deren Vermittlung nicht Zweck, sondern höchstens Nebeneffekt des Buches ist.

---

12 Neuere deutschsprachige Ausgaben, die meisten zum Erscheinen dieses Bandes lieferbar, sind im Literaturverzeichnis (S. 233 ff.) aufgeführt.

Zum anderen liegt die Originalität der Alice-Bücher in der Gestaltung der Anderwelt, des Wunder- bzw. Spiegellands. Der strukturbildenden Traummetapher gemäß entstammen ihre Figuren vorwiegend solchen Texten, mit denen Alice aufgewachsen ist: Kinderreimen, Gedichten, Schulbüchern, Spielen, Redensarten. Zugleich verhalten sich die Wunderland-Figuren mehrheitlich wie despotische, besserwisserische Erwachsene. Wunder- und Spiegelland sind somit Zerr-Spiegelbilder der Wirklichkeit, deren Undurchschaubarkeit und Feindseligkeit einerseits aufgedeckt, andererseits aber auch als belach- und damit beherrschbar dargestellt werden. Ein wesentlicher Faktor ist dabei Carrolls Umgang mit der Sprache, die gleichsam beim Wort genommen wird, was Komik erzeugt und zugleich demonstriert, wie eng beieinander Sinn und Unsinn liegen, wie dünn das Eis der sprachlichen Konventionen ist, welches uns im Alltag davor bewahrt, im Chaos der namen- und deshalb bedeutungslosen Welt zu versinken. Selbst Roald Dahl, der sich in *The BFG* (1982) als beinahe kongenialer Wortspieler (und also gelehriger Schüler Carrolls) erweist, hat diesen Eindruck der sprachlichen Doppelbödigkeit nicht im selben Maße erreicht.

Das Motiv der Parallelwelt wurde von Carroll zwar nicht erfunden (es findet sich zumindest ansatzweise bereits in Sagen), aber doch wohl in die Kinderliteratur eingeführt, wo es seither immer wieder aufgegriffen worden ist. Der vielleicht prominenteste Fall der Gegenwart, Philip Pullmans Trilogie *His Dark Material* (1995–2000), bezieht sein Konzept mehrerer Parallelwelten allerdings eher aus der Science-Fiction.

In gewisser Weise stellt *Through the Looking-Glass* bereits eine Imitation von *Alice's Adventures in Wonderland* dar. In der Folge wurden Carrolls Alice-Bücher – schon zu Lebzeiten des Autors – vielfach nachgeahmt. Dabei zeigte sich freilich, dass sein ‚Rezept' – Kind gerät in Anderwelt, bewährt sich dort in verschiedenen Abenteuern, kehrt zurück in die Normalwelt – nicht automatisch jene Faszination generiert, die von dem Original ausgeht, selbst wenn man nonsenshafte Sprachspielereien beigibt. Eine Ausnahme stammt aus Amerika: Frank Baums *The Wizard of Oz* (1900) ist trotz der gleichen Grundstruktur so originell, dass es selbst zum Klassiker wurde.

3.2 George MacDonald: Fromme Fantastik

Zu seinen Lebzeiten war der schottische Prediger, Dichter, Essayist und Schriftsteller George MacDonald (1824–1905) vor allem mit realistischen Romanen im schottischen Milieu erfolgreich. Als Autor von Kunstmärchen und fantastischen Romanen, sowohl für Kinder wie auch für Erwachsene, stand er im Schatten seines Freundes Lewis Carroll. Nach seinem Tod ganz in Vergessenheit geraten, wurde er erst im Zuge des ‚Fantasy-Booms' der siebziger-Jahre wiederentdeckt, nicht zuletzt dank des Inklings-Mitglieds

C. S. Lewis, der ihn als Wegbereiter und Geistesverwandten verehrte und 1946 eine Auswahl seiner Fantasy-Texte neu herausgab.

Im Vergleich zu Carroll schuf MacDonald seine Werke in viel geringerem Maße *ex nihilo*. Seine Märchen und fantastischen Romane weisen deutliche Spuren seiner Beschäftigung mit den Märchen und Sagen seiner schottischen Heimat sowie mit Novalis und anderen deutschen Romantikern auf. Für *At the Back of the North Wind* hat ganz gewiss auch Dickens Pate gestanden, denn das Buch spielt im zeitgenössischen London und beschäftigt sich unter anderem mit den Lebensbedingungen der Armen. Hauptfigur ist ein etwa zehnjähriger Junge namens Diamond, der Sohn eines Lohnkutschers. Als der Vater arbeitslos wird, springt er mit seiner eigenen Arbeitskraft ein, um die Familie über die Runden zu bringen; doch er wird krank und stirbt schließlich. Dass die Darstellung der sozialen Not nicht MacDonalds Hauptanliegen ist, zeigt sich sehr früh im Roman: Diamond erhält immer wieder, besonders des Nachts, Besuch von einer geheimnisvollen Dame, die ihm mütterliche Geborgenheit bietet, mit ihm spricht und ihn auf nächtliche Streifzüge mitnimmt. Diamond bringt ihr unbegrenztes Vertrauen entgegen, obgleich sie sich als Verkörperung des zerstörerischen Nordwinds entpuppt und auch in anderen schreckenerregenden Gestalten, z. B. als Wölfin und Tigerin, auftritt. Die Paradoxie dieser übernatürlichen Figur – mütterlich-bergend und strafend-zerstörend – bietet reichlich Raum für psychoanalytische und tiefenpsychologische Deutungen, ist aber als religiöses Sinnbild gemeint. Das Buch ist trotz seines realistischen Rahmens letzten Endes eine allegorische Theodizee: North Wind ist eine Repräsentantin Gottes, die Diamond und dem Leser vor Augen führt, dass alles Schlimme in der Welt, auch und gerade der Tod, Teil des göttlichen Weltenplans ist und also in Wirklichkeit dem Guten dient.

MacDonalds kinderliterarisches Schaffen ist uneinheitlich. Stellenweise gebärdet er sich in heute schwer erträglicher Weise viktorianisch-moralistisch; wo er aber das Predigen hinter sich lässt, gelingen ihm immer wieder fantastische Bilder von unvergesslicher Eindringlichkeit. Auch er nimmt das Kind als Partner ernst, indem er ihm Freiheit lässt und ihm gleichzeitig zutraut, seine religiöse Botschaft intuitiv zu verstehen oder, besser gesagt, zu erfühlen. In einem Aufsatz über *The Fantastic Imagination* schrieb er 1893, dass Kinder in Märchen (und in seinen eigenen Geschichten) nicht bewusst nach Bedeutung suchen müssen: „They find what they are capable of finding, and more would be too much. For my part, I do not write for children, but for the childlike, whether of five, or fifty, or seventy-five" (MacDonald 1984, 17).

Am stärksten hat diese romantische Einstellung wohl C. S. Lewis beeindruckt, in dessen Narnia-Büchern ebenfalls christliche Botschaften verschlüsselt transportiert werden. Dagegen scheint die heutige fantastische Kinder- und Jugendliteratur, so weit ich sehen kann, eher wenig geneigt zu sein, christliche Glaubensinhalte zu transportieren. Die *Harry Potter*-Bücher sind gewiss keine satanistische Propaganda, aber sie vermitteln auch kein spezifisch christliches Weltbild. Sehr deutlich ist das Interesse an religiösen Fragen bei Terry Pratchett, einem Kultautor besonders der Jugend; doch er hat für die klassische christliche Theodizee nur Spott und Hohn übrig und zeigt den Menschen mit Vorliebe als Spielfiguren indifferenter Götter (so z. B. schon im ersten seiner „Scheibenwelt-Romane", *The Colour of Magic*, 1983; vgl. Petzold 2001). Philip Pullman, der Autor der massiven Trilogie *His Dark Material*, ist zwar ein erklärter Feind der christlichen Kirche und hat aus seiner Abneigung gegen C. S. Lewis kein Hehl gemacht. Dennoch gleicht er diesem, und dessen Mentor MacDonald, in der Ernsthaftigkeit, mit der er fantastische Fiktionen als Medium zur Diskussion religiöser Grundfragen benutzt.

3.3 Kipling, Potter, Grahame, Milne: Tiere sind auch nur Menschen

Die Tiererzählung, in Gestalt der Tierfabel seit Jahrhunderten zur moralischen Belehrung benutzt, erhält durch die Autoren der-Jahrhundertwende neues Leben. Auf die einschlägigen Werke von Rudyard Kipling, Beatrix Potter, Kenneth Grahame und A. A. Milne ausführlich einzugehen, fehlt hier der Raum. Sie sind sämtlich von beträchtlicher Komplexität und folglich auch sehr unterschiedlich. Gemeinsam ist ihnen, dass ihre vermenschlichten Tierwelten eine gewisse Affinität zum Arkadisch-Utopischen haben und damit zugleich zu einem bestimmten Kindheitsbild. Allerdings erweist sich die Utopie in jedem Fall, wenn auch mit unterschiedlicher Akzentsetzung, als gefährdet.

Überraschenderweise gilt dies sogar für das offenbar für sehr junge Kinder bestimmte Bilderbuch *The Tale of Peter Rabbit* (1902) von Beatrix Potter. Peter und seine Geschwister sind zwar als niedliche Hasen gezeichnet, aber hinter der Idylle lauert die harte Realität, wie bereits im dritten Satz des Büchleins angedeutet wird:

> Once upon a time there were four little Rabbits and their names were – Flopsy, Mopsy, Cotton-tail, and Peter. They lived with their mother in a sand-bank, underneath the root of a very big fir-tree. ‚Now, my dears,' said old Mrs. Rabbit one morning, ‚you may go into the fields or down the lane, but don't go into Mr. McGregor's garden: your Father had an accident there; he was put in a pie by Mrs. McGregor.' (Potter 1987, 9–10)

Auch Kipling macht keinen Hehl daraus, dass in seiner Dschungelwelt das Naturprinzip des Fressens und Gefressenwerdens herrscht; aber es ist durch das Gesetz des Dschungels kodifiziert und damit gezähmt. So lange er bei seinen Zieheltern im Wolfsrudel lebt und als Lehrer Bagheera den Panther und Baloo den Bären zur Seite hat, ist das Menschenkind Mowgli in dieser geordneten Welt geborgen und geschützt. Doch die Mowgli-Geschichten der beiden *Jungle Book*s sind unter anderem auch eine Parabel vom Erwachsenwerden; und die (von Anfang an prekäre) Utopie des einträchtigen Zusammenlebens in der Natur zerbricht, als Mowgli größer wird und erkennt, dass er sich zwischen zwei unvollkommenen, gewalttätigen Welten – der der Tiere und der der Menschen – entscheiden muss.

Deutlicher ist der Wunschtraum einer arkadischen Welt bei Grahame und Milne ausgeprägt. Die unbeschwerte Freiluft-Junggesellenwelt von Maulwurf, Wasserratte und Kröterich (allesamt wie Kinder in ihrer hedonistischen Unbeschwertheit, Freiheit von Verantwortung und Abenteuerlust) ist gefährdet durch die Technik, deren Verlockungen Kröterich beinahe erliegt. Bei Milne schließlich ist Arkadien überhaupt nur dank der kindlichen Fantasie möglich: Räumlich eng begrenzt, erhält es Leben nur kraft der Imagination des Erzählers, die eigentlich die des Kindes Christopher Robin ist. Die Idylle ist also die des Kindes und hat eigentlich nur so lange Bestand, wie das Kind mit Stofftieren spielt. Andererseits bedingt gerade der virtuelle Charakter der Geschichte ihre Unsterblichkeit, wie am Ende des zweiten Bandes angedeutet wird:

> So they [Christopher and Pooh] went off together. But wherever they go, and whatever happens to them on the way, in that enchanted place on the top of the Forest a little boy and his Bear will always be playing. (Milne 1973, 176)

Wie es scheint, ist das utopische Moment der fantastischen Tiergeschichte eingeschrieben geblieben. Wir finden es in *The Story of Doctor Dolittle* (1920) (und den Folgebänden) von Hugh Lofting und in dem davon inspirierten Kinderbuch *Die Konferenz der Tiere* (1949) von Erich Kästner ebenso wie in *Watership Down* (1972) von Richard Adams, das von dem epischen Auszug einer Kaninchenpopulation auf der Suche nach einem sicheren Siedlungsort erzählt. Auch die deutschen Bilderbuch-Autoren Janosch (zum Beispiel: *Oh, wie schön ist Panama*, 1978) und Helme Heine (zum Beispiel: *Freunde*, 1982) haben Tierwelten geschaffen, die, wenn auch mit einem ironischen Augenzwinkern, im Grunde kindlich-arkadische Utopien darstellen.

3.4 J. M. Barrie: Meta-Kindheit und Meta-Fiktion

In spätviktorianischer Zeit ist in der Kinder- wie auch in der Erwachsenenliteratur eine eigentümliche Glorifizierung der Kindheit zu beobachten. Dabei wird das Kind nicht mehr so sehr deshalb verehrt, weil es in seiner Unschuld Gott nahe steht (wie es bei den Romantikern einschließlich MacDonald und dem späten Lewis Carroll der Fall war); es wird eher beneidet wegen seiner Freiheit, die sich in ungenierter Egozentrik und in ungehemmter Fantasietätigkeit niederschlägt. Nirgendwo ist diese Wunschfantasie deutlicher ausgeprägt – und zugleich einer subtilen Kritik unterzogen – als in James Matthew Barries Theaterstück *Peter Pan* (1904).[13] Auch zu

James Matthew Barries Theaterstück *Peter Pan* (1904).[13] Auch zu diesem extrem komplexen Text wäre weit mehr zu sagen, als es in diesem Rahmen möglich ist. Das Grundmotiv – Peters Weigerung, erwachsen zu werden – ist charakteristisch für die Jahrhundertwende und doch auch noch in unserer Zeit aktuell, was sich, wie Gudrun Stenzel unlängst gezeigt hat, unter anderem an den Verfilmungen der jüngsten Zeit, aber auch an den Reaktionen kindlicher Rezipienten ablesen lässt (vgl. Stenzel 2005 b, 176 und 179).

In literaturhistorischer Hinsicht ist noch ein weiterer Aspekt interessant. Neverland, das Land, in das Peter Pan die Darling-Geschwister entführt, ist samt seinen Einwohnern – Indianern, Piraten, Meerjungfrauen – aus Versatzstücken der Kinderliteratur gebildet; Rollenspiel (*make-believe*) und innerfiktionale Realität gehen bruchlos ineinander über. Auch der Erzähler in der Romanversion von 1911 wie auch die narrativen Regieanweisungen in der Druckversion des Stückes von 1928 weisen den Leser immer wieder illusionsdurchbrechend auf die Fiktionalität des Textes hin. Mit einiger Berechtigung kann man *Peter Pan* daher als die erste Meta-Fantasy bezeichnen (wenn man nicht *Alice in Wonderland* auch diese Ehre zugestehen mag). Seither ist Metafiktion auch in der Kinderliteratur häufiger geworden. Das hierzulande bekannteste Beispiel ist sicherlich Michael Endes *Unendliche Geschichte* (1979): auch sie handelt von einem Jungen, der in einer von ihm selbst geschaffenen Fantasiewelt lebt und es – hier allerdings nur fast – nicht schafft, sich aus den Verstrickungen seiner eigenen Fantasie zu lösen, um in der realen Welt Verantwortung zu übernehmen, wobei Ende, vielleicht noch deutlicher als Barrie, darauf hinweist, dass das Aufwachsen nicht gleichbedeutend mit der Aufgabe der Fantasie sein muss und auch nicht sein darf.

3.5 Edith Nesbit: Zeitreisen zum Gruppentarif

Dass Edith Nesbits Kinderbücher besonders viele Kinderbuchautoren beeinflusst haben, ist häufig bemerkt worden (vgl. Nikolajeva 1996, 71–73 und 159–164; Manlove 2003, 43–48 sowie Schenkel 2005). Möglicherweise hängt dies damit zusammen, dass die Autorin im Vergleich zu den anderen ‚Klassikern' des Goldenen Zeitalters am wenigsten viktorianisch oder nostalgisch-rückwärtsgewandt wirkt – wie man dies von einer erklärten Sozialistin und Freundin H. G. Wells' auch erwarten kann.[14] Von den eher punktuellen Motiven Nesbits, die ‚Schule gemacht haben', sei nur die Begegnung moderner Kinder mit Figuren der klassischen Mythologie (wie z. B. dem Phönix) erwähnt – ein Motiv, das nach Nesbit z. B. C. S. Lewis und natürlich auch J. K. Rowling eingesetzt haben.

---

13 Für weitere Beispiele vgl. Petzold 1989. – Barrie schuf später eine Romanversion, die 1911 unter dem Titel *Peter and Wendy* erschien, heute aber meist als *Peter Pan* vertrieben wird.

14 Zwar hat Nesbit ihrerseits Anregungen von früheren und zeitgenössischen Autoren aufgenommen, doch vermeidet sie deren belehrenden Ton (vgl. Dahl 1986, 82–85).

Nesbits vielleicht folgenreichste Neuerung besteht darin, dass sie nicht mehr ein Einzelkind, sondern eine Gruppe – meist Geschwister – unabhängig von Erwachsenen agieren und Abenteuer erleben lässt; eine Idee, die von Arthur Ransome, C. S. Lewis und vor allem Enid Blyton aufgegriffen und von den Autoren von Kinderkrimis zum Patentrezept erhoben wurde. Anklänge daran finden sich noch in den *Harry Potter*-Büchern, wie auch jenes andere Motiv, das Nesbit von ihrem Freund H. G. Wells übernommen und in die Kinderliteratur eingeschleust hat: das Motiv der Zeitreise, das in der heutigen fantastischen Literatur geradezu allgegenwärtig geworden ist. Die Konfrontation der Vergangenheit und der Zukunft mit der Gegenwart ist bei Nesbit oft Anlass zu Komik, dient aber auch der Sozialkritik, wobei sowohl die Vergangenheit als auch die Gegenwart durch den Vergleich in einem negativen Licht erscheinen können.

In ihren späten Kinderbüchern erweist sich Nesbit noch in weiterer Hinsicht als Vorreiterin, wie Elmar Schenkel hervorhebt, indem sie nämlich Kindern auch unaufgelöst Unheimliches zumutet: „Das Imaginäre gewinnt [dort] die Oberhand und wird nur mühsam wieder eingesperrt. Der Humor weicht dem Alptraum, der seinerseits postmoderne Züge annimmt. (...) Nesbit spielt mit Metafiktion, wie sie erst ein halbes Jahrhundert später von Postmoderne und magischem Realismus praktiziert wurde, die ihrerseits stark in der Fantastik verwurzelt sind." (Schenkel 2005, 227)

Die vorgeführten Beispiele, so skizzenhaft sie auch sein mögen, haben vielleicht doch einige Bereiche aufgezeigt, wo Autoren des „Goldenen Zeitalters" Wege gewiesen haben, auf denen andere gefolgt sind. Dabei sollten wir nicht vergessen, dass jeder, der fantastische Geschichten erfindet (ob für Kinder oder für Erwachsene), aus einem großen Pool von Handlungsmustern, Motiven und Bildern schöpft, denn, in Tolkien's Worten, „the Cauldron of Story has always been boiling, and to it have continually been added new bits, dainty and undainty" (Tolkien 1975, 28). Dass die Tradition in diesem Prozess immer wieder den jeweiligen aktuellen Problemen anverwandelt wird, versteht sich von selbst, denn „there are many things in the Cauldron, but the Cooks do not dip in the ladle quite blindly" (Tolkien 1975, 31). Schon möglich, dass die Ingredienzien, welche die Autoren und Autorinnen des „Goldenen Zeitalters" beigesteuert haben, besonders schmack- und nahrhaft sind und deshalb von den neuen Köchen besonders gern herausgefischt werden.

Prof. Dr. Dieter Petzold, Parkstr. 6, 91336 Heroldsbach

Maren Bonacker

Eskapismus, Schmutz und Schund?!

Fantasy als besonders umstrittene fantastische Literatur

Ach, was muss man oftens seh'n, was seltsam' Dinge doch gescheh'n ... Da sind immer wieder Klagen von Eltern und Lehrern zu hören, dass Kinder und Jugendliche heutzutage nicht mehr lesen würden – und gleichzeitig laufen eben diese ‚Leseunwilligen' umher, die Nasen tief in dicke Bücher gesteckt, von denen sie sich gar nicht mehr trennen möchten. Was auf den ersten Blick wie eine verkehrte Welt erscheint, erklärt sich erst bei näherem Hinsehen: Kinder und Jugendliche lesen sehr wohl, aber sie lesen nicht ‚das Richtige' – jedenfalls nicht, wenn es nach elterlichen Vorstellungen geht. Denn das, was hier gelesen wird, ist das, was namentlich niemals genannt werden sollte (um es nicht anzulocken!); das, was die Jugend fasziniert, ist die in Massen auftretende Verkörperung von verschriftlichtem Schund – ist Fantasy.

Auch wenn die Realität gegenwärtig nicht ganz so schlimm aussieht wie in dieser stark überzogenen Einleitung präsentiert, scheint doch der Fantasy-Literatur – allen Erfolgen zum Trotz – nach wie vor ein bitterer Beigeschmack anzuhaften. Für begeisterte Fantasy-Leser völlig unverständlich haben es Fantasy-Bücher, von wenigen Ausnahmen wie J. R. R. Tolkiens *The Lord of the Rings* (1954–55) oder C. S. Lewis' *Chronicles of Narnia* (1950–56) einmal abgesehen, in Deutschland immer noch schwer, als ‚salonfähig' akzeptiert zu werden. Das zeichnet sich zwar weder in den Verkaufszahlen noch in den Rezensionen ab, dafür aber im schulischen Lektürekanon und im Angebot der literaturwissenschaftlichen Hochschulseminare. Den Vorbehalten gegenüber der Fantasy-Literatur sollen im Folgenden Funktionen und Werte dieses zu Unrecht umstrittenen Genres entgegengesetzt werden. Außerdem soll ein Überblick über ausgewählte Fantasy-Publikationen des ausgehenden 20. und frühen 21. Jahrhunderts dazu beitragen, den derzeitigen Wandel innerhalb der Fantasy aufzuzeigen und vielleicht auch Skeptiker dazu anregen, sich intensiver mit diesem literarischen Genre zu beschäftigen.

1 Fantasy – eine Begriffsbestimmung

True fantasy (...) aims to define the universe.
(Natalie Babbitt, zit. nach Ruth Nadelman Lynn, xxiii)

Eines der vermutlich größten Probleme bei der Definition von Fantasy – oder, um es präziser auszudrücken: von Fantasy Fiction[1] – ist zunächst einmal die Sprache. Das Wort ‚fantasy' ist englisch und bedeutet (nach dem *Cambridge International Dictionary of English* von 1995) zunächst nichts weiter als „a pleasant situation that you enjoy thinking about, but which is unlikely to happen (...)" (503). Der Bezug zu einem literarischen Genre fehlt hier, wie auch im *Shorter Oxford English Dictionary*, völlig. Doch wird die Fantasy Fiction in Wörterbüchern zu wenig berücksichtigt, so finden sich in englischsprachigen Publikationen zu diesem Genre oftmals zu *viele* Einträge zu diesem Begriff: Nicht selten werden unter ‚fantasy' all diejenigen Titel verstanden, die fantasievolle Inhalte aufweisen. Die Bezeichnung ist demnach mit einem Fantastikbegriff im weiteren Sinne gleichbedeutend und hebt die Fantasy Fiction nicht als eigenständiges Genre hervor.

Doch auch in Nachschlagewerken, die für die deutsche Literaturwissenschaft unverzichtbar geworden sind, sucht man mitunter vergeblich nach einer Definition. So ignoriert etwa das von Ansgar Nünning herausgegebene *Lexikon Literatur- und Kulturtheorie* (zumindest in der ersten Ausgabe von 1998) die Existenz des Begriffs ‚fantasy'. Das zwei Bände umfassende *Taschenbuch der Kinder- und Jugendliteratur* (Lange 2002) berücksichtigt die fantastische Kinder- und Jugendliteratur (Bd. 1, 187–200), Märchen, Mythen und Sagen (Bd. 1, 246–266) sowie die Science-Fiction für Kinder und Jugendliche (Bd. 1, 547–565); der Fantasy Fiction wird jedoch kein eigenes Kapitel gewidmet.

Nur eine einzige deutschsprachige Monographie beschäftigt sich mit der genaueren Definition der Fantasy Fiction. In seiner Dissertation *Fantasy – Theorie und Geschichte einer literarischen Gattung* (1982) arbeitet Helmut Pesch gattungstypologische Bestimmungen der Fantasy Fiction in Abgrenzung zu anderen fantastischen Genres heraus, untersucht Funktion und Struktur von Fantasy-Erzählungen und stellt innere Gesetzmäßigkeiten der Fantasy anhand der Erzählformen dar. Trotz wertvoller Erkenntnisse muss die Arbeit jedoch nach Aussagen des Verfassers heute als veraltet gelten – zu stark hat sich das Genre gerade in den Jahren um die Jahrtausendwende weiterentwickelt. Wünschenswert sind weiterführende Arbeiten, die an Pesch anknüpfen oder aber auch die Ansätze von Maria Nikolajeva (*The Magic Code*, 1988) weiterführen.

---

[1] Die hier gewählte, dem Englischen entlehnte Schreibweise setzt sich auch im deutschsprachigen Raum immer mehr durch. Vgl. etwa Petzold 2006 b mit dem Untertitel „Gedanken zur Selbstreferenzialität der Fantasy Fiction".

Spreche ich im Folgenden von Fantasy Fiction, so verstehe ich darunter diejenige Literatur, die entweder ausschließlich, oder aber doch zumindest zu einem großen Teil in einer Sekundärwelt spielt[2], die zwar Parallelen zur außerfiktionalen Wirklichkeit aufweisen kann, sich aber doch zumindest in einem Punkt von ihr unterscheidet: Magie – in welcher Form auch immer – wird als selbstverständlicher Bestandteil dieser Welt verstanden und erzeugt weder bei den agierenden Figuren noch bei den Lesern das für die Fantastik charakteristische ‚Wundern'.[3]

2 Fantasy und Vorurteile

Wie erklärt sich aber die Vernachlässigung eines quantitativ so präsenten Genres in der literaturwissenschaftlichen Forschung? Und warum ist bei vielen Eltern und Lehrern bis heute häufig eine so nachhaltig ablehnende Haltung gegenüber der Fantasy Fiction zu beobachten?

Zwar mehren sich in den vergangenen Jahren affirmative Stimmen, die durchaus auf die Vorzüge der Fantasy Fiction zumindest hinsichtlich einiger ausgewählter Werke hinweisen[4], doch sind die Vorurteile gegen dieses populäre Genre offenbar so tief verwurzelt, dass es schwer ist, sie vollends auszuräumen. Zu den genannten Vorbehalten zählen immer wieder die angenommene Trivialität[5] sowie eine unreflektierte Schwarzweiß-Malerei. Am schwersten aber fällt wohl der Vorwurf einer (vermuteten) Realitätsflucht ins Gewicht. Irmgard Nickel-Bacon spricht in diesem Zusammenhang von einer „kulturpessimistischen Einschätzung der Fantasy-Welle" (Nickel-Bacon 2003 a, 147) und zitiert gleich mehrere Befürchtungen und kritische Kommentare, die Jan Distelmeyer 2001 anlässlich der Verfilmungen von *Harry Potter* und *The Lord of the Rings* geäußert hat. Zweifelt Distelmeyer jedoch an, dass Fantasy Fiction eine Antwort auf die Unsicherheiten des Lesers sein könnte (vgl. Distelmeyer 2001, 45), verneint er

---

2 Ich erweitere damit die von Gansel (1999) gegebene Definition (167–171) und beziehe Titel wie etwa C. S. Lewis' *Narnia-Chroniken* oder Joy Chants *Red Moon and Black Mountain* (1970) mit ein, deren Rahmenhandlung zwar in einer der außerfiktionalen Wirklichkeit nachempfundenen (= real-fiktiven) Welt spielt, deren Handlung jedoch überwiegend in der magischen (= fantastischen) Welt angesiedelt ist.
3 Zur Definition von Fantasy vgl. u. a. Le Blanc 2005 und Friedrich 2004.
4 Siehe hierzu etwa Petzold 2004.
5 Viele Fantasy-Romane weisen hinsichtlich des *settings* und zentraler Figuren auffällige Parallelen auf, die einer kreativen Eigenleistung der Autoren zu widersprechen scheinen. So spielen sie zumeist in einer dem Mittelalter nachempfundenen Vergangenheit, in der böse Mächte den Frieden bedrohen und infolgedessen von ‚guten' Figuren bekämpft werden müssen. Erst nach dem Sieg des ‚Guten' über das ‚Böse' ist das Gleichgewicht wieder hergestellt. Variationen ergeben sich je nach Fantasie der Autoren durch die geographische Gestaltung der Fantasy-Welt, durch Flora und Fauna sowie einzelne Nebenhandlungen. Diese Formelhaftigkeit begünstigt das Vorurteil hinsichtlich Trivialität und mangelnder innovativer Ideen, das es der Fantasy Fiction so schwer macht, sich im Kanon deutscher Hochschulen zu etablieren.

damit die Möglichkeit jeglichen pädagogischen Wertes des Genres. Außerdem widerspricht er psychologischen Erkenntnissen, nach denen Kinder und Jugendliche ihren realen Ängsten und Problemen besser begegnen können, wenn sie Szenarien zur Angst- und Problembewältigung aus der sicheren Distanz des Lesers bereits spielerisch durchleben konnten.

Wer Fantasy Fiction hingegen als fantasievolles Spiegelbild der außerfiktionalen Wirklichkeit versteht und somit den Bezug der fiktiven Sekundärwelt zur Lebenswirklichkeit der Rezipienten erkennt, wird zweifellos auch die hier dargestellten Probleme und Konflikte als symbolhaft verschlüsselte Probleme und Konflikte der Realität sehen können. Hilfreich bei deren Bewältigung ist die u. a. von Gudrun Stenzel konstatierte Sicherheit und Ordnung der Sekundärwelten, die oftmals von unserer komplizierten Alltagswelt nicht gegeben werden kann (vgl. Stenzel 1999, 135).

Natürlich wird kaum ein Leser jemals Gefahr laufen, Finsterberge durchqueren und gegen feuerspeiende Drachen kämpfen zu müssen – doch bei näherem Hinsehen erweisen sich diese Abenteuer meist als schmückendes Beiwerk. Zentrale, immer wiederkehrende Themen der Fantasy Fiction sind solche, die den Rezipienten auch außerhalb der literarischen Welt beschäftigen: Heranwachsen und Erwachsenwerden, die Überwindung eigener Schwächen und Ängste, der Wert von Freundschaft oder auch das Erkennen erster Liebe. Ob diese Erfahrungen in einem Fantasy-Roman von einem Hobbit, einem Elfenkind oder einem jungen Zauberer wider Willen gemacht werden, ist letztlich für die Lebenswirklichkeit des Lesers von nebensächlicher Bedeutung. Wichtig ist, dass sich Kinder und Jugendliche in den dargestellten Figuren wiederfinden und dass sie in den zu bestehenden Fantasy-Abenteuern neben dem Lesegenuss immer auch Modelle für die Bewältigung ihrer eigenen Probleme finden – und dass Fantasy Fiction in überdurchschnittlicher Weise Identifikationsangebote für kindliche und jugendliche Leser bietet, ist sicher nicht erst bekannt, seit sich zahllose *Harry Potter*-Fans anlässlich des Erscheinens weiterer Bände als Zauberer verkleidet zu groß organisierten Lesenächten vor und in Buchhandlungen zusammengefunden haben.

Ein weiterer Aspekt, der für die Fantasy Fiction spricht, ist die seit der PISA-Studie nicht mehr abflauende Diskussion um Leseförderung und Lesemotivation: Es scheint, als würde die Fantasy Fiction wie kein anderes Genre zum Lesen verleiten. Die kurz nach ‚PISA' erhobene Erfurter Studie hat ergeben, dass sich die meisten Schüler mehr fantastische oder Fantasy-Texte für den Einsatz in der Schule wünschen. Selbst Kinder und Jugendliche, die sich prinzipiell als „Nicht-Leser" bezeichnen, lassen sich von Fantasy Fiction begeistern – was angesichts der meist nicht unter 300 Seiten starken und zudem oft in Reihen oder Serien eingebundenen Bücher erstaunt. Dieses Lesevergnügen, das dem sonstigen Leseverhalten mitunter diametral entgegengesetzt zu sein scheint, kann verschiedene Gründe haben und muss wohl für jeden Leser individuell betrachtet werden: Die Attraktivität ‚besonderer' (weil z. B. magisch begabter) Protagonisten mag höhere Identifikationsmöglichkeiten bieten, die von fantastischen Wesen bevölkerte Welt wirkt verglichen mit unserer entmystifizierten Realität ungleich geheimnisvoller und aufregender (und zieht neben den kindlichen und jugendlichen Lesern mühelos auch erwachsene Rezipienten in ihren Bann), und schließlich könnte auch ein durch unsere aufgeklärte Lebenswelt evoziertes Bedürfnis nach Märchen, Wundern und Wundergläubigkeit ursächlich für den großen Erfolg der Fantasy Fiction stehen. Von Bedeutung sind hier jedoch weniger die Ursachen, als die aus der Erfolgswelle der Fantasy zu ziehenden Konsequenzen: Jens Kulik kommt nach den in seiner Dissertation über *Das Gute und das Böse in der phantastischen Kinder- und Jugendliteratur*[6] (2005) gewonnenen Ergebnissen unter anderem zu dem Schluss, dass „ein größerer Anteil von Texten der Phantastik und Fantasy an der schulischen Lektüre wünschenswert wäre" (Kulik 2005, 369). Indem er sich unter anderem auf Umfragen und Studien von Friederike Harmgarth (1997) und Andrea Bertschi-Kaufmann (2000) sowie Erkenntnisse von Kaspar H. Spinner (2001) stützt, hebt er noch einmal zentrale positive Aspekte der Fantasy Fiction hervor, die für ihn vor allem im Aufbau von Lesemotivation und somit späterer (von den Bildungsinstitutionen nachhaltig geforderten) Lesekompetenz bestehen (vgl. Kulik 2005, 370). Die Gründe für die hohe Attraktivität von Fantastik und Fantasy Fiction sieht Kulik neben den oben angeführten Beispielen auch darin, dass fantastische Texte die emotionale Dimension der Lesekompetenz berühren (vgl. Kulik 371) und sich wegen ihrer teils repetitiven Handlungsmuster gerade für ungeübte Leser als Zugangshilfe erweisen (vgl. ebd; siehe außerdem Bertschi-Kaufmann 2000, 175 f.).

3 Weg vom Schema – Fantasy, die anders ist

Seit Mitte der neunziger-Jahre ‚boomt' die Fantasy Fiction trotz aller Kritik, der sie sich immer wieder stellen muss. Dem Geheimnis ihres Erfolgs auf die Spur zu kommen, ist eine eigene Queste, auf die sich Journalisten und Literaturwissenschaftler zunehmend begeben. Schenkt man den Medien Glauben, hat Joanne K. Rowling mit ihren *Harry Potter*-Büchern (1997 ff.) entscheidend zu der anhaltenden Erfolgswelle beigetragen, nicht zuletzt weil andere Romanreihen wie Eoin Colfers *Artemis Fowl* (2001 ff.), Jenny Nimmos *Charlie Bone* (2002 ff.) oder Rick Riordans *Percy Jackson* (2005 f.) in Bezug zu dem kleinen Zauberer mit der blitzförmigen Narbe gesetzt wurden.

---

6 Der von Kulik gewählte Begriff „phantastisch" muss hier in maximalistischem Sinne verstanden werden, da sich Kulik in seiner Textauswahl in erster Linie auf Fantasy-Texte von Astrid Lindgren, J. R. R. Tolkien, Wolfgang und Heike Hohlbein sowie Frederik Hetmann bezieht.

Doch Nachahmung allein (so diese überhaupt vorliegt) kann den nunmehr seit zehn Jahren ununterbrochen anhaltenden Erfolg der Fantasy Fiction sicher nicht erklären. Viel entscheidender ist die derzeit zu beobachtende Ausdifferenzierung der Fantasy Fiction. So hat zum Beispiel Philip Pullman mit seiner Fantasy-Trilogie *His Dark Materials* (1995–2000) neue Maßstäbe gesetzt, indem er eine Vielzahl fantastischer Parallelwelten eingeführt und im Rahmen einer packenden Abenteuergeschichte grundlegende existenzphilosophische Fragen verarbeitet hat (vgl. hierzu auch Kölzer 2004).

Auch Jonathan Stroud hat der Fantasy Fiction mit seiner *Bartimäus*-Trilogie (2003–2005) entscheidende neue Impulse gegeben. So spielt er u. u. a. gezielt mit dem Klischee des alten, bärtigen und meist wohlwollenden Magiers, indem er seinen Zauberern das Äußere typischer Londoner Bankiers verleiht – inklusive Aktentasche und Regenschirm. Vor allem aber hebt sich Stroud literarisch von der breiten Masse ab: *Bartimäus und das Amulett von Samarkand* (2004), das abwechselnd aus der Ich-Perspektive eines zynischen Dämons und in der personalen Erzählform durch die Augen des anfangs noch naiven Nathanael erzählt wird, hat dem Autor international einige Aufmerksamkeit beschert und war in Deutschland nicht umsonst für den Jugendliteraturpreis nominiert.

Im deutschsprachigen Raum hat in den vergangenen Jahren vor allem Cornelia Funke von sich reden gemacht. Ist sie mit ihren früheren Romanen wie *Drachenreiter* (1997) oder *Herr der Diebe* (2000) noch im Bereich des Fantastischen geblieben, in dem die der außerfiktionalen Wirklichkeit nachempfundene Welt der agierenden Figuren durch die Existenz märchenhafter Wesen oder magischer Gegenstände gebrochen wird, hat sie mit dem immer noch der Fantastik zuzuordnenden Roman *Tintenherz* (2003) einen ersten Schritt in Richtung Fantasy gemacht, einen Weg, den sie schließlich mit *Tintenblut* (2005) konsequent fortgesetzt hat. Beide Romane thematisieren die Magie des Vorlesens, durch die fiktive Charaktere im wahrsten Sinne des Wortes ‚lebendig' gemacht werden können. Dringen in *Tintenherz* geliebte und gefürchtete Romanhelden in die Welt der Protagonistin ein, muss sie in *Tintenblut* selbst ganz in die Sekundärwelt eintauchen, um ihre Familie zu retten. Neben den spannenden Abenteuern, die sie dabei zu bestehen hat, fasziniert der Text vor allem durch Cornelia Funkes Sprache und Fabulierkunst, die der Autorin mittlerweile auch große internationale Aufmerksamkeit beschert haben.

Für die deutsche Fantasy-Welt unverzichtbar ist auch Kai Meyer, dessen *Merle*-Trilogie (2001–2002) sowie die *Wellenläufer*-Trilogie (2003–2004) zunächst zwar in einem Jugendbuchverlag erschienen sind, ihren Erfolgszug bald aber auch in der Erwachsenenbelletristik antraten. Einer seiner aktuellsten Romane, *Frostfeuer* (2005), folgt dabei einem in der Fantasy Fiction in den vergangenen Jahren zunehmend zu beobachtenden Trend der Märchenadaption, der analog zu den Genres Science-Fiction, Fantasy Fiction oder der hybriden Science Fantasy wohl am ehesten mit dem Begriff „Fairy Fantasy" zu kategorisieren ist[7]. Gekonnt greift Meyer hier Hans Christian Andersens Schneekönigin auf, um sie im eisigen Sankt Petersburg der Zarenzeit auf ihre Widersacherin, die farbenfrohe, wortgewandte Magierien Tamsin Spellwell, treffen zu lassen. Märchen und historischer Hintergrund, Fantastik und Fantasy Fiction gehen dabei nahtlos ineinander über. Der klassische Kampf von Gut und Böse findet zwar statt, doch durch die von Meyer an die unschuldig-naive Protagonistin ‚Maus' gebundene personale Erzählperspektive bleibt der Leser bis zum Schluss im Unklaren darüber, wer das ‚Gute' und wer das ‚Böse' repräsentiert.

Auch Nina Blazon, Hohlbein-Preisträgerin des Jahres 2003, lässt in ihrem Debutroman *Im Bann des Fluchträgers* (2003) die sonst meist so klar gesetzten Grenzen zwischen ‚Gut' und ‚Böse' verschwimmen und gibt damit der deutschen Fantasy Fiction eine neue Richtung. In ihrem spannend erzählten und durch zahlreiche neue Wesenheiten und Kreaturen angereicherten Roman findet man zwar zunächst die für die Fantasy Fiction typische Queste, die den Protagonisten weit in den vermeintlich feindlichen Norden führt, bald stellt sich jedoch heraus, dass die den Süden beherrschende Angst vor dem Norden allein auf Unwissenheit zurückzuführen ist – während man sich im Norden aus einer ähnlich begründeten (bzw. unbegründeten) Angst vor den Südländern auf einen Kampf vorbereitet. Das tatsächlich ‚Böse' bleibt lange im Verborgenen, viel präsenter ist die Botschaft, sich nicht von Vorurteilen oder den Meinungen anderer leiten zu lassen.

Die Liste der neuen Fantasy Fiction ließe sich an dieser Stelle mühelos fortsetzen. Immer mehr Fantasy-Autoren brechen mit der Tradition ihres Genres, indem sie es durch neue Perspektiven und hybride Formen erweitern. Es tut sich also einiges in der Fantasy Fiction – und vielleicht endlich auch in den Köpfen ihrer Kritiker!

Maren Bonacker, Sonnenweg 4, 35578 Wetzlar

---

[7] Ausgehend von bekannten Märchen, Märchenversatzstücken oder Märchenfiguren werden in der Fairy Fantasy neue Geschichten gewoben, die z. T. sowohl als Märchenadaption oder Parodie zu lesen sind, andererseits aber auch ohne die zugrunde gelegten Märchen als eigenständige Fantasy Fiction verstanden werden können. Zu den gelungensten Vertretern der Parodien innerhalb der Kinder- und Jugendliteratur zählen zweifellos Patrice Kindls *Alexandria oder Gänse bringen Glück* (2002), das zu Unrecht viel zu wenig Beachtung erfahren hat, und E. D. Bakers *Esmeralda Froschprinzessin* (2004). Kai Meyer bewegt sich schön länger in dieser Tradition – auch sein für Erwachsene publizierter Roman *Der Rattenzauber* (1995) gehört zur Fairy Fantasy.

Winfred Kaminski

Fantastik in der Kinder- und Jugendliteratur der 1970er- und 1980er-Jahre

Die Voraussetzungen des Aufbruchs

Die ausgehenden 60er-Jahre und die beginnenden Siebziger des 20. Jahrhunderts der Bundesrepublik Deutschland waren in den gesellschaftlichen und politischen Feldern und eben auch in der Kinder- und Jugendliteratur von einer Aufbruchstimmung durchzogen. Prägnant kam dies in der antiautoritären Kinderliteratur[1], die seit 1968 veröffentlicht wurde, zum Ausdruck. Seit der Mitte der 1960er-Jahre waren vereinzelte Stimmen laut geworden, die die Notwendigkeit einer intensiven Umorientierung der Kinderliteratur gefordert hatten. Insbesondere die Drastik der Verse von Joachim Ringelnatz scheint nachhaltig auf die antiautoritäre Orientierung seiner späteren Nachfolger gewirkt zu haben. Aber auch Bertolt Brechts politischer Zugriff, seine kapitalismus- und faschismuskritische Haltung fanden ihr Echo und wurden rezipiert. Daneben stehen die Märchen und Parabeln Hermynia Zur Mühlens, die – in den 20er-Jahren entstanden – um 1970 in Bearbeitungen mehrfach wieder aufgelegt worden sind. Die erziehungspraktischen Schriften des „Vaters der Antiautoritären" Alexander S. Neill, des Begründers des Schulmodells Summerhill, sowie sein schon 1938 auf Englisch erschienenes Kinderbuch *Die grüne Wolke* (dt. 1971) wirkten genauso auf diese Entwicklung ein. Besonders bedeutsam war Walter Benjamin mit seinen pädagogischen und kinderliterarischen Schriften.

Die Verlage Basis, März, Oberbaum und Weismann haben zur antiautoritären Kinderliteratur beigetragen. Ihre Bücher und Textstücke geben zu erkennen, dass Autoren, Redakteure und Verleger ganz programmatisch auf kollektive Produktionsformen setzten und mit ihren Büchern politisch eingreifen wollten. Es ging ihnen darum, die Notwendigkeit einer grundlegenden Veränderung der Gesellschaft bewusst zu machen, um die Anklage gegen Imperialismus und Ausbeutung am Arbeitsplatz. Schon kleine Kinder wurden in fantastisch-parabolischer Form wie in *Fünf Finger sind eine Faust* (o.J. [1969]) angesprochen. Andere Schriften richteten sich an Jugendliche, um sie mit Nachrichten aus der „unterschlagenen Wirklichkeit" bekannt zu machen. Man war klassenkämpferisch orientiert und kümmerte

---

1 Vgl. dazu den Katalog: Von Marx(s)menschen und Superbirnen. Kinderliteratur und Studentenbewegung (1990) sowie Kaminski 1988 b.

sich um Wohnverhältnisse, Kinderspielplätze, Schulsituation und alltägliche Bedrängnisse. Aber so politisch eingreifend man auch sein wollte, so sehr trugen die antiautoritären Geschichten ihre Lösungsvorschläge überwiegend in fantastischer Form vor.

Eine Auseinandersetzung wurde um die gesellschaftliche Relevanz der Märchen, des Realismus und um die sozialisatorische Funktion der Kinderliteratur geführt, aber auch wenn man die klassischen Märchen ablehnte, die Bücher durchzogen fantastische Figuren und Lösungsvorschläge. Theoretisch wurden die Märchen kritisiert, etwa durch Dieter Richter, Johannes Merkel und Otto F. Gmelin. De facto spielten zum Beispiel *Martin der Mars(x)mensch* (1971) oder *Die roten Bremer Stadtmusikanten* (1972) mit fantastischen Sujets. Die beabsichtigte Politisierung ließ zugleich die Grenze der antiautoritären Kinderliteratur sichtbar werden. In dem Bemühen, richtig und wahrhaftig zu sein, aufzuklären, nichts zu verfälschen, überforderte sie die kindlichen Leser. Die Kinderbuchmacher gaben so gut wie gar nicht auf notwendige Vermittlungsschritte für das als richtig Erkannte acht. Der Widerstand, der der antiautoritären Kinderliteratur entgegengesetzt wurde, markiert den Punkt, von dem aus „Erneuerer" der Kinderliteratur wie Gerold Anrich, Hans-Joachim Gelberg und Uwe Wandrey auf neue Weise begannen, das Gesicht der Kinderliteratur zu bestimmen (vgl. Kaminski 1984).

Auf den politischen Ernst der antiautoritären Kinderliteratur folgte mit den Büchern der Rotfuchs-Reihe die Einsicht, dass Spiel, Nonsens und Belehrung nicht feindlich einander gegenüberstehen müssen. Die in verschiedenen Verlagen neu entstehenden Kinderbücher von Irmela Brender, Peter Härtling, Heinrich Hannover, Günter Herburger, Janosch, Hans-Christian Kirsch, Christine Nöstlinger, Paul Maar und Ursula Wölfel unterscheiden sich von der „revolutionären Ungeduld" des antiautoritären Protestes durch ihre Hinwendung zu geduldiger Aufklärung. Der Bremer Rechtsanwalt Heinrich Hannover, vom dem seit 1968 Kinderbücher veröffentlicht wurden, brach eine Lanze für das fantastische Erzählen. In seinen Geschichten vom *Pferd Huppdiwupp* (1968) und den *Birnendieben vom Bodensee* (3. Aufl. 1975) ging es um Spaß – Erzählspaß – und nicht darum, Wissen zu vermitteln. Wobei anzumerken ist, dass es mit dem Roman *Timm Thaler* (1962) von James Krüss und mit dem Erstlingsbuch von Paul Maar *Der tätowierte Hund* (1968) auch schon früher Versuche gab, sich dem Erzählen, der Kritik und der Fantasie zu nähern. Krüss hatte das Spiel mit der Sprache entdeckt und dies in seinem *Timm Thaler*-Buch durch konsumkritische Pointen ausgedehnt. Wohingegen Paul Maar die Kraft des Fantasierens durch spielerisches Erzählen steigerte. Anders als zuvor geht es bei ihren Büchern nicht um eine politisch verengte soziale Fantasie, sondern um die Entfaltung der Imaginationskraft schlechthin. Diese Autoren bezogen keine eindeutige, ja einseitige politische Position mehr, sondern sie näherten sich den Phänomenen von unterschiedlichen Seiten: des Individuums, der Familie, der sozialen Gruppe oder auch des gesellschaftlichen Zusammenhangs.

Das Spiel der sozialen Fantasie und die Emanzipation der Kinder

Die Autoren, die nun auftraten und sich des fantastischen Genres[2] bedienten, waren neben den beiden genannten Christine Nöstlinger, Friedrich Karl Waechter, Janosch, Otfried Preußler, Michael Ende oder auch Günter Herburger und Heinrich Hannover. Alle Genannten fanden eigene Wege das Spiel der Einbildungskraft anzustoßen.

Paul Maar (vgl. Ewers 1987 a) startete in seinen Sams-Geschichten (1973) eine unterhaltsam-verspielte Attacke auf die Konvention: Das fantastische Sams-Wesen zeigt Herrn Taschenbier, dass es jenseits von autoritärer Vermieterin und ebensolchem Chef Lebensräume gibt, die sich niemand versperren lassen sollte. Sprachspiel, Nonsens und Fantasie deuten auf den Lösungsweg, auf die Emanzipation vom angeblich immer schon Festgelegten.

Direkt in die Kinderspielwelt hinein begab sich Friedrich Karl Waechter mit seinen Spielbüchern. Er trieb das Fantasiespiel weiter zur Spielfantasie, die deshalb Vergnügen bereitet, weil es um das gemeinsame Spielen geht; „klassisch" wurde *Wir können noch viel zusammen machen* (1973). Darin überschreiten die Hauptfiguren Fisch, Schwein und Vogel ihre „Grenzen", weil im Spiel Unmögliches möglich wird.

In utopische Dimensionen zielte auch Janosch (vgl. insgesamt Kaminski 2000) mit dem Bilderbuch *O wie schön ist Panama* (1978). Darin berichtet er vom Aufbruch ins Abenteuer durch Bär und Tiger aus ihrer engen Umgebung heraus, um am Schluss – wie im Kinderlied – gerade dort wieder anzukommen, bereichert um Begegnungen mit fremden Lebewesen, um nie zuvor Gesehenes und voller neuer Erfahrungen, die sie dann auch ihr Zuhause als neu und anders erleben lassen.

Wenn Janosch in diesem Buch für kleine Kinder manchmal in die Nähe des Idyllischen geriet, so hatte Günter Herburger mit seinen *Birne*-Geschichten (1971) sich der technischen Utopie verschworen. Er berichtet, ausgestattet mit dem fremden Blick der Superbirne, von Abenteuern im Weltraum und den seltsamen Dingen auf der Erde. Diese Science-Fiction für ganz junge Leser steht bis heute einzig da, vor allem weil Herburger bei aller Technik-Euphorie nicht vergisst auf die Beschränktheiten unseres Fortschrittsdenkens zu verweisen. Seine Superbirne ist zwar begeistert, aber nicht naiv.

---

2 Vgl. auch Haas 2003. Bernhard Rank hat eine interessante Website eingerichtet, die über Fantastik unterrichtet: http://www.ph-heidelberg.de/wp/RANK/fantastik/theorien/haas/index.htm; wobei er den theoretischen Beiträgen von Gerhard Haas breiten Raum gewährt

Ganz im Gegenteil erlaubt das fantastische Spiel mit der technischen Verfremdung einen eigentümlich kritischen Blick auf irdische Verhältnisse.

Eine wieder andere Sichtweise bot Christine Nöstlinger (zur Autorin vgl. Kaminski 1986 und 1994) an mit ihrem Bilderbuch *Die feuerrote Friederike* (1970). Darin begibt sie sich in die Nachbarschaft der antiautoritären Kinderliteratur. Sie erzählt von Friederikes Anderssein – sie ist ein fremdes Kind -, davon, dass sie wegen ihrer roten Haare gehänselt wird und die anderen Kinder sie ausgrenzen und bedrohen. Die Autorin versieht aber ihre Heldin mit außergewöhnlichen Kräften, sodass sie in ein anderes, für die „normalen" Kinder unerreichbares Land entkommen kann und dort sicher ist. Im Nachwort der Autorin wird den Lesern versichert, dass das, wovon sie erzählt, alles in der Wirklichkeit geschieht und dass Menschen einander Unrecht antun. Diese didaktische Pointe folgt dem Fantastischen, so als ob die Autorin der Kraft ihrer Erzählung nicht ganz trauen mag. In dem etwas späteren Buch *Wir pfeifen auf den Gurkenkönig* (1972) hat Nöstlinger dann schon mehr Vertrauen in das Erzählen selbst. Ihre Geschichte beginnt jetzt mit der Reflexion auf Schulerlebnisse, vor allem solche des Deutschunterrichts und der Schreibregeln. Ihr Held setzt sich darüber hinweg und schert sich nicht um die Deutschlehrerregeln, sondern berichtet einfach über die seltsamen Geschehnisse in seiner Familie und vor allem über die Rolle, die darin die fantastischen Gurkinger spielen. Durch deren fantastische Unterwelt spiegelt die Autorin gewissermaßen die Realwelt der Familie Hoglmann, und so wie die Gurkinger nach und nach ihren Gurkenkönig bekämpfen und überwältigen, wird auch die dominante Rolle des Familienvaters abgebaut und auf ein Normalmaß zurückgeschraubt. Nöstlinger bedient sich hier des Spiels der Fantasie, um vermittels sozialer Fantasie Einblick in familiäre Zusammenhänge, d. h. in die Beziehung von Überlegenheit und Unterlegenheit zu schaffen; Fantasie dient der Befreiung aus ungerechten Verhältnissen. Ganz in der Art wie der Philosoph Ernst Bloch mit seinen Überlegungen zu Märchen und Fantasie seit den 20er-Jahren des 20. Jahrhunderts argumentiert hat, regiert hier das Prinzip Hoffnung.

Ein Meister der Fantastik

Dieses ergänzend und teilweise auch im bewussten Gegensatz dazu entstanden seit Beginn der 70er-Jahre weitere Formen des Fantastischen in der Bundesrepublik Deutschland. Besonders ist an die jetzt erscheinenden Bücher von Otfried Preußler *Krabat* (1971) und Michael Ende *Momo* (1973) und natürlich an *Die unendliche Geschichte* (1979) zu erinnern. Der teilweise weltweite Erfolg dieser Bücher überstrahlte schnell sowohl die ältere sozialrealistische Kinderliteratur, als auch jene, die sich der sozialen Fantasie verschrieben hatte.

Mit der fantastischen Erzählung um Jim Knopf und seinen väterlichen Freund Lukas (1960) hatte Michael Ende (vgl. Kaminski 1995) Maßstäbe gesetzt. Dieser Nachfahre der Romantik und der fantastischen Weltliteratur, wobei sicherlich Novalis und Jorge Luis Borges spezifische Bedeutung zukommt, hat mit seinen späteren Erfolgswerken, sei es der Geschichte von *Momo und den Zeitdieben* (1973) oder *Die unendliche Geschichte* (1979), nicht nur einfach Bücher geschrieben, sondern mit Momo und Bastian Balthasar Bux literarische Figuren erfunden, die über den Rahmen der Kinderliteratur hinaus Identifikationsfiguren geworden sind. Der Druck zur Politisierung der Literatur zu Ende der 60er-Jahre hatte Michael Ende (vgl. Kaminski 1988 a) nach Italien ausweichen lassen. In der Villa Liocorno fand er ein neues Domizil. Paradoxerweise jedoch wurde für viele Leserinnen und Leser seine groteske Schilderung eines Schnellrestaurants oder der alles überwältigenden Macht der „grauen Herren" ein wichtiger Anstoß zu „politischem" Denken. Es scheint mehr als eine zufällige Parallelität, dass zeitgleich mit der wachsenden öffentlichen Aufmerksamkeit für Endes Geschichten die ökologische und Antikriegsbewegung stärker wurden. Auch wenn er das gewiss so nicht vorhergesehen hat, spielte die *Unendliche Geschichte* um 1980 herum bei den großen Friedensdemonstrationen in Bonn und beim Widerstand gegen den Nato-Doppelbeschluss eine wichtige Rolle. Viele der Demonstrantinnen und Demonstranten sahen sich damals gemeinsam mit Momo im Kampf gegen die „grauen Herren" und mit Bastian gegen das verheerende Prinzip des „Tu, was du willst".

Michael Ende war kein Neuerer, für die (damals noch) westdeutsche Kinderliteratur hat er gleichwohl Neuland erobert. Gegen das Konzept der Abbildung der Wirklichkeit setzte er die Idee des Schöpferischen. Seine Bücher gerieten zu Kultbüchern. Es faszinierte, dass er in seinem literarischen Werk das Kind oder das Kindliche ins Zentrum rückte. Diese überhöhte er zu Rettern einer „unheilen" Welt, nur Kinder wie Momo oder Bastian verfügen über die Gabe, die toten Städte, das verödete Leben, die zerstörte Natur wieder gesund zu machen. Mit fantastischen Mitteln widersetzte sich Michael Ende der qualitativen Entleerung der Wirklichkeit und hoffte auf die befreiende Kraft literarischer Bilder. In seinen Büchern beharrte er gegen die erkalteten Begriffe auf dem Alogischen und Nichtkausalen. Für ihn kam es darauf an, dem Wägen, Zählen, Messen, d. h. den Quantitäten, das Spiel, die Liebe und die Freiheit – Qualitäten – entgegenzuhalten. Endes Vorhaben, eine fantastische Gestalt wie Momo in der realen Welt der technischen Zivilisation auftreten zu lassen und mit Bastian ein realistisch gezeichnetes alltägliches Individuum in eine fantastische Gegenwelt zu befördern und darin sich zu bewähren, hat das Fantastische ins Metaphysische ausgedehnt. Die Kraft der Fantasie zielt nicht länger auf Menschen- oder Gesellschaftsbefreiung, sondern auf die gefährdete Welt als ganze; zu Grunde liegt ein katastrophisches Bewusstsein.

Befreiung als Selbstbefreiung

Otfried Preußler hat sich zu Beginn der 1970er-Jahre mit einem Buch gemeldet, das ähnlich wie seine Bücher aus den 50er-Jahren von der kleinen Hexe oder dem kleinen Wassermann zum fantastischen Genre zählt, das aber anders angelegt ist. Die Besonderheit seiner Version des sagenhaften Krabat-Stoffes liegt darin, dass Preußler den Konflikt zwischen Krabat und dem schwarzen Müller nicht als Streit zwischen Krabat und der Umwelt oder als Widerspruch von historisch progressiven und geschichtlich reaktionären Kräften gestaltet, sondern als Kampf um Macht und Freiheit, wobei die Macht sich gegen die Freiheit richtet.[3]

Der im Hegelschen Sinne fassbare Kampf um Anerkennung ist zugleich ein Kampf um die Erinnerung, gegen das Vergessen. Die Opfer der Geschichte sind der Einspruch gegen deren bloßen Fortgang. Die Befreiung, die Krabat mitträgt, ist nicht zuletzt Selbstbefreiung und Teil seiner persönlichen Entwicklung. Nicht Gegenzauber oder Beteiligung an dem Spiel von Drohung, Abwehr und Gegendrohung befreien Krabat, sondern Willenskraft, Solidarität und Liebe. Preußler verlegt die Auseinandersetzung von einer instrumental-zauberischen auf eine emanzipatorisch-humane Ebene. Was ihm zum Nachteil hätte gereichen können, gerät zum Gewinn. Preußler kann sorgfältiger psychologisch strukturieren. Ein christlich grundierter Anarchismus Tolstoischer Prägung, der sich in Kropotkins Idee der gegenseitigen Hilfe wiederfindet, wirkt in *Krabat* hinein. Das Mädchen Kantorka und Krabat erkennen einander, weil ein Stück von uns selbst in jedem anderen Menschen steckt. Der Wille zum Wissen, der sich bisher noch fast immer als Wille zur Macht entlarvt hat, durchbricht den Zirkel der Gewalt, weil Preußler Eros und Erkenntnis zusammendenkt. Er gestaltet die Wiedererkennungsszene zwischen Kantorka und Krabat nicht als eine trickhaft-rationale, sondern als eine, in der das Gefühl der Angst – Psychisches – bestimmend ist; die Angst um den anderen. Kantorka kann Krabat unter den verzauberten Müllerburschen herausfinden, weil sie aus Mitleid wissend ist und sie zugleich seine Angst um ihr Leben spürt. Preußler[4] charakterisierte seinen *Krabat* einmal als die Geschichte eines jungen Menschen

> der sich mit finsteren Mächten einlässt, von denen er fasziniert ist, bis er erkennt, worauf er sich eingelassen hat. Es ist zugleich meine Geschichte, die Geschichte meiner Generation, und die Geschichte aller jungen Leute, die mit der Macht und ihren Verlockungen in Berührung kommen und sich darin verstrickt haben (Preußler 1988, 86–90).

Der schwarze Müller ist eine Hitler-Gestalt, als Führer und Verführer.

---

3 Winfred Kaminski: Literarische Kinderkultur. Zwischen Fantasie und Wirklichkeit. http://opus.bibl.fh-koeln.de/volltexte/2003/83, darin das Kapitel über Otfried Preußler.
4 Die Form der Fantastik, wie sie von M. Ende und O. Preußler vertreten wurde, fand Nachahmer wie etwa Hans Bemmann, Hans-Christian Kirsch oder Wolfgang Hohlbein, die allerdings kaum Neues zum Genre beitrugen, sondern etablierte Muster nutzten.

Negative Utopie als Ausgangspunkt

Die Autorin Gudrun Pausewang (vgl. Runge 1991) hat mit ihren „Zukunftsromanen" *Die letzten Kinder von Schewenborn* (1983) und *Die Wolke* (1987) eine „Literatur des Umdenkens" (M. Lypp) geschaffen. Das gelingt ihr, obwohl sie in beiden Texten eine Katastrophe (vgl. Kaminski 1989) antizipiert, spektakulär und sachlich zugleich. Sie untertreibt dennoch, weil der junge Erzähler in *Die letzten Kinder von Schewenborn* überleben muss, um von den beinahe unausdenkbaren Folgen des Abwurfs einer „kleinen" Atombombe berichten zu können. Das Buch *Die letzten Kinder von Schewenborn* wurde ebenfalls zum aufrüttelnden „Störfall in der Jugendbuch-Idylle".

Pausewangs Erzählung *Die Wolke* ist genauso beunruhigend. Der Autorin wurde denn auch anlässlich dieses Buches die Nüchternheit und Präzision einer Chronistin attestiert. Für ihre Darstellung der tiefgreifenden Veränderungen nach einem Reaktor-Unglück wurden die Vokabeln Apokalypse und Legende gebraucht. Die Art und Weise wie die Autorin die Irrfahrt und Leidensgeschichte ihrer Heldin vorträgt, lässt Unvorstellbares vorstellbar werden. Ihr Entwurf eines Szenarios des Schreckens gerät eindringlich, weil sie scheinbar emotionslos erzählt. Derart verdeutlicht sie, dass nicht länger mehr der Krieg, sondern schon der Frieden der Ernstfall sein kann. Pausewangs schreckenerregende Offenheit – sie flüchtet sich nicht in ästhetische Metaphern – will informieren. Sie verfasst nicht etwa, was ja auch möglich gewesen wäre, einen üblichen Science-Fiction-Roman, black fantasy oder erfundene Horror-Visionen.[5] *Die Wolke* ist vielmehr ein Roman, der auf die Gegenwart anspielt. Pausewangs Visionen lassen spüren, wie schmal der Grat zwischen literarischer Fiktion und den Fakten der Wirklichkeit geworden ist. Der Konflikt der Supermächte in den 80er-Jahren des 20. Jahrhunderts – so der Hintergrund ihrer Erzählungen – äußerte sich in immer extremeren Versuchen, neue Waffen und Gegenwaffen zu schmieden. Pausewangs Texte zeigen pessimistisch, wie es werden könnte. Ihre negative Utopie enthält jedoch ein durch die Erfahrungen der Friedensbewegung bewirktes Trotzdem; sie ist Appell. Sie verteidigte ihren rücksichtslosen Versuch, das Grauen auszumalen, mit den Worten:

> Ich glaube, dass wir unseren Kindern keinen Gefallen tun, wenn wir uns unausgesetzt bemühen, sie von Nöten und Zweifeln, Furcht und Elend fernzuhalten und ihnen die Welt so darstellen, als ob sie noch heil wäre. Wohl sollten wir ihnen zeigen, wie schön sie war, als sie noch heil war, und wie schön sie sein könnte, wenn sie heil wäre. (Zit. nach Kaminski 1988, 3 f.)

Die Flucht vor der Wirklichkeit hätte furchtbare Folgen für die Menschheit.

---

5 Zum Problemfeld Fantastik und Science-Fiction vgl. Jehmlich 1980, 11 ff.

Dramatische Ergebnisse

Die Schreckensvisionen Gudrun Pausewangs, vorgetragen in Werken, die versuchen in die Zukunft zu schauen, das Unmögliche zu denken, decken sich mit dem katastrophischen Bewusstsein eines Michael Ende. Zwar sprach der nicht konkret von Reaktorkatastrophe und Atomangriff, aber das alles bedrohende „Nichts" seines fantastischen Romans *Die unendliche Geschichte* ist nur die unbestimmtere, ins Metaphysische gewandte Seite des Schreckensszenarios G. Pausewangs. Ob nun in der Tradition der Fantastik oder teilweise des Zukunftsromans – die Autoren stellten sich in den 70er- und 80er-Jahren dem Bedrohungsszenario der Gegenwart und zielen darauf wachzurütteln.

Der einstige Reform-Enthusiasmus war angesichts gescheiterter Modelle und Pläne gebremst worden und das allgemeine kulturelle Bewusstsein hatte sich verändert. In Zeiten wirtschaftlicher, politischer und sozialer Regressionen, in denen keine positiven Zukunftsaussichten geboten werden, neigt die Literatur zum „Fantasieren", bzw. die Leser bevorzugen kompensatorische Fantasien. Es ist jedoch auch denkbar, dass die Fantasie damals Hochkonjunktur hatte, weil viele der in den 70er-Jahren des letzten Jahrhunderts von der damaligen Jugend und kritischen Öffentlichkeit entworfenen gesellschaftlichen und politischen Programme wie die Frauen-, die Friedens- und die Ökobewegung unkonventionelle, fantasiebedürftige Lösungen, Denk- und Planungswege notwendig machten.

Gewisse Parallelen zwischen kinder- und jugendliterarischen Werken sowie allgemeineren Interpretationen von Gesellschaft, ich denke hier an Ulrich Becks *Risikogesellschaft* (1986) und an Gerhard Schulze *Erlebnisgesellschaft* (1992) deuten an, dass die moderne fantastische Kinder- und Jugendliteratur über seismographische Fähigkeiten verfügte, wobei sich Ähnlichkeiten und Unterschiede ausmachen lassen. U. Beck etwa sah die Gesellschaft durch risikoreiche technische und systembedingte Entwicklungen gefährdet. Darin traf er sich sowohl mit Pausewang als auch mit Ende, wenngleich die eine vor allem den militärisch-industriellen Komplex mit Blick auf fehlende Technikbeherrschung verantwortlich macht und der andere, Michael Ende, in *Momo* den Konsumismus und in *Die unendliche Geschichte* das Prinzip des „Tu, was du willst", des *laissez faire, laissez aller,* kritisiert und damit gegen die Erlebnisgesellschaft votiert, der er ein Weltanschauungsdefizit vorhält. Dieselbe Kritik an der menschlichen Hybris hatte schon zuvor und in den 70er-Jahren wieder vielgelesen Günter Anders in seinem großen Werk *Die Antiquiertheit des Menschen* (1956) vorgetragen. Darin spricht er von dem Mangel an „prometheischer Scham", d. h. davon, dass die Menschheit das, was sie technisch alles kann und vermag, längst nicht mehr zu beherrschen vermag und vom Hergestellten überwältigt wird.

Zum Schluss: Für die 1970er- und 80er-Jahre können wir umrisshaft ein Voranschreiten von der politisierten/politisierenden und instrumentalistisch begriffenen Fantastik zu einer eher spielerischen, einer metaphysischen und einer psychologisierenden sowie einer via Katastrophismus appellierenden Fantastik erkennen. Zu Beginn der 70er-Jahre stand die Idee im Vordergrund, die Welt grundlegend zu verändern, damit der Mensch sich verändern könne, am Ende der 80er-Jahre drängte die Vorstellung nach vorne, dass das Individuum sich zu wandeln habe, damit die Welt sich verändere.

Professor Dr. Winfred Kaminski, Fakultät für Angewandte Sozialwissenschaften, Fachhochschule Köln, Mainzer Str. 5, D-50678 Köln

Caroline Roeder

Keine Planstelle für Fantasie? Oder: Steinherzige Piraten, goldbärtige Engel und falsche Prinzen

Ein kurzer Abriss über die fantastische Kinderliteratur der DDR

„Die Menschen glauben große Wahrheiten
eher in unwahrscheinlichen Gewändern."
(Irmtraud Morgner[1])

„Natürlich ist das Land ein Ort des Wunderbaren" – mit dieser lakonischen Feststellung beginnt Irmtraud Morgner ihren fantastischen Roman *Leben und Abenteuer der Trobadora Beatriz nach Zeugnissen ihrer Spielfrau Laura* (Morgner 1974, 9) In dreizehn Büchern und sieben Intermezzos verknüpft die Autorin Fantastisches mit Realistischem in einer kunstvollen Montage. Das ästhetisch innovative und ironisch-satirische Werk schlug in den DDR-Literaturbetrieb ein wie ein *Blitz aus heiterm Himmel* (Anderson 1975). In der BRD avancierte der Roman bald zum programmatischen Text einer sich neu entwickelnden Frauenliteratur (Barner 1994, 739 f.). Morgners berühmt gewordener Anfangssatz wirft nur scheinbar die Frage auf, um welchen Ort des Wunderbaren es sich hier handelt. Aus der kunstvoll arrangierten Perspektive einer rund achthundertjährigen Trobadora blickt die Autorin auf das „gelobte Land" DDR. Dorthin führt sie ihre Protagonistin, die, am Grenzübergang nach Ost-Berlin nach dem Grund ihre Einreise befragt, überzeugt zur Antwort gibt: „Ansiedlung im Paradies" (Morgner 1974, 138). Der perplexe Grenzpolizist lässt die Trobadora passieren, doch bald schon muss diese feststellen, auch in diesem sozialistischen Eden gibt es „keine Planstelle für eine kräftige Frau mit Phantasie" (Morgner, 1974, 146). – Der *Trobadora*-Roman führt auf fantastische Weise ins Zentrum des hier gewählten Themas. Folgende Fragen stellen sich: War die DDR ein Ort des Wunderbaren? Welchen Stellenwert nahmen die fantastische Literatur und fantastische Wirklichkeitsdarstellung in der DDR ein? Da im Mittelpunkt dieser Betrachtungen die fantastische Kinder- und Jugendliteratur steht, erscheint es auch wichtig zu fragen, ob die DDR-Kinderliteratur an-

---

1 Morgner 1974, 147

dere – fantastische – Freiräume als die Allgemeinliteratur hatte. Um zu klären, ob sich eine besondere Form der kinderliterarischen Fantastik bestimmen lässt, werden die Entwicklungslinien dieser Literatur nachgezeichnet.

Sieben und dreimal sieben Geschichten

Bevor die Literatur in den Mittelpunkt gerückt werden kann, soll der Begriff der *DDR-Kinder- und Jugendliteratur* bzw. der *fantastischen DDR-KJL* geklärt werden. Der Begriff der DDR-KJL lässt sich historisch festlegen: Bezeichnet werden die kinder- und jugendliterarischen Texte, die von AutorInnen in der Zeit von 1945 bis 1949, also in der Zeit der sowjetisch besetzten Zone (SBZ) und im Anschluss daran, im Zeitraum von der Staatsgründung der DDR 1949 bis zum Ende dieses Staates 1990, in der DDR verfasst und verlegt wurden. Übersetzungen und deutschsprachige Lizenzen, die in diesem Zeitraum in DDR-Verlagen erschienen sind, sollen nicht zu diesem Textkorpus gerechnet werden. Das Gesamttextkorpus intentionaler DDR-KJL umfasste schätzungsweise 15.000 Titel (Steinlein/ Kramer 1999, 153). Als *fantastisch* werden diejenigen Texte bezeichnet, die sich nach Carsten Gansels formal-inhaltlichen Bestimmung der Gattung seinen drei Grundmodellen zuordnen lassen (Gansel 1999, 168 f.). Gemäß diesen Kriterien lässt sich eine kleine Textgruppe von rund einhundert Texten ausmachen, also nur etwas mehr als *Sieben und dreimal sieben Geschichten* – um einen Band mit vorwiegend fantastischen Erzählungen von Gerhard Holtz-Baumert zu zitieren (1979). Angesichts der Größe des Gesamttextkorpus' scheint es, als würden die fantastischen Texte nur eine marginal erscheinende Größe darstellen. Doch der (quantitativ) gewonnene Eindruck trügt. Denn innerhalb dieser kleinen Textgruppe findet sich eine außergewöhnlich Anzahl an qualitätsvollen und ästhetisch anspruchsvollen Titel, die sich nicht nur aus historischer, sondern auch aus heutiger Sicht der sogenannten „Höhenkammliteratur" zurechnen lassen. Diese Texte wurden von wichtigen AutorInnen der DDR verfasst: Von Franz Fühmann, Benno Pludra, Christoph Hein, Christa Kożik, um nur einige zu nennen.

Angesichts dieses Ungleichgewichts (zwischen Quantität und Qualität), stellt sich die Frage nach den Gründen. Sind v. a. kulturpolitische und/oder ästhetischen Vorgaben hierfür verantwortlich? Bevor diese Frage beantwortet werden soll, sei noch auf eine weitere Besonderheit dieser Textgruppe hingewiesen: Auffällig ist, dass die rund einhundert Werke fantastischer KJL fast ausschließlich der *Kinder*literatur, d. h. der Altersgruppe von 6- bis 11-Jährigen, zuzuordnen sind.

Fantastische Stunde Null?

Bereits in den Anfangsjahren der SBZ wurden die grundlegenden Koordinaten der Kulturpolitik, des Literaturbetriebs und in diesem Sinne auch die ästhetischen Vorgaben für die Literatur der kommenden Jahrzehnte festgeschrieben. Die sowjetische Militäradministration räumte dabei (wie später der Kulturbund und schließlich in der neu gegründeten DDR die zuständigen Ministerien) der Kultur äußerste Priorität ein (Mortier 1988). Innerhalb der Kultur wurde wiederum der Literatur eine besondere Rolle beigemessen: Literatur sollte einen humanitären Auftrag erfüllen, erziehen sowie die Programmatik des neuen Staates transportieren und verkünden (Münz-Koenen 1979, 59 f.). Die KJL, die zum gleichberechtigten Teil der Nationalliteratur erklärt wurde, war in diese Programmatik eingeschlossen. Es wurden keine Mühen gescheut, um die DDR zum *Leseland* umzugestalten (zum Begriff des „Leselandes" siehe Roeder 2006 a)

Der literarische Aufbau, eine kulturelle Staatsgründung im Staate, folgte dabei strikten Regeln, die sich am sowjetischen Vorbild orientierten (Hartung 1988). Ausgehend von dem sowjetischen Modell wurde eine DDR-Programmatik entwickelt, die nur in wenigen Punkten von den kulturpolitischen Vorstellungen des östlichen großen Bruders abwich (Bussewitz 1987, 387). Für die ersten Jahrzehnte bedeutete dies in erster Linie, den ästhetischen und formalen Vorgaben des sozialistischen Realismus zu folgen (Pallus/Müller 1986, 25 f.; Emmerich 1997, 119 f.; Barner 1994, 129). Die phantastischen Gestaltungsweisen waren mit dem Anspruch der Wirklichkeits- und Gesellschaftsabbildung dieser-Jahre nicht vereinbar (vgl. Gansel 1989 b, 71).

Für die KJL galten diese Vorgaben gleichermaßen. Mehr Offenheit gegenüber Wunderbarem lässt sich hier keineswegs feststellen. Vielmehr scheint es, als hätte sich die Kulturpolitik hier fast noch strikter als in der Allgemeinliteratur gegen Fantastisches und auch Märchenhaftes gewandt. Fiktive, realitätsferne Orte und Wunderländer waren suspekt, wurden als irreleitend angesehen.

Von der Märchendebatte bis nach Bitterfeld

In den 1950er-Jahren liefert die heftig ausgefochtene sogenannte Märchendebatte, die sich historisch von den 1930er-Jahren in Russland und anschließend – ‚importiert' in die DDR – dort bis in die 1960er-Jahre nachvollziehen lässt, ein beredtes Beispiel dieser Position.

Die Formalismusdebatte, der Streit um das Erbe, die Auseinandersetzungen um den Bitterfelder Weg reichten bis Anfang der 1970er-Jahre, bis allmählich eine „amtliche Lockerung" erfolgte. (Emmerich 1997, 175)

Während in der Bundesrepublik nach 1945 ein boomhafter Anstieg phantastischer Erzählungen und verwandter Genres zu verzeichnen war (vgl. Steinz/Weinmann, 2000, 104 f.) und sich innovative und ästhetisch anspruchsvolle Titel neben unterhaltsamer Kinderlektüre etablierten (genannt seinen hier nur die Werke von Otfried Preußler, James Krüss oder Michael Ende, vgl. Doderer 1993, 11), lässt sich in der DDR-KJL erst ab den

1970er-Jahren eine Zunahme von Texten dieser Gestaltungsweise sowie eine diesbezügliche theoretische Auseinandersetzung verzeichnen (Barne, 1994, 739).

Doch nicht nur die Entwicklung fantastischer KJL nahm nach 1945 in Ost- und Westdeutschland grundsätzlich unterschiedliche Wege ein, auch in der theoretischen Auseinandersetzung lässt sich dieser Befund weiterverfolgen.

Theoretische Debatte um fantastische KJL in der DDR

Nach dem Ende des Zweiten Weltkriegs entwickelte sich in der BRD eine intensive wissenschaftliche Auseinandersetzung um die fantastische Literatur (Anna Krüger 1952, 1960 und Ruth Koch 1959 – um zwei Pionierinnen der ersten Stunde zu nennen). Diese wissenschaftliche Beschäftigung bezog sich auf eine aktuelle Tendenz des bundesrepublikanischen KJL-Marktes. In der SBZ und in der frühen DDR stellte sich diese Situation vollkommen entgegengesetzt dar. Da fantastische KJL in der DDR bis Anfang der 1970er-Jahre nur wenig publiziert wurde, ist erklärlich, dass auch eine theoretische Gattungsbestimmung fantastischer KJL vorerst entfiel.

Erst ab Mitte der 1960er-Jahre beginnt eine, wenn auch nicht kontinuierlich geführte, Auseinandersetzung um fantastische Gestaltungsformen. In den 1980er-Jahren beginnt schließlich zögerlich eine (theoretische) Auseinandersetzung mit der Fantastik-Forschung (z. B. Edith George 1978). Zu einer theoretischen Gattungsbestimmung fantastischer KJL kommt es allerdings erst mit Carsten Gansels Beiträgen der 1980er-Jahre (Gansel 1986; 1988). Gansels Habilitationsschrift aus dem Jahr 1989 markiert – wenn auch nicht dezidiert zur KJL und ohne den Anspruch zu erheben eine Gattungsstudie zu sein (Gansel 1989 b, III) – einen programmatischen Anfang. Aber zugleich bedeutet seine Arbeit auch einen Schlusspunkt, da sie nur wenige Monate vor der „Wende" erschienen ist.

Für den überwiegenden Teil der DDR-Literaturgeschichte der KJL fehlt ein wissenschaftlich geführter Fantastik-Diskurs. Gleichzeitig erlauben verschiedene andere Diskussionslinien innerhalb des Literaturbetriebes der DDR, das Verhältnis dem Fantastischen und Wunderbaren gegenüber zu kennzeichnen. Die bereits genannte Märchendebatte der 1950er-Jahre, die Beschäftigung mit Fantasie als „Produktivkraft" (Günther K. Lehmann) in den 1960er-Jahren, die Auseinandersetzung mit Mythos (v. a. von Franz Fühmann angeführt) in den 1970er-Jahren und die teils vehement geführte Debatte über die Romantik, die bis in die 1980er-Jahre reichte, zeigen, dass die Auseinandersetzung nur in bestimmten Perioden und in besonderen ‚Nischen' geführt werden konnten.

Bei dem folgenden Blick auf die Entwicklung der fantastischen DDR-KJL wird die Abhängigkeit von kulturpolitischen Ereignissen und Veränderungen ein weiteres Mal deutlich.

Vom Neger Nobi bis zum goldbärtigen Engel

In den 1950er- und 1960er-Jahren lassen sich nur einzelne fantastische Texte anführen. Abgesehen von einigen Werken wie Ludwig Renns *Der Neger Nobi* (1955) oder Alex Weddings *Hubert, das Flußpferd* (1963), die von der zeitgenössischen DDR-Literaturwissenschaft als „märchenhaft-phantastisch" (Ebert 1976, 58) bezeichnet wurden, aber nach den genannten Gattungskriterien nicht der Fantastik zuzurechnen sind (vgl. Roeder 2003), findet man vor allem ab den beginnenden 1960er-Jahren besonders im Bereich des (erzählenden) Bilderbuches einige erste fantastische Entwürfe. Lilo Hardels *Otto und der Zauberer Faulebaul* (1956), ein stark pädagogisierender Text über den Stellenwert von schulischem Fleiß, wäre hierzu zu zählen (Roeder 2003). Aber auch im Bereich des Kinderbuches zeichnen sich neue Entwürfe ab. 1966 erscheint beispielsweise Wera Küchenmeisters *Die Stadt aus Spaß*, in der die Autorin das beliebte Motiv des Spielzeug- oder Schlaraffenlandes aufgreift und ein Kinderland entwirft, bei dessen fantastischer Konstruktion sie kindliches Wunschdenken einbezieht; die hier versammelten Kinder müssen aber schmerzlich erfahren: „Am Anfang war ,Möchten' alles und jetzt seid ihr nahe am ,Können'." (Küchenmeister 1966, 151) Die aufgeweckte Protagonistin Jette erkennt: „Das ist ja gar nicht meine Stadt aus Spaß! Halt – da muß ein Fehler stecken!" (ebd., 159) – Doch dieser „Fehler" hat System. Denn in Hardels wie in Küchenmeisters Texten zeigte sich bereits ein fantastisches Modell, das für die DDR-KJL bedeutsam ist. Dieses „phantastisch-pädagogische Modell" (Roeder 2006 a, 47 f.) ist angelehnt an eine funktionale Ausrichtung von Kinderliteratur. Beispielgebend für diese Ausrichtung dürften die in der DDR erschienen fantastischen sowjetischen Texte von Wolkow, Nossow, Lagin, Tomin sein, die in der SBZ und DDR als Lizenzausgaben erschienen. Diese Kinderbücher stellen die Fantastik in den Dienst der Pädagogik und weisen ihr eine Warnfunktion zu. Die Rezipienten erfahren durch die Lektüre, dass es wenig hilfreich ist, sich auf Zauberkräfte zu verlassen, Zaubertränke zu sich zu nehmen etc. Allein das Kollektiv oder persönliche Einsicht in eigenes Fehlverhalten bedeuten einen sinnvollen Ausweg aus bestehenden Konflikten. Diese Modelle findet man in der DDR-KJL wieder. Häufig werden diese Fabeln in Schulgeschichten eingebettet und propagieren Fleiß und Einordnung ins Klassenkollektiv (Brock 1964). Bis in die 1970er-Jahre kann man diese Modelle verfolgen, die in verschiedenen ‚Ausführungen' anzutreffen sind. Gemeinsam ist allen die Funktionalisierung der Fantastik für eine pädagogische bzw. gesellschaftspolitische Zielsetzung. Zwar erfüllt auch Küchenmeister diese pädagogische Form, doch ihr Umgang mit kindlicher Fantasie weist einen neuen Weg. Dieser Aufbruch, der sich in der Literatur bemerkbar machte, wurde durch die zeitgleich einsetzende Kahlschlagpolitik aber unterbunden (Agde 2000). Allein die Fürsprache des gewichtigen Kulturfunktionär Hans Koch dürfte bewirkt haben, dass Küchenmeisters Erzählung dennoch 1966 veröffentlicht wurde.

Hannes Hüttner: *Das Blaue vom Himmel* (1974)

Erst in den 1970er-Jahren erlaubte die kulturpolitische Entwicklung einen Zuwachs an fantastischen Entwürfen. Peter Hacks, der jedoch als Außenseiter des Literaturbetriebs zu sehen ist und eine eigene Werkbetrachtung erforderte, veröffentlichte 1975 mit seiner kleinen Erzählung *Meta Morfoß* einen bedeutsamen Text für die DDR-KJL (vgl. Roeder 2006 a, 232–241). Interessant erscheint, dass im Jahr 1974 (das gleiche wiederholt sich 1978) ein fast boomhafter Anstieg fantastischer Texte zu beobachten ist: Ein blaues Wunder sozusagen, in Anlehnung an Hannes Hüttners komisches Weltraumabenteuer *Das Blaue vom Himmel* (1974). Auch für diese Veröffentlichungswelle findet man kulturpolitische Vorgänge, die diesen fantastischen Ansturm ermöglichten (Machtwechsel von Ulbricht zu Honecker, vgl. Schroeder 1998, 199f.). Folgen auch die meisten dieser Werke der 1970er-Jahre noch dem skizzierten fantastischen Modell, so zeigt sich doch ein deutlicher Zugewinn an psychologischer Differenzierung (beispielsweise Gerti Tetzners *Maxi*, 1979). Deutlich wird in den 1970er-Jahren der veränderte Umgang mit komischen Elementen. Zahlreiche Texte erscheinen (Abraham 1978), die oftmals auch mit Sprache jonglieren oder das Schreiben selbst thematisieren (Fühmann 1978; Kant 1980). In den 1980er-Jahren schließlich lösen sich die AutorInnen zunehmend von den fantastischen Modellen. Immer häufiger wählen sie Außenseiterfiguren und stellen ihnen Fantastisches zur Seite (Klein 1981; Wellm 1983). Auch Christa Kožik liefert mit ihre Erzählung *Moritz in der Litfaßsäule* (1980) einen bedeutsamen literarischen Beitrag zu dieser Thematik. Sie zeigt einfühlsam die Nöte eines kleinen Jungen, der wie ein Meister der Langsamkeit erscheint und darum überall aneckt. Die Autorin löst schließlich den dargestellten Kon-

Christa Kožik:
Moritz in der Litfaßsäule (1980)

flikt ihres kleinen Ausreißers nicht durch dessen Einsicht in sein Fehlverhalten, sondern mit dem Appell an die Erwachsenen ihr Verhalten zu ändern. Auch mit ihrer außergewöhnlichen Erzählung *Der Engel mit dem goldenen Schnurrbart* entwirft Kožik (1983) eine Außenseiterfigur. An ihrem sympathischen geflügelten und goldbärtigen Ambrosius zeigt sie, wie eng die Grenzen für den Einzelnen in der DDR-Gesellschaft gesetzt sind. Auch Benno Pludra lenkt mit seiner fantastisch gestalteten Geschichte *Das Herz des Piraten* (1985) den ‚Blick ins Innere' (Maria Lypp) seiner Figuren, während Christoph Hein sich dem humorvollen Fabulieren und Erzählen mit seinem *Das Wildpferd unterm Kachelofen* (1984) verschreibt und das (romantische) Geschichten-Borgen zu einer kunstvollen Höchstform führt. All diese Entwürfe zeigen eindrucksvoll das fantastische Potenzial, das in der DDR-KJL so lange brach lag. Karin Richter hat in verschiedenen Aufsätzen den Stellenwert dieser Werke eingehend untersucht (Richter 1987, 1993, 1995, 2000; vgl. auch die ausführlichen Analysen dieser Titel in Roeder 2006 a). Wenig berücksichtigt scheint aber bei den bisherigen Interpretationen, dass sich unter diesen Texten zahlreiche Adaptionen literarischer Stoffe finden (vgl. O'Sullivan 2000, 80 f.).

Fantastische Vorbilder

Intertextuelle Bezüge findet man häufig in der fantastischen Literatur; dennoch erscheint der Umstand, dass die bedeutsamsten kinderliterarischen Arbeiten der DDR-KJL Adaptionen darstellen, nicht ohne Belang. Welche Texte dienten denn den Autoren als Vorlage? Christa Kožiks *Moritz in der Litfaßsäule* zeigt beispielsweise deutliche Parallelen zu Michael Endes *Momo* (1973). Sowohl in der Figurenkonstellation als auch in der Thematik kann man diesen Vergleich belegen. Die Anlehnung an Endes Werk, das erst 1984 in der DDR in einer gekürzten Fassung erscheinen konnte, sind so eng, dass man Moritz als kleinen Bruder von Momo bezeichnen könnte. Besonders interessant erscheint hierbei die romantische Kindheitsvorstellung, die Kožik mit Ende zu teilen scheint, die aber für die DDR einen Paradigmenwechsel darstellt. Bei Benno Pludras *Das Herz des Piraten* fin-

Benno Pludra: Das Herz des Priaten (1985)

det man intertextuelle Bezüge zu dem in der DDR sehr geschätzten Wilhelm Hauff und seinem Märchen *Das kalte Herz* (1827). Auffällig ist bei Pludra weniger die Anlehnung an das Märchenmotiv, als die Tatsache, dass seine ausführlich dargelegte fantastische Geschichte sich als reine Herzensangelegenheit seiner Protagonistin erweist. Indem er die Fantastik als psychologisch motivierte Fantasterei eines Kindes anlegt, folgt Pludra dem traditionellen realistischen DDR-Modell, wenn auch mit größter Kunstfertigkeit. Christoph Heins *Das Wildpferd unterm Kachelofen* wiederum adaptiert den Kinderbuchklassiker von A. Milne *Pu der Bär* (1926). In enger Anlehnung an diese Geschichte entwickelt Hein ‚neue' Episoden um Katinka, Kleine Adlerfeder und den falschen Prinzen (auch hier wieder eine Hauff'sche Figur). Interessant hierbei ist die Publikations- und Lizenzgeschichte, die Milnes Kinderbuch in der DDR durchlief. Es kam 1960 im Holz Verlag heraus, zwei Nachauflagen erschienen 1965 und 1968. Hein borgte sich in 1984 in gewisser Hinsicht die Geschichte und schmuggelte sie wie seine bezaubernden Protagonisten in das *Leseland*.

Wie ist jedoch die große Anzahl an Adaptionen zu deuten? Wichtig wäre für eine eingehendere Betrachtung sicherlich eine genaue Untersuchung des ‚Umgangs' mit diesen fantastischen Klassikern bzw. den damaligen aktuellen Titeln (wie es für Endes *Momo* zuträfe). Über die Lizenzvergabepraxis, aber auch über die Rezeption dieser Bücher lässt sich die Einschätzung dieser Werke (in ästhetischer und v. a. kulturpolitischer Sicht) nachvollziehen. Dass gerade bei den ‚Spitzentiteln' der kinderliterarischen Fantastik so viele Adaptionen vorliegen, bleibt ein Phänomen, was man – überspitzt gesagt und vor dem Hintergrund der insgesamt wenigen Titel – als ein Fehlen ei-

einer eigenständigen DDR-Fantastik werten könnte. Der Grund für dieses Fehlen wäre sicherlich nicht bei den AutorInnen, sondern in erster Linie in der rigiden kulturpolitischen Behinderung dieser Gattung zu sehen. Unterstützt wird diese Annahme durch einen Blick auf einen ungewöhnlichen Zensurfall des DDR-Litertaturbetriebs: Die Rede ist von Reiner Kunze.

Der Löwe Leopold hinter Gittern

Reiner Kunze verfasste seinen Erzählband *Der Löwe Leopold* (1976 a) bereits Ende der 1960er-Jahre; veröffentlicht wurde der Band schließlich in der BRD 1970; kurz darauf siedelte der Autor, der heftigster Verfolgung ausgesetzt war, nach der Veröffentlichung seines Buches *Die wunderbaren Jahre* (1976 b) in die BRD über (vgl. Roeder 2006 b). Interessant am ‚Fall Kunze' ist, dass hier ein Autor in der DDR Erzählungen verfasst hat, die – im Vergleich zu den in den 1960er- und 1970er-Jahren verfassten Texten – bereits gänzlich frei aller Modellhaftigkeit sind und in einer anderen Erzähltradition zu stehen scheinen. Der antiautoritäre Gestus seines *Löwen Leopold*, das sprachspielerische Vergnügen und der unbefangene Umgang mit der fantastischen Konstruktion schien also doch auch bereits 1969 in der DDR schreibbar zu sein. Vergleichbar ist die kleine Bilderbuchgeschichte von Wolf Biermann (1966), um ein weiteres und noch früheres Beispiel zu nennen.

Was bleibt?

Jedes Buch ein Abenteuer (Barck/Langermann/Lokatis 1998) ist eine wissenschaftliche Untersuchung betitelt, die sich detailliert dem System der Druckgenehmigungsverfahren der DDR widmet und inzwischen zum Grundlagenwerk avancierte, wenn es um die Zensurvorgänge in der DDR geht. Gezeigt wurde, dass auch in der KJL „jedes Buch ein Abenteuer" war und insbesondere die fantastischen Texte der KJL keinesfalls von diesen Zugriffen ausgeschlossen wurden. Dabei wurde das Wunderbare oftmals auf fantastisch anmutende Weise hinterfragt. Die wichtige Diskussion über das *Was bleibt* (Christa Wolf) vom Leseland setzt sich damit fort. Wichtig erscheint, dass die Texte weiterhin ihre LeserInnen finden und mit unbefangenem Blick überprüfen und nachlesen, was ‚richtig' und was ‚nur noch richtig' an den Texten ist:

> Hinze und Kunze lebten in einem Leseland. Es kommt jetzt darauf an, sagte Kunze den Büchern, daß ihr die richtigen seid: da so viel Vertrauen in euch gesetzt wird. – Einigen Büchern gelang es bald, nichts als richtig zu sein (…) (Braun 1983/2000, 218)

Dr. Caroline Roeder, Bundesratufer 2, 10555 Berlin

Markus Tomberg

Fantastik und Religion –
eine interdisziplinäre Herausforderung

1 Religion und Fantastik? Eine Frage des Standpunktes

Um dem Verhältnis von Fantastik und Religion in der Kinder- und Jugendliteratur (KJL) auf die Spur zu kommen, ist es methodisch nahe liegend, religiöse Elemente, die hier wie in jeder Literatur ohne weiteres vorkommen können (Born 2000, 400), zu sammeln und zu sortieren. So lassen sich mehrere Rezeptionstypen entdecken[1]: solche, die keine oder nur marginal religiöse Elemente (wie die Weihnachtsfeier in den *Harry Potter*-Romanen) enthalten, solche, die biblische Elemente einbeziehen (wie Jutta Richters *Hund mit dem gelben Herzen* oder Kirsten Boies *Medlevinger*), aber auch solche, die sich zumindest hier und da kritisch mit religiösen Traditionen auseinander setzen (wie Cornelia Funkes *Tintenherz*) und ggf. auch noch im weitesten Sinne religiöse Erzählmuster realisieren. Anhand einer solchen Sichtung stellt Gudrun Stenzel[2] fest, dass fantastische KJL „von einem Erlöser- und Erretter-Gedanken" (Stenzel 2005 a, 177) geprägt ist. Dies gelte besonders für „Texte, in denen die Protagonistinnen und Protagonisten von einer fiktiven Realität in eine fantastische Welt überwechseln". Doch ist nicht jeder Retter eine religiöse Figur und jede Erlösung eine, die nur durch

---

1 Stenzel (2005 a, 181 f.) erarbeitet einen Fragenkatalog für die religiöse Rezeption in fantastischer KJL. Dabei hebt sie, darin Niehl (1985) verwandt, auf eine implizite oder explizite Motiv-Rezeption ab. Dagegen macht Zöller (2005, 119) darauf aufmerksam, dass die sachgemäße Wahrnehmung von Religion in fantastischer Literatur nicht ohne eine Wahrnehmung der sich mit den Geschichten verbindenden Religiosität der Leser/innen möglich ist. Dann kann fantastische Mehrweltigkeit sogar religionsproduktiv werden. Noch weiter gehen die – theologisch umstrittenen – Bemerkungen Thomas Rusters (Anm. 8). Religion entsteht durch Rezeption. Theologisch nannte man das: liturgia facit ecclesiam, sinngemäß zu übersetzen: die religiöse Gemeinde entsteht durch die Zelebration (die mehr ist als bloße Rezeption) von Texten.
2 Heumann (2005, 13) unterscheidet im Anschluss an Monika Born und Magda Motté drei Typen literarischer Rezeption von Religion: Bücher mit einer „ethisch-existentiellen", einer „transzendental-religiösen" und einer „jüdisch-christlichen Dimension". Nur der letzte Typ ist einigermaßen trennscharf, die beiden übrigen scheinen christlich-religionspädagogisch (vgl. ebd., 15) in Dienst genommen zu sein, damit aber das Phänomen „Religion" nur bedingt zu treffen: Heumann betont mit Born, dass die ethisch-existentielle Dimension von Büchern „religionspropädeutisch" (ebd., 14) sei.

Religion – was ist das überhaupt?[3] – gewährt werden kann. Dennoch lässt die auffällige Häufung als religiös qualifizierbarer Motive in fantastischer KJL danach fragen, *ob das fantastische Element die Rezeption von Religion in irgendeiner Form begünstigt* (Stenzel 2005 a, 178), ob dieses Element religionsproduktiv[4] oder gar religionsaffin ist.

Gerade die Diskussion um die *Harry Potter*-Romane (vgl. Cornelius 2003; Drexler/Wandinger 2004; Dormeyer/Munzel 2005) zeigt, dass eine solche Vermutung nicht völlig aus der Luft gegriffen ist. Zugleich wird deutlich, dass die Wahrnehmung und Bewertung der religiösen Dimension fantastischer KJL an einer *ungenauen Bestimmung des Religiösen* und seiner *Wirkung auf die Leserinnen und Leser* krankt. So sind klärende Vorarbeiten unabdingbar. Sie dienen zunächst (1.1) dem Verständnis des Begriffs „Religion" und (1.2) der Rolle von „Religion" in der Lebenswelt von Kindern und Jugendlichen. Erst dann scheint es sinnvoll, das Verhältnis von Fantastik und Religion näher in den Blick zu nehmen (2). Abschließend (3) lassen sich knapp Aufgabe und möglicher Ertrag einer theologischen Analyse fantastischer KJL skizzieren.

1.1 Ein diffuses Phänomen: Zur Definition von „Religion"

„Was unter Religion zu verstehen ist und wie sie angemessen definiert werden kann, darüber besteht gegenwärtig in den Sozialwissenschaften kein Konsens." (Gabriel 2002, 140; vgl. Ziebertz 2001 b, 109–117) Unterscheiden lassen sich substanzielle (inhaltlich orientierte) und funktionale Definitionsstrategien, die ihrerseits ein bestimmtes Menschen- und Gesellschaftsverständnis voraussetzen. Systematisierungsversuche unterschiedlicher Religionstypen neigen jedoch dazu, *die spezifischen Differenzen verschiedener Religionen zu nivellieren*. Dass diese aber von durchaus erheblicher Natur sein können, hat etwa Jan Assmann mit großer Breitenwirkung herausgearbeitet: mit der „mosaischen Unterscheidung" (Assmann 2003) erscheinen Religionen eines völlig neuen Typs. Der Monotheismus sei kein funktionales und schon gar kein substanzielles Äquivalent des alten Polytheismus, sondern als Religions- und Zeitenwende zu interpretieren. Linus Hauser hat mit Blick auf Neomythen und *Science-Fiction* vorgeschlagen, Religion als Suche nach Beheimatung zu verstehen (Hauser 2004, 144; Hauser 2005, 7): Religion kompensiert Kontingenz, indem sie Selbst- und Weltdeutungsmus-

---

[3] Stenzel (2005, 181) fragt, ob „Religion, biblische Geschichte oder Glauben explizit oder implizit thematisiert" werden. Tatsächlich ist das Nebeneinander der drei Begriffe Religion, Bibel und Glaube weitaus komplexer und komplikationsreicher, als es der kurze Satz deutlich macht. Stenzels Darstellung ist zudem um die Möglichkeit, Gottesbilder selbst zu thematisieren, zu ergänzen.

[4] Dies stellen für SF-Filme Fritsch/Lindwedel/Schärtl (2003, bes. 43–51) fest: moderne Medien seien funktionales Äquivalent von Religion. Auch wenn sich ein Film (oder Buch) nicht als religiöses Werk versteht, „kann er auf Basis einer wissenschaftlichen Theorie als ‚religiös' identifiziert werden" (ebd., 48).

ter anbietet. Sie eröffnet eine Sinn- (oder Unsinns-)Perspektive auf die Wirklichkeit. Weltflucht und Weltbejahung sind ihre extremen Pole; beiden liegt tatsächlich eine Vorstellung von Heimatlichkeit zu Grunde – sei es im positiven Sinne, sei es *ex negativo* als Folie einer existentiell verankerten Unbehaustheit. „Alle Menschen haben dieser Situation gegenüber *die Geneigtheit, nicht endlich sein zu wollen.* Als Theologe bezeichne ich diese Geneigtheit als *Religiosität*" (Hauser 2004, 147).

Dieses funktionale Religionsverständnis hat den (von Hauser in mehreren Arbeiten erprobten) Vorteil, auf den Phänomenbereich der Fantastik anwendbar zu sein. Unverkennbar handelt es sich aber um ein christlich-theologisch konnotiertes Religionsverständnis, in dem ein im Erbe christlicher Theologie stehendes Welt- und Menschenbild leitend wird; die religions*wissenschaftliche* Perspektive ist damit verlassen. Tatsächlich nötigt der Religionsbegriff, soll er das Spezifikum von Religion begreifen, zur Stellungnahme: *Religion ist konkret und nur als konkrete Religion wirklich.* Ihre Wahrnehmung ist nicht wertneutral, sondern schließt *Religionskritik* ein. So ist es nicht nur legitim, sondern wohl auch unumgänglich (dabei allerdings auch ausweispflichtig), *aus der Perspektive konkreter Religion* das Phänomen Religion insgesamt und in der Fantastik im Besonderen in den Blick zu nehmen.

1.2 Religion in der Lebenswelt von Kindern und Jugendlichen

Die Lebenswelt von Kindern und Jugendlichen ist *multireligiös*. Das heißt zunächst: Kinder und Jugendliche kennen zahlreiche Religionen, die christlichen Konfessionen und der Islam sind ihnen auch in einigen theologischen Grundzügen vertraut. Das bedeutet aber auch: Postsäkulare Religiosität (Schwöbel 1996) spielt – auch wenn sie nicht immer so genannt, meist als solche sogar abgelehnt (vgl. Ziebertz 2001 a, 84) wird – in der Lebenswelt eine Rolle. Religiosität funktioniert ohne eindeutiges Bekenntnis zu einer Religion (Hauser 2001, 462 ff.). Elemente christlicher Spiritualität werden je nach Bedarf mit weiteren religiösen Motiven unterschiedlicher Provenienz kombiniert. Zustimmung und Abgrenzung bestimmend sind oft immer noch Praxis und Inhalt des Christentums.

Aufschlussreich ist die Frage, wie Religiosität mit allem anderen, was sonst noch gewusst werden kann, korrespondiert: Fantastische KJL spielt ja bewusst mit Wirklichkeitsebenen. Hauser hat dazu den Begriff des „Längeren Gedankenspiels" eingeführt: eine Transzendierung der „Erlebnisebene der alltäglich-objektiven Realität durch eine subjektive Realität". In Form einer Überlagerung gerät die „objektive Realität aus dem Blick" (Hauser 2001, 460). Medien bieten Vorlagen „als Erschließungshilfen und als Hilfen für den Ausbau von Längeren Gedankenspielen" an (ebd.). Längere Gedankenspiele – etwa *Star Wars* und *Harry Potter* (vgl. Hauser 2001; Hauser 2004; Zöller 2005) – entlasten, gestalten die Kategorie des Möglichen subjektiv aus und bewältigen Kontingenz. Die Inszenierung eines Denk-Möglichen wird zur subjektiven Sinn-Überlagerung von Alltagserfahrung. Sie *produziert* die Möglichkeit religiöser Welt- und Selbstdeutung (vgl. Hauser 2001, 465).

2 Religiosität und Fantastik

2.1 Mehrweltigkeit

Im Themenbereich Fantastik und Religion treffen verwandte Traditionen aufeinander: die der literarischen *Fantastik* und deren Herkunft aus Aufklärung resp. Romantik und die christlich kontaminierte *Religiosität* der Spätmoderne. Gemeinsam ist beiden die Folie eines christlich geprägten Weltbildes und der Versuch, diese unter den Bedingungen der Gegenwart zu aktualisieren. Im Phänomen der „Mehrweltigkeit" finden beide zusammen. Diese ist im religiösen Sinne für Assmann eine Folge der mosaischen Unterscheidung und des Monotheismus. „Mit der Unterscheidung zwischen Gott und Welt ist ... als Möglichkeit eine neue Distanz zur Welt gegeben, ein innerer Vorbehalt gegenüber dem nur ‚Weltlichen', eine Relativierung restloser Weltbeheimatung." (Assmann 2003, 63) Literarische Fantastik, für die Mehrweltigkeit konstitutiv zu sein scheint[5], ordnet sich in die Gedächtnisspur (Assmann 2003, 83) des Monotheismus ein.

Offenkundig wird damit aber dem Phänomen literarischer Fantastik Gewalt angetan: Mehrweltige Werke wie *Harry Potter*, *Narnia (*vgl. Stenzel 2005 a, 177), *Der kleine Hobbit* (vgl. Tabbert 2000 c, 188; anders nuanciert Haas 2005, 130) weisen tatsächlich Merkmale auf, die eine solche Zuordnung als nicht völlig willkürlich erscheinen lassen; vor allem die Gesetzmäßigkeit der imaginierten Welt (vgl. Tabbert 2000 c, 190) realisiert jene Rationalität, die Assmann (vgl. Assmann 2003, 92) in der Unterscheidung von wahr und falsch als Erbe des Monotheismus ansieht. Die Anarchie einer *Mary Poppins* oder der Ideenreichtum von *Pippi Langstrumpf* dagegen versperrt sich ihr. Die – religionsdidaktisch überaus produktive – *Verwirrung*, die Jutta Richters *Hund mit dem gelben Herzen* hinterlässt, der sich in die Geschichte des jüdisch-christlichen Schöpfungsglaubens einordnen lässt (der schillernden Figur des Lobkowitz zum Trotz), mahnt gleichfalls zur Vorsicht.

---

5 Vgl. z. B. Tabbert 2000 c, 189–192. Tabbert versucht, im Anschluss v. a. an Maria Nikolajewa das Vorhandensein von „zwei Welten" (Tabbert 2000 c, 188) als Konstitutivum fantastischer KJL zu beschreiben, merkt aber an, dass diese Zweiweltigkeit zuweilen nicht offensichtlich ist. Mit religionskritischem Blick auf die christliche Theologiegeschichte (s. u. 2.3) zeigt sich, dass Zweiweltigkeit in ideologiekritischer Perspektive ein überaus problematisches Kriterium darstellt. Ich ziehe deshalb den Terminus Mehrweltigkeit vor, der mir nicht nur die postmoderne Situation besser zu kennzeichnen scheint, sondern auch hilft, die religiositätsproduktive Struktur fantastischer KJL zu verstehen.

Mehrweltigkeit ist literarisch und theologisch ambivalent: sie beschreibt religiöse und literarische Wirklichkeitsdistanzierung, ist aber für die motivisch ganz verschiedenen Füllungen kaum mehr als eine Folie, die Erfahrungsräume voneinander abgrenzt. Sie ist nicht notwendig restaurativ und reaktionär und auch nicht *ab ovo* emanzipativ und humanitätsfördernd, sondern stellt das strukturelle Potenzial bereit, die Themen menschlicher Existenz neu durchzubuchstabieren. Dabei scheint es, dass streng zweiweltig konzipierte Werke tatsächlich einer Entwicklung nachlaufen, die die barockscholastische christliche Theologie beinahe um ihre Relevanz gebracht hätte. Doch wird diese Lesart der Vielfalt fantastischer Literatur nicht gerecht (Haas 2005, 118 f., 128).

2.2 Typen von Mehrweltigkeit – ein Vorschlag

Möglicherweise hilft ein Blick in Formen von Religiosität weiter. *Mehrweltigkeit* ist eine von mehreren Formen religionsförmiger *Längerer Gedankenspiele*. Aber auch einzelne Gegenstände, Orte oder Personen können „heilig" und damit religiös aufgeladen sein. Die klassische, philosophisch diskursfähige christliche Theologie dagegen unterläuft mit ihrem Postulat universaler Einheit im Reich Gottes die vordergründige Mehrweltigkeit.

Die Chroniken von Narnia als Möglichkeit der Rezeption biblischer Motive

Harry Potter hat das Phänomen des paratextuellen Übergriffs (vgl. eine lange, aber dennoch völlig unvollständige Liste bei Zöller 2005, 111) der fiktionalen auf die reale Realität vorgeführt, damit letztere in das literarisch konzipierte Welt-Bild integriert und eine *komplette Weltdeutung* unter fantastischem Vorzeichen konzipiert. Wie Thomas Pola und Monika Riwar gezeigt haben, etabliert diese zudem innerhalb der fantastischen Welt noch einmal mit dem die Handlung organisierenden Element der Prophezeiung und der dunklen Wirklichkeit Voldemorts eine weitere Realitätsebene, die den Protagonisten partiell immer noch unzugänglich ist und auf apokalyptisches Gedankengut zurückgreift (Pola/Riwar 2005). Zugleich ist die Zauberwelt zutiefst rational und Katalysator der menschlichen Freiheit. Ähnliches gilt für Boies *Der durch den Spiegel kommt*, in der der Gott-Meister und die Prophezeiung eine weitere Wirklichkeitsebene imaginieren.

Varianten fantastischer Mehrweltigkeit umspielen auf je verschiedene (und religionskritisch sortierbare) Weise Realität: sie integrieren sie (*Harry Potter*), sie inszenieren fiktive und fantastische Realität (*Narnia-Chroniken, Die unendliche Geschichte*), sie schaffen nicht- oder gegenrationale Bereiche (*Pippi Langstrumpf, Mary Poppins, Wir pfeifen auf den Gurkenkönig*). Quer dazu die Linie der Rezeption biblischer Motive: bei den *Narnia-Chroniken* als bewusst inszenierte Allegorie, beim *Gurkenkönig* in der Namenswahl[6]. Anleihen in fremden Mythologien und religiösen Traditionen („Mythen-Recycling", Tabbert 2000 c, 194) verkomplizieren die Bandbreite noch einmal und bleiben, wegen des nur über eine interreligiöse Theologie zu vermittelnden Zugriffs, hier unberücksichtigt. Noch einmal quer dazu lassen sich religiös konnotierbare Motive (z. B. Sünde, Erlösung, Engel) auffinden, deren Rezeption sich jedoch in das Grundmuster von Mehrweltigkeit einfügt. *Idealtypisch* lässt sich mit Hilfe der Motiv- *und* der Konstruktionsebene ein Schema fantastischer Mehrweltigkeit unter besonderer Berücksichtigung der Rezeption religiös konnotierter Motive skizzieren:

– Partielle Bereiche des Anders-Seins. Menschen oder Orte durchbrechen das Schema der Alltagsplausibilität (Wo die wilden Kerle wohnen, Pippi Langstrumpf, Karlsson vom Dach, Die kleine Hexe, Herr der Diebe, Konrad oder Das Kind aus der Konservenbüchse). Anspielungen auf die christlich-religiöse Tradition sind möglich (Wir pfeifen auf den Gurkenkönig), aber nicht nötig. Heilige Orte, Zeiten und Personen sind ein Merkmal primärer Religiosität.
– *Zweiweltigkeit*. Die literarische Wiederaufnahme der barockscholastischen Dichotomie von Natur und Gnade schafft fantastische Bilder ohne unmittelbare lebensweltliche Relevanz. Das Fantastische wird als solches reflektiert, bewusst gemacht und damit irrealisiert. Oft reicht ein auktorialer Erzähler, um die Zweiweltigkeit herzustellen (*Jim Knopf, Der kleine Wassermann, Pu der Bär, Lippels Traum*). Für die Rezeption christlicher Themen gilt das Gleiche: Jenseitsbilder von Religion ohne Bezug zur Lebenswelt sind ideologieanfällig (*Die Chroniken von Narnia, Der kleine Hobbit, Der satanarchäolügenialkohöllische Wunschpunsch, Tintenherz, Medlevinger*).
– *Mehrweltigkeit*. Mehrere Wirklichkeitsdimensionen in der fiktionalen Welt inszenieren und reflektieren (religiöse) Transzendenz (*Der durch den Spiegel kommt, Der Hund mit dem gelben Herzen*).
– *Paratextuelle Integration*. Am Beispiel von *Harry Potter* wird deutlich, dass die inszenierte Mehrweltigkeit auf die Lebenserfahrung und Selbstdeutung der Leserinnen und Leser übergreifen kann (wir alle sind Mug-

---

6 „Kumi-Ori" ist hebräisch und bedeutet: Auf, werde Licht (vgl. Jes 60, 1).

gel!). Ähnlich berichtet Steitz-Kallenbach (2005, 203, Anm. 21) von einer Todesanzeige, in der Lindgrens Land „Nangijala" religiös beansprucht wird, ohne dass dies direkt mit *Harry Potter* vergleichbar wäre.

Vom Strukturansatz nahe liegend ist die Reintegration[7], eine Form von Heilung der fantastisch irritierten Welt von der fantastischen Regression (vgl. z. B. Haas 1985, 14 f.), in den partiell konzipierten fantastischen Texten. *Pippi* bleibt in der Kindheit, der *Gurkenkönig* verschwindet in einen anderen Keller – und anderswo geht das Leben weiter. Dieser Verzicht auf einen integralen Ansatz zur Weltdeutung scheint prädestiniert, einzelne Momente der Welterfahrung umspielend zu kontrastieren. Die übrigen Modi der literarischen Mehrweltigkeit tendieren auf ihren Selbsterhalt: eine mögliche *Welt* (Leibniz) bleibt eben eine *mögliche* Welt. Und als solche ist sie ein bleibendes „Indiz für die defizitäre Verfasstheit der Welt" (Stenzel 2005, 178), ihre als Geheimnis (Haas 2005, 125 f.) aufscheinende abgründige Kontingenz.

2.3 Religion und Fantastik: affine Strukturen

Das fantastische Element selbst enthält religionsaffine Momente. Dabei liegen nicht nur „in dem Handlungsmuster der Reise in fantastische Welten ... Potenziale für die Auseinandersetzung mit Fragen aus Religion und Ethik" (Stenzel 2005, 178), sondern *die fantastische Mehrweltigkeit korrespondiert derjenigen zahlreicher religiöser Erfahrungen im Gefolge der jüdischchristlichen Tradition*. Diese hatte die Aufklärung und Emanzipation der Moderne in einem gegenneuzeitlichen Entlastungsversuch durch die Unterscheidung von (autonomer) Natur und (theonomer) Übernatur zu bewältigen versucht, beide Bereiche sorgfältig unterschieden, gar gegeneinander abgeschottet. Aus dem Miteinander zweier Ordnungen wurde rasch ein Neben-, dann Gegeneinander. Die Leerräume im Jenseits der rational konzipierten, damit aber allemal nicht durchgängig beschriebenen Erfahrungswelt, die das zurückgedrängte Christentum hinterlassen hatte, drängten aber auf Füllung.

Damit stünde die Fantastik im Erbe der christlichen Tradition[8], sofern sie Erfahrungs- und fantastische Welt miteinander verknüpft. Aus den Bewältigungsstrategien dieser Begegnung entwickelt sich das religiöse Potenzial der Texte. Sie bieten sowohl komplette Weltdeutungsentwürfe als auch die Möglichkeit spielerischer Weltdistanzierung, thematisieren die „Großen

---

7 Auf interessante, sich in die Beobachtung einfügende texteditorische Eingriffe in den Text von *Pippi Langstrumpf*, die dazu neigen, Pippi in die Gesellschaft zu reintegrieren, macht Steitz-Kallenbach aufmerksam: Steitz-Kallenbach 2005, 188 f.
8 Besonders deutlich wird dies bei Thomas Ruster, der Fantastik als „Himmelslehre" beansprucht (Ruster 2005, 49). Er vermutet, dass *Harry Potter*, *Der Herr der Ringe* (oder auch *Matrix*) „die Lücke schließen, die der Wegfall der theologischen Himmelslehre hinterlassen hat" (ebd.). Damit werde fantastische Literatur zur religiösen Literatur; vgl. ebd., 50 f.

Fragen" nach Sinn und Ziel des Menschseins, reflektieren entwicklungspsychologische Aufgaben im Horizont religiöser Problemkonfigurationen wie Allmacht (Bußmann 1990, 45; Zöller 2005, 112; Stenzel 2005, 178 f.) und Endlichkeit, Erlösung und Kontingenz – und bieten zugleich der restaurativen Sehnsucht nach Klarheit und Ordnung eine nicht immer unbedenkliche Projektionsfläche, wenn Mehr- als Zweiweltigkeit konzipiert und die andere als die wahre Welt entworfen, das Gewaltpotenzial der Gedächtnisspur des Monotheismus im Sinne Assmanns freigesetzt wird.[9] *Religion ist nicht gleich Religion, sondern zur Sicherung ihres humanen Potenzials auf Religionskritik* (in der christlichen Tradition heißt diese: Theologie) *angewiesen*: Letztlich entscheiden die religiös rezipierten Inhalte über die Realisierung des religiösen Potenzials fantastischer KJL (Niehl 1985; Stenzel 2005).

2.4 Religion und Fantastik: komplementäre Inhalte

Fantastische Inhalte sind eine Funktion der fantastischen Struktur. Durch die fantastische Spiegelung erfahren die Inhalte eine wichtige Bedeutungsverschiebung. Sie zeigen *denkmögliche Lebensformen* in Form von Gegenbildern, Unterbrechungen (J. B. Metz) des Alltäglichen – und eröffnen damit die Chance von Distanzierung und Neubesinnung. Gerade die zuweilen strenge Rationalität fantastischer Welten führt zu einer Konzentration auf das Widerständige des Rationalen, zu einer Fokussierung des Inhaltes auf die menschliche Freiheit in all ihren Facetten: auf Liebe und Hass, Macht und Gewalt, Freundschaft, Vergebung und Mitgefühl. Harry durchleidet in einer übersteigert rationalen Umwelt die Chancen und Gefahren des Freiseins (Tomberg 2001), die kleine Hexe entzaubert die zum Bösen verführende Zaubermacht. Die Welt des kleinen Wassermanns hingegen scheint zyklisch im Sinne paganer Religiosität zu sein: Das Immergleiche wiederholt sich. G. Otts Erfindergeist findet im Gegenüber seine Grenze. Besondere Beachtung verdient der kleine Gott-Autor Fenoglio, den die kreative Allmacht fesselt – und der, durchaus religionskritisch, die Güte der Götter in Frage stellen kann: „Wer sagt, dass alle Götter gütig sind? Die meisten sind streng und grausam, nicht wahr?" (Funke 2003, 362). Eine Antwort auf diesen Verdacht formuliert Jutta Richters Hund, der stöhnt: „Die Ratten hätte G. Ott nicht erfinden dürfen" (Richter 2000, 65). Dieser Gedanke erreicht mit der Theodizee – warum erfindet der gute G. Ott die bösen Ratten? – die mit ihr verbundene Emanzipation des Menschen aus der schlechthinnigen Abhängigkeit von Gott in die Freiheit gleichberechtigter Partnerschaft und setzt das humane Potenzial (vgl. Pröpper/Striet 2000) von Religion in der jüdisch-christlichen Tradition frei.

---

9 Tolkiens *Herr der Ringe* wird zur Gewaltorgie im Dienst einer vermeintlichen höheren Wahrheit und belegt Assmanns Vermutung eindrucksvoll, vgl. Stenzel 2005, 185 f.

Die beiden letzten Beispiele zeigen, dass *Gott als das zentrale Thema jüdisch-christlicher Religion* in fantastischer Literatur auf anregende Weise und unter vielen Namen (Boies „Der über den Wolken wohnt" in *Der durch den Spiegel kommt*, Rowlings „Dumbledore", vgl. Pola/Riwar 2005, 100 f.) zur Sprache kommen kann.[10] Dass damit ein Bedürfnis von Kindern und Jugendlichen aufgenommen und versprachlicht wird, dürfte zwar vor allem Entwicklungspsychologie (Stenzel 2005, 178 f.) und Religionspädagogik interessieren, die religionsproduktive Struktur des fantastischen Elements der Mehrweltigkeit ist aber in didaktischer Perspektive nicht nur offen für fächerübergreifende Zusammenarbeit, sondern verlangt – wegen der Eigenart jedes Verständnisses von Religion – sogar nach ihr.

3 Die religiöse Dimension der Fantastik: eine Einladung zur Zusammenarbeit

Die Identifikation eines allgemein religiösen und eines spezifisch monotheistisch-christlichen Momentes in der Fantastik *ermutigt zu fächerverbindendem Unterricht*. Fantastik nötigt durch die Distanz der Mehrweltigkeit zu einer Selbstpositionierung in der Wirklichkeit; Religionspädagogik hat hier Wesentliches beizutragen, sie kann aber gerade von der Literaturdidaktik auch viel lernen. Denn eine religionspädagogische Theoriebildung zur Fantastik ist bislang allenfalls in Ansätzen erkennbar (vgl. Niehl 1984; Heumann 2005 ist methodisch nicht hinreichend reflektiert) – selbst für *Harry Potter*, der von zahlreichen Theologinnen und Theologen engagiert rezipiert worden ist, gilt, „dass Religionspädagogik und -didaktik Potter bislang kaum Beachtung geschenkt haben" (Langer 2005, 29). Dabei könnte das weitere Gespräch für beide Seiten durchaus spannend werden: Die fantastische Wertschätzung von Buch, Geschichten und Bibliotheken kommt einer Buchreligion ja durchaus entgegen (vgl. Munzel 2005). Andererseits ist *ideologiekritisch und im Interesse der Freiheit jede Verabsolutierung des Fantastischen skeptisch zu begleiten*, insofern hat fantastische KJL durchaus, wenn auch anders, als ihre religiösen Kritiker das zuweilen meinen, eine Beziehung zur Religionsfreiheit im Sinne von Freiheit wählender Religiosität. Fantastik und Religion in der jüdisch-christlichen Spur haben gemeinsame Wurzeln und komplementäre Strukturen. Die sachgemäße, Form *und* Inhalt berücksichtigende Wahrnehmung fantastischer KJL lädt ein, religiös zur Welt Stellung zu nehmen. Sie lädt ein, Grenzen und Disziplinen zu überschreiten.

Dr. Markus Tomberg M. A., Arlener Str. 74, 78239 Rielasingen-Worblingen

---

10 Entsprechendes weist Tabbert (2005 b, 146) für Engel nach.

Wolfgang Löffler

Bibliotheken als Motiv der Fantastischen Kinder- und Jugendliteratur

Vorüberlegungen zum Motiv der Bibliothek

Elisabeth Frenzel erklärt im Vorwort zu ihrem Werk *Motive der Weltliteratur*, dass im Gegensatz zum Stoff, der eine ganze Melodie bietet, das Motiv nur einen Akkord anschlägt und lediglich einen Handlungsansatz bezeichnet, der ganz verschiedene Entfaltungsmöglichkeiten in sich birgt (Frenzel 1999, VI). Die vorliegende Betrachtung möchte nun am Beispiel der fantastischen Kinder- und Jugendliteratur aufzeigen, wie unterschiedlich hier das Motiv der Bibliothek entfaltet wird. Die Arbeit stützt sich auf das Werk einer begrenzten Auswahl von Autoren bzw. deren Büchern und untersucht, welche Bedeutung hier Bibliotheken bzw. Bücher haben: Weshalb wird das Motiv vom jeweiligen Autor verwendet, mit welcher Absicht betreten Protagonisten die Bibliothek, suchen Bücher, versenken sich in Bücher, stehlen, verstecken oder zerstören Bücher? Dient die Beschreibung der Bibliothek der Dynamisierung der Handlung, der Entwicklung von Teilen des Handlungspersonals oder ist ihr Zweck bloße Applikation?

In eine solche Untersuchung müsste auch das Verständnis oder Vorverständnis einfließen, das die Leserinnen und Leser von einer Bibliothek haben. In kulturgeschichtlicher Hinsicht wäre es reizvoll herauszuarbeiten, wie sich Einstellungen und Haltungen zu Bibliotheken, zum Buch in verschiedenen Epochen manifestieren (vgl. dazu Tügel/Höfer 2006) und wie etwa soziologische Merkmale hier beeinflussend wirksam werden. Dieser Gesichtspunkt würde jedoch den Rahmen der Untersuchung sprengen und kann daher nur angesprochen werden. Der vorgegebene Umfang des Beitrags schließt ohnehin eine vertiefende Analyse aus.

Zweifellos steht das „Buch" als literarisches Stilmittel in einer langen Tradition. Felix von Bonin schreibt hierzu:

> Als Sinnbild des Wissens, auch des geheimen Wissens, das es enthält, verleiht das Buch Macht und ist „Symbol der Orientierung". Im Märchen enthält das Buch geheime Formeln und Zaubersprüche. Durch das Einschreiben in ein Buch werden unverrückbare Tatsachen geschaffen. Über Gewinne und Verluste wird Buch geführt. So kommt dem Buch auch schicksalhafte Bedeutung zu. Es wird zum „Buch des Lebens", in welchem das Todesjahr jedes Menschen vermerkt ist. (Bonin 2001, 27)

Die Verwendung des Motivs der Bibliothek oder eines Buches innerhalb einer Handlung unterliegt der freien Gestaltung des Autors. Immer jedoch spielt der Autor mit der semiotischen Bedeutung des Zeichens Buch. Nicht ohne Grund führt er „die Bibliothek" in die Handlung ein, welche nun je nach Plot von Protagonisten oder Antagonisten aufgesucht wird. Damit knüpft der Autor subtil an das Vorverständnis des Lesers an – und dieses Vorverständnis ist kulturell geprägt. In der Buchkultur des christlichen Abendlandes hat die Bibliothek eine ungleich andere Bedeutung als in Kulturen, in denen eine mündliche Überlieferung vorherrschend war. Mit dieser Feststellung ist keine Wertung verbunden und in diesem Zusammenhang darf an die Tatsache erinnert werden, dass Christentum und Bücherfeindlichkeit über viele Jahrhunderte sehr benachbarte Begriffe waren: In den frühen Christengemeinden waren illiterati vorherrschend.[1]

Von Bedeutung in der Neuzeit ist die Entwicklung eines Bewusstseins für Bildung und Bücher im entstehenden Bürgertum absolutistischer Gesellschaften.[2] Hier wurde die Auffassung von der Bibliothek als einer Institution des kulturellen Wissens und Gedächtnisses wiederbelebt. Selbst Nicht-Leser oder Menschen mit wenig Bezug zu Büchern und Bibliotheken assoziieren eine Aura des Geistigen, des über die Bewältigung des Alltags Hinausgehenden. Wer liest, begibt sich in eine andere Welt. Das Sich-Verlieren in die Welt eines Buches oder einer Bibliothek kann – und darauf wurde schon von Ursula leGuin besonders für den Bereich der Fantasy hingewiesen – auch Eskapismus bedeuten. Sie beschreibt diesen Vorgang wie folgt: „Fantasy is a journey into the subconscious mind (...) Like psychoanalysis, it can be dangerous and it will change you" (zit. nach Pesch 1982, 211). Freilich ist literarischer Eskapismus nicht an das Buch als Medium gebunden und wird ebenso zunehmend wie Besorgnis erregend durch andere Medien wie etwa Spielkonsolen (Playstation/XBox) substituiert.

Literatur für erwachsene Leser und ihr Einfluss auf die KJL

Jorge Luis Borges' Bibliothek von Babel

Die vorliegende Arbeit soll sich auf den Bereich der Kinder- und Jugendbücher konzentrieren. Es erscheint jedoch schwierig, unübersehbare Bezüge bewusst zu übergehen, Ableitungen oder Herleitungen nicht zu nennen und Einflüsse, selbst wenn sie von außerhalb des Genres kommen, nicht zu

---

1 Vgl. dazu als Fanal früher Bildungsfeindlichkeit die Ermordung der spätantiken Philosophin und Mathematikerin Hypatia in Alexandria im Jahre 415 (Deschner 1988, 200). Im (realistischen) Jugendbuch hat Arnulf Zitelmann (1988) dieser außergewöhnlichen Frau ein nahegehendes literarisches Denkmal gesetzt.
2 Diese Entwicklung hat Norbert Elias in seinem grundlegenden Werk *Über den Prozeß der Zivilisation* (1939) anschaulich beschrieben.

identifizieren. Von besonderer Bedeutung ist dabei der Einfluss des argentinischen Autors (und Bibliothekars) Jorge Luis Borges, der besonders hervorgehoben werden soll, auch wenn er alles andere als ein Jugendbuchautor war.

Borges lebte von 1899-1986 und war Schriftsteller sowie zeitweise Direktor der argentinischen Nationalbibliothek. Er erblindete früh und führte mit der bekanntesten seiner fantastischen Erzählungen *Die Bibliothek von Babel* (OA 1941) Argentinien aus der weltliterarischen Bedeutungslosigkeit heraus. Die Erzählung ist eine Parabel über die Welt, sie erinnert mitunter an Kafkas *Das Schloß*.

Borges schreibt über eine denkbare Welt, die als Bibliothek aller nur vorstellbaren Bücher vorgestellt wird. Diese Bibliothek ist nahezu unendlich. Gleichzeitig sind die Bücher unsystematisch in unzähligen sechseckigen Zellen aufgestellt. Da jedes Buch 410 Seiten zu je 40 Zeilen mit jeweils 80 Zeichen enthält und alle Zeichen, also auch Punkte und Kommas verwendet werden, sind der Kombination oder Beschränkung keine Grenzen gesetzt. So gibt es Bücher, die nur aus Punkten bestehen. Viele Bücher sind naturgemäß sinnleer und die, welche sinnvolle Texte enthalten, können durchaus in großer Anzahl vorhanden sein, werden jedoch nicht gefunden. Glück und Zufall bestimmen demnach die Suchergebnisse.

> In Zusammenhang mit Borges' eigener Tätigkeit als Bibliothekar wird die Geschichte so zu einer irren Umkehrung dessen, wozu eine Bibliothek eigentlich bestimmt ist – dem Zugang zum Wissen. ‚Die Bibliothek von Babel' ist die kunstvolle Parodie auf eine öffentliche Dienstleistung, die für den Autor jegliche Bedeutung verloren hat. (Woodall 1999, 151)

Die Bibliothek von Babel ist kein Hort des Wissens, des kollektiven Gedächtnisses oder der Seele eines Volkes, sondern einfach ein Ort, der die in ihr lebenden Menschen überfordert. Jene Überforderung darf man sich allerdings nicht absolut und unversöhnlich vorstellen, denn, so hat Borges einmal gesagt, „Das Paradies habe ich mir immer wie eine Art Bibliothek vorgestellt".

Borges wendet sich an eine wissende und verstehende Leserschaft, wobei das Erkennen von Verweisstrukturen, Bezügen zur Philosophie, zur Religion, zur Kunst und Architektur jüngeren Lesern nur selten möglich sein wird. Der durchschnittliche Leser beispielsweise von Wolfgang und Heike Hohlbein sucht bei der Lektüre von Fantasy anderes als ein gourmethaft-kennerischer Borges-Rezipient. Gleichwohl wird Borges' parodierende Vorstellung von einer Bibliothek immer wieder von Autoren aufgegriffen und findet sich auch in der fantastischen Kinder- und Jugendliteratur (vgl. exemplarisch Eco 1982, Rowling 1998 a, 1999 a, 1999 b, 2000 a und Melling 2005).

Die Bibliothek als Tatort bei Umberto Eco

Der Name der Rose ist ein literarischer Evergreen, was sich auch in den Ausleihzahlen selbst kleinerer Bibliotheken manifestiert. Innerhalb der Handlung des Romans stellt die Bibliothek nicht nur das *setting* dar, sondern ist für den Handlungsverlauf wie auch für die erzählerische Atmosphäre und das Ambiente von zentraler Bedeutung. William von Baskerville wähnt in der Bibliothek des Klosters Hinweise zur Erklärung mysteriöser Vorfälle. Sowohl die räumliche Aufteilung der einzelnen Bibliothekszonen als auch das System der Archivierung wirken verwirrend. Hier zeigt sich zweifellos der Einfluss von Borges und seiner *Bibliothek von Babel*. Ausführlichst erfolgt die Beschreibung der einzelnen Abteilungen mit einem Übersichtsplan (Eco 1982, 411). Nur Eingeweihte, Wissende fanden und finden sich darin zurecht. Man musste wissen, dass die Bibliothek wie eine Weltkarte gegliedert war (ebd. 401).

Der Bibliothekar Jorge von Burgos (der Name ist eine Huldigung an Borges) hat, wie dies auch in anderen Klöstern üblich war, den üblichen Übersetzungsbetrieb geleitet, Handschriften verzieren, Pergamente bemalen oder auch restaurieren lassen. Diese Tätigkeiten der dort arbeitenden Mönche entsprachen der Tradition und traditionell wurde damit das bisherige gesammelte Wissen aufbereitet und anderen Mönchen zugänglich gemacht. Doch sollte und durfte nicht jeder alles lesen. Abseits des allgemein zugänglichen Bereichs gab es einen „Ort des verbotenen Wissens". Der Zugang zu ihm wurde mit allerlei chemisch-optischen Barrieren erschwert. William von Baskerville konstatiert: „Wissenschaft im Dienst der Verschleierung statt im Dienst der Erleuchtung. (…) Ein perverser Geist beherrscht die fromme Verteidigung dieser Bibliothek." (Eco 1982, 223)

Für den fiktiven Chronisten Adson von Melk sind das Schweigen und das Zwielicht, welche die Bibliothek umgeben, so etwas wie eine Resultante aus ihrer Bestimmung und Funktion. Die Bibliothek „ist ein Hort des Wissens, doch sie kann dieses Wissen nur unversehrt erhalten, wenn sie verhindert, dass es jedem Beliebigen zugänglich wird, sei er auch ein Mönch." (Eco 1982, 233) Die Übertragung der Funktion eines Bibliothekars bedeutete zugleich unbeschränkten Zugang zu allen Bereichen der Bibliothek und ermöglichte die Nutzung des dadurch entstehenden Herrschaftswissens, was die Kenntnis von Geheimtüren und -gängen einschließt. Daneben stellte die Ernennung das Entree zur Leitung eines Klosters dar: „(…) es ist ein Unterschied, ob man Gehilfe des Bibliothekars ist oder Bibliothekar. Traditionsgemäß wird der Bibliothekar später Abt." (Eco 1982, 535)

Bibliotheken in der Fantastischen Kinder- und Jugendliteratur

Joanne K. Rowling und die Bibliothek von Hogwarts

Bei der von J. K. Rowling gestalteten Bibliothek des Zaubererinternats Hogwarts treten Harry Potter, Ron Weasly und Hermine Granger als Bibliotheksbenutzer in allen Bänden in Erscheinung. Die Bibliothek dient hier dem Wissenserwerb, der Wissensvertiefung oder der Vergewisserung (vgl. z. B. Rowling 1998, 215 f.). Die Bibliothek enthält „zehntausende von Büchern; tausende von Regalen; hunderte von schmalen Regalreihen." Aber auch hier gibt es eine „Abteilung für verbotene Bücher". Für das Betreten dieser Abteilung benötigt man die schriftliche Erlaubnis eines Lehrers, welche in der Regel nicht zu bekommen ist (Rowling 1998 a, 216). Unübersehbar handelt es sich um eine motivliche Anleihe bei Umberto Eco (1982, 223).

Hermine ist es, die regelmäßig die Bibliothek nutzt, sich Bücher ausleiht, Informationen sucht und Ron wie auch Harry Potter an ihren Suchergebnissen teilhaben lässt (Rowling 1998, 239). Sie hat offenbar eine besonders innige Beziehung zur Bibliothek. Wenn es ihr emotional schlecht geht, sucht sie die Bibliothek auch schon mal als Zufluchtsort auf (Rowling 1999 b, 243). Aber eingebettet in die fantastische Handlung vollziehen sich alle Bibliotheksaufenthalte durchweg als absolut alltagsgebundene Handlungen. Hermine, Ron und Harry treffen sich dort und suchen in Büchern nach Informationen. Das Interieur erinnert an reale, dem Leser geläufige Bibliotheken und weckt dieserart die Vorstellung jener Bibliothek als Arbeitsbibliothek – eine geradezu klassisch-humanistische Attributierung.

Cornelia Funkes Tintenherz

Die Kennzeichnung von Bibliotheken als Wissensspeicher transportiert Cornelia Funke durch den Mund ihrer Protagonistin Meggie: „Du sagst doch selbst immer: Bücher müssen schwer sein, weil die ganze Welt in ihnen steckt!" (Funke 2003, 28) Die Handlung enthält zahlreiche intertextuelle Bezüge zu Klassikern der Kinder- und Jugendliteratur. Zusätzlich wird jedes Kapitel mit einem vorangestellten kurzen Auszug aus Werken der Literatur eingeleitet. Die eindrucksvoll betonte Liebe zu Büchern, die spürbare Bibliophilie, welche das Buch durchzieht, verdichtet Meggies Tante in dem Ausspruch:

> Bei mir ist jedes Buch gut aufgehoben (…) Sie sind meine Kinder, meine tintenschwarzen Kinder, und ich hege und pflege sie. Ich halte das Sonnenlicht von ihren Seiten fern, staube sie ab und beschütze sie vor hungrigen Bücherwürmern und schmutzigen Menschenfingern. (Funke 2003, 56)

Dieser Satz ist so etwas wie ein Leitmotiv der Handlung. Während bei Rowling die Bibliothek eine Schüler- und Arbeitsbibliothek ist und jedem offen steht, stellt in *Tintenherz* die Bibliothek nichts anderes als die Summe der gesammelten Bücher dar. Deren Zahl ist zwar beeindruckend, doch wirklich von Bedeutung für die Handlung sind nur wenige Bücher.

Diese Charakterisierung deutet auf einen qualitativen Sprung hin, von der Bibliophilie zur Bibliomanie. Tatsächlich ist für jeden leidenschaftlichen Leser die Tätigkeit des Lesens, die wirkliche Versenkung in eine Handlung oftmals libidinös besetzt und entzieht sich zeitlicher Beschränkung wie auch begrifflicher Einordnung. Wer wie Mo, Meggies Vater, oder sie selbst „die besondere Gabe" hat, kann handelnde Wesen aus dem Buch „herauslesen" oder auch wieder „hineinlesen", verfügt zweifelsohne über die Fähigkeit zur Zauberei und überwindet damit die reale Welt. Das ist eine ungemein faszinierende Idee und stellt den Bezug zum Leser und dessen Imaginationskraft her. Es ist das Buch, das buchstäblich bezaubert und verzaubert! Aus dieser hübschen Idee hat C. Funke einen mitreißenden Plot entwickelt.

Ralf Isau und Die geheime Bibliothek des Thaddäus Tillmann Trutz

Ursprünglich im Droemer Verlag, später als Taschenbuch auch im Kinder- und Jugendbuch-Verlag Arena, erschienen „Die Legenden von Phantásien". Dabei handelt es sich um Romane, die von Michael Ende in seinem Buch *Die unendliche Geschichte* angedeutete aber nicht ausgeführte Erzählstränge aufgreifen und weiterführen sollten. Auch der durch fantastische Kinder- und Jugendbücher bekannte Ralf Isau gehört zu den Verfassern dieser intertextuellen „Legenden". In seinem Buch *Die geheime Bibliothek des Thaddäus Tillmann Trutz* erfährt man, wie Karl Konrad Koreander zum Antiquariat und zu dem Buch *Die unendliche Geschichte* kam, das dann bei Michael Ende in die Hände von Bastian gelangt. Koreander – bei Ende ein alter Mann, bei Isau noch jung – entdeckt, dass es im Antiquariat, abgetrennt durch einen Raumteiler, eine geheime Bibliothek gibt und diese der Zugang zu einer anderen Welt ist – Phantásien. Der alte Trutz nimmt dort eine wichtige Position ein, er ist Meisterbibliothekar und sieht in Koreander seinen Nachfolger. Nur wenige Hinweise erlauben Rückschlüsse auf den realen Hintergrund, von dem aus Koreander nach Phantásien aufbricht. Braune Uniformen und grölende Marschlieder auf der Straße lassen an das Ende der 1930er-Jahre in Deutschland denken. Hier im Realen wie dort in Phantásien ist die Bibliothek bedroht. Herrn Trutz' Antiquariat wird regelmäßig von Zensoren betreten, stillen „Herren mittleren Alters, mit abgewetzten Ärmeln, die in den Regalen herumstöbern (…) und natürlich beschlagnahmen sie das ‚entartete' Buch, um es für die nächste Verbrennung wegzusperren." (Isau 2005, 17 f.) Antiquariat und Bibliothek sind also in ihrer Grundfunktion bedroht durch Zensur und Gleichschaltung im Literaturangebot. Indirekt wird hierdurch auch die Existenz des Bibliothekars gefährdet, ebenso aber ist Phantásien in Gefahr. Aus der Bibliothek verschwinden Bücher, und weil die Bibliothek ein Grundpfeiler Phantásiens ist, steht die Existenz Phantásiens auf dem Spiel. Der alte Trutz beschwört Koreander: „Wenn ich scheitere, hängt die Zukunft der Bibliothek und ganz Phantásiens von Ihrem Einfallsreichtum und Mut, Ihrer Integrität und Entschlusskraft ab." (Isau 2005, 77) Wissen, Traditionen, Glaube und Mythen werden in der Generationenfolge übermittelt und bilden damit die Grundlage für die Identität von Individuen oder Völkern. Wird einer menschlichen Gemeinschaft ihre Literatur oder mündliche Überlieferung genommen, werden ihre Bibliotheken zerstört, dann erlischt die Lebenskraft und Lebensfähigkeit der Gesellschaft. Dieser Grundgedanke liegt der Bedeutung der phantásischen Bibliothek zugrunde.[3]

Bei Rowling kann inmitten einer fantastischen Handlung jeder Bibliotheksbezug als vergleichsweise nüchtern und alltäglich empfunden werden. Die Bibliothek hat dort eine nachgeordnete, dienende Funktion. Die Entwicklung der handelnden Figuren wäre auch ohne die synchronen Bibliothekspassagen möglich. In der „geheimen Bibliothek" Isaus ist die Bedeutung der Bibliothek dagegen fast mystisch aufgeladen. Hier geht es buchstäblich um Sein oder Nichtsein. Weil dies von so entscheidender Bedeutung ist, genügen sparsame Hinweise auf das Verschwinden von Büchern, dem Entstehen der „Leere". Ohne die Bibliothek, bzw. ohne die Gefahr des scheinbar unaufhaltsamen Schrumpfens ist keine Handlung möglich, denn die Handlung beruht auf dem Vorhandensein der Bibliothek.

Bibbi Bokkens magische Bibliothek *von* *Jostein Gaarder und Klaus Hagerup*

In diesem Buch wird im zweiten Teil zwar nach der „magischen Bibliothek" gesucht, doch würde man der Betrachtung Gewalt antun, beschränkte man sich lediglich auf diese oder andere im Buch vorkommende Bibliotheken. Jostein Gaarder hat sich schon in seinen bisherigen Büchern nicht auf das Erzählen einer spannenden Handlung beschränkt. Lesen intendiert bei ihm immer auch Wissensvermittlung selbst in einer fantastischen Handlung. So überrascht kaum, wenn er mit seinem Co-Autor Klaus Hagerup zu Reflektionen über das Entstehen von Büchern, die Papierherstellung, Buchformate und das gesamte Drumherum der Buchproduktion bis hin zur Archivierung oder Aufstellung anregt, angefangen bei der Entstehung der Schrift, über Gutenberg, Büchereien, Verlage, Literaturschaffende bis zur Bibliothekssystematik. Manche seiner literarischen Ingredienzien verblüf-

---

3 Vgl. in diesem Zusammenhang auch das „Sterben" öffentlicher Bibliotheken in Deutschland unter www.bib-info.de/bibliothekssterben

fen, so die Idee, eine Bibliothekssystematik wie die Dewey'sche Dezimalklassifikation (DDC)[4] innerhalb einer Handlung einzuführen.

Nach längerer Suche gelangen Nils und Berit, die Protagonisten, in die unterirdische private Bibliothek Bibbi Bokkens und werden von der Anzahl ihrer Bücher wie auch deren professioneller Aufstellung nach Dewey sehr beeindruckt (Gaarder/Hagerup 2005, 176). Die Bibliothekarin Bibbi Bokken hat offenbar fast alle Bücher, die auf der Welt je gedruckt worden sind, gesammelt. Schließlich wurde die Bibliothek zu klein und eine Erweiterung musste aus den Felsen heraus gesprengt werden (Gaarder/Hagerup 2005, 174). Im Verlauf des Gesprächs erfahren die beiden, dass Bibbi Bokken maßgeblich an der Planung und dem Bau eines großen Magazins für die norwegische Nationalbibliothek beteiligt war. Diese atombombensichere Bibliothek in einem unterirdischen Stollen enthält alle Medien der Gegenwart einschließlich von Rundfunk- und Fernsehmitschnitten und soll darüber hinaus mit den Büchern der Zukunft gefüllt werden (Gaarder/Hagerup 2005, 188). Bibbi Bokken bezeichnet sich als Bibliografin (ebd. 190), eine deutsche Entsprechung für diese Bezeichnung – so sie denn korrekt übersetzt wurde – gibt es nicht. Auf jeden Fall wird sie von den Autoren als absolut beseelte Bibliophile gezeichnet. Der Himmel der Literatur (ebd. 193) ist hier nicht vorstellbar ohne all die zuvor erwähnten Komponenten. Pädagogische Absichten, wenngleich filigran in den Handlungsstrang eingehüllt, dürfen den Autoren durchaus unterstellt werden.

Gaarder und Hagerup verbreiten die Fülle ihres literaturhistorischen Wissens und wollen mehr als den bloß konsumierenden Leser von Spannungsliteratur. Und so muss der junge Leser keine Bibliotheken bzw. spezielle Nachschlagwerke bemühen. Gefällig mit der Handlung verbunden wird das erforderliche Wissen zum besseren Verständnis des gesamten Literaturbetriebes dargeboten, etwa in Dialogen in Bibbi Bokkens magischer Bibliothek. Die Ergriffenheit der Autoren im Umgang mit Büchern belegt auf nachgerade anrührende Weise die folgende Passage:

> Ein Buch ist eine magische Welt voller kleiner Zeichen, die die Toten zum Leben erwecken und den Lebenden das ewige Leben schenken können. Es ist unfassbar, fantastisch und „magisch", dass die sechsundzwanzig Buchstaben in unserem Alphabet auf so viele Weisen zusammengesetzt werden können, dass sie riesige Regale mit Büchern füllen und uns in eine Welt führen, die niemals ein Ende nimmt, sondern die wachsen und wachsen wird, solange es auf dieser Erde Menschen gibt. (Gaarder/ Hagerup 2005, 193)

Überaus deutlich unterscheiden sich das Motiv der Bibliothek und die Bedeutung des Buches von den anderen hier untersuchten Büchern. Bei

---

4 Vgl. www.ddc-deutsch.de/summaries

Gaarder/Hagerup sind Bücher Schätze, die es zu heben gilt. Es sind Zugänge zu anderen Welten außerhalb unserer beschränkten Weltsicht. Bücher können uns erheben, unser Leben verschönern und veredeln. Solche und gleichartige Assoziationen sollen geweckt werden. Gewiss, die Handlung des Buches ist mitunter fantastisch, doch die Welt der Bücher und Bibliotheken im Buch ist überaus real. Bewusster, planvoller und gewollter wird in keinem Buch der Fantastik so gezielt der mündige Leser angestrebt. Andere Autoren zielen auf *escape,* auf Flucht aus der Wirklichkeit. Bibbi Bokkens magische Bibliothek zielt auf Bewältigung der Wirklichkeit.

Das Motiv der Bibliothek bei Wolfgang und Heike Hohlbein

Leonie lebt im Hause ihrer Eltern zusammen mit ihrer Großmutter. Nun, da ihre Berufswahl ansteht, soll sie, der Familientradition entsprechend, in dritter Generation die Buchhandlung übernehmen. Zur Vorbereitung ist ein Praktikum in der Zentralbibliothek geplant. Sehr bald ereignen sich kleinere Merkwürdigkeiten. Aufgeschnapptes, Beobachtetes und Zusammengereimtes wecken in ihr besondere Aufmerksamkeit. Schnell ist dann die Rede davon, dass sie „die Gabe" hat. Es gibt da ein „Archiv", in welchem die Schicksale aller Menschen verzeichnet sind – und auch verändert werden können. Und weil Leonie „die Gabe" hat, ist sie nach uralten Regeln berufen, „Hüterin" dieses Archivs zu sein. Damit besitzt sie jedoch keinerlei magische Kraft, sondern „… das Einzige, was die Hüterinnen von den anderen Menschen unterscheidet, ist der Umstand, dass wir die Dinge so sehen, wie sie wirklich sind" (Hohlbein 2003, 462).

Aus jenem Archiv hat ihr Vater ein Buch entwendet und damit begonnen, einzelne Einträge und damit die Wirklichkeit zu verändern. Leonie wird gewahr, wie sie jeden Morgen in einer neuen Wirklichkeit erwacht, sie erkennt, dass ihre Eltern begonnen haben, die Vergangenheit in ihrem eigenen Lebensbuch zu überschreiben und damit zu verändern. Wegen der natürlichen Komplexität in den Beziehungen der Menschen zueinander und untereinander sind die Auswirkungen solcher Retuschen im „Buch" bald nicht mehr überschaubar. Ihr Vater wird gewarnt: „Aber du musst aufhören, das Buch zu missbrauchen. Du weißt nicht, welchen Schaden du anrichtest." (Hohlbein 2003, 401) Schließlich gelingt es Leonie, „das Buch" in ihren Besitz zu bringen und den Wirklichkeitsveränderungen ein Ende zu bereiten. Auf der Suche nach dem Archiv bzw. der Herkunft des Buches entdeckt Leonie einen wahrhaft gigantischen Saal.

> So weit ihr Blick reichte, waren dort niedrige, schräge Pulte Reihe um Reihe, an denen Gestalten in schwarzen Kapuzenmänteln standen, die mit altertümlichen Federn in großformatige Bücher schrieben … Andere, viel kleinere Gestalten in schwarzen Kapuzenmänteln flitzten emsig zwischen den Stehpulten hin und her, trugen Pergamentrollen und Papiersta-

pel, füllten Tintenfässer auf und tauschten abgenutzte Federn aus. (Hohlbein 2003, 165)

Diese oberflächliche Beschreibung eines Schreibsaals weckt Assoziationen an das Skriptorium bei Umberto Eco. In gleicher Weise gilt dies für die verwendeten Tätigkeitsbezeichnungen, wenn von einem Scriptor oder gar von einem Redigator die Rede ist. Bei Hohlbeins sind derartige Vokabeln zwar historisch oder sachlich nicht gedeckt, doch klingen sie immerhin hübsch lateinisch und verleihen der Textpassage einen Hauch von antiker Seriosität. Eine tiefergehende Bedeutung dieses Ortes oder der darin arbeitenden Figuren ist nicht erkennbar – es ist Dekorum. Einige Kapitel später verändert Leonies Vater auch diesen Schreibsaal. „O mein Gott, das Scriptorium", flüstert Theresa, „was hast du nur getan." (Hohlbein 2003, 623)

Im Gegensatz zu den bisher betrachteten Romanen geht es bei Hohlbein nicht um die Archivierung menschlichen Wissens, sondern um die Speicherung veränderbarer Lebensschicksalen oder der Wirklichkeit. Bei Umberto Eco finden sich in der Bibliothek tiefgründige Dialoge, ein geistiges Ringen zwischen William von Baskerville und Jorge von Burgos (Eco 1982, 601). Bei Hohlbein sind Einschübe geradezu periodisch mit Kampfszenen in unterschiedlichen inhaltlichen Kontexten durchsetzt. Ganz nebenbei bemerkt muss dies tatsächlich als konstituierendes Merkmal dieser Art von Literatur gewertet werden. Auch greift Hohlbein tief in die Kiste waffenkundlichen Vokabulars und belebt pralle Kampfbeschreibungen mit detaillierten Hinweisen auf zweischneidige Claymores, Hellebarden, Pickelhauben usw., wobei es völlig ohne Belang ist, wenn Waffen oder Ausrüstung unterschiedlichen Epochen angehören. So unbefangen die Autoren mit dem Zeit-Paradoxon liebäugeln, so locker handhaben sie den Zeit-Mix in ihren Ausrüstungsarsenalen.

Wirklich problematisch in diesem Jugendbuch ist das fortlaufende Propagieren von Gewalt als geeignetem und erfolgreichem Mittel der Konfliktlösung. Demgegenüber lassen die Protagonisten die Reflexion ihres Tuns vermissen, ein Perspektivenwechsel wird nicht annähernd versucht und Gefühle oder Mitgefühl zwischen dem Handlungspersonal sind nicht erkennbar. Die Funktion des „Buches" im Roman der Hohlbeins besteht demnach einerseits darin, Spannung zu erzeugen, eine Handlung aufzubauen und andererseits eine Begründung für die fortlaufenden Kämpfe zu liefern. Vergleicht man hiermit beispielsweise den Plot von Gaarder/Hagerup, so erschließt sich kontrastiv die unterschiedliche Herangehensweise.

Die Bedeutung der Frau im Kontext fantastischer Bibliotheken

Bei Michael Ende (1979) und Ralf Isau (2005) sind die Hüter fantastischer Bibliotheken männlich. Die dominierende Bedeutung weiblicher Protagonistinnen im Zusammenhang mit Bibliotheken in der Fantastischen Kinder- und Jugendliteratur ist jedoch offensichtlich und kann nicht übersehen werden. Diese Betonung stellt nicht zuletzt eine Verbeugung vor der Frau als Leserin und Literaturschaffender dar. Es bedarf keiner ausdrücklichen Rückversicherung durch die Leserforschung für die Erkenntnis, dass mit dem Entstehen des Bürgertums in den absolutistischen Staaten der zweiten Hälfte des 16. Jahrhunderts die eigentliche Herausbildung der Schicht der lesenden Frauen einherging. Dies waren nicht viele, es war das Privileg Adliger sowie gebildeter und reicher Bürger. Deren ökonomischer Rahmen ermöglichte Freiheit von der Mühsal des häuslichen Alltags und korrespondierte mit ihren geistigen Bestrebungen. Hier werden erste Ansätze für das Entstehen der sogenannten „Salons" erkennbar, die häufig von Frauen initiiert wurden. In Deutschland fand die Entwicklung zeitversetzt statt und bildete sich erst Ende des 18. Jahrhunderts aus. Die Handlungsräume von Frauen waren damals erheblich eingeschränkt, die Geschlechterrolle bedingte den Ausschluss aus dem wissenschaftlich-universitären Bereich oder verbot eine technische Ausbildung. In den Salons konnten sie, selbst wenn dort Männer in der Überzahl waren, über Literatur, Philosophie, Theateraufführungen und dergleichen diskutieren.[5]

Das besondere Verhältnis von Frauen zu Buch und Literatur findet gewissermaßen „naturgemäß" seine Entsprechung in der fantastischen Kinder- und Jugendliteratur. Wenn Frauen tatsächlich die meisten Bücher kaufen, selbst immer öfter erfolgreiche Bücher schreiben, Buch- und Lesekreise dominieren, Autorenlesungen bevölkern und damit ihre häufig affine Beziehung zur Welt der Bücher sichtbar unter Beweis stellen, dann ist ihr mit entsprechenden Funktionen ausgestattetes Vorkommen in Büchern nur folgerichtig, geradezu zwingend und wird durch die Erfahrung des Lesers bestätigt. Unter dieser Perspektive erweist sich die Fantastische Kinder- und Jugendliteratur als überwiegend realistisch.

Wolfgang Löffler, Stieglbräugasse 9 a, 85354 Freising

---

5 Glanzlichter dieser „Salonkultur" verbinden sich mit den Namen Rahel Varnhagen (1771–1833) in Berlin und als Ausklang mit Gertrude Stein (1874–1946) in Paris.

Jörg Knobloch

Joanne K. Rowlings fantastische Zoologie

Fantastic Beasts (...) aus intertextueller Sicht

Vorbemerkung

Joanne K. Rowlings Bestseller-Serie um den jungen Zauberer Harry Potter gilt als einer der größten Erfolge in der Geschichte der Weltliteratur und ist zunehmend auch Gegenstand allgemeiner literaturwissenschaftlicher sowie spezieller literaturdidaktischer Forschung. Das lässt sich nicht zuletzt an einer zunehmenden Zahl wissenschaftlicher Publikationen erkennen, die sich in der ein oder anderen Weise dem „Phänomen Harry Potter" widmen.[1] Von der Forschung weitgehend unbeachtet geblieben sind allerdings bisher zwei schmale Bändchen, die Rowling 2001 unter auch von jungen Leserinnen und Lesern leicht zu durchschauenden Pseudonymen veröffentlicht hat: *Fantastic Beasts & Where to Find Them* sowie *Quidditch Through the Ages*. Es handelt sich dabei um „Harry Potters Schulbücher", die im englischen Sprachraum als „spin-offs" angesehen werden (vgl. O'Sullivan 2002). Nach Meinung des Marketing-Professors Stephen Brown befinden sie sich damit in der eher verdächtigen Gesellschaft unterschiedlichster Merchandising-Produkte, Plagiate und Produkte, mit denen dem „Parasitentum" gefrönt werde (Brown 2005, 109–128). Unter dem Gesichtspunkt der Intertextualität stellt sich vor allem die Bedeutung von *Fantastic Beasts* allerdings völlig anders dar.

Aspekte der Intertextualität

Allgemein bezeichnet der von Julia Kristeva in den 1960er-Jahren geprägte Begriff Intertextualität „das, was sich zwischen Texten abspielt, d. h. den Bezug von Texten auf andere Texte" (Broich/Pfister 1985 b, IX.). Ausgangspunkt ist die von Kristeva formulierte Vorstellung, dass jeder Text wie ein Mosaik aus Zitaten aufgebaut ist und dass alle Texte durch Aufnahme und Umwandlung anderer Texte entstehen.[2] Unterschiedliche, teil-

---

[1] Die z. Z. umfangreichste Bibliografie hat wohl die Literaturwissenschaftlerin Cornelia Rémi auf ihrer Homepage Harry Potter Bibliography – Bibliographie (www.eulenfeder.de/hpliteratur.html) zusammengestellt.

[2] „(...) tout texte se construit comme mosaïque des citations, tout texte est absorption et transformations d'un autre texte." (Kristeva 1969, 146)

weise durchaus konkurrierende theoretische Konzepte versuchen nun die Beziehungen zwischen den Texten genauer zu beschreiben und zu analysieren. So geht Gérard Genette in seinem bekannten, unter dem Titel *Palimpseste* veröffentlichten Entwurf von insgesamt fünf Typen der Intertextualität aus,[3] die hier in vereinfachter Form aufgeführt werden, um bei der Analyse intertextueller Bezüge in Rowlings *Fantastic Beasts & Where to Find Them* darauf zurückgreifen zu können:

Genette versteht 1. „Intertextualität" als offensichtliche Präsenz eines Textes in einem anderen. Dabei kann sich Intertextualität z. B. als Zitat oder auch als Plagiat zeigen. 2. spricht er von „Paratextualität", wenn es um die Beziehungen von einem Text zu sog. Nebentexten geht. Darunter werden etwa Titel, Zwischentitel, Vor- und Nachworte, Fußnoten oder Anmerkungen verstanden. Als „Metatextualität" bezeichnet Genette 3. die (kritisch) kommentierenden Beziehungen eines Textes zu einem Prätext. Der 4. Typus ist bei ihm die „Hypertextualität", die gegeben ist, wenn ein Prätext als Folie für einen Folgetext dient (z. B. bei Adaption, Fortsetzung, Parodie usw.). Die „Architextualität" bezieht sich als 5. Typus auf die oft nicht genannte Beziehung eines Textes zu einer literarischen Gattung.[4]

Die Intertextualitätsforschung hat zu weiteren Möglichkeiten der Klassifizierung geführt. So wird etwa zwischen „Auto-Intertextualität" (Bezüge zwischen den Texten des gleichen Autors), „Hetero-Intertextualität" (Bezüge zwischen Texten unterschiedlicher Autoren) und sog. „Pseudo-Intertextualität" unterschieden. Letztere liegt vor, wenn ein Autor „fingierte intertextuelle Bezüge entweder aus Gründen einer Schein-Authentizität vornimmt oder aber (…) den Leser bewußt ‚auf die falsche Fährte' führt und mit ihm gewissermaßen ein Verwirrspiel betreibt." (Holthuis 1993, 45) Es wird nach der Funktion intertextueller Beziehungen gefragt (Herwig 2002, 171), nach der Bedeutung von Autor und Leser in Intertextualitätskonzepten (Holthuis 1993, 225–234; Pfister 1985 a, 20–24, 27 f.), danach, ob intertextuelle Bezüge für den Leser sichtbar gemacht, d. h. „markiert" wurden (Broich 1985 a, 31–47) und schließlich nach dem Vorliegen von Einzeltextreferenz oder von Systemreferenz (Broich 1985 b, Pfister 1985 b).

Vor diesem insgesamt komplexen theoretischen Hintergrund können hier nur einige Aspekte der Intertextualität in Rowlings *Fantastic Beasts & Where to Find Them* herausgearbeitet werden. Die Gründe für eine notwendige Beschränkung liegen auch darin, dass im Verlauf der globalen Literaturgeschichte eine von den Dimensionen her an die „Bibliothek von Babel"

---

3 Genette verwendet dabei als Oberbegriff den Terminus „Transtextualität", worunter er die manifesten oder geheimen Beziehungen eines Textes zu anderen Texten versteht. Vgl. Genette 1993, 9.
4 Genette 1993, 10–18; Zusammenfassungen seiner Typologie vgl. z. B. bei Pfister 1985, 16 f.; Holthuis 1993, 46; Herwig 2002, 168.

erinnernde fantastisch-zoologische Bibliothek entstanden ist, deren Bestand als Sammlung potenzieller Prätexte zu berücksichtigen wäre.[5] Zum anderen steht die Forschung zur Intertextualität speziell in der Kinder- und Jugendliteratur erst am Anfang. So gehören Emer O'Sullivan und Bettina Kümmerling-Meibauer (Weinkauff 2004, 203) zu den wenigen Vertreterinnen der deutschen Kinder- und Jugendliteraturforschung, die sich explizit zu Fragen der Intertextualität geäußert haben. Die Auffassung, dass das Wirkungsfeld der Intertextualität „innerhalb der Kinder- und Jugendliteratur durch die erwartbare begrenzte literarische und kulturelle Bildung der Adressaten eingeschränkt ist" (Weinkauff 2004, 204), kann allerdings nur begrenzt als Erklärung für die bisher zögerliche Beschäftigung der Kinder- und Jugendliteraturforschung mit Fragen der Intertextualität dienen. Schließlich macht vor allem die sog. Fantastische Literatur, die sich in besonderem Maße aus einem tradierten, aus Mythen, Märchen und kanonisch gewordener Fantastik bestehenden Fundus bedient (Tabbert 2000 c, 189) und somit ein intertextueller Bereich per se ist, nicht erst seit *Harry Potter* unter quantitativen und qualitativen Gesichtspunkten einen bedeutenden Anteil der Kinder- und Jugendliteratur aus und gilt als aktuell, erfolgreich und weit verbreitet.

Joanne K. Rowling:
Fantastik Beasts & Where to Find Them

In Rowlings *Harry Potter and the Philosopher's Stone*, dem ersten Band der Bestsellerserie, finden wir die erste Erwähnung eines (fiktiven) Buches mit dem Titel *Fantastik Beasts & Where to Find Them*.[6] Das Buch gehört zu den Lehr- bzw. Schulbüchern, die von den Schülern der Zauberschule Hogwarts selbst zu besorgen sind. Es soll im Kontext von Rowlings Zauberwelt wohl den Unterricht im Fach „Pflege magischer Geschöpfe" ergänzen. 2001 erscheint es dann im Rahmen einer Wohltätigkeitskampagne für Comic Relief[7] tatsächlich als schmales Bändchen und steht damit auch realen Lesern als Lektüre zur Verfügung. Die deutsche Ausgabe erschien abweichend von der Bezeichnung in Rowling 1998 a unter dem Titel *Fantastische Tierwesen & wo sie zu finden sind* und besteht aus XXXIII, 62 Seiten, die englische aus XXII, 42 Seiten. Wie in vielen Fachbüchern werden hier also unterschiedliche Formen der Paginierung verwendet: römische Ziffern für die Seiten des Vorspanns, arabische Ziffern für den Hauptteil. Hier lässt sich somit eine Form von Systemreferenz erkennen.

Den Mittelpunkt des Buches bildet ein Lexikon fantastischer Tierwesen.

---

5 Vgl. dazu die von Borges beschriebene „Bibliothek von Babel" (Borges 1992 b), sowie in der vorliegenden Veröffentlichung den Beitrag von Wolfgang Löffler (S. 98 ff.).
6 Rowling 1997, 53. In der deutschen Ausgabe (Rowling 1998 a, 76) wird der Titel des Buches übersetzt mit „Sagentiere und wo sie zu finden sind".
7 Vgl. dazu das in der englischen Originalausgabe (Scamander 2001 a) nicht enthaltene Nachwort von Rowling in Scamander 2001 b.

Ergänzt wird der lexikalische Teil durch eine überwiegend realistische Titelei, durch Hinweise zum fiktiven Autor[8], ein Vorwort des aus den *Harry Potter*-Bänden bekannten Hogwarts-Schulleiters Albus Dumbledore, in dem Fiktion mit Realität verbunden wird, und sechs einführende Beiträge, die wiederum auf der Ebene der Fiktion angesiedelt sind. Der erste Überblick zeigt also bereits, dass sich das Werk einer Vielfalt unterschiedlichster Texte und Textsorten bedient, die wiederum auf unterschiedlichen Ebenen zwischen Fiktion und Realität angesiedelt sind.

Rowlings Rückgriff auf eine Textstelle im mehrere Jahre zuvor erschienenen ersten Band von *Harry Potter* lässt sich als Auto-Intertextualität verstehen. Das Gleiche gilt für das Aufgreifen von Personen bzw. Begriffen oder die pseudo-sachliche Beschreibung jener magischen Lebewesen, die der Leser schon vorher bei der Lektüre von *Harry Potter* kennen lernen konnte. Die Mehrzahl der hier aufgeführten Tierwesen steht jedoch in einer von anderen Autorinnen und Autoren geschaffenen Tradition, d. h. die Beziehungen zwischen Text und Prätext sind zugleich hetero-intertextuell. Dabei ist davon auszugehen, dass die für Rowling relevanten und auch für *Harry Potter* genutzten Quellen etwa zu Basilisk, Drache, Einhorn, Kelpie, Riesenspinne usw., auch wenn sie nicht eindeutig identifiziert werden können, letztlich einem intertextuellen Netzwerk entstammen, an dem die antike, germanische oder keltische Mythologie ebenso beteiligt ist wie der Volksglaube, wie Sagen und Märchen sowie die Schriften vorwissenschaftlicher Naturphilosophen (L. Petzoldt 1990, 5–11). Erste Zugänge zu diesem „Netzwerk" hat Rowling bereits über die von ihr als Kind gelesenen Kinder- und Jugendbücher gewonnen (in der sich trotz ihrer erklärten Abneigung gegenüber „Fantasy" viele Werke befunden haben, die als „fantastisch" bezeichnet werden müssen), aber sicher auch über ihr Studium der Altphilologie. (Vgl. Knobloch 2000, 19 ff., 21)

Die Tradition der Bestiarien

Rowlings *Fantastik Beasts & Where to Find Them* steht zweifellos in der Tradition der Bestiarien, worauf die Autorin auch hinweist, wenn sie den fiktiven Verfasser sagen lässt „(...) diese und andere Geschöpfe sind in den mittelalterlichen Schriften und Kunstwerken der Muggel dargestellt" und dann explizit „die von Muggeln verfassten Bestiarien dieser Zeit" nennt (Scamander 2001 a, XIV; 2001 b, XX). Unter einem Bestiarium wird allgemein ein Tierbuch verstanden, speziell eine „Sammlung allegorischer Deutungen der vermeintlichen Eigenschaften der Tiere in religiösem oder ethischen Sinn." (Best 1972, 35) Als Vorläufer gilt ein unter dem Titel *Phy-*

---

8 Der vollständige Name wird mit Newton Artemis Fido Scamander (2001 a, VI) bzw. in der deutschen Übersetzung mit Newton Artemis Fido Lurch Scamander (2001 b, VI) angegeben.

Physiologus verbreitetes Buch, das zwischen dem 2. und 4. Jahrhundert im ägyptischen Alexandria entstanden ist. (Beckhöfer-Fialho 1996)

Vor allem im Mittelalter sind Bestiarien eine populäre literarische Gattung, die sich durch meist illustrierte Sammlungen von Beschreibungen realer und imaginärer Tiere auszeichnet. Besonderer Beliebtheit erfreuen sie sich offensichtlich im mittelalterlichen Großbritannien, worauf neben Rowling (s.o.) auch aktuelle Forschungsprojekte hinweisen, etwa das Projekt *Aberdeen Bestiary*[9] oder das Projekt *The Medieval Bestiary*.[10] Diese frühen Beschreibungen von Tieren und Fabelwesen verbinden Naturbeobachtungen und Elemente des Volksglaubens mit einem mittelalterlichen Verständnis der christlichen Heilslehre. Dabei gelten die Tierwesen als Verkörperungen positiver oder negativer Merkmale der menschlichen Seele und erhalten eine symbolische oder allegorische Bedeutung.

Auch heute fühlen sich immer wieder Wissenschaftler und Künstler herausgefordert, die Tradition der Bestiarien aufzugreifen.[11] Von besonderer Bedeutung ist dabei Jorge Luis Borges, der mit seinem mehrfach veränderten und erweiterten *Manual de zoología fantástica*[12] ein Werk vorgelegt hat, das in mancher Hinsicht Parallelen zu dem von Rowling vorgelegten Bestiarium aufweist ist und somit die Frage nach intertextuellen Bezügen erneut aufwirft.

Jorge Luis Borges: *Manual de zoología fantástica*

Jorge Luis Borges (1899–1986), ein anglophiler argentinische Dichter mit spanischen, portugiesischen und englischen Vorfahren, mit dem portugiesischen Namen Borges, in Lateinamerika geboren und in Europa beerdigt, gilt als der „wohl bekannteste phantastische Erzähler Lateinamerikas".[13] Er hat immer Europa als geistige Vergangenheit seines Geburtslandes verstanden (Zapata 1974, 74). Zeit seines Lebens war er als Leser, Übersetzer und Autor der europäischen Literatur eng verbunden, sodass weder intertextuelle Bezüge in seinem Werk verwundern noch ein Textverständnis, das schon in den 1930er-Jahren die Intertextualitätsdebatte der 1970er-Jahre vorwegnimmt (Rössner 2002, 361), nicht zuletzt durch ein von ihm geschaffenes Genre, das gelegentlich als „Fußnoten zu imaginären Büchern" bezeichnet

---

9 Vgl. Arnott/Beavan: *The Aberdeen Bestiary* (www.abdn.ac.uk/bestiary).
10 Vgl. Badke: *The Medieval Bestiary* (ahttp://bestiary.ca/index.html). Für mittelalterliche Bestiarien aus Großbritannien vgl. auch Ross: List of Bestiary Manuscripts (www.medievalarthistory.co.uk/List_of_Bestiary_Manuscripts.html).
11 Vgl. als zufällige Beispiele L. Petzoldt 1990, Bormann 2000, Billeter/Stoll 2001 oder für den Kinderbuchbereich Carle 1992 (u. a. mit Texten von J. L. Borges; vgl. Anm. 12).
12 Borges 1957, 1967, 1970, 1982, 1993, 2002. Zur Editionsgeschichte vgl. Borges 1993, 199–202.
13 Zondergeld/Wiedenstried 1998, 57. Vgl. auch in der vorliegenden Veröffentlichung den Beitrag von Wolfgang Löffler (S. 98 ff.).

wird und durch die gegenseitige Durchdringung von Wirklichkeit und Fiktion gekennzeichnet ist. (Wild 1996, 941 f.)

Aus pragmatischen Gründen wird hier für die Suche nach intertextuellen Bezügen zwischen Borges' und Rowlings Werken die englische Übersetzung von 1969 bzw. die entsprechende Taschenbuchausgabe von 2002 verwendet. Wenn Rowling das *Manual de zoológica fantástica* gekannt haben sollte, dann wohl eher in der englischen als in der deutschen Übersetzung oder im spanischen Urtext.

Borges' Bestiarium besteht vor allem aus einem alphabetischen Lexikon fantastischer Tiere. Entsprechende Quellenangaben, die sich, soweit das nachgeprüft werden konnte, überwiegend auf eine reale Sekundärliteratur beziehen, sind in die einzelnen Artikel integriert – gelegentlich fehlen sie. Auffällig ist dabei nicht der Rückgriff auf eine die europäischen Grenzen sprengende Mythologie, auf Märchen oder Sagen, sondern, anders als bei Rowling, der explizite Rückgriff auf neuere Werke der Weltliteratur, die unterschiedlichste Beschreibungen fantastischer Tiere enthalten. Viele der Namen, die in diesem Zusammenhang genannt werden, sind als Vertreter der europäischen Fantastik oder der Kinder- und Jugendliteratur bekannt: L. Carroll, V. Hugo, H. Ibsen, F. Kafka, C. S. Lewis, G. Meyrink, W. Morris, E. A. Poe, W. Scott, R. L. Stevenson, H. G. Wells ...

Während bei Rowling (Scamander 2001 a) schon aus dem Kontext hervorgeht, dass es sich um ein Werk der Kinder- und Jugendliteratur handelt, lässt sich diese Zuschreibung bei Borges nicht ohne weiteres vornehmen. Weder Borges' Werk noch sein Leben (vgl. Woodall 1999) lassen den Schluss zu, dass er jemals einen Text für Kinder geschrieben hätte. Geht man vom Vorwort der Ausgabe von 1969 aus (in Borges 2002, 11), in dem er von der Freude an nutzloser und abseitiger Gelehrsamkeit bei der Zusammenstellung und Übersetzung des Bandes und beim Stöbern in Bücherregalen von Freunden oder Gewölben der Nationalbibliothek nach alten Autoren spricht, dann spricht er nicht für Kinder, sondern allenfalls für die in Erwachsenen verborgenen Kinder. Ähnlich wie bei Saint-Exupéry, der sein Buch *Der kleine Prinz* einem Erwachsenen widmet bzw. „dem Kind (…), das dieser Erwachsene einst war" (1950 ff., 5), ist also von einer Mehrfachadressierung auszugehen. Im Vorwort zur Erstausgabe von 1957 (in Borges 2002, 13) bestätigt der Autor diese Interpretation: „A small child is taken to the zoo for the first time. This child may be any one of us or, to put it another way, we have been this child and we have forgotten about it."

Borges' *Manual de zoología fantástica* als Prätext zu Rowlings *Fantastik Beasts & Where to Find Them*

Sieht man einmal davon ab, dass Borges und Rowling auf einen Fundus teilweise gemeinsamer Prätexte zurückgreifen, zu denen auch die schon genannten mittelalterlichen Bestiarien gehören, so ist der Vergleich ihrer

Werke schon aus editionsgeschichtlichen Gründen schwierig: Borges' Werk erschien zuerst 1957 in spanischer Sprache als *Manual de zoología fantástica* in Mexiko, wurde in späteren Jahren erweitert und für die unter dem Titel *The Book of Imaginary Beings* 1969 veröffentlichte englische Übersetzung nochmals erweitert und überarbeitet. Während er für die Erstausgabe mit Margarita Guerrero zusammenarbeitete[14], gehen Ergänzungen und Überarbeitungen sowie die Übersetzung bei der englischen Ausgabe überwiegend auf das Konto von Norman Thomas di Giovanni, der von 1968 bis 1972 sein persönlicher Assistent war. Die englische Ausgabe (Borges 1969, 1970, 2002) ist wiederum nicht identisch mit der vorliegenden deutschen Übersetzung und beide Übersetzungen unterscheiden sich inhaltlich von der spanischen Originalausgabe.[15] Zudem lassen sich beim jetzigen Forschungsstand eine etwaige Borges-Lektüre und Rowlings bewusster Rückgriff darauf „nicht biographisch nachweisen" (Oppermann 2005, 76). Und schließlich wären intertextuelle Bezüge zwischen Rowling und Borges für junge Leserinnen und Lesern in der Regel ohnehin nicht erkennbar.[16]

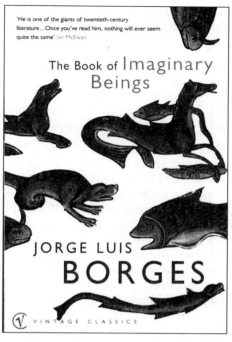

The Book of Imaginary Beings als Prätext zu Rowlings *Fantastic Beasts & Where to Find Them*

Für den Leipziger Anglisten Elmar Schenkel ist klar, dass Borges' Bestiarium das Vorbild für Rowlings Bestiarium ist. (Schenkel 2001) Leider erläutert er diese interessante These nicht näher, er arbeitet lediglich heraus, wie Borges in seinen *Fiktionen* das Erschaffen fiktiver Werke thematisiert und welche Bedeutung fiktive Bücher in der (Literatur-)Geschichte haben.

---

14 Für den Borges-Biografen James Woodall gehört Margarita Guerrero zu den „flüchtigen Bekanntschaften", die keine wichtige Rolle in Borges' Leben spielten. Vgl. Woodall 1999, 197 f.
15 Zur Editionsgeschichte vgl. Anmerkung 12.
16 Allerdings ist davon auszugehen, dass auch jüngere Leser viele fantastische Tiere aus der Kinderliteratur kennen und entsprechend wiedererkennen; vgl. dazu Boonyaprasop 2001, 76.

Es gibt jedoch Indizien, nach denen unter dem Gesichtspunkt der Einzeltextreferenz von intertextuellen Bezügen zwischen Borges und Rowling ausgegangen werden kann.

Vergleicht man die hier relevanten Formulierungen der Titel
- Manual de zoología fantástica (Borges 1957) [Handbuch der fantastischen Zoologie]
- El libro de los seres imaginarios (Borges 1967) [Das Buch der imaginären/fantastischen Wesen]
- The Book of Imaginary Beings (Borges 1969, 1970, 2002) [Das Buch der imaginären/fantastischen Wesen]
- Einhorn, Sphinx und Salamander. Das Buch der imaginären Wesen (Borges 1982, 1993)
- Fantastic Beasts & Where to Find Them (Scamander 2001 a) [Fantastische Tierwesen und wo sie zu finden sind]
- Phantastische Tierwesen & wo sie zu finden sind (Scamander 2001 b)

so fallen offensichtliche Ähnlichkeiten auf, was für Broich (1985 a, 35 f.) eine deutliche Markierung ist, die dazu beiträgt, den Prätext zu lokalisieren. Der „Titel eines Werkes [hat] selbst dann einen Signalcharakter (…), wenn der in ihm enthaltene Prätext-Bezug sonst nicht markiert ist." (Ebd. 36)

Ein zweites Indiz ist die vergleichbare Struktur der Veröffentlichungen, die in beiden Fällen als alphabetisches Nachschlagewerk – mit einer ausführlichen (Rowling) oder knappen Einführung (d.s. die Vorworte bei Borges, die allerdings nicht immer vollständig abgedruckt sind). Dass in beiden Werken ca. 10 fantastischen Tierwesen berücksichtigt sind, die sowohl bei Borges (1974; insg. 120 Tierwesen) und bei Rowling (2001; insg. 75 Tierwesen) vorkommen, muss dagegen nicht als Einzeltextreferenz interpretiert werden. Überschneidungen bei der Zusammenstellung beider Bestiarien sind unausweichlich, wenn man davon ausgeht, dass auf gemeinsame Prätexte zurückgegriffen wurde.

Unübersehbar ist jedoch, dass Joanne K. Rowling immer wieder „Fußnoten zu imaginären Büchern" verwendet und damit ein Stilmittel, ja eigentlich ein Genre aufgreift, das charakteristisch für Borges ist. In seinen unter dem Titel *Fiktionen* veröffentlichten Erzählungen (1992 a) hat Borges dieses Genre begründet, das durch die kunstvolle Verbindung von Wirklichkeit und Fiktion der „Realisierung" einer imaginären Welt dient. „Erfundenes wird mit Bestandteilen der Realität, z. B. Personen- und Ortsangaben, Jahreszahlen, Buchtiteln, zu glaubhafter Faktenwahrheit erhoben; umgekehrt werden die realen Ereignisse, die einigen der Erzählungen zugrunde liegen, durch psychologische, literarische und geschichtsphilosophische Überhöhung in den Bereich des Imaginären überführt." (Wild 1996, 941 f.)

Auf ein weiteres Indiz für intertextuelle Beziehungen zwischen beiden Werken weist ein Satz in Borges' Vorwort von 1967 hin. Dort heißt es:

> Ein Buch dieser Art kann nur unvollständig sein; jede neue Ausgabe ist der Kern späterer Ausgaben, die sich ins Unendliche vervielfältigen können. Wir laden den möglichen Leser in Kolumbien oder Paraguay ein, uns die Namen, die genaue Beschreibung und die auffälligsten Gewohnheiten der örtlichen Ungeheuer mitzuteilen. (Borges 1993, 11)

Rowlings *Fantastic Beasts & Where to Find Them* kann als Reaktion auf Borges' Einladung, Namen, Beschreibung und die auffälligsten Gewohnheiten der örtlichen Ungeheuer mitzuteilen, gesehen werden. Sie schreibt und fantasiert Borges' Bestiarium weiter, versetzt es dann allerdings in den Zusammenhang ihrer eigenen Zauberwelt. Und sie gibt Borges' Einladung indirekt an ihre Leser weiter:

> Auf den folgenden Seiten sind fünfundsiebzig Arten beschrieben, doch ich bin mir sicher, dass noch im Laufe dieses Jahres eine weitere Art entdeckt wird und somit eine dreiundfünfzigste, ergänzte Ausgabe der *Phantastischen Tierwesen* nötig wird. (Scamander 2001 b, XXI; vgl. auch 2001 a, XXI)

Fantastische Tierwesen können nicht der Realität und nicht einer sich darauf beziehenden Sekundärliteratur entnommen werden. Sie sind „,Unmöglichkeits-Artefakte' einer grenzenlosen Phantasie" (Stoll 2001) und damit Ausdruck eines nicht abschließbaren kreativen Prozesses, der in einer Tradition zu sehen ist, deren Anfang und Ende im Dunkeln liegen und der weitere fantastische Tierwesen hervorbringen wird.

Zur Funktion intertextueller Beziehungen

Wer nach der Funktion intertextueller Beziehungen fragt, geht meist davon aus, dass es sich dabei um eine bewusst vom Autor eingebrachte Texteigenschaft handelt. Diese Vorstellung kann jedoch nur teilweise als richtig angesehen werden, vor allem, wenn man davon ausgeht, dass Texte ohnehin immer auf andere Texte bezogen sind und somit ein nicht-intertextuelles Schreiben gar nicht möglich ist (vgl. Pfister 1985 a, 8). Dennoch ist die Frage berechtigt, welchen Vorteil ein Autor für seinen Text bzw. für dessen Rezeption sieht, wenn er ihn bewusst „mit Prätextbezügen, Stilimitationen, Allusionen und Zitaten anreichert" (Herwig 2002, 171). Eine (zweifellos fragmentarische) Antwort soll hier in Form von Thesen versucht werden, die sich speziell auf das von Rowling verfasste und unter dem Pseudonym Newt Scamander veröffentlichte Werk *Fantastic Beasts & Where to Find Them* (nachfolgend abgekürzt als *FB*) beziehen:

- Die Veröffentlichung von *FB* dient unter auto-intertextuellen Gesichtspunkten der Ausgestaltung, Konkretisierung und somit der Fundierung und Erweiterung der von ihr geschaffenen fantastischen Welt.
- Die Veröffentlichung von *FB* dient unter hero-intertextuellen Gesichtspunkten dazu, das eigene Werk in einer auch von jungen Leserinnen und

Lesern (wieder-)erkannten kinderliterarischen bzw. fantastischen Tradition zu verankern.
- Die Veröffentlichung von *FB* führt dazu, dass nicht mehr alle in *Harry Potter* vorkommenden fantastischen Tierwesen explizit beschrieben, erläutert oder in ihrer Existenz legitimiert werden müssen. (Vgl. Boonyaprasop 2001, 43, 76)
- „Rowling [schafft] eine Synthese aus Legenden, Sagen und Mythen verschiedener Länder und Kulturkreise und gestaltet so eine vereinte Zauberwelt." (Boonyaprasop 2001, 79) Der gerade in Bezug auf „Fantastische Tierwesen" in *FB* erkennbare intertextuelle Rückgriff auf ein Epochen und Kulturen übergreifendes Netzwerk von Prätexten hat somit zum globalen Erfolg der *Harry Potter*-Serie beigetragen.
- Borges' Bestiarium ist als wichtige Anregung zu verstehen, die von Rowling aufgegriffen und von ihr an die Erfordernisse von *Harry Potter* angepasst wurde.[17]
- Die Verwendung imaginärer Fußnoten durch Rowling dient zweifellos dazu, der von ihr geschaffenen literarischen Zauberwelt eine (Schein-) Authentizität zu verleihen. Leserinnen und Leser ihrer Jugendbücher werden dabei jedoch nicht auf eine „falsche Fährte" (Holthuis 1993, 45) geführt, denn der ironische und parodierende Unterton der Anmerkungen ist, anders als bei Borges, nicht zu übersehen.[18]
- Durch den Rückgriff auf Borges dokumentiert Rowling mit *FB*, wie mit *Harry Potter* handlungs- und produktionsorientiert umgegangen werden kann und regt damit entsprechende Rezeptionsformen an – was nicht zuletzt der Intensivierung von Text-Leser-Beziehungen dient.
- Der intertextuelle Rückgriff auf Borges dient innerhalb eines nicht öffentlichen, biografisch nicht nachweisbaren aber sicher kontroversen Diskussionsprozesses um die Veröffentlichung von „Harry Potters Schulbüchern" der Legitimierung einer von der Autorin ausgehenden Idee.

Der hier vorliegende Beitrag kann kaum mehr als die vorsichtige Annäherung an ein Desiderat literaturwissenschaftlicher Forschung sein (vgl. auch Weinkauff 2004, 203). Notwendig ist jedoch nicht nur eine weiterführende textanalytische Arbeit, sondern auch die Verbindung von intertextueller und biografischer Forschung. Letztere steht in Bezug auf J. K. Rowling ebenfalls erst am Anfang, würde es aber erst ermöglichen, nicht markierte Einzeltextreferenzen zweifelsfrei zu belegen.

Dr. Jörg Knobloch, Kiebitzweg 48, 85356 Freising

---

17 Vgl. auch Boonyaprasop, die umfangreiche intertextuelle Bezüge in Harry Potter nachweist, jedoch von stets nur unmarkierten und nicht thematisierten Einzeltextreferenzen ausgeht (2001, 79).
18 Vgl. z. B. die fiktive Verlagsangabe „Staub und Mehltau" (Scamander 2001 b, XXV)

Reinbert Tabbert

Fantastische Bilderbücher

1 Gattungsbestimmung

Fantastische Bilderbücher haben wie fantastische Erzählungen mit der Darstellung von Welt zu tun. Doch erfolgt die Darstellung nicht nur durch Sprache, sondern kombiniert durch Sprache und Bilder, wenn nicht in Ausnahmefällen (wie *Mein Schneemann* von Raymond Briggs) ausschließlich durch Bilder. Nicht zu dieser Gattung des Mediums Bilderbuch gehören visuelle Form- und Farbspiele, so einfallsreich sie sein mögen – weder die Avantgardekunst-nahen Bilderbücher der Pragerin Kveta Pakovská, noch die Kinderspiel-nahen der Potsdamerin Nadia Budde. Das Fantastische ergibt sich aus einer Brechung magischer Vorstellungen in einer modernen rationalitätsgeprägten Auffassung von Wirklichkeit.

Wie ein früherer Beitrag über Phantastische Kinder- und Jugendliteratur (Tabbert 2000 c) folgt der vorliegende der strukturalistischen Gattungsbeschreibung von Nikolajeva (1988). Gattungsbestimmend ist demgemäß die Verbindung von zwei Welten: der „primären Welt", die dem gleicht, was uns als Wirklichkeit vertraut ist, und der „sekundären Welt", die durch Merkmale des Magischen gekennzeichnet ist. Je nach dem Bezug der sekundären Welt zur primären lassen sich drei Typen des Fantastischen unterscheiden, die hier jeweils mit einem Kinderbuchklassiker exemplifiziert seien. Nikolajeva spricht von der offenen sekundären Welt (*Alice im Wunderland*), der impliziten sekundären Welt (*Pippi Langstrumpf*) und der geschlossenen sekundären Welt (*Jim Knopf*). „Offen" bedeutet: dass in einem Werk die sekundäre Welt wie ein fremdes Land mit eigener Gesetzlichkeit nach einem Grenzübertritt der Hauptfigur(en) erkennbar wird (Wunderland). „Implizit": dass solch ein fremdes Land allein aus dem Auftreten einer Figur (Pippi Langstrumpf) oder einer Sache mit jeweils magischen Zügen erschließbar ist. „Geschlossen": dass die dargestellte Welt ausschließlich eine sekundäre ist und das Vorhandensein der primären nur aus der Darstellungsweise hervorgeht.

Die ersten beiden Typen entsprechen der Zwei-Welten-Definition fantastischer Kinderliteratur, die in der deutschsprachigen Forschung vorherrschend geworden ist. Der dritte ist zumindest durch die sehr weite Definition von Haas (1984 u. ö.) abgedeckt, die auch Märchen, Sagen und Legenden einschließt. Doch sei betont, dass volksliterarische Erzählformen hier insofern ausgeschlossen werden, als sie ungebrochen von magischen Vorstellungen durchdrungen sind. Der verbreitete Fall von Bilderbüchern, denen Volksmärchen zugrunde liegen, wird im Folgenden besondere Beachtung finden.

Die weiteren Ausführungen differenzieren das Feld fantastischer Bilderbücher nach den genannten drei Typen, die anhand jeweils eines neueren Bilderbuchs genauer beschrieben werden: 1. Nikolaus Heidelbachs *Ein Buch für Bruno* (1997), 2. Chen Jianghongs *Han Gan und das Wunderpferd* (2004), 3. Susanne Janssens *Rotkäppchen* (2001). Zu jedem der drei Typen wird zusätzlich auf bemerkenswerte Varianten hingewiesen. Bei der Beschreibung werden zwei Formaspekte besonders berücksichtigt, die für das Bilderbuch als Medium grundlegend sind: das Verhältnis von Text und Bild und die Frage, ob die Gesamtkonzeption eher episch reihend angelegt ist oder dramatisch um einen Konflikt zentriert. Bilderbücher können ja nicht nur Erzählungen sein, die das Erzählte in gemalten Szenen konkretisieren, sondern auch Dramen, die auf der Bühne zwischen den Buchdeckeln inszeniert werden (Tabbert 1999). In einem abschließenden Kapitel soll auf Rezeptionsweisen eingegangen werden und auf das Potenzial fantastischer Bilderbücher für die Schule.

2 Typen

2.1 Typ I: Ein Buch für Bruno

Nikolaus Heidelbach:
Ein Buch für Bruno

Nikolaus Heidelbachs Bilderbuch eröffnet den Zugang zur magischen Welt, wie schon der Titel und das Umschlagbild anzeigen, durch ein Buch (vgl. Wand 2004). Ulla Herz, die sich im bücherwandbewehrten Innenraum ihres Hauses am wohlsten fühlt, gewinnt die Zuneigung von Bruno Würfel, der das Rollbrett auf der Straße bevorzugt, indem sie ihn zum Ursprung eines pflasterbeklebten Schlangenbisses an ihrem Hals lockt. Sie bekam den Biss in einem lebendig gewordenen blauen Buch, in das sie ihn, daraus vorlesend, auf einer Treppe hineinführt. Geleitet von einem Raben, rudert er zu einer Felseninsel, auf deren Gipfel er Ulla aus der Gewalt eines Drachen befreit. Nachdem beide – hangelnd am roten Leseband – aus der Tiefe des Buches zurückgekehrt sind, erhält auch Bruno von Ulla ein Pflaster für eine Verletzung am Hals.

Das Motiv des Buches als Zugang in eine sekundäre Welt ist aus der Tradition fantastischer Kindererzählungen bekannt. Schon am Anfang dieser

Tradition, 1865, gleitet Alice durch ein Kaninchenloch ins Wunderland, als ihr die große Schwester aus einem Buch vorliest; und 1979 begibt sich der Held von Michael Endes *Unendlicher Geschichte* leibhaftig in eine gedruckte Erzählung. Im Medium des Bilderbuchs lässt Anthony Browne in *Der Tunnel* (1989) eine lesebegeisterte Schwester ihren abenteuerhungrigen Bruder erlösen, der am Ende eines Tunnels zu Stein geworden ist (Kleinspehn 1991). Schon auf dem Umschlagbild ist ein aufgeschlagenes Märchenbuch zu sehen, das die Schwester zurücklässt, als sie ihrem Bruder ins furchterregende Dunkel folgt.

Gezielter als Browne nutzt Heidelbach die spezifischen Mittel des Bilderbuchs. Nur auf den ersten fünf Seiten und auf der letzten, vor dem Einstieg ins Zauberbuch und nach der Heimkehr, lässt er die Bilder von erzählendem Text begleiten. Visuell kontrastiert er eingangs Ullas Innen- und Brunos Außenraum. Und vor dem Einstieg und nach der Heimkehr konturiert er die beiden Kinder nebeneinander vor dem Weiß des Papiers. Das magische Geschehen entfaltet er textlos auf 11 Doppelseiten, die angrenzend ans Papierweiß hellblau wie Wolken eingefärbt sind und als Folie des Hauptereignisses im Azurblau der Romantik.

Die rein visuelle Strecke ist leicht verständlich, da sie eine archetypische Geschichte evoziert: den Mythos von dem Helden, der eine Frau aus der Gewalt eines Drachen befreit. In einer empirischen Untersuchung ist ermittelt worden, dass Jungen auch heute noch die Rolle des Drachentöters favorisieren und Mädchen Geschichten, in denen es um Erlösung geht (Wardetzky 1999). Bei Heidelbach kommt freilich verfremdender Witz hinzu, nicht nur in der komisch gedrungenen Gestalt der beiden Kinder, sondern auch in der Tatsache, dass der Junge zwar ein Schwert gebraucht, aber zunächst das Untier mit einem gebratenen Hähnchen überlistet. Was wie eine Erzählung über Kinderalltag beginnt und endet, das umschließt also ein Bilderdrama, das einem archetypischen Stoff eine Wendung ins Komische gibt. Abstrakt gesehen, ist dieses Bilderbuch eine Apotheose des Leseerlebens, von dem es in Rilkes Gedicht „Der Leser" heißt (Hahn 2003, 255):

Wer kennt ihn, diesen, welcher sein Gesicht
wegsenkte aus dem Sein zu einem zweiten,
das nur das schnelle Wenden voller Seiten
manchmal gewaltsam unterbricht?
… bis er mühsam aufsah …
wie stille Kinder, die allein gespielt,
auf einmal das Vorhandene erfahren.

Freilich: Heidelbachs Leserin bleibt nicht allein. Es gelingt ihr, durch das Vorlesen, das zu gemeinsamem Eintreten in eine magische Welt wird, eine Beziehung zu knüpfen.

Nicht selten ist die magische Welt einer fantastischen Bildergeschichte die eines Traumes oder zumindest einer Nacht. So schon in den einzelnen Folgen von Winsor McCays Zeitungscomic *Little Nemo* (1905 ff. vgl. Schröder 1982, 56), der den Bilderbuchkünstler Maurice Sendak beeinflusst hat, besonders in dem zweiten Band seiner sogenannten Trilogie, *In der Nachtküche* (1970). Sendaks kleiner Mickey hat den Traum, fliegen zu können; aber durch die Vorstellung, bei lebendigem Leib gebacken zu werden, wird daraus ein tragikomisches Psychodrama. Im Bewusstsein der heranwachsenden Ida im dritten Band, *Als Papa fort war* (1981), läuft ein ernsteres Drama ab, denn Ida sieht das ihr anvertraute Schwesterchen von Kobolden entführt. In diesem Band schwindet der Unterschied von primärer und sekundärer Welt, insofern beide Welten in Malstil und Motiven von Gemälden der Romantiker Philipp Otto Runge und Caspar David Friedrich inspiriert sind. In Binette Schroeders Bilderbuch *Laura* (1999) wird der Beginn des magischen Geschehens wie im Falle Idas durch den (traumgespeisten?) Blick der kleinen Heldin aus dem nächtlichen Fenster markiert; aber insofern ihr Standort in dem (blauen!) Baumhaus einer Künstlertante ist, kann man auch hier die sekundäre Welt kaum von der primären unterscheiden. In einem Entwurf des Bilderbuchs (s. Tabbert 2000 a, 94) befand sich der Standort noch im Wohnzimmer von Lauras konventionellen Eltern und bedingte so einen Unterschied, der zwar deutlicher, aber weniger reizvoll war. Das Ida- und das Laura-Buch nähern sich dem dritten Typ fantastischer Bilderbücher an. Sie gleichen inszenierten Kunstmärchen.

Wolf Erlbruch lässt in seinem gemalten und collagierten Bilderbuch *Nachts* (1999) den kleinen Fons seinen Vater zum gemeinsamen Gang durch die nächtliche Stadt bewegen. Während diese nun für Fons von farbigen anthropomorphisierten Tieren und Pflanzen belebt ist, wie die Bilder zeigen, kann der Vater nur gewohnte Erwachsenenrealität konstatieren, wie seinem aufzählenden Monolog auf einem weißen Streifen unter den Bildern zu entnehmen ist („Onkel Willi schläft, und Tante Ria. Und der Müllmann."). Hier ist also die primäre Welt die des Erwachsenen, der Schrift und der Sprache, die sekundäre Welt die des Kindes, der Farbe und der Bilder (die Motive aus der kulturellen Tradition aufnehmen, von Mickymaus bis zur Wunderland-Alice).

Friedrich Karl Waechter hat kurz vor seinem Tod das Bilderbuch *Vollmond* (2005) gezeichnet, das seiner Frau gewidmet ist und sich als witzig-anrührendes Bekenntnis eines erfolgreichen Künstlers lesen lässt. Es geht hervor aus dem bekannten Berliner Reim „Ick sitze hier und esse Klops". Waechter begnügt sich nicht mit der Pointe „Ick jehe raus und kieke,/und wer steht draußen? – Icke!" Er lässt den „Egozentriker" – angefeuert von einem städtischen Publikum – bis zum Mond fliegen. Dort findet er nur leere Krater vor. Als er aber auf der Erde sein Haus bemerkt und davor Mariechen, die er beim Türöffnen übersehen hat, macht er sich „schleunigs erdenwärts". Hervorgehoben wird die Zusammengehörigkeit von Mann und

Frau durch die Komplementärfarben Rot und Grün bei sonst verhaltenerer Kolorierung. Anders als bei Heidelbach, Schroeder und Erlbruch hat bei Waechter die sekundäre Welt (hier: eines rauschhaft-kreativen Mondflugs) nur Enttäuschung zu bieten, die primäre Welt dagegen – und das ist bei den anderen nicht anders, aber weniger betont – das Glück einer menschlichen Beziehung. Dass der Mond bei Waechter zum Inbegriff von Sinnleere wird, fällt umso mehr auf, als er bei den anderen – ja, überhaupt in einer langen Tradition – ein Signum des Magischen ist.

2.2 Typ II: Han Gan und das Wunderpferd

Bei diesem Typ geht es um magische Einzelfiguren. Der in Frankreich sesshaft gewordene chinesische Künstler Chen Jianghong hat eine Sage über einen altchinesischen Tiermaler zu einer durchgängig doppelseitig bebilderten Erzählung ausgestaltet: Han Gan versteht es, Pferde so naturnahe darzustellen, dass er – zum kaiserlichen Hofmaler geworden – auf Bitten eines mongolischen Kriegers ein Schlachtross malt, das leibhaftig aus dem Bild springt und den Krieger unbesiegbar macht. Das Motiv von der ins Magische übergehenden schöpferischen Kraft, die eine Kunstfigur zum Leben erweckt, ist auch in der europäischen Kultur bekannt, etwa aus der Sage über den griechischen Bildhauer Pygmalion. Chen Jianghong gibt dem Motiv eine überraschende Wendung ins Emotional-Politische, insofern er das Wunderpferd sich von den Schrecken des Krieges abwenden und in die Harmonie von Han Gans Bild zurückkehren lässt.

Chen Jianghong: *Han Gan und das Wunderpferd*

Die Aufgabe, die sich dem Bilderbuchgestalter stellt, ist, die Lebendigkeit des bildentsprungenen Pferdes sichtbar zu machen. Er erreicht dies einerseits mit Mitteln der frühen chinesischen Malerei (Gombrich 1997, 147), indem er in den auf Seide gemalten Bildern den Pferdekörper plastisch von monochromen Flächen abhebt und dabei die Rundungen besonders betont; andererseits dank dem Sequenzcharakter des Mediums Bilderbuch, indem er die linken Seiten für Situationen der Ruhe bevorzugt und die rechten für Bewegung, vor allem Bewegung des in Leserichtung stürmenden Wunderpferds. Am Wendepunkt des Geschehens sieht man Bewegung zu Bewegtheit werden, wenn aus den Augen des en face dargestellten Pferdekopfs Tränen fließen. Was Chen zu einem Bild van Goghs gesagt hat – „Es ist eine Seele in diesem Stuhl" (Linden 2005, 12) –, das wird bei dem von ihm gemalten Pferd thematisch.

Ist *Ein Buch für Bruno* eine Apotheose des Lesens, so ist *Han Gan und das Wunderpferd* eine Apotheose des künstlerischen Schaffens. Aber während die dargestellte Magie bei Heidelbach eine Annäherung zwischen zwei unterschiedlichen Menschen zur Folge hat, führt sie bei Chen zu Krieg und Leid. Und als der schlammgrün und blutrot gekleidete Krieger zum realen Ausgangspunkt zurückkehrt, trifft er auf den Künstler in Weiß, der schon farblich als polarer Gegensatz zu ihm erkennbar ist. Es entsteht der Eindruck, dass – ins Extrem gesteigert – zwar Kunst Leben schaffen kann, aber Leben eher zu Tod und Zerstörung führt.

Auch in Jutta Bauers Bilderbuch *Opas Engel* (2001) scheint eine Kunstfigur lebendig zu werden. Ein kranker alter Mann erzählt seinem Enkel, wie er in seiner Jugend, in Nazi- und Nachkriegszeit immer wieder Glück gehabt hat; und dieses „Glück" wird in cartoonhaft aneinander gereihten Bildern durch die Gestalt eines schützenden Engels dargestellt, der eingangs als Statue auf einer Säule steht und in den berichteten Lebenssituationen als hellblau gezeichnete Umrissfigur zu den kolorierten Menschen- und Tiergestalten heranschwebt. Wie das Wunderpferd auf den Bereich der Kunst verweist, so der Engel auf einen Bereich schicksalhafter Transzendenz, der verschiedene Deutungen zulässt, einschließlich einer religiösen (Tabbert 2004 a, 122). Von ganz anderer Art ist der titelgebende Winzling in Raymond Briggs' Bilderbuch *Der Mann* (1993), der eines Morgens durch das Schlafzimmerfenster eines wohlerzogenen Jungen tritt und dann fünf Tage – immer unverschämter werdend – mit diesem im Streit liegt. Dies ist keine epische Aneinanderreihung von Einzelsituationen; dies ist ein fünfaktiges Drama, dessen durchgängiger Dialog mit comichaften Bildern in wechselndem Format inszeniert wird (Tabbert 1999). Bei der Deutung des Winzlings ist zu berücksichtigen, dass er nicht nur (unvernünftige) Vorlieben mit der englischen Unterschicht gemeinsam hat, sondern im Original auch deren (unkorrekte) Sprechweise. Fantastische Figuren sind unberechenbar: Wird von dem Engel Rationalität transzendiert, so von dem Mann untergraben.

Der Amerikaner Chris Van Allsburg stellt nicht Tier, Engel oder Zwerg ins Zentrum seiner Rahmenerzählung *Das Wrack der Zephyr* (1983), sondern ein Schiff (vgl. Raecke 1991). Der Ich-Erzähler erfährt von einem alten Mann, als er in den Bergen einer abgelegenen Küste auf ein zerborstenes Segelboot stößt, dass es einst von einem Jungen so gekonnt gesegelt wurde, dass es sich in die Luft erhob. Als er es aber – stolz auf sein Können eine Warnung missachtend – über den heimatlichen Kirchturm steuerte, stürzte es ab. Am Ende lässt das Hinken des Alten vermuten, dass er selbst der abgestürzte Junge war. Die von Edward Hopper inspirierten Bildtafeln in ungewöhnlichen Farben dienen weniger der Illustrierung des linksseitig abgedruckten Textes als vielmehr dessen Beglaubigung. Was Seemannsgarn sein könnte, wird durch Giftgrün, Auberginen- und Brombeerfarbe zum Indiz dafür, dass es mehr Dinge im Himmel und auf Erden gibt, als unsre Schulweisheit sich träumen lässt. Dabei kann das dargestellte Geschehen ebenso als Parabel menschlicher Selbstüberschätzung wie als Veranschaulichung des Wirkens tranzendenter Mächte verstanden werden.

2.3 Typ III: Rotkäppchen *2001*

Zu diesem Typ des Fantastischen gehören bebilderte Geschichten, in deren dargestellter Welt rational erfassbare und magische Wirklichkeit unmarkiert ineinander übergehen. Doch sollte in der Darstellungsweise eine Brechung magischer Vorstellungen erkennbar sein. Das trifft nun zwar nicht auf überlieferte Volksmärchen zu, wohl aber auf deren Illustrierung oder Inszenierung durch moderne Künstlerinnen und Künstler. Denn diese Transformationen sind bildgewordene Reflexionen oder zumindest – was ja auch für die bisher betrachteten Bilderbücher gilt – Reflexionen auslösende Verbildlichungen.

Susanne Janssen/Gebrüder Grimm: *Rotkäppchen*

Susanne Janssen rückt in ihrem Bilderbuch *Rotkäppchen* (2001) mit einer Verschmelzung von Ölmalerei und Collage dem Grimm'schen Märchen buchstäblich auf den Leib. In dem querformatigen Buch drängen sieben ganzseitige und acht doppelseitige Bilder den Text auf wenige knapp bedruckte Seiten zurück. Die Bilder selbst scheinen von den überdimensionierten Figuren in ungewöhnlicher Perspektivik gesprengt zu werden. Inszeniert wird die dramatische Begegnung einer neugierig herausfordernden „süßen Dirn" unter purpurroter Kappe mit einem lüstern gewalttätigen Wolf in schwarzem und weißem Pelz. Die Inszenierung verkehrt die ursprüngliche Perrault'sche Warngeschichte für junge Mädchen nahezu ins Gegenteil. Aus einer Geschichte der Aufklärung ist der postfreudianische Auftritt einer Lolita im deutschen Waldesdunkel geworden, der auch das abmildernd von den Grimms hinzugefügte Happy-End vergessen macht.

Auf ganz andere Weise ist die Titelfigur in Lisbeth Zwergers *Rotkäppchen* (1983) ein Kind unserer Zeit. Die Österreicherin lässt sie in episch-ironisch die Erzählung begleitenden Illustrationen als eine tüchtige Alpenländerin auftreten, die einem eitel posierenden Wolf Paroli bietet. Wiederum anders verfährt Binette Schroeder, wenn sie den Grimm'schen *Froschkönig* (1989) auf eine dramatische Krise hin inszeniert, die filmgleich in mehreren Phasen nicht nur die Verwandlung eines Tieres in einen Menschen zeigt, sondern ebenso die Emanzipation eines verwöhnten Mädchens zu einer selbstbewussten Frau. Es ist wohl kein Zufall, dass es gerade Frauen sind, die weibliche Märchenfiguren visuell neu interpretieren, indem sie diese aus Zwängen gesellschaftlichen Wohlverhaltens befreien.

Maurice Sendak/Tony Kushner: *Brundibar*

Maurice Sendaks Bilderbuch *Brundibar* (2003), dessen Text Tony Kushner aus dem Libretto der gleichnamigen tschechischen Kinderoper komprimiert hat, zeugt von der Kunst, eine Geschichte in Bildern auf zwei Ebenen zugleich zu erzählen (Doonan 2004). Als Komprimat der Oper führt sie wie auf einer Bühne vor Augen, wie zwei Kinder für ihre kranke Mutter Milch beschaffen, indem sie sich als Straßensänger das nötige Geld verdienen und den sie bedrohenden tyrannischen Leierkastenmann Brundibar, unterstützt von Tieren und einer großen Menschenschar, vertreiben. Dieses märchenhafte Geschehen wird kontrapunktiert durch Aufschriften auf abgebildeten Plakaten und Zeitungen, die daran erinnern, dass die Oper 1938 im jüdischen Waisenhaus in Prag von Kindern uraufgeführt wurde, die sie im Konzentrationslager Theresienstadt erneut spielen mussten, bevor die meisten von ihnen ermordet wurden. Das eindringlichste Bild verschmilzt auf einer textlosen Doppelseite beide Ebenen: Kinder auf schwarzen Vögeln über einem jüdischen Friedhof schwebend, wenden sich zu weinenden Frauen am unteren Bildrand. Eine mythische Vision evoziert erbarmungslose Zeitgeschichte.

Verweise auf Konzentrationslager hatte es schon in Sendaks (sozialkritischer) Verbildlichung zweier rätselhafter englischer Kinderreime gegeben: *We Are All in the Dumps with Jack and Guy* (1993, nicht übersetzt). Er trug damit zu einer Bilderbuchspielart bei, die in England ähnlich beliebt ist wie das Märchenbilderbuch in Deutschland und neuerdings auch hierzulande die Illustrationskunst herausfordert (Tabbert 2000 c). Reinhard Michl hat eine bunte Bilderfolge zu dem Reim *Morgens früh um sechs* (1997) geschaffen, die die Alltagsverrichtungen einer „kleinen Hex" zu magischen Eskapaden steigert. Nadia Budde hat denselben Reim in ihrem bisher einzigen erzählenden Bilderbuch *Kurz nach sechs kommt die Echs* (2002) abgewandelt und ausgesponnen. Mit karikaturhaften Tierfiguren inszeniert sie die Tristesse zwischen abendlichem Ende und morgendlichem Neubeginn einer Bürotätigkeit. Mittendrin hat die Echs mit dem sprechenden Namen (ächz!) einen Traum, in dem ihre Wünsche zwar von einer Hexe erfüllt werden, aber auf eine pointiert desillusionierende Weise. Im doppelseitigen Schlusstableau lenkt die Echs selbst den morgendlichen Bus, der jetzt einem Urlauberbus gleicht, mitten durch die aufgescheuchten Kreaturen ihres Albtraums. Ob sie ihnen entkommt? Reinhard Michl nutzt das magische Potenzial einer kinderreimentsprungenen Hexe, um ein Feuerwerk visueller Fantastik zu zünden. Nadia Budde hingegen konfrontiert es mit einer heutigen Alltagswelt, mag diese auch in Tiermasken daherkommen. „Fantasie hat nur dann einen Sinn", hat

Maurice Sendak einmal gesagt, „wenn sie zehn Fuß tief in der Wirklichkeit verwurzelt ist." (Tabbert 1987, 27) Bei Michl scheint die Fantasie im Überschwang von der Wirklichkeit abzuheben, bei Budde den Aufstand dagegen zu proben.

3 Rezeptionsweisen

Bilderbücher gelten herkömmlich als Bücher für Kinder, die noch nicht oder erst mit Mühe lesen können. Heute wird bei manch einer Neuerscheinung gefragt, ob sie nicht eher für Erwachsene bestimmt ist. Fantastische Bilderbücher, zumal künstlerisch anspruchsvolle, laden nicht selten dazu ein, von Kind und Erwachsenem gemeinsam und von jedem auf seine Weise aufgenommen zu werden. So hat sich Binette Schroeders *Laura* dank der Heldin und ihrem beherzten Handeln als Lieblingsbuch einer Vierjährigen erwiesen und als höchst anregend in einer ersten Klasse (Rusnok 2004) und kann doch zugleich in Bezug auf die Künstlertante im Vor- und Nachsatzbild von Erwachsenen als bildgewordene Reflexion über künstlerisches Schaffen verstanden werden (Tabbert 2004 a, 100 ff.). Sendaks Ida- und Briggs' Winzling-Buch legen ebenfalls zwei Rezeptionsweisen nahe, und die Bücher von Heidelbach, Waechter, Janssen und Zwerger auch. Wenn bei Erlbruch ein Unterschied der Reaktion von Kind und Erwachsenem schon durch die Differenz von visueller und verbaler Aussage vorgegeben wird, so hat man bei Bauer und Van Allsburg den Eindruck, dass, was im Erzähltext Zweifel wecken könnte, in den begleitenden Bildern zumindest für Kinder einleuchtend ist, sei es dank der Gestalt des Schutzengels, sei es dank den Magisches evozierenden Farben. Michls Kinderreiminszenierung mag sich gezielt an Kinder wenden. Buddes Echs-, Chens Wunderpferd- und vor allem Sendaks Brundibar-Buch dagegen können zwar Kinder ansprechen, sind aber in ihren historischen Voraussetzungen und der Tragweite ihrer existenziellen Aussage nur von informierten Erwachsenen zu verstehen.

Ein Bezug fantastischer Kinderliteratur zum magisch-mythischen Weltbild der frühen Kindheit ist in den 1950er-Jahren dahingehend ausgelegt worden, dass sie zur Bewahrung jenes Weltbilds beitragen könne (vgl. Tabbert 2000 c, 195). Das mag bei einem Bilderbuch wie dem von Michl denkbar sein. Bei den anderen Büchern geht es eher darum, das Weltbild der frühen Kindheit zu überwinden. Das kann durch eine distanzierende visuelle Interpretation von bekannten Texten der Volks- und Kinderliteratur geschehen (*Rotkäppchen, Froschkönig*) sowie durch deren komplette Umgestaltung (*Vollmond, Han Gan, Kurz nach sechs*). Oder durch Eröffnung von magischen Spielräumen, in denen ermutigendes Handeln vorgeführt wird (Bruno, Ida, Laura) oder aber fragwürdig egozentrisches Verhalten (der Mann, der Zephyr-Segler) oder ein Geschehen, das zum Nachdenken herausfordert (*Han Gan, Opas Engel, Brundibar*).

Nodelman (1988) hält in seiner Studie über die Kunst des Bilderbuchs prinzipiell das Verhältnis von Bild und Text für ironisch. Kümmerling-Meibauer (1999) hat mit Recht diese Kennzeichnung auf solche Bilderbücher eingeschränkt, in denen ein Widerspruch thematisch wird, sei es im Text, im Bild oder – und darauf konzentriert auch sie sich – im Verhältnis der beiden zueinander. Die von ihr analysierten Beispiele können durch Erlbruchs *Nachts* ergänzt werden, aber auch durch wichtige Szenen in den Büchern von Waechter, Bauer, Janssen, Budde und in Sendaks *Brundibar*. Wenn neuere Forschungen ein volles Verständnis von Ironie erst für das Alter von neun Jahren ermittelt haben, so könnten gerade Bild-Text-Kombinationen geeignet sein, ein solches Verständnis schon mit vier oder fünf anzubahnen (Kümmerling-Meibauer 1999, 158). Im Kontakt mit einem Erwachsenen, sei es zu Hause oder in der Schule, könnte solch ein Lernprozess befördert werden.

Das gilt analog auch für andere anspruchsvolle Aspekte von Bilderbüchern, etwa für die Unterschiedlichkeit von Perspektiven, aus denen die dargestellte Welt gesehen werden kann – so im Falle des Ida- und des Laura-Buches (vgl. hierzu Tabbert 2004, 106 f.). Mehr als realistische sind fantastische Bilderbücher geeignet, im muttersprachlichen Unterricht aller Klassenstufen einen literaturpropädeutischen Beitrag zu leisten, ganz abgesehen davon, dass sie auch in besonderem Maße handlungs- und produktionsorientierte Arbeitsweisen begünstigen (ebd., 105 f., 117 f.). Was den Fremdsprachenunterricht betrifft, so sind zwar in der Regel realistische Bilderbücher besser geeignet, das Leseverstehen zu unterstützen, doch fantastische Bilderbücher regen dank ihrem Rätselcharakter auf natürlichere Weise zur Kommunikation an (Tabbert 1996; 1997). Die Schule sollte auf das Potenzial fantastischer Bilderbücher nicht verzichten.

Prof. Dr. Reinbert Tabbert, Hans-Grischkat-Str. 3, 72766 Reutlingen

Matthias Hurst

Magische Übergänge

Visualisierungen des (kindlichen) Unbewussten im Fantasy-Film

„... außerdem gibt es nicht nur Bücher, es gibt noch andere Möglichkeiten, nach Phantásien und wieder zurück zu kommen. Das wirst du noch merken."
(*Die unendliche Geschichte*, 427)

Magische Übergänge ins Reich der Fantasie

Das Mädchen Dorothy wird von einem Wirbelsturm aus ihrer gewohnten Umgebung in Kansas gerissen und in das fantastische Land Oz jenseits des Regenbogens transportiert. – Der Außenseiter Bastian stiehlt ein Buch und versteckt sich damit auf dem Dachboden seiner Schule, beginn zu lesen und wird bald selbst in die fantastische Geschichte des Buches hineingezogen. – Der schüchterne Harry erfährt an seinem elften Geburtstag, dass er kein gewöhnlicher Junge, sondern ein Zauberer ist und gelangt durch eine massive Steinsäule zum Gleis 9¾ und mit dem Expresszug weiter nach Hogwarts, der berühmtesten Schule für Zauberlehrlinge. – Vier Kinder treten durch einen alten Kleiderschrank im Landsitz eines verschrobenen englischen Professors und finden sich in dem Zauberreich Narnia wieder, in dem ein erbitterter Kampf zwischen den Mächten des Guten und des Bösen herrscht. – Szenen aus Büchern für Kinder und Jugendliche, die als Fantasy-Filme zu Welterfolgen im Kino wurden. Märchenhafte Geschichten, die das jugendliche und erwachsene Publikum gleichermaßen fesseln und in der Regel beachtliche Einnahmen an den Kinokassen sowie bei der nachträglichen Auswertung auf Video und DVD garantieren.

Als Schlüsselszenen dieser Filme erweisen sich die Inszenierungen von Übergängen zwischen den Welten, jene Momente, wenn die Protagonisten die gewohnte, gleichsam realistische Umgebung verlassen und ein fantastisches Land betreten, in dem sich Fabelwesen tummeln, die Gesetze der Magie herrschen und alle Träume wahr werden.

Das Mädchen Dorothy wird von einem Wirbelsturm aus ihrer gewohnten (schwarzweißen) Umgebung in Kansas gerissen ... (Quelle: *Der Zauberer von Oz*. Warner Bros.-DVD, Best. Nr. 6512395: 0.18.44)

(Quelle: *Der Zauberer von Oz*. Warner Bros.-DVD, Best. Nr. 6512395: 0.19.54)

... und in das fantastische (farbige) Land Oz jenseits des Regenbogens transportiert. (Quelle: *Der Zauberer von Oz*. Warner Bros.-DVD, Best. Nr. 6512395: 0.19.54)

1.

Nicht erst in den letzten Jahren hat die Filmindustrie die fantastische Welt der Kinder- und Jugendliteratur entdeckt. Bereits 1939 wurde Lyman Frank Baums Kinderbuch *The Wonderful Wizard of Oz* (1900) unter der Regie von Victor Fleming und mit Judy Garland in der Hauptrolle zu einem sensationellen Erfolg. Noch heute erfreut sich der Film *Der Zauberer von Oz* (früherer deutscher Titel: *Das zauberhafte Land*) bei Jung und Alt – und nicht nur in den USA – großer Beliebtheit und weiß mit seinem naiven Charme und seiner eingängigen Moral („There's no place like home ..."), seiner teils gefühlvollen, teils schwungvollen Musik und seiner überzeugenden Farbdramaturgie zu gefallen: Die Szenen in der realen Welt, auf der Farm in Kansas, sind in Schwarzweiß gedreht, die fantastische Welt von Oz mit ihren skurrilen Bewohnern hingegen in leuchtenden Technicolorfarben. Durch diese filmische Gestaltung werden die Differenz zwischen der für Dorothy zunächst tristen und unerfreulichen Wirklichkeit und dem magischen Zauberreich sowie der Übergang zwischen beiden Welten offensichtlich und geradezu sinnlich spürbar.

Die Reputation des *Zauberers von Oz* als einer der bekanntesten und beliebtesten Filme Hollywoods bleibt dank zahlreicher TV-Ausstrahlungen und einer Kino-Wiederaufführung im März 2005 ungebrochen. Als märchenhafte Erzählung von großer emotionaler Kraft und gewaltigem Identifikationspotenzial (vor allem für jüngere Zuschauer) ist der Stoff in seiner Filmfassung und deren spezifischer Bildlichkeit zu einem Stück amerikanischer Kulturgeschichte geworden. Dorothy und ihre magischen roten Schuhe, ihr Hund Toto und ihre Freunde – die kluge Vogelscheuche, der mitfühlende Zinnmann und der mutige Löwe –, die böse Hexe des Westens, die gute Fee des Nordens, der gelbe Steinweg und die leuchtende Smaragdstadt Oz repräsentieren Ikonen der Populärkultur und wirken als Filmzitate selbst noch in David Lynchs postmodernem Roadmovie *Wild At Heart* (1990) vehement nach.

In den späten siebziger und frühen achtziger-Jahren des 20. Jahrhunderts kam es – nicht zuletzt aufgrund der enormen Fortschritte der Filmtechnik und der daraus resultierenden zunehmenden Dominanz von *special effects* im populären Kino – zu einem wahren Boom an Fantasy-Filmen. Fantastische Welten und Ereignisse, magische Orte und Fabelwesen konnten nun filmisch überzeugend gestaltet und animiert werden; Computertechnologie und die Anfänge der digitalen Bilderzeugung und -bearbeitung lieferten die Grundlage für visionäre Geschichten und spektakuläre Visionen. Publikumserfolge wie beispielsweise *Star Wars – Krieg der Sterne* (1977), *Superman* (1978), *Der Herr der Ringe* (1978), *Excalibur* (1981), *Time Bandits* (1981), *Das letzte Einhorn* (1982), *Conan, der Barbar* (1982), *E. T. – Der Außerirdische* (1982), *Der dunkle Kristall* (1982) und *Der Tag des Falken* (1985) sowie weniger erfolgreiche Filme wie *Der Drachentöter* (1981), *Kampf der Titanen* (1981), *Krull*

(1983) oder *Legende* (1985) beherrschten die Kinoleinwände, verzauberten die Zuschauer und boten ideale Fluchtwege aus einer gesellschaftlichen Wirklichkeit, in der sich die trostlose Realität eines radikalen Materialismus und Zweckrationalismus mehr und mehr abzuzeichnen begann. Das Fantasy-Genre erwies sich – und erweist sich noch immer – als idealer Trost in harten Zeiten, ein Reservoir an geeigneten Themen und Stoffen für Eskapismus und schillernde Träume jenseits der Tristesse und des stumpfsinnigen, frustrierenden Alltags des Spätkapitalismus.

In diesem Kontext wurde Michael Endes 1979 publiziertes Buch *Die unendliche Geschichte* ein Bestseller und zu einem ehrgeizigen Filmprojekt, „Deutschlands größtes Filmspektakel" (Eyssen 1984, 15), das mit internationaler Besetzung und einem Produktionsbudget von ca. 60 Millionen D-Mark den Weltmarkt erobern sollte. Zwar erwies sich Wolfgang Petersens Verfilmung als großer finanzieller Erfolg, der bei der „Premiere am 6. April 1984 den Glauben an die Rückkehr großen deutschen Kinos weckte" (Giesen 1990, 58) und mehrere Fortsetzungen nach sich zog, doch blieben sowohl der Autor selbst wie auch die Filmkritik skeptisch hinsichtlich der Qualität der Umsetzung.

> Das ist hübsch aus der Spielzeugschachtel gezaubert, und für solche Schmatzdrachen wie Fuchur, das fliegende Schuppenhunderl mit den Brombeeraugen, muß man ja ein Herz haben", urteilte die Kritikerin Ponkie. „Aber der Geist der Geschichte, in der ein dickes, mißachtetes Kind sich in die Phantasie rettet, um das Nichts zu überwinden – der hat sich in nichts aufgelöst. (Filmkritikerin Ponkie, zitiert nach Hahn/Jansen/Stresau 1986, 530)

Für Schlagzeilen sorgte Endes rigorose Ablehnung der Filmadaptation seines Buches, nachdem seine Hoffnungen auf eine seiner Meinung nach adäquate Verfilmung enttäuscht worden waren: „Ich habe bei diesem ersten Film anfangs stark mitgearbeitet, wurde aber nach und nach ausgetrickst. Man hat mir die Möglichkeiten bei dem Film mitzuwirken aus den Händen genommen und ein Werk geschaffen, wie ich es gerade nicht haben wollte." (Manthey/Altendorf 1990, 114) „Mein Glücksdrache ist ein Super-Goofy geworden (…) ich wollte die Phantasie des Zuschauers leise anregen. Aber dieser Film wird so laut, da bin ich ja schon beim Lesen des Drehbuchs taub geworden." (Eyssen 1984, 163) Wollte er seinerzeit noch die Integrität seiner literarischen Vision schützen und gegen die Trivialisierung der Filmversion verteidigen, so haben Autorinnen und Autoren heute längst begriffen, dass sie sich gegen die mediale Nutzung und Verbreitung ihrer Stoffe kaum wehren können. Folgerichtig paktieren sie mit der Filmindustrie, liefern eigene oder autorisieren fremde Drehbuchentwürfe, beanspruchen ein Mitspracherecht bei der Wahl von Regisseuren und Schauspielern und rühren schließlich selbst eifrig die Werbetrommel, wenn es darum geht, den Film zu lancieren.

So hört man beispielsweise J. K. Rowling kein kritisches Wort gegen die Verfilmungen ihrer *Harry Potter*-Romane sagen. Stattdessen arbeitet sie mit dem Drehbuchautor Steve Kloves und den jeweiligen Regisseuren eng zusammen und kommentiert die Entwicklung und Realisierung der Filme mit Lob und Begeisterung. Dass sich ihre Bücher nach dem sensationellen Erfolg auch auf der Kinoleinwand und auf heimischen Bildschirmen wiederfinden würden, muss auch ihr klar gewesen sein. Tatsächlich scheint sie – wie wohl die Mehrzahl der zeitgenössischen angloamerikanischen Bestsellerautoren – bereits durchaus filmisch gedacht zu haben, als sie ihre Geschichten entwarf und in einem klaren, schnörkellosen Stil niederschrieb. Dies macht eine konkrete Umsetzung des literarischen Werks in ein Drehbuch und einen Film nicht generell leichter, doch glaubt man sich bereits beim Lesen häufiger mit filmisch-geradlinig aufgelösten Szenen und visuellen Präsentationsformen konfrontiert zu sehen.

Die Allianz der Medien ist im postmodernen Zeitalter der Bilder, der totalen Unterhaltung und der elaborierten Merchandising-Strategien vor allem im Bereich der Kinder- und Jugendkultur noch stärker geworden, und so folgen in der Regel auf erfolgreiche Bücher stets Filme, Computerspiele und bedruckte T-Shirts (wobei sich die Reihenfolge der hier genannten Medien beliebig austauschen und kombinieren lässt).

Erfolg ist allerdings nicht nur eine Frage von Vermarktungsstrategien; darüber hinaus sind gravierendere Phänomene der Beeinflussung und Vernetzung zu beobachten. Denn tatsächlich sind bereits die Wahrnehmung von Wirklichkeit und unsere Vorstellungen von kausalen und narrativen Zusammenhängen untrennbar mit sowohl literarischen wie auch filmischen Formen und Strukturen und in zunehmendem Maße auch mit elektronischen und digitalen Präsentations- und Repräsentationsmustern verknüpft. Imagination und kreatives Potenzial werden nachhaltig geprägt durch unsere spezifische Kultur und unsere modernen Ausdrucks- und Gestaltungsmöglichkeiten, durch Film und Fernsehen, Computer und Internet. Wer heute Geschichten erzählen will, muss sich den gegebenen Mitteln und perzeptiven Strukturen anpassen.

Im Sinne McLuhans können wir die Medien und Informationskanäle unserer Zeit als Erweiterungen unseres Bewusstseins, als „extensions of man", (McLuhan 1994) verstehen. So sehr haben wir die Wahrnehmungs- und Repräsentationsstrukturen der Medien verinnerlicht, dass sie uns zu einer zweiten Natur geworden sind und soziales Leben sowie gesellschaftliche Diskurse konditionieren. Die „Apparate (…), aus denen die blendenden und betäubenden Bilderfluten strömen (…), die wir überall mitschleppen, müssen gar nicht mehr *vor* unseren Bäuchen baumeln. Wir haben sie alle bereits *im* Bauch, und sie knipsen, rollen und winden sich in unserem Inneren. Wir sind der tönenden Bilderflut ausgeliefert." (Flusser 2005 b, 71) Ende der siebziger-Jahre beschreibt Flusser (2005 a) Veränderungsprozesse in den Strukturen unserer gesellschaftlichen Kommunikationskanäle, Veränderungen, die die traditionellen linearen Codes, erzeugt und präsentiert durch historisches Denken und schriftliche Texte, in technische und visuelle Codes, konstituiert durch AV-Medien und Computer, umwandeln. In zunehmendem Maße bilden und vernetzen sich in dem virtuellen Gewebe, in dem Informationen gespeichert und transportiert werden, „Inseln der neuen Codeformen", die das Potenzial haben, „sich die in Auflösung befindlichen Einzelgedächtnisse einzuverleiben und in ein neuartiges, etwa ‚Massenkultur' zu nennendes Gewebe umzukodieren" (Flusser 2005 a, 37). Er konstatiert, dass es die „jüngeren, nicht mehr voll alphabetisierten Generationen" (Flusser 2005 a, 40) seien, die diese neuen Codes und Kommunikationsformen für sich erobern und sinnvoll in ein neues Gesellschaftsbild integrieren werden. In der Tat sind es die Jugendlichen und auch die Kinder, die heute erprobt sind im Umgang mit neuen Medien und den übergreifenden Medienangeboten; sie erfahren sich als Teil einer massenmedialen Vernetzung, in der Geschichten, Texte, Bilder nicht mehr nur auf einen Code, auf ein Medium beschränkt sind, sondern sich als redundante Botschaften und visuelle Stimuli über das gesamte Netz der verfügbaren Informationskanäle ausbreiten und so Massenkultur erzeugen. Die Übergänge dieser Stimuli von einem Kanal zum nächsten, die Aufbereitung und Auswertung dieser Informationen auf allen erdenklichen Ebenen ist zu einer Medienwirklichkeit und damit auch zu einer Lebenswirklichkeit geworden. Dabei ist es nicht immer einfach zu entscheiden, ob die Informationen deshalb durch unsere Kanäle laufen, weil sie wichtig sind, oder ob die Informationen umgekehrt nur deshalb wichtig werden, weil sie medial präsent sind.

Gesellschaftliche Wirkung und Popularität erzielen demnach hauptsächlich Sujets und Geschichten, die sich dem alles beherrschenden Medienverbund offensiv stellen und darüber hinaus ein jugendliches Publikum ansprechen, das diese Sujets kompetent über verschiedene Medien abrufen kann, d. h. in unserem Kontext: Geschichten, die sowohl als geschriebene Texte wie auch als Filme funktionieren und den Markt über die vielfältigen AV-Medien-Kanäle erobern.

Rowlings Roman-Serie über den Zauberlehrling Harry Potter gehorcht zweifellos diesem Prinzip. *Harry Potter and the Philosopher's Stone*, der erste Band der Reihe, erschien 1997 und löste bekanntermaßen eine Erfolgswelle aus, die bislang ihresgleichen sucht, und unmittelbar darauf zeigten Hollywoods Produktionsfirmen ihr Interesse an einer Verfilmung. Unter der Regie von Chris Columbus entstanden die ersten beiden *Harry Potter*-Filme, *Harry Potter und der Stein der Weisen* (2001) und *Harry Potter und die Kammer des Schreckens* (2002). Danach folgten Alfonso Cuaróns *Harry Potter und der Gefangene von Askaban* (2004) und – als bislang letzte Adaptation – Mike Newells *Harry Potter und der Feuerkelch* (2005). Allen Filmen war großer finanzieller Erfolg beschieden, und so verwundert es nicht, dass bereits am fünften Teil der *Harry Potter*-Reihe, *Harry Potter und der Orden des Phönix*, gearbeitet wird.

Neben *Harry Potter* war es außerdem Peter Jacksons 2001-2003 entstandene dreiteilige Verfilmung des Fantasy-Klassikers *The Lord of the Rings* (1955) von John R. R. Tolkien, die dazu führte, dass man sich eines weiteren Fantasy-Stoffes annahm, um ihn filmisch einem neuen, überwiegend jugendlichen Publikum zu präsentieren: C. S. Lewis' *The Chronicles of Narnia*. Als siebenbändige Buchreihe in den Jahren zwischen 1950 und 1956 publiziert, wurden Lewis' *Narnia-Chroniken* bereits 1967, 1979 und 1988-1990 für das britische bzw. amerikanische Fernsehen verfilmt; doch erst die von den Walt Disney-Studios 2005 aufwändig produzierte Kinofassung des ersten *Narnia*-Buches *The Lion, the Witch and the Wardrobe* (deutscher Titel: *Der König von Narnia*, Regie: Andrew Adamson) wurde zu einem internationalen Medienereignis. Die Verfilmung der weiteren *Narnia*-Bücher ist geplant. Ein weiteres Produkt des gegenwärtigen Booms verfilmter Kinder- und Jugendliteratur ist *Lemony Snicket's A Series of Unfortunate Events* (deutscher Titel: *Lemony Snicket – Rätselhafte Ereignisse*, 2004, Regie: Brad Silberling), basierend auf den ersten drei Büchern der *Lemony Snicket*-Serie von Daniel Handler. Zur Zeit befindet sich außerdem die Filmfassung des ersten Teils von Philip Pullmans Roman-Trilogie *His Dark Materials* (1995–2000) im Stadium der Vorproduktion und soll 2007 in den Kinos gezeigt werden.

Auf dem deutschsprachigen Markt hat es Bibi Blocksberg, die von Elfie Donnelly erdachte selbstbewusste kleine Hexe, nach zahlreichen Auftritten in Hörspielen, Büchern und in einer TV-Zeichentrickserie mittlerweile auch zweimal auf die Kinoleinwand geschafft, in *Bibi Blocksberg* (2002, Regie: Hermine Huntgeburth) und *Bibi Blocksberg und das Geheimnis der Blauen Eulen* (2004, Regie: Franziska Buch). Außerdem lässt sich Cornelia Funke als erfolgreiche Autorin von Fantasy-Büchern für Kinder und Jugendliche nennen, die für das Kino entdeckt wurde: *Herr der Diebe* (2000) wurde 2005/06 verfilmt, für kommendes Jahr ist die Adaptation von *Tintenherz* (2003) geplant.

2.

Die Faszination und der Erfolg der genannten Fantasy-Filme liegen in der vergleichbaren Ausprägung des jeweiligen Sujets sowie in den spezifischen Wirkungsstrukturen des Mediums Film begründet. Ersteres lässt sich selbstverständlich bereits in den literarischen Vorlagen feststellen, letzteres tritt als besonderer Effekt der Verfilmungen hinzu und verstärkt generell die schon im literarischen Werk angelegte Wirkung. In allen Filmen begegnen wir Kindern, die aus einer als unerträglich empfundenen Lebenswirklichkeit ausbrechen und sich – freiwillig oder unfreiwillig – in eine andere, fremde, bessere Welt begeben.

Dorothy in *Der Zauberer von Oz* lebt in Kansas bei ihrer Tante und ihrem Onkel; ihr Leben ist von wirtschaftlicher Depression geprägt, und die soziale Umwelt – Miss Gulch, die Dorothys geliebten Hund Toto töten lassen will – wird als feindselig wahrgenommen. Aus dieser Situation wird das Mädchen durch den Wirbelsturm gerissen, der sie ins fantastische Reich Oz führt. Hier ist das Leben bunt, prall und überschäumend, hier trifft sie Freunde, die Mut, Klugheit und Gefühl als Tugenden verkörpern, und hier kann sie sich im Kampf gegen die niederträchtige Hexe bewähren, die nicht zufälligerweise wie die verhasste Miss Gulch aussieht.

Bastian Bux leidet in *Die unendliche Geschichte* unter dem frühen Tod seiner Mutter, dem Unverständnis seines Vaters und den gehässigen Übergriffen seiner Klassenkameraden. Ein Buch ermöglicht ihm die imaginäre Flucht nach Phantásien, wo der Indianerjunge Atreju als Bastians *alter ego* für das Schicksal der Kindlichen Kaiserin und somit für die Zukunft des ganzen Reichs verantwortlich ist. Mit Hilfe seiner eigenen Vorstellungskraft und Kreativität gelingt es Bastian, der Kaiserin einen neuen Namen zu geben und das verloren geglaubte Land Phantásien neu zu erschaffen.

In *Harry Potter und der Stein der Weisen* lernen wir den jugendlichen Protagonisten kennen, der ungeliebt und unter demütigenden Bedingungen bei seiner Pflegefamilie Dursley lebt. Erst als er erfährt, dass er eigentlich aus einer Zaubererfamilie abstammt und nun selbst als Magier ausgebildet werden soll, ändert sich sein Dasein. Er entdeckt eine neue Welt, ein neues Leben, das erfüllt ist von Zauberei und Abenteuer, und er entdeckt, dass er nicht irgendjemand ist, sondern ein ganz besonderer Junge, der vom Schicksal auserwählt wurde, den mächtigsten und gefährlichsten aller Hexer, den Dunklen Lord Voldemort zu bekämpfen.

Die vier Geschwister Peter, Susan, Edmund und Lucy Pevensie müssen in *Der König von Narnia* während des Zweiten Weltkriegs ihr Zuhause in London verlassen, weil die Stadt massiven Bombenangriffen der deutschen Luftwaffe ausgesetzt ist. Getrennt von ihren Eltern, mit ihren Ängsten und Konflikten allein, finden sie den Zugang zum fantastischen Königreich Narnia. Auch hier tobt ein Krieg, doch die Kinder werden aufgrund einer alten Prophezeiung bereits als Erlöser von der Tyrannei der bösen Hexe Jadis erwartet, und sie können als Kämpfer für das Gute aktiv in das Geschehen eingreifen. Sie erringen den Sieg und finden sich als gekrönte Könige von Narnia wieder.

Das Muster, das all diesen Geschichten zugrunde liegt, wird deutlich: Die Kinder lösen die Probleme, die sie in ihrem Leben bedrücken und denen sie ohnmächtig gegenüberstehen, in einer Fantasiewelt, in der sie zu starken und einflussreichen Personen werden. Dabei spiegeln ihre jeweiligen Lebenssituationen prinzipiell allgemeine Erfahrungen und universelle Ängste wider: das Gefühl, ein Außenseiter zu sein, die Angst, nicht geliebt zu werden, die verzweifelte Suche nach Anerkennung und das Bemühen, Orientierung und einen Sinn im Leben zu finden. In den Zauberreichen der Fantasie, in Oz, in Phantásien, in Hogwarts und in Narnia, finden sie, was sie im realen Leben schmerzlich vermissen; hier werden aus den Schwachen und Unterdrücken, aus den Verzweifelten und Hoffnungslosen wahre Helden und Heldinnen. In allen Geschichten sind die Protagonisten Waisen oder Halbwaisen oder im Falle der *Chroniken von Narnia* sozusagen Waisenkinder auf Zeit. Ohne ihre Eltern müssen sie sich auf ihre eigenen Kräfte besinnen, ihr eigenes Potenzial ausschöpfen. Sie müssen – mit anderen Worten – erwachsen werden. Und somit erweisen sich die Geschichten von Dorothy und Bastian, von Harry und den Pevensie-Geschwistern als Initiationsgeschichten.

Wie in zahllosen Mythen, Sagen und Märchen verbinden sich auch in diesen Fantasy-Filmen strukturelle Elemente der Initiation – wie sie Arnold van Gennep (1986) erstmals 1909 unter dem Begriff der *rites de passage* ausgewiesen hat – und Elemente der mythologischen Heldenreise – wie sie Joseph Campbell (1995) in seiner Rekonstruktion eines universellen *Monomythos* beschrieben hat – mit archetypischen Motiven der Individuation im Sinne Carl Gustav Jungs (1988 b, 1989 a, 1989 c). Immer geht es um einen Prozess der seelischen Reifung, um die Überwindung einer Krise, um eine Wandlung, die das Kind zum Erwachsenen, das Individuum zu einem besseren Menschen macht. Dabei muss sich das Individuum mit den vielfältigen Schichten seiner Persönlichkeit, mit den Wünschen und Bedürfnissen seines Seelenlebens und mit den dunklen Aspekten seines Charakters auseinandersetzen. Dies geschieht, so Jung, durch Begegnungen mit archetypischen Figurationen des kollektiven Unbewussten, des allen Menschen in allen Kulturen zugänglichen Wissens um seelische Grunderfahrungen und existentielle Konstanten. Die Konfrontation mit den Archetypen und die psychische Integration ihrer Funktionen bewirken den erfolgreichen Verlauf der Individuation, die geistige und moralische Weiterentwicklung des Menschen; die Integration der Erscheinungen des Archetypischen impliziert dabei eine Abkehr von den Phantasmen des kollektiven Unbewussten und die Hinwendung zur Realität der individuellen Psyche – „Für die Entwicklung der Persönlichkeit ist also strenge Unterscheidung von der Kollektivpsyche unbedingte Erfordernis, denn jede mangelhafte Unterscheidung bewirkt ein sofortiges Zerfließen des Individuellen im Kollektiven." (Jung 1989b, 159) – gleichsam die Heimkehr aus den Reichen der Fantasie und der Träume zur Wirklichkeit unseres Alltags.

„Die Initiationsstruktur der Märchen liegt auf der Hand", behauptet Mircea Eliade (1985, 312; vgl. Becker 1993). Er betrachtet die Initiation vorwiegend aus anthropologischer und religionswissenschaftlicher Perspektive und stellt dabei in der Nachfolge van Genneps ein unverkennbares Muster aller Initiationsriten und -vorstellungen fest (Eliade 1997), doch er erkennt und betont auch ihre Bedeutung als psychologisches, als kulturelles und – mit Blick auf die Gattung des Märchens – als literarisches Phänomen: „Man könnte fast sagen, daß das Märchen auf einer anderen Ebene und mit neuen Ausdrucksmitteln das exemplarische Initiationsschema wiederholt. Es überträgt die Initiation auf die Ebene des Imaginären." (Eliade 1985, 318) Mit gleicher Sicherheit lässt sich in den populären Stoffen und Filmen des Fantasy-Genres eine Initiationsstruktur erkennen. Sie bestimmt maßgeblich die narrative Tradition dieser Gattung, die inhaltlichen Motive und Geschehensabläufe wie auch die Spezifikationen und Entwicklungen der Charaktere.

Ganz dezidiert verknüpft Eliade darüber hinaus die Erfahrung der Initiation und deren heilsame Wirkung mit der tiefenpsychologischen Theorie und Praxis und versteht dabei „die Psychoanalyse als eine degradierte Form der Initiation" in „einer entsakralisierten Welt (...). Das Ergebnis einer erfolgreichen Analyse ist die Integration der Persönlichkeit, ein psychischer Prozeß, der eine gewisse Ähnlichkeit mit der geistigen Verwandlung hat, die die authentischen Initiationen bewirken." (Eliade 1997, 268) Damit bestätigt er einen Gedanken Jungs, der auch einen Zusammenhang zwischen dem transformatorischen Erlebnis der Initiation und seiner eigenen Disziplin wahrnimmt. Die „Analyse des Unbewußten" bezeichnet dieser als „einzig noch lebendige[n] (...) ‚Initiationsprozeß' in der abendländischen Kultursphäre" (Jung 1988 a, 516).

Die imaginären Welten der literarischen und filmischen Fantastik lassen sich aufgrund dieser Verknüpfungen hermeneutisch als Bezirke des kollektiven Unbewussten deuten, und die fantastischen Gestalten, die den Helden der Märchen, Mythen oder Fantasy-Geschichten dort begegnen, können als Personifikationen der Archetypen identifiziert werden. Die Reisen und abenteuerlichen Geschehnisse in den fantastischen Gefilden präsentieren sich dann als Initiationsreisen oder als Individuationsprozesse, die nicht zufällig Bilder und Szenen replizieren, die wir aus mythologischen Zusammenhängen kennen. In den „unzureichend kontrollierten Seelenzonen" des modernen Menschen „[lebt] ein ganzer Gerümpelhaufen von Mythologischem [fort]" (Eliade 1958, 20). Dass diese archetypischen Bilder und Figurationen nicht nur in Kulturprodukten wie Literatur und Filmen wiederkehren, sondern auch in individuellen Fantasien und Träumen als Ausdruck psychischer Zustände oder Vorgänge in Erscheinung treten, beweist die Bedeutung der Initiationsthematik sowie die Notwendigkeit der mit ihr verknüpften Veränderungs- und Reifungsprozesse für jeden einzelnen Menschen.

Die Heldinnen und Helden der Fantasy-Filme erleben in den märchenhaften Welten, die sie bereisen, nichts anderes als ein Psychodrama, eine objektivierte, nach außen hin sichtbar gemachte Auseinandersetzung mit ihren innersten Regungen. Seelische Konflikte nehmen die Gestalt von Konfrontationen mit fantastischen Geschöpfen an, Quellen innerer Stärke erscheinen in der Form fantastischer Begleiter oder magischer Kräfte und versinnbildlichen die Prozesse, mit denen die Konflikte und Störungen überwunden werden. Es sind Träume, Artikulationen des Unbewussten, die als kohärente Geschichten auf der Kinoleinwand für das Kollektiv der weltweiten Zuschauer rezipierbar werden.

Michael Endes *Unendliche Geschichte* macht diese Bezüge am deutlichsten, wird Bastian doch nach und nach immer stärker in die Handlung miteinbezogen, die sich im Buch vor ihm und durch den Akt des Lesens entfaltet. Er selbst, durch seine persönliche Lebenssituation belastet und zutiefst verunsichert, wird zur zentralen Figur einer Geschichte, in der das *Nichts*, die alles zerstörende Kraft der Hoffnungslosigkeit und der Verzweiflung, die Existenz des Landes Phantásien bedroht. Bastian selbst, sein Seelenheil, die Integrität seiner Persönlichkeit ist hier bedroht und in Gefahr, zerrüttet und zerstört zu werden. In der Kindlichen Kaiserin, die schwer erkrankt ist und zu sterben droht und die nur durch Bastian einen neuen Namen, und d. h. eine neue Form, eine neue Existenz, erhalten kann, lässt sich unschwer der Archetyp der Anima erkennen, das gegengeschlechtliche Seelenbild, das die Ganzheit des menschlichen Selbst verkörpert (Jung 1989 a, 510 ff.). Die Kaiserin ist das existentielle Zentrum, das Herz Phantásiens, aber – in Endes eigenen Worten – „sie war in Wirklichkeit viel mehr als eine Herrscherin, oder besser gesagt, sie war etwas ganz anderes" (Ende 1979, 34).

Im *König von Narnia* erfüllt der Faun Tumnus diese Rolle; er kann als Animus der jungen Lucy verstanden werden, die als erste die Schwelle ins Zauberreich Narnia überschreitet und dort diesem Spiegelbild ihrer Seele begegnet. Prominentester Archetyp in den *Harry Potter*-Geschichten ist sicherlich der Zaubermeister Albus Dumbledore, der als Mentor des jungen Schülers unverkennbar die Züge des weisen Alten trägt, einer archetypischen Figur, die man auch als Merlin in den Artus-Sagen, als Gandalf im *Lord of the Rings* und als Obi-wan Kenobi in den *Star Wars*-Filmen kennt.

Weniger von Jungs tiefenpsychologischer Archetypen-Lehre inspiriert als von Freuds psychoanalytischem Menschenbild, könnte man in dem Freundestrio Harry, Ron und Hermine eine symbolische Darstellung der dreigeteilten menschlichen Psyche Ich – Es – Über-Ich vermuten. Somit würden auch diese Figuren nur Projektionen eines einzigen zentralen Bewusstseins darstellen, eine Sichtbarmachung und Dramatisierung seelischer Kräfte und innerer Vorgänge.

Die Übergänge, durch die die jugendlichen Protagonisten ihre jeweiligen Zauberwelten betreten, spielen eine entscheidende Rolle, markieren sie doch den Wechsel von einer mehr realistischen zu einer fantastischen oder auch symbolischen Erzählweise. Diese Übergänge fungieren als Schwellen, deren Überschreitung den Beginn einer psychischen Auseinandersetzung und Verarbeitung der problematischen Ausgangssituation bedeutet. Wenn die existentielle Not unerträglich wird, öffnen sich die Übergänge und das Individuum taucht hinab in das Unbewusste, wo eine Konfrontation mit inneren Kräften und deren Repräsentationen sowie eine Überwindung der emotionalen Krise möglich werden. Es ist kein Zufall, dass solchen Übergängen oder Schwellenerfahrungen bei Initiationsriten oder verwandten mythologischen Erzählstoffen eine wichtige Funktion zukommt.

Die Ziegelsteinmauer schiebt sich auseinander ... (Quelle: *Harry Potter und der Stein der Weisen*, Warner Bos.-DVD, Best. Nr. 2265995: 0.19.31)

(Quelle: *Harry Potter und der Stein der Weisen*, Warner Bos.-DVD, Best. Nr. 2265995: 0.19.43)

... und gibt den Weg frei in die Winkelgasse. (Quelle: *Harry Potter und der Stein der Weisen*, Warner Bos.-DVD, Best. Nr. 2265995: 0.19.47)

Schon in der ersten *Harry Potter*-Geschichte, *Harry Potter und der Stein der Weisen*, gibt es mehrere Übergänge, bzw. Übergangsszenen: Die Ziegelsteinmauer, die sich auseinanderschiebt, um den Weg in die Diagon Al-

Alley/Winkelgasse freizugeben; der geheimnisvolle Durchgang zwischen den Gleisen 9 und 10 am King's Cross-Bahnhof zum Bahnsteig 9¾; und schließlich die Fahrt mit dem Hogwarts-Express, ein Übergang, der einige Zeit beansprucht und so die Kinder auf ihre Ankunft in Hogwarts, auf ihre Erlebnisse in der anderen Welt vorbereitet. Der Kleiderwechsel der Schülerinnen und Schüler während der Zugfahrt, ein äußerliches Zeichen für den existentiellen inneren Wandel, ist ein traditionelles Initiationsmotiv (vgl. Becker 1993, 186). Für Rowling hat der Zug darüber hinaus eine besondere biographische Bedeutung, die ihn zum geeigneten Symbol für den magischen Übergang ihres Protagonisten macht: „Ihre Eltern trafen sich in einem Zug, die Idee zu Harry Potter kam ihr in einem Zug, und in den Büchern selbst transportiert der Hogwarts-Express Harry aus dem Elend der realen oder ‚Muggle'-Welt in die Freiheit der Zauberei." (Smith 2002, 22)

Auch das fliegende türkisfarbene Auto, Marke Ford Anglia, mit dem im zweiten Teil, *Harry Potter und die Kammer des Schreckens*, nicht nur die Flucht aus dem Haus der Dursleys gelingt, sondern auch die Passage nach Hogwarts, repräsentiert als Mittel des Übergangs zwischen den Welten eine wichtige Erinnerung im Leben der Autorin: Es war das Auto eines früheren Freundes, mit dem ihnen mehr als einmal die ‚Flucht' aus dem bedrückenden Alltag ihrer Jugend gelang (Smith 2002, 80). Diesem Freund, Séan P. F. Harris, hat sie das zweite Buch der *Harry Potter*-Reihe gewidmet.

In der *Unendlichen Geschichte* wird der Übergang des jungen Bastian in die Region des Unbewussten als langer Prozess geschildert, der sich mit der Lektüre des geheimnisvollen Buchs schrittweise vollzieht und sich damit selbst als Thema des Romans präsentiert; gleichsam als Metafiktion reflektiert die Geschichte die Möglichkeiten und quasi therapeutischen Chancen der Imagination und der literarischen Fantasie. Der zweite Teil der *Unendlichen Geschichte*, den Petersen in seiner Verfilmung nicht berücksichtigt hat, zeigt darüber hinaus genau die Gefahren, auf die bereits Jung (1989 b) bei seinen Beschreibungen des Individuationsprozesses hingewiesen hat: Bastian, der nicht in seine Welt zurückkehrt, wird durch die Mächte des kollektiven Unbewussten überwältigt und korrumpiert. Die dauerhafte Flucht in die Welt der Fantasie, die unausgesetzte Konfrontation mit den archetypischen Kräften des kollektiven Unbewussten, zerstört die Individualität und Integrität des menschlichen Geistes, führt zu Größenwahn und psychotischem Verhalten. Erst die Rückkehr in seine eigene Welt, in die Realität, und die Versöhnung mit dem Vater schließen Bastians heilsamen Prozess der Initiation oder Individuation erfolgreich ab. So kehrt auch Dorothy im *Zauberer von Oz* nach ihren Abenteuern nach Kansas zurück, Harry Potter verlässt am Ende eines jeden Schuljahrs Hogwarts, um zu den Dursleys zurückzukehren, und die vier Pevensie-Geschwister verlassen Narnia und treten durch den Kleiderschrank hindurch zurück in ihre eigene Welt.

3.

Alles, was bislang über die Initiationsthematik auf inhaltlicher Ebene gesagt wurde, lässt sich auf die Stoffe allgemein, d. h. auch auf ihre Präsentation in Buchform beziehen. Verstärkt wird die Wirkung der Initiationsthematik und -strukturen durch die Präsentationsform als Film.

1914 bereits mutmaßt Otto Rank, „daß die in mehrfacher Hinsicht an die Traumtechnik gemahnende Kinodarstellung auch gewisse psychologische Tatbestände und Beziehungen, die der Dichter oft nicht in klare Worte fassen kann, in einer deutlichen und sinnfälligen Bildersprache zum Ausdruck bring[en] und uns dadurch den Zugang zu ihrem Verständnis erleichter[n]" könne (Rank 1980, 105). Seither wurde immer wieder die besondere Affinität zwischen der Filmrezeption und dem Träumen beschrieben, die spezifische Darstellungsweise des Films mit den symbolischen Ausdrucksformen der Traumsprache und ihrer Aufteilung in manifeste und latente Inhalte verglichen (vgl. Kappelhoff 2002). In der Traumfabrik Hollywood und den anderen großen Filmstudios der Welt entstehen Traumgeschichten, die den Bedürfnissen eines Massenpublikums entsprechen. Spiegelt ein Traum die Wünsche und Ängste eines Individuums auf sehr persönliche Weise wider, so verdeutlichen die Filmträume die Befindlichkeiten eines Kollektivs; aus dem träumenden Individuum wird im Kinosaal ein aufmerksames Publikum, das einem durch ästhetische Gestaltung und Visualisierung objektivierten Traumgeschehen gebannt folgt. Das Kino ist der besondere Ort, an dem sich dieses Traumgeschehen als universelle Botschaft mitteilt, an dem sich die fantastischen Visionen des Unbewussten in klaren Bildern entfalten.

Hugo von Hofmannsthal nannte das Kino einen *Ersatz für die Träume*; er sah in der „Atmosphäre des Kinos die einzige Atmosphäre, in welcher die Menschen unserer Zeit (…) zu einem ungeheuren, wenn auch sonderbar zugerichteten geistigen Erbe in ein ganz unmittelbares, ganz hemmungsloses Verhältnis treten, Leben zu Leben, und der vollgepfropfte, halbdunkle Raum mit den vorbeiflirrenden Bildern ist mir, ich kann es nicht anders sagen, beinahe ehrwürdig, als die Stätte, wo die Seelen in einem dunklen Selbsterhaltungsdrange hinflüchten, von der Ziffer zur Vision." (Hofmannsthal 1978, 152) Die Filme berühren uns im „dunkelsten Wurzelgrund des Lebens", in der „Region, wo das Individuum aufhört Individuum zu sein" (Hofmannsthal 1978, 152), und so scheint es, als ob die Filmrezeption der Schwellenerfahrung der Fantasy-Helden vergleichbar sei: „Wenn im Kino das Licht ausgeht und das ‚schöne Schwarz', die ‚heilige Dunkelheit des Kinoraumes' beginnt, wie Georg Seeßlen schreibt, dann ist der Moment des Übergangs von der Wirklichkeit in eine Traumwelt erreicht." (Arns 2006, 10)

Wenn wir die Filmbilder betrachten, erleben wir archetypische Konfrontationen, begegnen uns Personifikationen unbewusster Seelenkräfte. Das Kino-Erlebnis als Übergangssituation. Wir tauchen ein in die kollektiven Bilderwelten, die uns auf packende Art und Weise die inneren Dramen und

Konflikte unserer Psyche veranschaulichen. In der Bilder- und Zerstreuungskultur der Moderne erscheint das Kino als Tempel, der uns mit seinem Strom sensationeller Reize vergnügliche Ablenkung schenkt, aber damit gleichzeitig innere Wahrheit, das lärmende Chaos unseres unzufriedenen Seelenlebens offenbart.

In der Traumwelt des Kinos herrschen die Gesetze des kollektiven Unbewussten. Drehbuchautoren, Filmregisseure sowie Filmproduzenten haben die enorme Wirksamkeit der narrativen Aufbereitung und filmischen Gestaltung von Archetypen längst erkannt und favorisieren Geschichten, in denen die Grundmuster der mythologischen Heldenreise, die universellen Strukturen des Initiations- und Individuationsgeschehens zum Gliederungsprinzip werden. Filmstoffe, die sich diese Grundmuster und Motive zunutze machen, sprechen das Publikum auf ganz besondere Weise an, appellieren an tief verborgenes Wissen sowie existentielle Erfahrungen und garantieren so – in der Regel – große Rezeptionsbereitschaft, emotionale Anteilnahme und Erfolg. *Die Odyssee des Drehbuchschreibers*, Christopher Voglers umfassendes Kompendium über die Bedeutung des Archetypischen im modernen Film, in dem er die „Handvoll stets wiederkehrender Bauelemente, die uns (…) in Mythen, Märchen, Träumen und Filmen immer wieder begegnen" (Vogler 1999, 35), beschreibt und in Beziehung zueinander setzt, ist zur Pflichtlektüre der Autoren in den Stoffentwicklungsabteilungen der großen Filmstudios, inklusive der Walt Disney-Studios, geworden. Die hier genannten Fantasy-Filme wären ideale Beispiele für Voglers Ausführungen.

Das Kino stellt aber nicht nur aufgrund der kommerziellen Interessen und Kalkulationen der Filmindustrie einen Schauplatz archetypischer Vorgänge und traumhafter Geschehnisse dar, es liegt im Wesen des Films selbst, so Jean-Louis Baudry (1975) in seiner psychoanalytisch inspirierten Deutung, traumähnliches Erleben und traumähnliche Zustände zu erzeugen und beim Betrachter dabei eine Art Regression in eine frühkindliche Wahrnehmungsweise zu bewirken: Objektive Sinneswahrnehmung und subjektive Repräsentationen verbinden sich in der Filmrezeption. Wie im Traum erscheinen innere Bilder als äußere Reize; aber anders als im Traum präsentiert der Film diese Bilder tatsächlich als Wahrnehmungsobjekte auf der Leinwand. Der unklare Wahrnehmungszustand der frühkindlichen Entwicklungsphase, in dem tatsächliche Perzeption mit mentalen Repräsentationen verquickt und Wünsche und Wunscherfüllungen als eins gedacht und empfunden werden, wird im Kino simuliert und verbindet sich mit dem narzisstischen Allmachtsgefühl des Kindes zu einer regressiven Erfahrung. Dies unterscheidet die Filmrezeption grundlegend von der Rezeption literarischer Texte, bei der mentale Bilder keine Entsprechung in einem Akt objektiver Wahrnehmung finden. Beim Film allerdings sehen wir das Gemeinte als quasi reales Abbild, dank moderner Trick- und Computertechnik nahezu lebensnah und unmittelbar. Innere Repräsentation und äußere Perzeption überschneiden und vermengen sich und generieren so die Traumwelt des

Films, in der die Abenteuer und Heldentaten einer kindlichen Imagination stattfinden.

Die Welt des Films, erfüllt mit den archetypischen Traumbildern des Unbewussten, wird so in gewisser Weise identisch mit den Zauberwelten der Fantasy-Geschichten; Oz, Phantásien, Hogwarts und Narnia – unter diesem Blickwinkel lassen sie sich als Repräsentationen der fantastischen Traumwelt des Kinos begreifen. Und in ihren filmischen Darstellungen werden ihre Eigenschaften, ihre Möglichkeiten, ihre Reize für den Betrachter und die Wirkung ihrer inhärenten Initiationsstrukturen gleichsam selbstreflexiv verdoppelt und dadurch prinzipiell verstärkt. Dass dies nicht in allen Fällen gelingt, sondern stets von der jeweiligen Qualität der filmischen Umsetzung abhängt, liegt auf der Hand.

Aus ihrer jeweiligen Notsituation heraus stellen sich die jugendlichen Protagonisten Dorothy, Bastian, Harry und die Pevensie-Geschwister in ihren magischen Fantasy-Welten als einzigartig, bewundernswert, tapfer und letztendlich siegreich vor. So wie alle Helden des Unterhaltungskinos wachsen sie über sich hinaus und bewältigen Aufgaben, zu denen sie eigentlich nicht fähig wären. Dies ist dem regressiv-narzisstischen Grundmuster aller Träume geschuldet. Die Kinder reagieren mit ihren Fluchtträumen auf ihre eigentliche Lebenssituation, in der sie eben nicht mächtig und siegreich sind, sondern hilflos und einsam. Freud stellt fest, „daß man zu seiner Überraschung *im Traum das Kind mit seinen Impulsen weiterlebend findet*." (Freud 1996, 203) Das Alter des Träumenden spielt dabei keine Rolle. „*Das Träumen ist ein Stück des überwundenen Kinderseelenlebens*." (Freud 1996, 540) In unseren Träumen leben wir unsere kindlichen Fantasien aus; so können wir auch als erwachsene Zuschauer das Traumgeschehen der Fantasy-Filme und deren latente Inhalte nachvollziehen. Die Initiationsprüfungen, die sich in den Träumen und Vorstellungswelten der Heranwachsenden abspielen, bringen auch in den bereits erwachsenen Rezipienten eine Saite zum Klingen.

Jung bestätigt diesen Gedanken auf seine Weise: „Im Erwachsenen steckt nämlich ein Kind, *ein ewiges Kind (...), ein immer noch Werdendes, nie Fertiges, das beständiger Pflege, Aufmerksamkeit und Erziehung bedürfte. Das ist der Teil der menschlichen Persönlichkeit, der sich zur Ganzheit entwickeln möchte.*" (Jung 1988 b, 193) Er spricht hier natürlich wieder den Prozess der Individuation an, der sich als existentielle Erfahrung in allen Lebensaltern ereignen und sich als archetypische Erfahrung in verschiedenen Formen und Ausprägungen bemerkbar machen kann; dazu zählen individuelle Träume ebenso wie populäre Filme. In Zeiten gesellschaftlicher Orientierungslosigkeit, seelischer Krisen und starker Verlustängste sollten die Stimmen aus dem Unbewussten naturgemäß besonders laut zu hören sein und bei vielen Menschen erhöhte Aufmerksamkeit vorfinden.

So wie in Träumen Bilder unsere innersten Gefühle, Wünsche und Ängste ausdrücken, so präsentieren uns Filme Bilder und Szenen, die psychische Prozesse und subjektive Erfahrungen anschaulich vermitteln. Die Initiations- oder Individuationserlebnisse der Fantasy-Heldinnen und -Helden, ihre Abenteuer in imaginären Welten, gewinnen im Kino an Sinnlichkeit und Objektivität. Das Psychodrama ihrer seelischen Konflikte und Entwicklungen – zuvor nur abstraktes Konzept oder tiefenpsychologische Theorie – wird hier zum kollektiv erfahrbaren und kommunizierbaren Ereignis. Das Erlebnis der Initiation, das Eliade in seiner sozialen Funktion und Erlebbarkeit als anthropologische Notwendigkeit sowie als Ausweis „jeder authentischen menschlichen Existenz" (Eliade 1997, 242) charakterisiert, erhält durch die filmischen Präsentationen dieser Fantasy-Geschichten auch für unsere säkularisierte Moderne wieder Bedeutung. Die dramatischen Abenteuer von Dorothy und Harry Potter, von Bastian Bux und den vier Geschwistern in der Zauberwelt von Narnia erweisen sich nicht nur als kommerzielle Medienereignisse, sie sind – gerade auch durch ihre mediale Präsenz – Ausdruck und Erfüllung einer kollektiven Sehnsucht nach Wandlung, nach Überwindung emotionaler und existentieller Krisen und nach persönlicher Reife.

Matthias Hurst, European College of Liberal Arts,
Platanenstr. 24, 13156 Berlin

Jürgen C. Abeln

Fantasy-Rollenspiele

Als Mitte der 60er-Jahre des letzten Jahrhunderts der Teenager Dave Wesley eine der in dieser Zeit sehr beliebten „Wargames" (in Deutschland „Konfliktsimulationen"), um sie interessanter zu gestalten, mit einzelnen Aufgaben für jeden Spieler ergänzte, war wohl niemanden bewusst, dass damit einer der Grundsteine für eine völlig neue Spielegattung, das moderne Rollenspiel, gelegt wurde.

Aus diesen „Wargames" hat sich das Rollenspiel entwickelt, welches heute in Hunderten von Veröffentlichungen in Form von Büchern, Spielen sowie Computerspielen oder Online-Games einem breiten Publikum geöffnet hat.

Da treffen sich Freunde zum zwanglosem Gesellschaftsspieleabend und spielen sogenannte „Pen-and-Paper" Rollenspiele, haben sich Vereine gegründet, um gemeinsam und „gewandet" (Außenstehende würden sagen „verkleidet") eine Fantasy-Welt nachzustellen, oder sitzen allabendlich vor dem Computer, um in die Welt der Internet-Rollenspiele einzutauchen. Weltweit spielen inzwischen – vor allem nach der Entwicklung der MMORP – Massive Multiplayer Online Roleplaying Systems – Millionen von Menschen diese Art von Spielen. Doch wie hat sich das alles entwickelt? Woher stammt diese Idee überhaupt?

Eine kleine Geschichte des Rollenspiels

Wargames waren in den 60er- und 70er-Jahren nicht nur eine Welle, sie waren eine richtige Industrie, ein Boom. Tausende von jungen und alten Spielern trafen sich, vor allem in den Vereinigten Staaten, um sich mit Schlachtsimulationen, meist aus dem Mittelalter, den Napoleonischen Kriegen und dem amerikanischen Bürgerkrieg, zu beschäftigen. Es wurden Clubs gegründet, man entwickelte eigene Spielsystem, versah mittelalterliche Ritter ebenso wie den Artilleristen des „Freicorps zu Lützow" mit Regeln und Werten.

Parallel dazu entwickelte sich eine weitere, große Fangemeinde, diesmal mehr auf literarischer Ebene. Denn im Jahre 1954/55 wurde ein Roman geschrieben, welcher die Fantasy-Literatur sehr stark beeinflusste: *The Lord of the Rings* von John Ronald Reuel Tolkien. 1966 erschien er auch in den Vereinigten Staaten und verbreitete sich schnellstens vor allem in Teenager-Kreisen. Der Hunger nach weiteren Geschichten dieser Art war schier unerschöpflich und schnell fanden sich gute und weniger gut Nachahmer im

Kielwasser Tolkiens. Und plötzlich wollen viele Teenager nicht mehr die Schlacht von Gettysburg nachstellen, sondern vielmehr die Schlacht von Helms Klamm aus *Herr der Ringe*. Nun suchte man nach Regeln für Nazgul, Balrogs, den Fähigkeiten Gandalfs oder Aragorns.

In einer kleinen Stadt in Wisconsin mit Namen Lake Geneva hatten zwei Jugendliche, Ernest Gygax und Jeff Perren, ein eigenes „Wargame" geschrieben, welches vor allem mittelalterliche Aspekte abdecken sollten. Einige Zeit später wurden hier auch Werte für Drachen, Trolle und Magische Zaubersprüche implementiert.

Ernest (Garry) Gygax war zu dieser Zeit Mitglied einer Gesellschaft, welche sich „The Castles and Crusades Society" nannte. Ein weiteres Mitglied dieser Gesellschaft war Dave Arneson, der, inspiriert von dem oben genannten Dave Wesley, erste Rollenspielelemente in die Spiele integrierte. Gemeinsam schufen beide die erste Ausgabe von *Dungeons & Dragons*, die 1974 erstmals veröffentlicht wurde. Dieses Rollenspiel, abgekürzt *D&D*, sowie sein Nachfolger *AD&D* (*Advanced Dungeons and Dragons*) war und ist wohl auch noch heute Marktführer in den Vereinigten Staaten.

In Deutschland lief die Geschichte ähnlich ab. Der österreichische Autor Hugh Walker (Hubert Strassl) entwickelte mit Freunden das Spiel *Armageddon*, das später in *Magira* umbenannte wurde.

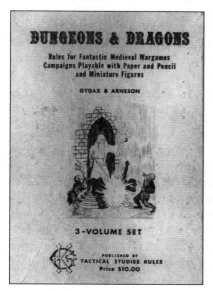

Aus diesem Spiel entstand 1968 der Club FOLLOW („Fellowship Of The Lords Of The Lands Of Wonder"). Beeinflusst von den Rollenspielen aus den USA und von FOLLOW wurde 1977 ein erstesdeutsches Rollenspielsystem entwickelt. Dieses wurde 1981 erstmals veröffentlicht und spielte ebenfalls, wie *Armageddon*, auf der Welt Magira (die auch Ausgangspunkt der Romane Walkers war). Aus lizenzrechtlichen Gründen wurde dann aber von den Entwicklungen auf der Basis von FOLLOW und Walkers Romanen Abstand genommen und eine eigene Hintergrundwelt entwickelt, nämlich *Midgard*, wie das Spiel dann auch genannt wurde.

Der große Schub für Rollenspiele kam aber erst im Jahre 1984 mit der Veröffentlichung von *Das Schwarze Auge*. Der damalige Spielriese Schmidt-Spiele plante gemeinsam mit dem Droemer-Knaur Verlag eine Lizenz von *D&D* zu erwerben. Allerdings waren die geforderten Preise aus den USA zu hoch, sodass man sich für eine Eigenproduktion entschloss. Gerade die Möglichkeiten von großangelegten Werbekampagnen, wie z. B. auch Werbespots im Fernsehen, sorgen für eine schnelle Verbreitung im deutschsprachigen Raum.

Viele Mitglieder des Vereins FOLLOW hatten schon lange die Angewohnheit, zu ihren *Armageddon*-Treffen in den Trachten ihrer selbst entwickelten Völker zu erscheinen. 1990 erschien mit *DragonSys* erstmals in Deutschland ein Regelwerk, welches ein Spielsystem für sogenannte „Live-Rollenspiele" vorstellte. In einem solchen Spiel sitzen die Mitspieler nicht mehr um einen Tisch und stellen die Spielsituationen ihrer Charaktere verbal dar, sondern sie agieren als ihre Spielfigur real in einer realen Umwelt.

Wie läuft nun ein solches Rollenspiel ab?

Für einen Außenstehenden muss eine klassische, sogenannte „Pen-and-Paper"-Rollenspielgruppe teilweise wie ein spiritistischer Zirkel aussehen:

Eine kleine Gruppe sitzt im Normalfall um einen Tisch herum, auf dem Würfel, zahlreiche dicken Folianten ähnliche Regelwerke und einige andere kleinere Bögen liegen. Je nach Rollenspielgruppe Rollenspielsystem und persönlichem Geschmack können noch Zinnminiaturen, Bodenpläne (sog. „Floorplans") und – sollte es sich um ein Fantasy-Rollenspiel handeln – einige Kerzen, die die Stimmung untermauern, dazukommen. Einer der Spieler ist meist hinter einem nicht einsehbaren „Spielleiterschirm" verborgen, würfelt verschwörerisch und gibt dann den anderen Personen anscheinend Anweisungen. Es scheint fast so, als sei diese Person hinter dem Schirm ein „Medium" welches in verschiedensten Stimmlagen mit den anderen spricht.

Aber schreiten wir zur „Entmystifizierung", denn es handelt sich hierbei ganz und gar nicht um eine okkultistische Gruppe.

Manche Rollenspieler sehen sich in der Tradition der alten Märchenerzähler. In einer Zeit, als es noch kein Radio, Fernsehen oder sonstiges gab, saß man abendlich zusammen und erzählte sich Geschichten. Viele von uns erinnern sich sicherlich noch an das behagliche Gefühl, gemeinsam vor seinen Großeltern zu sitzen und ihnen zu lauschen, oder an das Kribbeln, wenn im Zeltlager eine Gruselgeschichte von den älteren Jugendlichen erzählt wurde. Und auch die Basis eines Rollenspiels ist das Erzählen von Geschichten. Der Unterschied ist, dass es nicht nur den eigentlichen Erzähler gibt, sondern die Zuhörer greifen aktiv in die Entwicklung der Geschichte ein, beeinflussen sie, formen sie um und geben ihr völlig neue Akzente.

So könnte der Erzähler, meist Spielleiter genannt, davon erzählen, wie eine Gruppe nach einer Wanderung in ein Wirtshaus kommt. Er kann die Anstrengung der Reise beschreiben, die Erleichterung der Gruppe, endlich zur Ruhe zu kommen, das Interior des Wirthauses ausschmücken und auch das Verhalten der einzelnen Menschen, die sich in diesem Haus aufhalten darstellen. Im Gegensatz zur traditionellen Geschichte übernimmt im Rollenspiel jeder der Zuhörer eine Person aus dieser Gruppe als Rolle und beschreibt seine Aktionen innerhalb des Wirthauses oder Interaktionen mit den Personen. Der Erzähler gibt weiterhin die Rahmenhandlung vor. Er nimmt die Handlungsstränge, die von der Gruppe entwickelt wurden, auf und führt sie weiter. Er stellt hierbei alle anderen Personen dar, gibt die Umgebung wieder und ist auch immer Schiedsrichter und somit letzte Instanz bei verschiedensten Entscheidungen. Theoretisch könnte ein gesamtes Rollenspiel so ablaufen. Doch häufig stößt der Erzähler an eine Grenze seiner Möglichkeiten bei der Einschätzung der Fähigkeiten einzelner Figuren oder ganzer Gruppen: Könnten sie mit ihrer „Ausstattung" die Aufgabe oder die Situation bewältigen?

Nehmen wir wieder das Beispiel mit dem Wirthaus. Der erste „Zuhörer" möchte mit einigen Gästen des Wirtshauses ein Kartenspiel anfangen, während ein zweiter überlegt, Dart zu spielen. An dieser Stelle kann es nun innerhalb der Geschichte zu ersten Konflikten kommen. Denn auf den Erzähler kommt nun eine Reihe von Fragen zu:

Wird die erste Person beim Kartenspiel gewinnen oder verlieren? Und wieviel? Will sie vielleicht sogar dabei betrügen? Und wenn sie betrügt, wird sie dabei überrascht?

Kann die zweite Person die anderen Besucher des Wirtshauses im Dart Spielen schlagen?

Jetzt könnten natürlich Karten herausgeholt und ein zünftiges Skatspiel begonnen oder das Dartbrett aufgehängt werden. Doch man stellt in einer solchen Geschichte ja nicht dar, sondern hat eine *Rolle* übernommen. Und diese Rolle muss mit den Fertigkeiten der Person, die sie darstellt, überhaupt nichts gemein haben. Um in einer solchen Situation objektiv zu bleiben, werden solche Situationen mittels Zufallsentscheidungen entschieden. An dieser Stelle wird das reine Erzählen zum Spiel.

Wie das reale Leben beginnt auch das „Leben" einer Spielfigur, dem *Alter Ego* des Spielers, in einem Rollenspiel: Mit der Geburt. Im Rollenspieljargon ist dies die „Charaktererschaffung". Bei dieser Erschaffung werden dem Charakter, der zu spielenden Rolle, verschiedenste Stärken und Schwächen zugewiesen. Zu diesem Zweck werden die Fähigkeiten der Figur in Zahlenwerten ausgedrückt. Es ist also eine Parametrisierung des Spielercharakters notwendig.

Die Spielfigur wird durch verschiedenste psychische und physische „Attribute" (auch Charakteristika oder Eigenschaften genannt) dargestellt. Jedem dieser Attribute wird ein Zahlenwert zugewiesen. Die Ermittlung dieser Charakteristika kann entweder dem Zufall überlassen werden (z. B. mittels Würfelwürfen), genau geplant sein (z. B. durch das Verteilen von einer zuvor bestimmten Anzahl von Punkten auf die Attribute) oder aus einer

Mischform bestehen (z. B. eine entsprechende Anzahl von Würfelwürfen wird auf die Attribute verteilt). Von diesen Attributen können nun verschiedenste Dinge abgeleitet werden. So ist es möglich, dass sie verschiedenste Fertigkeiten und Fähigkeiten beeinflussen.

Zurückblickend auf die oben beschriebene Spielsituation wird der Erzähler/Spielleiter Würfelwürfe auf die entsprechenden Fertigkeiten verlangen. So kann er den ersten Zuhörer/Spieler auffordern, auf seine Fertigkeit „Glücksspiel" zu würfeln um herauszubekommen, ob er in der Lage ist, das Kartenspiel zu gewinnen. So wird dieses üblicherweise mittels eines Würfelwurfes entschieden, welcher mit dem Fertigkeitswurf verglichen oder mittels dieses Wertes abgewandelt wird. Wichtig dabei ist, im Auge zu behalten, dass es sich in erster Linie um ein Rollenspiel und nicht um ein Würfelspiel handelt. So sollten Würfe nur dann zur Anwendung kommen, wenn Spieler sich nicht mehr objektiv einschätzen können oder nicht in der Lage sind, die Fertigkeit rollenspielerisch entsprechend ihres Charakters darzustellen oder einzusetzen.

Das wohl auffälligste Merkmal eines Rollenspiels ist das Fehlen eines Spielbretts. Zwar kartographieren einige Gruppen den Weg ihrer Charaktere (in Form von Landkarten oder Gebäudeplänen u. a.), aber ein einzelnes Spielbrett wäre nicht in der Lage, so komplexe Welten, wie sie oftmals von den Spielleitern entworfen werden, darzustellen. An Stelle dieses Spielbrettes tritt die imaginäre Fantasy-Welt.

Auch werden die Spieler nicht durch Spielsteine (Pöppel) dargestellt, sondern definieren sich nur durch ihre gedankliche und verbale Beschreibung. Diese Beschreibung wird im groben auf dem sogenannten „Charakterblatt", einem Datenblatt der darzustellenden Figur, festgehalten. Dieses Charakterblatt soll auch helfen, Stärken und Schwächen der Figur darzustellen.

Der grobe Rahmen, in dem sich die Geschichte bewegt, wird vom Spielleiter entworfen. Dennoch bleibt der Lauf der Geschichte völlig offen, da alle Spiele „non-linear" ablaufen und jeder Mitspieler über seine Handlungen entscheiden kann und somit den weiteren Verlauf der Geschichte entscheidend beeinflusst.

Das Spiel ist mit einer „Sitzung" nicht beendet, sondern eine solche Geschichte (Modul oder Abenteuer genannt) kann viele Treffen beanspruchen. Und wie in einer Serie kommen nach dem Ende eines Abenteuers die gleichen Hauptpersonen (= Charaktere der Mitspieler) wieder zusammen, um gemeinsam ein neues Abenteuer zu bestehen. Viele solcher Abenteuer werden oftmals in einer Kampagne zusammengefasst, welche auf ein größeres Ziel hinarbeitet.

Mögliche Kritikpunkte am Rollenspiel

Okkultismus im Rollenspiel

Einer der größten Kritikpunkte am Rollenspiel ist die vermutete Verbindung zum Okkultismus. In den ursprünglichen Fantasy-Rollenspielen konnten die Spieler Zauberer, Magier, Beschwörer, Schamanen und ähnliche Figuren darstellen, und dies vor einem Hintergrund, in dem Magie existent ist und auch zur Realität innerhalb dieser Welt gehört. Hier entstand der Verdacht, es seien okkultistische Veranstaltungen.

Leider fördern auch bestimmte Termini aus der Sprache der Rollenspiele diese Vorurteile, indem z. B. der Spielleiter „Meister" oder „Dungeonmaster" genannt wird, er von kommerziellen Verlagen noch die „Maske des Meisters des Schwarzen Auges"[1] erhält und auch andere Verlage aus okkultistischen Begriffen Kapital schlagen wollen.

Gerade die Veröffentlichung zahlreicher Regelwerke, die mit okkultistischen Elementen arbeiten oder einen pseudo-christlichem Hintergrund nutzen, hat auch eine Vielzahl Jugendlicher an das Rollenspiel gebracht, die sich sonst wahrscheinlich nicht für diese Spiele interessiert hätten: Mitglieder der sogenannten „Gothic-Szene", die in den 1980er- und 1990er-Jahren aus der Punk- und Dark-Wave-Kultur hervorgegangen ist und häufig mit Okkultem in Verbindung gebracht wird.

Beispiel hierfür sind Rollenspiele wie *Vampire, die Maskerade*, in denen die Spieler die Rolle von Vampiren einnehmen, *Engel* oder *angeli*, hierbei sind die Spielcharaktere Engel oder *Cthuluh* (das auf Romanen von H. P. Lovecraft basiert), wo die Spieler mit dem Horror der sogenannten „Großen Alten" konfrontiert werden. Gerade in den ersten Jahren des Rollenspiels, als nur wenige mit diesem Begriff etwas anfangen konnte, kamen Rollenspiele durch diese Verbindungen in Verruf.

Das bekannteste Beispiel für diese Kritik ist Pat Pullings Theorie vom „Teufelsnetz": Patricia Pulling aus den Vereinigten Staaten ist eine Frau, die den Rollenspielen den Kampf angesagt hat. Hintergrund für Mrs Pulling ist ein für sie persönlich sehr einschneidendes Erlebnis. Ihr Sohn Irving Lee Pulling, „Bink" genannt, erschoss sich am 9. Juni 1982. Da er kurz zuvor an einem Rollenspiel teilgenommen hatte, vermutet Mrs Pulling einen direkten Zusammenhang zwischen dem Spiel und dem Suizid ihres Sohnes. Sie verklagte deshalb den Direktor seiner Schule, wo das Spiel stattgefunden hatte, anschließend TSR Hobbies Inc. (damals Herausgeber des ersten Rollenspiels *D&D* und *AD&D*) und zwei Lehrer von Irving. Diese Klage wurden am 18. September 1984 von einem Gericht in Virginia, USA, abgelehnt. Bereits 1983 gründete sie die Vereinigung „Bothered About Dungeons &

---

1 In *Die Werkzeuge des Meisters*, Schmidt Spiele 1984.

Dragons" (BADD)[2], eine Organisation, die gegen das Rollenspiel an sich kämpft. In ihrem Buch *The Devils Web* (deutsch Pullin 1990) bezeichnet sie sich selbst als Expertin für Rollenspiele. Allerdings ist die Autorin keinesfalls eine Expertin, hat sie doch nur an einigen wenigen Spielabenden teilgenommen.

Gewalt im Rollenspiel

Ein anderer Kritikpunkt ist die Darstellung von Gewalt im Rollenspiel. Das Rollenspiel, das seine Wurzeln klar in den Konfliktsimulationen hat, kann seine Vergangenheit nicht verleugnen. So wird dem Kampf innerhalb des Rollenspiels immer noch eine zentrale Bedeutung zugemessen und die Abwicklung eines Kampfes nimmt dabei oft einen Großteil der realen Rollenspielzeit ein. Doch die Zeiten des „Hack'n Slay"[3] aus den ersten Tagen des Rollenspiels (Tür auf – Monster tot – Schatz einsammeln) sind wohl lange vorbei. Was nicht heißen muss, dass auch die Zeiten der ausgefeilten Kämpfe vorbei sind. Denn gerade in einer Situation, in der es um das Leben geht, und sei es auch nur das Leben eines liebgewonnenen Charakters, ist es einfach notwendig, Regeln zu haben, um einen solchen Kampf gerecht ausspielen zu können. Dabei ist auch die persönliche Vorliebe der Spieler gefragt, die vielleicht einen realistischen oder eher einen heroischen Kampf bevorzugt. In einem realistischen Kampfsystem muss man dabei mit schwersten Verletzungen für den Charakter rechnen und oftmals arten diese in Würfelorgien aus. Weniger Würfeln hingegen bedeutet weniger Möglichkeiten zum Eingreifen, dafür aber größeren Spielfluss.

Bei längeren Spielfolgen, also Kampagnen, die über Monate oder sogar Jahre gehen, findet eine Identifikation mit dem Charakter statt. Der Spieler wird sich hüten, seinen Charakter in eine gewalttätige Auseinandersetzung zu führen, in der er extremen Schaden davon tragen kann, die seinem Charakter ggf. einen längere Beeinträchtigung im Spiel verschafft.

Ein Kampf im Fernsehen, im Kino oder auch im Theater ist oftmals ein dramatischer Höhepunkt. Wenn es zum „Showdown" zwischen dem Helden und dem Bösewicht kommt, steigt die Spannung. Auch im Rollenspiel kommt dem Kampf eine solche Bedeutung zu. Bedenklich wird es, wenn reale Probleme als zu komplex, zu undurchdringbar angesehen werden und hinter die fiktiven, lösbaren Probleme im Rollenspiel zurücktreten. Gewaltsame Lösungswege im Rollenspiel werden nicht so sanktioniert wie im realen Leben. Erfolgserlebnisse im Spiel könnten gleichbedeutend mit Erfolgserlebnissen in der Realität werden.

---

2 „Initiative zum Kampf gegen D&D und anderer schädlicher Einflüsse auf Kinder", nach Pulling 1990, 25. Frei übersetzt „Gestört/beunruhigt von Dungeons & Dragons"
3 Abfälliger Slangausdruck unter Rollenspielern, am ehesten wohl mit „Hacken und Schlachten/Erschlagen" zu übersetzen

Realitätsflucht

In einem Rollenspiel gibt es nicht, wie in vielen anderen Spielen, ein Zeitlimit oder eine Beendigung des Spiels in Form von Gewinnen oder Verlieren. Wie bereits erwähnt, kann man unbegrenzt weiterspielen und neue Abenteuer erleben. Somit ist man auch in der Lage, sich unbegrenzt in das Thema zu vertiefen und sich immer weiter mit seinem Charakter zu identifizieren. Diese Identifikation gibt einem Spieler auch die Möglichkeit, sich hinter dieser Rolle zu verbergen, um eine Person darzustellen, die man sein möchte, aber nicht ist. Gerade Personen, die im realen Leben von ihren eigenen, selbst gesteckten Lebenszielen oder dem Verhalten ihrer Umwelt enttäuscht sind, sind anfällig für die Verlockungen, die ein Rollenspiel bietet. Denn hier ist es möglich, eine Rolle einzunehmen und mit dieser Rolle den Erfolg nachzustellen, der ihnen im realen Leben verwehrt sind. Aber auch das Gegenteil kommt vor. Menschen mit großer Verantwortung oder Erfolgsdruck möchten aus ihrem Alltag fliehen, um einmal nicht die Entscheidungen treffen zu müssen, die ggf. ganze Existenzen beeinflussen können.

Besonders (Rollen-) Spiele im Internet geben schnell die Möglichkeit, jemand anders zu sein, ohne dass man eine reale Person, anders als beim Pen-and-Paper- oder Live-Rollenspiel, noch wirklich vor sich sieht. So wird aus einem 15-jährigen Jungen ein alter Zauberer und aus dem 40-jährigen Familienvater plötzlich der junge, ungestüme Ritter.

Streng genommen muss man sehen, dass man bei jedem Buch, bei jedem Film oder Theaterstück eine Weile aus der Realität, aus dem Alltag flüchtet. Dieses ist nicht grundsätzlich negativ zu bewerten. Problematisch wird es vor allem, wenn aus einer Realitätsflucht ein dauerndes Bedürfnis wird und schließlich in einen Realitätsverlust mündet.

Einsatzmöglichkeiten von Rollenspielen in der Pädagogik oder Sozialarbeit

Rollenspiele sollen in erster Linie Spaß machen. Sie sind ein kurzweiliges Vergnügen, in welchem die Mitspieler für ein paar Stunden Ablenkung von ihrem Alltag suchen. Aber Rollenspiele können ihre Parallelen zum *Psychodrama* nicht verleugnen. Als Vater des Psychodramas gilt der 1889 in Rumänien geborene Jacob Levi Moreno (Moreno 1988). Er sah schon früh in den kindlichen Rollenspielen, in denen es um spontane Improvisation, Konfliktlösungen, Rollenübernahme und Rollentausch ging, die ersten Elemente der Psychotherapie. Die anschließenden Theaterexperimente Morenos bauen auf diesen Erfahrungen auf. So entstanden in den vierziger und fünfziger-Jahren zahlreiche Varianten des Rollenspiels für den Einsatz in Psychotherapie und Pädagogik und für Schulungen in Wirtschaft und Industrie. Manager studierten Verhaltensweisen, um sie ggf. zu verändern.

Eine ähnliche Ausrichtung hat auch das pädagogische Rollenspiel. Im Fantasy-Rollenspiel liegen Möglichkeiten, die denen des Psychodramas und des pädagogischen Rollenspiels ähneln. Hier öffnen sich Perspektiven für die pädagogische Praxis.

Allerdings stellt das Fantasy-Rollenspiel nur imaginäre Dinge dar, die im Normalfall nichts oder nur sehr wenig mit der persönlichen Lebensrealität zu tun haben. Aus diesem Grund wird nur selten eine emotionale Dichte wie im Psychodrama erreicht. Wie ein Einsatz von Rollenspielen in der Praxis aussehen kann, möchte ich hier anhand von zwei kurzen Beispielen zeigen:

Zayas/Lewis (1986) schildern die Möglichkeiten bei der Ausbildung von Gemeinsamkeiten innerhalb einer Gruppe. Zu diesem Zweck wurde u. a. *DUNGEONS & DRAGONS* in einer Schule in New York eingesetzt. Die Gruppe setzte sich aus acht Jungen im Alter von acht und neun Jahren zusammen, deren persönlicher, sozialer und ökonomischer Hintergrund sehr heterogen war. Das Kollegium hatte Probleme in den zwischenmenschlichen Beziehungen und leichte bis mittelschwere Hyperaktivität bei den Jungen festgestellt.

Ziel der Maßnahme war, die Entwicklung der sozialen Fertigkeiten zu fördern. Die Gruppe traf sich einmal pro Woche nachmittags für 2 Stunden, um gemeinsam verschiedene Spiele zu spielen. Als das Herbstwetter schlechter wurde, war die Gruppe gezwungen, sich in die Schule zurückzuziehen. Der Sozialarbeiter war nun gefragt, eine Aktivität zu finden, welche verbale Kommunikation fördern und die gemeinsame Zusammenarbeit sichern konnte. Gleichzeitig musste die Aufmerksamkeit der Jungen gefesselt bleiben. So fiel die Entscheidung, ein Fantasy-Rollenspiel zu nutzen.

Anhand einiger Beispiele wird die Entwicklung dieser Gruppe deutlich[4]:

(8. Treffen): Die Kinder konnten sich, entsprechend der Regeln, zwischen Kämpfern, Dieben, Klerikern und Magiern entscheiden. Während des Spiels wurde die Gruppe von einem alten Mann (durch den Sozialarbeiter als Spielleiter dargestellt) angeworben, um seinen Enkel zu retten. Dieser alte Mann machte die Gruppe darauf aufmerksam, dass sie auch Diebe, Kleriker und Magier benötigten. George und Danny (die Kämpfer) fragten, wer denn der Kleriker sei. Carlos erwiderte, dass er es war und fragte dann, wozu er denn gut sei. Diese Frage gab der Sozialarbeiter an die Gruppe weiter. Danny meinte, dass der Kleriker gebraucht werde, um die Gruppe zu heilen, falls sie verletzt werden. Er und George seien bereit, den Kleriker dafür zu beschützen. Dieses Ereignis nutze der Sozialarbeiter, um eine Diskussion über die verschiedensten und notwendigen Fertigkeiten zu beginnen. Alle Kinder erkannten dabei ihre

---

[4] Zit. aus Zayas/Lewis 1986, Übersetzung J. A.

wichtigen Rollen und erklärten ihre Gründe, sich der Gruppe anzuschließen. Dieses wurde auch in Zusammenhang mit ihren wirklichen Fertigkeiten gebracht welche der Sozialarbeiter und die Gruppe gemeinsam herausstellten. (…)

(9. Treffen): Am Ende dieses Treffens hatte die Gruppe den ersten Teil ihrer Reise erfolgreich abgeschlossen und der Sozialarbeiter gratulierte ihnen dazu im allgemeinen Gefühl der Hochstimmung und befragte sie, wie sie dieses geschafft hätten.

Donald begann von ihrer Teamarbeit zu sprechen und herauszustellen, wie jeder zum Erfolg beigetragen hatte. Auch die anderen stimmten dem zu. Der Sozialarbeiter stellte heraus, wie wichtig Zusammenarbeit in und außerhalb der Gruppe ist. Die Erfahrung des Erfolges, der nicht ohne Widrigkeiten (in Form von Monstern oder Straßenräubern) gekommen war, ebnete den Weg für einen größeren Gruppenzusammenhalt. (…)

(11. Treffen): Die Gruppe kam innerhalb eines Höhlensystems in einen dunklen Gang. Die beiden Krieger (George und Danny) entschieden sich vorzustürmen, doch Allen, der Dieb, wollte erst nach Fallen suchen, was die anderen jedoch ablehnten. Doch direkt am Eingang des Ganges war eine Falle zu finden, in die Georges Kämpfer fiel und ein wenig Schaden nahm. Nachdem die anderen ihn wieder aus der Grube halfen, waren die Kämpfer geknickt und der Sozialarbeiter fragte sie, was sie beim nächsten mal anders machen würden. Die Gruppe verstand, dass die unbedachten Aktionen eines einzelnen die Gruppe insgesamt bedrohen konnte: Ohne einen der Kämpfer konnte die Gruppe nicht mehr vernünftig verteidigt, ohne einen Kleriker nicht mehr geheilt, ohne den Dieb keine Schlösser geöffnet werden usw. Sie lernten auch daraus, ihre verschiedenen Fertigkeiten besser zu koordinieren. (…)

(15. Treffen): In dieser Sitzung wurde die Gruppe vom Spielleiter mit 5 Ogern konfrontiert. Adrian, welcher sonst eher schüchtern und zurückhaltend war wurde in dieser Situation offener und begann sich mehr in die Gruppe einzubringen. Er nutzte eher Strategie als impulsive Aktion. So überlegte Adrian, sich an die Oger heranzuschleichen und sie zu überraschen. Dieser Plan wurde vom Spielleiter unterstützt[5] und auch von der Gruppe enthusiastisch aufgenommen. Der Plan funktionierte und Adrian wurde zum Held des Tages. Obwohl Adrians Plan aufging, honorierte der Sozialarbeiter auch alle anderen gemachten Pläne der Gruppe und lobte ihr Planen und ihr Einbeziehen der verschiedenen Fähigkeiten der Individuen der Gruppe. (…)

Voraussetzung für eine solche erfolgreiche Umsetzung des Rollenspiels in einer Gruppe mit verhaltensauffälligen Kindern ist ein geschulter und erfah-

---

5 Eine Handlungsweise, die ein Spielleiter unter normalen Umständen nicht vornimmt, in diesem bestimmten Fall aber sehr positiv zu bewerten ist

rener Spielleiter/Sozialarbeiter, der mit den verschieden Anforderungen durch die Gruppe umgehen und auf die verschiedensten Situationen eingehen kann.

Die folgenden Ausführungen zeigen den Einsatz von Rollenspielen in der Psychotherapie. Christoph Bräuer ist Diplom-Psychologe aus Wildeshausen. Zwischen 1984 und 1985 setzte er das Fantasy-Rollenspiele *Midgard* in drei verschiedenen Selbsthilfegruppen ein (nach Kathe 1987).

An diesem Projekt waren 32 Personen beteiligt, die in Eigeninitiative die Gruppen gebildet hatten. Zielsetzung dieser Gruppen war, soziale Kontakte herzustellen, Selbsterfahrung zu sammeln und gemeinsam Problemlösungen zu erarbeiten. Probleme dieser Gruppenmitglieder waren Kontaktarmut, Partnerprobleme, Sozialstörungen, Unselbstständigkeit, Unsicherheit, Unruhe und psychosomatische Beschwerden.

Die Altersspanne dieser Gruppe reichte von 19 bis 46 Jahren, wobei sich der Anteil der Geschlechter ungefähr die Waage hielt.

Bräuer übernahm in dieser Gruppe die Aufgabe des Spielleiters. Nach einiger Zeit war er dabei auch in der Lage, Figuren und Abenteuer passend zu den Problemen der Teilnehmer auszuarbeiten. Wichtig dabei war, dass die Teilnehmer ungewohnten Wünschen nachgehen konnten, für die sie sich in der Realität vielleicht schämen würden, da sie einem Angst machen oder die Gesellschaft sie nicht akzeptiert. „Schlechtes" Verhalten konnte somit der Figur zugeschrieben werden, nicht der realen Person. Bei Erfolg in einer Situation konnte dieser dem Spieler zugeordnet werden, bei Misserfolg der Figur. So nimmt das Fantasy-Rollenspiel einen großen Teil des Leistungsdrucks von den Teilnehmern. Positiv wirken sich dabei die Distanz zur Alltagswelt und der dadurch entstehende Abbau von Kontrollmechanismen wie z. B. Angst aus. Es ist aber notwendig, zwischen erlebtem Verhalten in der Spielsituation und der realen Umwelt einen Bezug herzustellen. Christoph Bräuer tat dies, indem er nach jeder Spielsitzung das Geschehen mit Tonmittschnitten aufarbeitete.

Zwei Punkte sind wesentlich, damit die Teilnehmer ihre im Rollenspiel gemachten Erfahrungen im Alltag umsetzen können:

- Jede Aktion zieht eine möglichst reale Gegenreaktion nach sich. Diese fällt im Fantasy-Rollenspiel meist zugespitzter aus als im Alltag. Dies hilft den Teilnehmern dabei, Zusammenhänge zu erkennen, was von Bedeutung ist, da sie oft Schwierigkeiten damit haben, soziale Situationen zu durchschauen und danach zu handeln. Im Fantasy-Rollenspiel kann man Verhaltensweisen wie Initative ergreifen, Eigeninteressen darstellen und wahrnehmen in einem Schonraum ausprobieren.
- Jeder Teilnehmer erhält eine Figur (Charakter) zugewiesen, die seine Persönlichkeitsstruktur anspricht. Diese kann Parallelen zum „Ich" haben, gleichzeitig aber auch ein ganz anderer, überzeichneter Charakter sein, um sich mit bestimmten Charaktereigenschaften vertraut zu machen. Dabei kann man Erfahrungen mit der Wirkung bisher unvertrauter Verhaltensweisen sammeln.

In dem Projekt von Ch. Bräuer zeigte sich, dass das Fantasy-Rollenspiel ein Mittel ist, sich mit den sozialen Problemen auseinanderzusetzten. Von den 26 Personen, die durchgehend an diesem Projekt teilnahmen, äußerten sich 22 dementsprechend. 18 davon gaben an, dadurch reale Fortschritte gemacht zu haben.

Bräuer entwickelte das folgende Schema der Vorgehensweise:
1. Anbieten einer Selbsthilfegruppe über Stadtzeitung, soziale Dienste u.ä.
2. Kontaktherstellung
3. Treffen zum Kennenlernen
4. Individuelle Problemanalyse
5. Vorstellung des Fantasy-Rollenspiels
6. „Freies" Spiel zum Kennenlernen der Regeln etc.
7. Ausarbeitung von „problemorientierten" Abenteuern bzw. Adaption vorhandener Abenteuer
8. Durchführung des Spiels
9. Jeweils anschließende Aufarbeitung
10. Reflexion, Suche nach realen Übungsschritten, u. U. herkömmliche Rollenspielübungen
11. Rückmeldung über Erprobung von 10
12. Gegebenenfalls bei 4 neu beginnen

Ein Ausblick

Rollenspiele, in welcher Form auch immer, werden uns weiterhin begleiten. Gerade Pädagogen müssen sich der Gefahren, die in diesen Spielen stecken können, bewusst sein, sollten diese aber nicht überbewerten. Vielmehr sollte man die kreativen Möglichkeiten nutzen und fördern. Allerdings wird der Einsatz von Fantasy-Rollenspielen in der Pädagogik oder Sozialarbeit immer eine Ausnahmeerscheinung bleiben.

Die Rollenspiel-Szene sieht sich momentan einem Einbruch der „Pen-and-Paper"-Spiele zugunsten der Online-Spiele gegenüber. Bei einem Online-

Spiel entfallen Terminabsprachen und man kann mit vielen, ja Tausenden von Spielern spielen. Was das für die Fantasy-Rollenspiele insgesamt bedeutet, ist noch nicht abzuschätzen.

Jürgen C. Abeln, Boerskamp 2, 49134 Wallenhorst

Gerd Frey

Fantastik im Computerspiel

Computerspiele: Wirkungsweise und Philosophie

Computerspiele zählen zu den modernsten Unterhaltungsmedien unserer Zeit und haben inzwischen eine Marktpräsenz erreicht, die sogar der Filmindustrie Konkurrenz macht. Die Komplexität von Computerspielen ist dabei stark an technische Möglichkeiten gebunden. Erst mit neuester Hardware ist man in der Lage relativ anspruchsvolle Spielszenarien zu entwerfen. Trotz diverser Vorbehalte muss man das weite Feld der Computerspiele als neue Kunstgattung betrachten. Schließlich gehen in Computerspielen verschiedene Kunstrichtungen wie Grafik, Musik, Literatur oder Film eine nach den speziellen spielerischen Erfordernissen ausgerichtete Symbiose ein. So wird für Computerspiele inzwischen mit dem gleichen Aufwand Musik zur Hintergrunduntermalung produziert wie für Kinofilme.

Ein Computerspiel ist immer an eine entsprechende Hardware gebunden. Im klassischen Sinn ist dies ein Multimediacomputer, der zusätzlich zu den üblichen Komponenten über eine leistungsfähige 3D-Grafikkarte, möglichst viel Arbeitsspeicher, einen schnellen Internetzugang und (für Flugsimulationen) einen hochwertigen Joystick verfügt. Über das entsprechende Eingabemedium kann der Spieler das Geschehen auf dem Monitor beeinflussen. Jedes Spiel stellt dabei ganz unterschiedliche Anforderungen an den User. Während Actionspiele das Reaktionsvermögen und schnelle Reflexe trainieren, fördern Adventure- und Rätselspiele die Kombinationsgabe. Strategie- und Aufbauspiele sprechen dagegen verstärkt Managementfähigkeiten an. Der größte Unterschied zu anderen elektronischen Unterhaltungsmedien ist jedoch die Tatsache, dass der Nutzer von Computerspielen nur dann vorankommt, wenn er aktiv ist. Ohne sein Eingreifen passiert am Bildschirm nur wenig oder gar nichts. Komplexe Computerspiele erfordern deshalb ein hohes Maß an Konzentration und Koordinationsfähigkeit.

Das Problem, das Computerspiele in der heutigen Medienlandschaft haben, betrifft hauptsächlich die mangelnde Spielkompetenz vieler kritisch über Computerspiele referierender Autoren. Um Literaturkritiker zu werden, sollte man über eine ausreichende Lesekompetenz verfügen. Für Kritiker von Computerspielen scheint die analoge Forderung nur in beschränktem Maß Gültigkeit zu haben. Da werden Statistiken bemüht, Zusammenhänge konstruiert, drastische Einzelbeispiele für die vermeintlichen Auswirkungen von Computerspielen vorgeführt – und dies oft ohne tieferes Verständnis über die Wirkungsweise von Bildschirmspielen. Um zu einer wirklich kritischen Auseinandersetzung mit Computerspielen in der Lage zu sein – und diese Auseinandersetzung ist wichtig, um wirklichen Einfluss auf die Entwicklung von Computerspielen zu haben – sollten sich interessierte Autoren auch eine entsprechende Spielkompetenz aneignen. Schließlich ist auch nicht jeder Literaturkritiker in der Lage, eine Sportsendung zu moderieren.

Die Entwickler von Computerspielen stehen heute vor der großen Herausforderung, fast alle vorstellbaren Szenarien und Geschichten in einem Computerspiel umsetzen zu können. Der virtuelle Raum bietet nahezu unbegrenzte Möglichkeiten. Es kommt allein auf die Kreativleistung der Spieledesigner an. Eine Forschungsstation auf dem Mars (*Doom 3*, 2005), ein verlassenes Raumschiff (*System Shock 2*, 1999), ein riesiger organischer Planet (*The Saga of Ryzom*, 2004) oder ein unterirdisches Fantasy-Reich (*Arx Fatalis*, 2002) sind nur eine kleine Auswahl von Schauplätzen, die heute dem Computerspiele-Fan offenstehen. Angesichts der schöpferischen Freiheiten im virtuellen Raum ist es kaum verwunderlich, dass viele Computerspiele in einen Fantasy- oder Science-Fiction-Hintergrund eingebunden sind, wobei in der Regel nicht zwischen Fantasy und Fantastik unterschieden wird.

Ein Spieledesigner kann und muss alle Details in seiner geschaffenen Welt selbst bestimmen. Das sind z. B. Landschaften, Gebäude, Fahrzeuge, Menschen, Kreaturen, Gegenstände, bis hin zu den herrschenden Naturgesetzen. Neueste PC-Hardware (speziell 3D-Grafikkarten) ermöglicht immer glaubhaftere Spielszenarien mit natürlich wirkenden Wasserflächen, der realistischen Darstellung von Feuer, bewegten Schatten und authentisch simulierten Lichtverhältnissen. Ein gutes Beispiel hierfür ist das Computerspiel *Half Life 2* (2004). In neueren Computerspielen kommt gerade der Ausarbeitung einer überzeugend agierenden „Künstlichen Intelligenz" die größte Bedeutung zu. Die digitalen Spielfiguren sollten glaubhaft und nicht allzu vorhersehbar mit dem Spieler und der Umwelt interagieren. In dem Fantasy-Rollenspiel *Fable* (2005) beispielsweise gehen die Bewohner der Spielwelt einem geregeltem Tagesablauf nach. Tagsüber arbeiten sie, während sie am Abend die Gastwirtschaft aufsuchen um sich danach schlafen zu legen.

Genres des Computerspiels

Computerspiele mit fantastischen Spielinhalten werden meist in sechs Hauptgattungen untergliedert (vgl. auch Jürgen Fritz 1995, auf dessen Definitionen hier jedoch nur in Teilaspekten zurückgegriffen wird).

Action-Spiele

Der überwiegende Teil der Action-Spiele zeichnet sich durch einen simplen Handlungsablauf und einen linearen Spielverlauf aus. Ein typisches Action-Spiel ist beispielsweise ein sogenannter „3D-Shooter", in dem es darum geht, sich ausschließlich mit Waffengewalt einen Weg durch die Spielwelt zu ebnen. Im Bereich der Fantastik gibt es nur eine begrenzte Anzahl solcher Spiele. 3D-Shooter sind häufiger an realistischen Kriegsszenarien oder Science-Fiction-Schauplätzen angesiedelt. Beispiele im Fantastik-Bereich sind die schon etwas ältere *Heretic/Hexen*-Reihe (1994–1998) und der Fantasy-Shooter *Enclave* (2003). In diesen Spielen schlüpft man in die Rolle eines wehrhaften Helden und muss aus der Ich- oder Verfolger-Perspektive seinen Protagonisten durch gefährliche Schauplätze steuern und eine Vielzahl von Gegnern „ausschalten". In 3D-Shootern sind die fantastischen Spielelemente hauptsächlich Kulisse. Statt mit Pistole, Maschinengewehr oder Raketenwerfer hantiert der Spieler mit Schwert, Keule oder zerstörerischen Zaubersprüchen. Die fantastischen Spielelemente betreffen weitestgehend äußerliche Merkmale. Der Spieler durchstreift prachtvolle Schlossanlagen, düstere Grüfte oder malerische mittelalterliche Dörfer, während er gegen Skelette, Goblins, dunkle Ritter oder geflügelte Höllenkreaturen kämpft.

Die Spielaufgaben erfordern keine höhere Intelligenzleistung, sondern erschöpfen sich in der Suche nach versteckten Schlüsseln, um spielrelevante Türen öffnen zu können, oder relativ simplen Schalterrätseln. Die Spielmotivation ergibt sich zum überwiegenden Teil daraus, möglichst viele Gegner auszuschalten und – ohne das Leben zu verlieren – das Levelende zu erreichen. Geheimverstecke, in denen man zusätzliche Ausrüstung (Waffen, Munition, Manavorräte, Rüstung) oder medizinische Versorgung findet, bieten einen weiteren spielerischen Anreiz. Eine Abwandlung dieses Spielprinzips findet sich auch in Games mit Top-Down-Perspektive. Hier steuert man seinen Helden aus größerer Distanz (Vogelperspektive) mittels Tastatur und Maus durch diverse Fantasy-Landschaften und kämpft gegen alles, was sich dem Spielhelden in den Weg stellt. Leider bestimmen hauptsächlich diese simplen und oberflächlichen Action-Spiele das Bild von Computerspielen in der heutigen Medienlandschaft.

Adventure-Spiele

Ein Adventure-Spiel stellt wesentlich höhere Ansprüche an den erzählerischen Handlungsrahmen und die Komplexität der zu lösenden Aufgaben als ein Action-Spiel. Der Spieler ist Teil einer Geschichte, die er nur dadurch vorantreibt, dass er eine Vielzahl von unterschiedlichsten Rätseln löst. Die Schöpfer von Grafik-Adventures entwerfen komplexe Ereignisgerüste, deren auslösende Momente richtig gelöste Spielaufgaben oder verschachtelte Gesprächsabläufe sind. Wird in einem Adventure viel kommuniziert, müssen alle Antwort- und Fragemöglichkeiten aufeinander abgestimmt sein. Obwohl einige der besten Adventure-Spiele inzwischen über zehn Jahre auf dem Markt sind und von der technischen Entwicklung längst überholt wurden (*Simon the Sorcerer*, 1994; *Day of the Tentacle*, 1993), ist es immer noch ein großes Vergnügen, diese Klassiker zu spielen. Trotz 240x320 Bildpunkten und 256 Farben überzeugen sie durch eine originelle Hintergrundgeschichte, humorvolle Dialoge und witzige Spielaufgaben.

Ein klassisches Adventure-Spiel: *Simon the Sorcerer*

Das Fantasy-Comedy-Adventure *Simon the Sorcerer* erschien zuerst als Diskettenversion und etwas später auf CD. Dank des neuen Speichermediums konnte man das Adventure-Spiel mit vollständiger Sprachausgabe realisieren. Die deutsche Version macht durch die hervorragend ausgewählten Sprecher, eine gelungene Übersetzung und die witzigen Dialoge noch heute einen ausgezeichneten Eindruck. In der Hintergrundgeschichte gerät Simon – ein mit Walkman und Turnschuhen „bewaffneter" Jugendlicher – in eine schrullige Fantasywelt. Simon startet sein Abenteuer in einem verträumten Dorf. Nachdem er dort aller verfügbaren Gegenstände habhaft geworden ist, wagt er sich in den riesigen Zauberwald vor. Schon nach kurzer Zeit befindet sich Simon inmitten einer aberwitzigen Abenteuergeschichte mit dem Ziel, den Dorfzauberer Calypso aus den Fängen des finsteren Magierfürsten Sordid zu befreien.

Ein Adventure-Spiel bezieht seine Qualitäten hauptsächlich aus einer anspruchsvollen Rahmenhandlung und einer professionellen Präsentation. In einem klassischen Adventure durchstreift der Spieler verschiedene Schauplätze (zumeist handgezeichnete oder computergenerierte Szenarien) um diese nach Hinweisen und Gegenständen zu durchsuchen. In den meisten Adventures steht dem Spieler ein Inventar zur Verfügung, in dem er aufgefundene Gegenstände sammeln, erforschen oder miteinander kombinieren kann. Andere Adventure-Spiele – der wichtigste Vertreter ist hier die *Myst*-Serie – entlassen den Spieler in eine magische Fantasy-Welt voller bizarrer Bauwerke und Maschinen. In diesen Adventures muss der Spieler zumeist anspruchsvolle Logikrätsel lösen, um weiterzukommen.

Action-Adventure

In einem Action-Adventure vereinen sich Spielelemente von Action- und Adventure-Spielen. Berühmt für dieses Genre ist die *Tomb Raider*-Serie (der erste Teil erschien 1996). Die grundlegende Idee dabei ist, die recht simplen Spielabläufe von Action-Spielen durch eine spannende Rahmenhandlung und anspruchsvollere Rätselaufgaben zu erweitern. Andererseits wurde dem sonst eher besinnlich erzählten Adventure mehr Tempo verliehen. Auf diese Weise gelang es den Entwicklern, zwei verschiedene Käufergruppen mit einem Produkt anzusprechen.

Die bisher komplexesten Action-Adventure schuf der amerikanische Spielentwickler Warren Spector. In seinen Spielen kann der User selbst bestimmen, ob er wie ein Adventure-Spieler handeln oder eher als digitaler Rambo durch die Level hetzen möchte. Neben *System Shock 1+2* (1994/1999) und *Deus Ex 1+2* (2000/2004) zählt die vor einem mittelalterlichen Fantasyhintergrund spielende *Thief*-Reihe zu seinen bekanntesten Schöpfungen. Hier schlüpft der Spieler in die Rolle des Meisterdiebes Garrett, der in den Kulissen einer mittelalterlichen Fantasywelt seinem gefährlichen Handwerk nachgeht. Anders als in einem 3D-Shooter ist in *Thief* eine direkte Auseinandersetzung mit einem Gegner nur selten von Erfolg gekrönt. Garrett ist vielmehr hinterhältig und verschlagen. Um in der düsteren Spielwelt überleben zu können, hat Garrett Zugriff auf umfangreiches Diebeswerkzeug. Er kann Wasserpfeile zum Löschen von Fackeln benutzen, einen Knüppel einsetzen oder Ölflaschen ausschütten, um seine Verfolger ausgleiten zu lassen.

Im Mittelalter angesiedeltes Action-Adventure: *Thief 3*

Die Geschichte von *Thief 3: Deadly Shadows*, dem letzten bisher publizierten Diebesabenteuer, beginnt in Garretts Heimatstadt. Noch immer ist der Meisterdieb nachts unterwegs, um reichen Adligen, die so schamlos wie nie zuvor die Armen schröpfen, ein wenig von der schweren Last ihrer angehäuften Reichtümer abzunehmen. Doch die Zeiten sind hart und bedrohliche Veränderungen beginnen sich für die Zukunft abzuzeichnen. Als sich der geheime Orden der Hüter an Garrett wendet, um ihn von einer düsteren Prophezeiung zu unterrichten, ahnt er, dass das empfindliche Gleichgewicht seiner Welt zu zerbrechen droht. Mehrere Gruppierungen – der Hammeriten-Orden mit seiner Lehre eines erbarmungslosen Schöpfers, die magisch begabten und naturverwurzelten Heiden und der Orden der Hüter – ringen um die Vorherrschaft in Garretts Heimatwelt. Um das prophezeite dunkle Zeitalter abzuwenden, tritt Garrett in die Dienste des Ordens und stiehlt in dessen Auftrag geheimnisvolle Artefakte und magische Gegenstände. Eine abwechslungsreiche und spannende Fantasygeschichte mit unerwarteten Wendungen nimmt ihren Lauf.

Grafisch basiert *Thief: Deadly Shadows* auf einer modifizierten „Unreal 2"-Engine (d. h. einem Programm-Modul, das für die Umsetzung der 3D-Darstellung verwendet wird). Diese ermöglichte den Entwicklern, realistische Echtzeit-Schatten in das Spiel zu integrieren. Öffnet man etwa eine Tür, bewegt sich der Schatten entsprechend mit. Objekte vor Kaminen oder Fackeln werfen dagegen unruhig zitternde Schatten. Hochauflösende Texturen und stimmungsvolle Lichteffekte (durch die Fenster der Häuser dringt beispielsweise fächerförmig das bläuliche Mondlicht, in dem zarte Lichtpunkte tanzen) versetzen den Spieler innerhalb kürzester Zeit in die Fantasywelt von *Thief*. Auch das Leveldesign mit abwechslungsreichen Handlungsschauplätzen lässt keine Wünsche offen. Der Spieler kann unter anderem das architektonische Wunderwerk einer Kathedrale der Hammeriten bestaunen, durch die verwinkelten Gassen einer mittelalterlichen Stadt schleichen oder in eine unheimliche Fabrik eindringen. Mit viel Aufwand wurden trickfilmähnliche Zwischensequenzen realisiert.

Rollenspiele[1]

Zu den interessantesten und anspruchsvollsten Untergattungen der Computerspiele zählen die Rollenspiele. Aktuelle PC-Rollenspiele warten mit einer wendungsreichen Hintergrundgeschichte auf, nutzen moderne 3D-Echtzeit-Engines zur Umsetzung der Spielwelt und begeistern durch eine ausgefeilte Künstliche Intelligenz der digitalen Spielcharaktere. Rollenspiele, einst ein Nischenprodukt im Bereich der Computerspiele, erlangten in den letzten Jahren eine immer größere Marktpräsenz. Die Wurzeln dieser Spielegattung liegen in den frühen Tabletop-Spielen. Die nach festgelegten Regeln ausgetragenen Kriegsspiele erweiterte man später um Fantasyele-

---

[1] Vgl. auch Abeln in diesem Band, S. 146.

mente. Erst 1974 wurde mit der Urfassung von *Dungeons & Dragons* das erste klassische Rollenspiel ins Leben gerufen, dessen ursprüngliches Regelwerk noch spürbar vom militaristischen Hintergrund der Tabletop-Spiele geprägt ist. In der Weiterentwicklung des Regelwerks traten jedoch immer stärker Adventure-Anteile in den Vordergrund. Ein komplexes Regelwerk bestimmte die Charakterentwicklung der Spielhelden und den Ablauf der Kämpfe, während ein Spielleiter die Ereignisse moderierte und das Einhalten der Regeln überwachte. In diesen sogenannten „Freien Rollenspielen" gibt es keine festgeschriebene Hintergrundgeschichte. Die Spieler und der Spielleiter improvisieren und der Handlungsrahmen entsteht aus der spontanen Situation heraus.

Rollenspiele vor düsterem Hintergrund: *Gothic*

In einem PC-Rollenspiel steht zu Spielbeginn meist eine ganze Reihe vorgefertigter Heldenfiguren zur Auswahl, die – je nach Charakterprofil – mit unterschiedlichen Fähigkeitswerten ausgestattet sind. Zauberer weisen üblicherweise höhere Intelligenzwerte auf, um Zugriff auf die einzelnen Zauberstufen zu haben, während Kämpfer mit einem höheren Stärkewert ausgestattet sind. Für Diebe und Schurken sind wiederum Gewandtheit und Ausdauer von großer Wichtigkeit. Nur durch den praktischen Einsatz der verschiedenen Fähigkeiten erhöhen sich die als Basis mitgegebenen Erfahrungswerte. Doch schon in diesem Punkt unterscheiden sich die einzelnen Spiele voneinander. Entscheidet man bei dem einem Spiel selbst, wie die gewonnenen Erfahrungspunkte auf die einzelnen Charakterattribute verteilt werden (*Gothic* 2001), entwickeln sich in anderen Rollenspielen nur jene

Fähigkeiten weiter, die man auch zum Einsatz bringt (*Dungeon Siege* 2002).

Ein weiteres immer wieder benutztes Spielelement in Rollenspielen ist der Einsatz von Gegenständen und Kleidungsstücken. Während ein Barbar immer mächtigere Waffen und schwerere Rüstungen benutzt, um unbeschadet selbst durchs größte Schlachtengetümmel zu gelangen, hält ein Magier nach Schriftrollen mit Zaubersprüchen, Mana-Fläschchen oder magischen Artefakten Ausschau. Viele Gegenstände ermöglichen dem Träger, bestimmte Attributwerte zu erhöhen. Ein magischer Ring verleiht dem Besitzer beispielsweise mehr Stärke und er kann mehr Gegenstände bei sich tragen. Wird ihm der Ring jedoch gestohlen oder ist die magische Kraft zeitlich begrenzt, gehen auch die zusätzlichen Stärkepunkte verloren.

Die meisten Rollenspiele nutzen kämpferische Auseinandersetzungen, um ihren Charakteren Erfahrungspunkte zu verschaffen. Je komplexer ein Rollenspiel angelegt ist, desto strategischer muss der Spieler vorgehen. Wird beispielsweise ein Magier von einem Feuerdämon angegriffen, kann er sich entscheiden, ob er mit einem Eis- und Kältezauber kontert, die Flucht ergreift oder einen Rettungswurf versucht. Die Wirkung der entsprechenden Aktion hängt eng mit den Fähigkeitswerten des Charakters zusammen. Gerade im Ablauf der Kämpfe unterscheidet sich das klassische Rollenspiel vom Rollenspiel am Computer. In Ersterem werden alle Aktionen ausgewürfelt und mit dem Charakterprofil des Helden und dem des Gegenspielers abgeglichen. In einem Computer-Rollenspiel wird im Hintergrund durch das Generieren von Zufallszahlen „gewürfelt". Der Spielablauf ist flüssiger, aber weniger transparent. Leider kann man sich in nur wenigen PC-Rollenspielen das Würfelergebnis anzeigen lassen. Dafür haben die Entwickler eines Computerspiels die Möglichkeit, Nichtspielercharaktere (die vom Rechner gesteuerten „Bewohner" einer Spielewelt) mit einer komplexen Künstlichen Intelligenz auszustatten, die daraufhin viel differenzierter auf den Spieler reagieren können. Dadurch ist es eher möglich, die Illusion einer lebendigen Spielwelt zu erzeugen, als dies in einem klassischen Rollenspiel zu realisieren wäre. Auf eine riesige und komplex angelegte Spielwelt trifft man in fast jedem Rollenspiel. So kann man beispielsweise in *Morrowind* (2002) stundenlang durchs weitläufige Gelände spazieren, ohne auch nur einen Bruchteil der Spielwelt gesehen zu haben.

Gothic (2001), eines der interessantesten PC-Rollenspiele der letzten Jahre, ist vor einem düsteren Hintergrund angesiedelt. Die Handlung spielt innerhalb einer magischen Sphäre, in die sämtliche Gesetzeslose des Landes verbannt werden, damit sie als lebenslang Gefangene das dringend benötigte magische Erz für das Königreich schürfen. Als Gegenleistung erhalten sie Lebensmittel und andere wertvolle Güter. Die magische Sphäre überdacht eine große Landfläche und kann nur nach innen passiert werden. Ein Verlassen der Sphäre ist unmöglich. Ein Versuch führt in jedem Fall zu schweren Verletzungen oder zum Tod. Dem Spieler wird nach einem Einleitungsfilm die Kontrolle über einen kurz zuvor Verstoßenen übergeben, der sich als unerfahrener Neuling innerhalb der Sphäre wiederfindet. Wie in jedem Rollenspiel ist auch in *Gothic* aller Anfang schwer. Zudem lauern in Wäldern und Höhlen genügend ungemütliche Kreaturen auf unvorsichtige oder übermütige Abenteurer. Magie und Zauberei haben in *Gothic* einen hohen Stellenwert. Durch den gezielten Aufbau ausgewählter Fähigkeitswerte kann der Spieler selbst bestimmen, ob sich seine Figur zu einem mächtigen Magier, einem starken Kämpfer oder einem gerissenen Ganoven entwickelt. Grafisch kann sich der Spieler – gespielt wird aus der Verfolgerperspektive (d. h. eine imaginäre Kamera befindet sich direkt hinter der Spielfigur) – an einer komplexen und vielschichtigen 3D-Welt erfreuen. Tages- und Nachtwechsel, unbeständige Wetterverhältnisse oder Blendeffekte gehören ebenfalls zu den Fähigkeiten der damals recht leistungsstarken 3D-Engine. Eine weitere Besonderheit in *Gothic* ist die ausgereifte Künstliche Intelligenz der Spielcharaktere. Der größte Teil der menschlichen Protagonisten ist dem eigenen Helden vorerst neutral gesonnen. Es liegt allein am Spieler, ob er sich unter den unzähligen Bewohnern der Sphäre viele Todfeinde oder Freunde schafft. Jede Figur besitzt ein ausgeprägtes Erinnerungsvermögen und wird bei Beleidigungen oder gar Angriffsattacken auch später auf den Spielhelden nicht gut zu sprechen sein. Dabei gilt es innerhalb der Sphäre als unfein, bei einer Auseinandersetzung seinen Gegner zu töten – viel lieber schlägt man ihn besinnungslos und erleichtert ihn um seinen schwer errungenen Besitz.

Online-Rollenspiele

Vor nicht allzu langer Zeit galten Online-Rollenspiele im deutschen Sprachraum als reines Nischenprodukt. Die Gründe hierfür waren offensichtlich. Auf technischer Seite verfügten nur wenige Haushalte über einen ausreichend schnellen Internetzugang. Auf der anderen Seite gab es keine Online-Rollenspiele, die Rollenspiel-Neulingen einen unkomplizierten und leichten Zugang boten. Ganz davon abgesehen, konnten Online-Rollenspiele grafisch kaum mit Einzelspieler-Games mithalten. Trotz dieser schlechten Startbedingungen schafften es auch in Deutschland einige MORPG (Multiplayer Online Role Playing Games), eine kleine, aber treue Fangemeine zu binden. Die wohl einflussreichsten darunter waren *Ultima Online* (1997) und *Everquest* (1999). In einem Online-Rollenspiel hat man nun erstmals die Möglichkeit, mit Tausenden von anderen Teilnehmern ein virtuelles Universum zu bevölkern und mit diesen in Wettstreit zu treten. Um an einem Online-Rollenspiel teilnehmen zu können, ist es fast immer üblich, eine monatliche Grundgebühr an den entsprechenden Dienstleister zu entrichten. Dafür steht mitunter die Installationssoftware sehr preisgünstig oder gar kostenlos als Download zur Verfügung. Online-Rollenspiele bieten dem Spieler virtuelle Alternativ-Realitäten mit eigenen Gesetzen und

Regeln. Ein wichtiges Spielelement ist die Kommunikation mit anderen Charakteren. Dabei kann man ganz private Gespräche führen oder innerhalb seiner Gilde, wie in einen Chat-Raum, einfach drauflos schwatzen. Viele Rollenspiele bieten zudem durch sogenannte „emotes" die Möglichkeit, einem anderen Spielcharakter differenzierte Regungen und Gefühle mitzuteilen. Dazu zählen beispielsweise Tanzen, Lachen, Verspotten, Furcht, Flirten oder auch Weinen. Oft verfügen die einzelnen Charaktere über recht weitgehende Entwicklungsmöglichkeiten. So lassen sich nicht nur die Eigenschaften von Stärke, Intelligenz oder Geschicklichkeit gezielt weiterentwickeln, sondern auch berufsspezifische Fertigkeiten wie Schneiderei, Schmiedekunst oder Alchemie.

Da es sich bei einem Online-Rollenspiel um eine Echtzeitsimulation mit anderen Teilnehmern handelt, kann man seinen Spielstand nicht zu jeder beliebigen Zeit sichern. Erst beim Verlassen des Spiels merkt sich der Server die Position, den Entwicklungsfortschritt und den Besitzstand des jeweiligen Helden. Deshalb kann eine Spielfigur in einem Online-Rollenspiel auch nicht sterben. Es steht schließlich kein gespeicherter Spielstand zur Verfügung. Stattdessen gibt es meist Wiederbelebungsportale, an denen der Charakter (meist mit einer kleinen Bestrafung verbunden) aufersteht und die Handlung von dort aus fortsetzen kann. Online-Rollenspiele sind gleichzeitig Micro-Universen, in denen viele Dinge des sozialen Zusammenlebens simuliert werden. So existieren Gilden, unter denen ein regelrechter Wirtschaftskreislauf stattfindet. Die unterschiedlichen Berufe machen es möglich, dass jeder dem anderen nützlich sein kann und selbst von der Gemeinschaft profitiert. Viele anspruchsvollere Aufgaben lassen sich nur von gut aufeinander abgestimmten und vor allem eingespielten Gruppen bewältigen.

Spielerisch setzen die auf dem Markt befindlichen Games ganz unterschiedliche Schwerpunkte. So ist beispielsweise *Guild Wars* (2005) eher für Spieler geeignet, die sich verstärkt für taktische Gruppenkämpfe begeistern, während sich *Dark Age of Camelot* (2001) an Spieler richtet, die sich viel stärker mit der Welt und ihrem Charakter identifizieren und während der Gespräche mit anderen Spielern bemüht sind, auch sprachlich (z. B. durch einen typisch mittelalterlich wirkenden Schreibstil) ein noch intensiveres Spielgefühl zu erreichen.

Neben den bedeutenden Online-Rollenspielen *World of WarCraft* und *Guild Wars* zählen zu den aktuell marktbestimmenden Spielen u. a. *Dark Age of Camelot*, *EVE*, *Ragnarök* und *The Saga of Ryzom*. Das farbenfrohe Online-Rollenspiel *The Saga of Ryzom* führt den Spieler auf den fruchtbaren Planeten Atys, der ganz aus organischer Materie besteht. Atys ist die Heimat der vier Spezies Matis, Zorai, Fyros und Tryker, die sich in der Vergangenheit wegen ihrer abweichenden Lebensphilosophien und aus Machtstreben und Größenwahn blutige Schlachten lieferten. Dann stießen jedoch Forscher der Fyros tief in das Innere des Planeten vor und gerieten mit dem aggressiven Insektenvolk der Kitins in Kontakt. Ein verheerender Krieg brach aus, der die ehemals blühenden Zivilisationen vernichtete. Nur mit Hilfe der naturverbundenen Kamis und der geheimnisvollen Karavan gelang es den vier ehemals verfeindeten Völkern, die Invasion der Kitins zu stoppen und das Insektenvolk zurück unter die Oberfläche des Planeten zu zwingen. Nun geht es darum, das Land wieder in Besitz zu nehmen und mit mehr Respekt voreinander die zerstörten Städte und Ansiedlungen neu zu errichten.

Ein farbenfrohes Online-Rollenspiel: *The Saga of Ryzom*

Während dieser schwierigen Aufbruchsphase betritt der Spieler als Flüchtling eines der vier Völker die Welt von Atys. Er kann selbst entscheiden, welchem der Völker er angehören möchte und welche Grundausstattung ihm mitgegeben wird. Von da an ist er auf sich allein gestellt. Seine ersten Schritte macht er deshalb innerhalb eines abgeschlossenen Startbereiches, in dem er die Grundlagen der Spielmechanik erlernt und den er erst verlassen kann, wenn er über ausreichend Erfahrung verfügt. Erst danach steht ihm die riesige Spielwelt von Atys offen.

Obwohl auch in *The Saga of Ryzom* der größte Teil der Erfahrung durch das Besiegen von Gegnern erlangt wird, legten die Entwickler viel Wert auf eine komplexe und vielschichtige Hintergrundwelt, einer gelungenen Mischung aus Science-Fiction und Fantasy. Auch bei der Entwicklung des eigenen Spielcharakters steht dem Spieler eine Vielzahl nichtlinearer Optionen offen, um seinen Helden in jede beliebige Richtung entwickeln zu können. Die „Stärke" einer Figur lässt sich daher nicht einfach über eine erreichte Levelstufe ablesen, sondern über einen speziellen Code aus Farben und Sternen. Ebenfalls ein wichtiges Spielelement sind die Gilden. Hier können Spieler riesige Gemeinschaften aufbauen und profitieren vom Warenaustausch und von gemeinsam geplanten Aktionen.

Mit der im Frühjahr 2006 ins Spiel implementierten Erweiterung *Ryzom-Ring* haben Online-Rollenspieler erstmals die Möglichkeit, unabhängige Spielareale zu entwerfen und eigene Szenarien zu entwickeln. Über ein einfach und intuitiv zu bedienendes Interface hat man Zugriff auf die meisten gestalterischen Inhalte von *The Saga of Ryzom*. Außerdem stehen fast alle Charaktermodelle der im Spiel vorkommenden Kreaturen zur Verfügung. *Ryzom Ring* verknüpft dabei das klassisch gespielte Rollenspiel mit den technischen Möglichkeiten moderner Online-Rollenspiele. Die Erweiterung bietet die einzigartige Möglichkeit, Gebiete zu gestalten, die beispielsweise nur der eigenen Gilde zugänglich sind. Auf diese Weise wird der Spieler noch direkter ins Spielgeschehen eingebunden, da er sich ein eigenes virtuelles „Zuhause" gestalten kann. *Ryzom Ring* öffnet sich damit allen kreativen Möglichkeiten, die ein klassisches Rollenspiel bietet und sorgt für völlig neue Spielerfahrungen. Für eine kleine zusätzliche Gebühr können *Ryzom*-Spieler sogar komplette Außenwelten mieten und dort ihr eigenes „Universum" errichten. *The Saga of Ryzom/Ryzom Ring* dürfte sich mit diesen Neuerungen zum wohl derzeit interessantesten Online-Rollenspiel qualifizieren und es ist zu hoffen, dass viele Spieler die ihnen neu gegebenen spielerischen Freiheiten nutzen werden.

Strategiespiele

Eine weitere Spielart von Computerspielen mit fantastischen Spielelementen sind Strategiespiele. In ihnen treten die erzählerischen Elemente wieder stärker in den Hintergrund. Sie sind – wie auch bei den Action-Spielen – vielmehr Kulisse, die dem Spieler als Schauplatz für militärische Konfliktszenarien dienen. Der überwiegende Teil der Strategiespiele ist von der Spielmechanik her sehr ähnlich. Meist blickt der Spieler aus der Vogelperspektive auf eine 3D- oder 2D-Landschaft und koordiniert von dort aus das Spielgeschehen. Um Gebäude (militärische Einrichtungen wie Kasernen, Waffenfabriken, Forschungsanlagen) und Kampfeinheiten zu produzieren, muss der Spieler zuerst Ressourcen abbauen. Oft ist der Ressourcenabbau auch mit dem Aufbau einer eigenen Basis gekoppelt. Mit den erstellten Einheiten kann man dann gegnerische Stützpunkte einnehmen, Angriffe abwehren oder Spezialaufträge (z. B. Geheiminformationen stehlen oder Gefangene befreien) erledigen.

Neben den *Der Herr der Ringe*-Spielen, in denen man die Schlachten der Literaturvorlage nachspielen kann, zählen besonders die *WarCraft*- oder die *Heroes of Might and Magic*-Reihe zu den erfolgreichsten Fantasy-Strategiespielen, wobei *WarCraft* in Echtzeit gespielt wird, während die *Heroes of Might and Magic*-Spiele wie bei einen Brettspiel rundenbasiert ablaufen. In diesen Spielen lernt der Spieler strategische Entscheidungen zu treffen. Bei Strategiespielen mit einer ausgewogenen Spielbalance ist es nur selten möglich, allein mit riesigen Angriffsarmeen den Gegner zu bezwingen. Da die verschiedenen Einheiten (beispielsweise Schwertkämpfer, Magier oder Bogenschütze) über ganz individuelle Schwächen und Stärken verfügen, ist der Spieler nur mit der richtigen Kombination von Einheiten in der Lage, siegreich aus einer Schlacht hervorzugehen. Spielentscheidend ist außerdem, den richtigen Zeitpunkt für einen Angriff zu finden und die effektive Koordination der eigenen Angriffsarmeen.

Gewalt in Computerspielen

Computerspielen haftet das Klischee an, gewaltverherrlichend und eine Art Auslöser für Gewalttaten zu sein. Häufig wird propagiert, Computerspiele würden die Schwelle zur Gewaltbereitschaft herabsetzen. Auf den ersten Blick scheinen diese Schlussfolgerungen durchaus nachvollziehbar. Schließlich sieht der Außenstehende bei einigen Computerspielen, wie sich der Spieler aus der Ich-Perspektive durch eine virtuelle Welt bewegt und Gegner – zumeist Monster, Roboter oder Menschen – „abschießt". Würde man den oben genannten Schlussfolgerungen glauben, müssten die Nutzer von Computerspielen gewalttätige und gemeinschaftsfeindlich denkende Jugendliche oder Erwachsene sein. Computerspieler sind jedoch zumeist alles andere als gewalttätig. Die Gründe dafür sind eigentlich recht simpel: Computerspieler begreifen das Abschießen virtueller Gegenspieler nicht als wirkliches Töten. Sie sind durchaus in der Lage, das Spiel als Wettkampf zu verstehen, ebenso wie spielende Kinder in der Lage sind, Cowboy und Indianer zu spielen, ohne sich gegenseitig umzubringen. Die Medienforschung ist sich bis heute unschlüssig, welche Bedeutung der Gewalt in Computerspielen zuzumessen ist. Es werden meist drei voneinander abweichende Hauptthesen genannt.

– Gewalttätige Computerspiele fördern durch das direkte (interaktive) Erleben von Gewalt die Aggressionsbereitschaft.
– Gewalttätige Computerspiele wirken abstumpfend und mindern damit das Unrechtsbewusstsein.
– Gewalttätige Computerspiele bauen emotionale Spannungen ab und vermeiden damit die eigentlich vorhandene Gewaltbereitschaft.

Es gibt nur wenige Beispiele, in denen man Computerspiele als gewaltverherrlichend definieren kann. In Computerspielen werden Gewaltszenen nur selten zelebriert. Es gibt – bis auf wenige Ausnahmen – keine Spiele, die realistische Todesszenen darstellen. Außerdem fehlt in diesen Spielen die emotionale Komponente. In den sogenannten 3D-Shootern wird der Gegner nicht als Lebewesen begriffen, sondern als virtuelle „Schießbudenfigur". Dadurch, dass die Spielfigur nicht empathisch besetzt ist, kann das empathische Empfinden nicht beeinträchtigt werden. Seltsamerweise wird Gewalt in Computerspielen mit viel strengeren Maßstäben gemessen, als dies in anderen Medien der Fall ist. Ein vergleichbares Gewaltlevel findet sich schließlich auch in Filmproduktionen wie *James Bond* oder *Indiana Jones*. Der Unterschied ist nur, dass der Spieler selbst in die Rolle des Helden schlüpfen darf.

Selbstverständlich muss über das Thema Gewalt in Computerspielen gesprochen und reflektiert werden. Wichtig ist vor allem, dass Eltern wissen, welche Spiele ihre Kinder bevorzugen. Beschäftigen sich Kinder überwiegend mit Games, in denen Gewalt als einzige Konfliktlösung angeboten wird, sollten Eltern Einfluss nehmen. Problematisch sind Computerspiele, in denen Realität und virtuelle Welt verwischen, wie dies für realistisch nachempfundene Kriegsszenarien der Fall ist. Beim größten Teil der Computerspiele ist dies jedoch nicht so. Moderne Action-Adventures wie die *Thief*-Reihe überlassen dem Spieler die Entscheidung, in welcher Art und Weise er vorgehen will. Die meisten Spielaufgaben lassen sich in *Thief* auch nahezu gewaltfrei bewältigen. Viele Adventure-Spiele kommen zudem völlig ohne gewalttätige Lösungsmöglichkeiten aus.

Gerd Frey, Kaulsdorfer Str. 297, 12555 Berlin

Gudrun Stenzel

Fantastische Kinder- und Jugendliteratur zwischen entwicklungspsychologischen und literarischen Funktionen – Anmerkungen zu Wolfgang Meißner

1989 erschien Wolfgang Meißners Studie zu fantastischen kinder- und jugendliterarischen Texten der Erscheinungsjahre 1994 und 1995. In dieser Studie entwirft Meißner ein Konzept der Funktion(en) fantastischer Kinder- und Jugendliteratur auf der Basis der Entwicklungspsychologie Jean Piagets. Meißners Arbeit gilt zwar als einer der Standardtexte für die fantastische Kinder- und Jugendliteratur, doch eine intensive kritische Auseinandersetzung mit seinen Überlegungen hat m. E. bislang nicht stattgefunden. Das könnte daran liegen, dass seine entwicklungspsychologische Perspektive wie ein „Rückfall" in die „Lesealter"-Diskussion erscheinen mag oder auch daran, dass die Kinder- und Jugendliteraturforschung sich mehr und mehr in der Literaturwissenschaft etabliert hat und die eher pädagogischen und entwicklungspsychologischen Fragestellungen aus dem Blick gerieten.

Vielleicht aber machen auch die Widersprüchlichkeiten in der Studie einen Umgang mit seinen Thesen schwierig:

– Meißner wechselt in seinen Analysen und den daraus folgenden Überlegungen zwischen einer textanalytischen und einer rezeptionsorientierten Perspektive und unterscheidet diese nicht, begründet auch den Wechsel nicht. So ist nicht immer eindeutig, von welchem Kind oder Jugendlichen er jeweils spricht: vom Leser oder vom Protagonisten. Und über die Rezeption kann er letztlich nur Vermutungen äußern, da er keinerlei Rezeptionsforschung durchgeführt hat.[1]
– Meißner berücksichtigt keinerlei Kritik von oder auch nur relativierende Sichtweisen auf Piagets Entwicklungspsychologie.[2]

---

1 Diese Unsauberkeit in der Unterscheidung wird deutlich in folgenden Feststellungen: „Unter welchen Voraussetzungen solche ‚Regressionen' vom Leser angenommen werden, kann allerdings erst der Blick auf diese Literatur selber zeigen." (Meißner 1989, 62) – „Offensichtlich ist der kindliche Leser recht schnell bereit, derartige Erscheinungen zu akzeptieren, was sich auch in Herbert Budeks Erzählung *Der rätselhafte Pudel* zeigt." (Meißner 1989, 104)
2 Allerdings ist die kritiklose und uneingeschränkte Übernahme von Piagets Entwicklungspsychologie in der Kinder- und Jugendliteraturforschung recht verbreitet, vgl. z. B. Büker 2002.

– Meißner argumentiert bei der Analyse der fantastischen Kinderliteratur mit Blick auf das fantastische Element, bei der Analyse der fantastischen Jugendliteratur hat er ein Handlungsmuster als typisch im Blick, das nicht nur in der fantastischen Literatur verbreitet ist, und arbeitet das besondere Fantastische nicht heraus.

Fantastische Kinderliteratur: Bewusstes Spiel mit magischer Weltsicht?

Piagets Vorstellung von kindlicher Entwicklung besagt, dass Kinder bis in das Grundschulalter hinein ein animistisches, von magischen Vorstellungen geprägtes Weltbild haben, in dem nicht objektiv gültige Erklärungen für Ereignisse und Sachverhalte einen festen Platz haben. Diese Weltsicht wird von einer der Realität angepassteren nach und nach abgelöst. Piaget unterscheidet wertend zwischen Anpassung an eine objektive Realität und einer der eigenen Fantasie Dinge einverleibenden Spieltätigkeit:

> Wenn der Intelligenzakt ein Gleichgewicht zwischen Assimilation und Akkomodation erreicht, während die Imitation nur die Akkomodation fortführt, kann man umgekehrt sagen, daß das Spiel im wesentlichen Assimilation ist, oder daß die Assimilation die Akkomodation hier überwiegt. (...) Im Gegensatz zum objektiven Denken, das sich an die Erfordernisse der äußeren Realität anzupassen versucht, stellt das Spiel der Phantasie in der Tat *nur* [Hervorhebung G. S.] eine symbolische Transposition dar, die die Dinge der eigenen Aktivität unterordnet, und zwar ohne Regel oder Beschränkungen. Das Spiel ist so fast reine Assimilation, d. h. es ist Denken, das ausgerichtet ist durch das vorherrschende Bedürfnis nach individueller Bedürfnisbefriedigung. Als einfache Entfaltung von Verhaltenstendenzen assimiliert das Spiel freizügig alle Dinge an alle Dinge und alle Dinge an das Ich. (Piaget 1975, 117 f.)

Erstaunlicherweise, so Meißner, wird die fantastische Kinderliteratur in der Regel für eine Zielgruppe verfasst und auch von dieser rezipiert, die das animistische und magische Weltbild bereits überwunden habe, für die das Fantastische nicht mehr alltäglich existiere, die eine bewusste Trennlinie zwischen Fantasie und Realität und also auch zwischen „realistischen" Darstellungen und fantastischen Darstellungen sähe. Darauf aufbauend entwickelt er seine zentrale These zur entwicklungspsychologischen Funktion der fantastischen Kinderliteratur:

> Wir stellen deshalb die Hypothese auf, daß in der Rezeption der phantastischen Kinder- und Jugendliteratur beim Kind die gleichen Deformationen der Realität wiederkehren, die das Kind in seiner Entwicklung in der Phase der Dominanz der Symbolspiele bereits hinter sich gelassen hat. Der Unterschied besteht darin, daß das Kind durch die poetische Darstellung die Freiheit eines spielerischen Umgangs erlangt, im Gegensatz

zum symbolischen Denken seiner von einem naiven Glauben bestimmten eigenen Entwicklung. (Meißner 1989, 57)

Meißners Theorie ist, dass den Kindern über die fantastischen Geschichten ein Angebot zur Regression gemacht wird, das sie bewusst annehmen können, von dessen fantastischen Anteilen sie wissen. Diese Regression ist für ihn legitim und produktiv, denn in der zulässig weil textpassend „märchenhaften" Lösung wirken manche positiven Wendungen schlüssig und öffnen so den Blick für Perspektiven, wo in einer „realistischen" Geschichte die positiven Ausgänge, die häufig ebenso märchenhaft erscheinen, nicht schlüssig seien.[3]

In der Gruppe der von ihm untersuchten Kinderliteratur finden sich (fast) ausschließlich Texte, die den Einbruch eines fantastischen Elements in die real-fiktive Welt beschreiben. Diese Geschichten, in denen mal fantastische Helfer oder Freunde auftreten, mal Alter Egos oder Gegenfiguren, die Verhaltensweisen aufzeigen, zu denen die Protagonisten sich nicht trauen oder die sie ablehnen. In der Regel werden durch die Konfrontation mit diesen fantastischen Figuren in der der Alltagswelt der Leserinnen und Leser ähnlichen real-fiktiven Welt Veränderungen provoziert, die zu Problemlösungen führen.[4]

Die Deutung, dass das Lesen von fantastischen Geschichten ein mehr oder weniger bewusstes Spiel mit magischen und animistischen Vorstellungen sei, die das Kind aber nicht mehr ungebrochen habe, ist sicherlich eine nachvollziehbare Begründung für die Beliebtheit der fantastischen Geschichten. Nur ist die Fähigkeit zur bewussten Unterscheidung zwischen Fantasie und Realität keinesfalls eine Errungenschaft des Grundschulalters.[5] Siegfried Hoppe-Graff stellt fest:

> Einzig bei dem Merkmal der Illusionseinsicht zeigen neuere Untersuchungen zu den kognitiven Prozessen beim Phantasiespiel, dass auch sehr kleine Kinder sehr wohl um den fiktiven Charakter der Spielhandlung wissen. (Hoppe-Graff 2000, 183)

Diese und andere Punkte der Piaget-Kritik bzw. der Relativierung seiner Erkenntnisse berücksichtigt Meißner nicht. Zusammenfassend für die Piaget-Kritik stellt Möller fest:

---

[3] Meißner nennt als ein Beispiel für Kinderliteratur, die sich in der Auseinandersetzung mit einem Problem auf die realistische Ebene beschränkt, Peter Härtlings *Jakob hinter der blauen Tür*. (Meißner 1989, 161 f.)

[4] Beispiele aus Meißners Untersuchung: Ingrid Uebe: Lillekille; Lygia Bojunga-Nunes: *Die gelbe Tasche*; Janosch: *Du bist ein Indianer, Hannes*.

[5] Meißner meint das Alter ab ca. 9 Jahren, denn an Kinder ab dieses Alters richten sich die meisten der von ihm analysierten fantastischen Kinderbücher.

Diese neuen Erkenntnisse stellen Piagets Stufenmodell zwar nicht an sich, wohl aber die Zuordnung zwischen den Stufen und den Zeiträumen im biologischen Alter des Kindes in Frage. (Möller 2006, 34)

Im Detail geht es bei den kritischen Relativierungen oder Ergänzungen um folgende Aspekte:

- Verschiebungen in der Entwicklung, die bereits Piaget feststellen konnte, hat er in seiner Theorie aber nicht berücksichtigt.
- Ebenso hat Piaget soziale Faktoren (hier sind vor allem „Belehrung" und „Lernen durch Beobachtung" gemeint), die von Kind zu Kind verschieden sind, nicht berücksichtigt.
- Die affektive Komponente in der Entwicklung ließ Piaget gleichfalls außer acht.
- Er formulierte keine oder aus der Sicht von Kritikern nicht ausreichende Erklärungen für das Zustandekommen der spezifischen kindlichen Weltsicht. (vgl. Möller 2006, 34 ff.)

So ist es aus heutiger Sicht nicht erstaunlich, dass Piagets entwicklungspsychologische Erkenntnisse nicht ohne Einschränkung übernommen werden können.

Des weiteren ist zu fragen, ob nicht auch die Auseinandersetzung mit der inneren Welt und mit Emotionen, mit Sehnsüchten, Ängsten und Erinnerungen, die sich im Fantasiespiel niederschlagen, für die „Anpassung" an die Realität von Bedeutung ist, ja ob nicht diese Bereiche und die damit umfassten Themen auch Realität sind.

Wenn Kinder schon sehr viel früher zwischen Fantasie und Realität unterscheiden, dann ist vielleicht eine Deutung der Fantasietätigkeiten als reine „Assimilation" nicht zutreffend. Ist vielleicht diese Trennung ebenso wenig aufrechtzuerhalten wie die Trennung zwischen Nachahmungs- und Fantasiespiel, die Piaget behauptet? Das Nachahmungsspiel, so Piaget, sei Akkomodation, sei sozusagen „Übungsfeld" für der Realität angemessenes Verhalten, während das Fantasiespiel reine „Assimilation" sei, weil hier das Kind die Dinge den eigenen Bedürfnissen anpasst durch sein „So-tun-als-ob". Wer Kinder beim Spielen beobachtet, wird feststellen, dass Spielen meist beide Komponenten beinhaltet: Das Ausprobieren von beobachteten Tätigkeiten wird ergänzt und unterstützt durch Elemente des „So-tun-als-ob", und die eher „realistischeren" und die eher „fantastischen" Szenarien fließen ineinander. Auch wenn Fantasiespiel nach einer Definition von G. G. Fein dem Kind die Freiheit der Bedeutungszuweisung bietet und nicht an eigene Erfahrungen gebunden ist, so dient es doch zur Aufarbeitung emotionaler Aspekte des kindlichen Lebens und bietet dem Kind Spiegel für das eigene Selbst. (G. G. Fein, nach Hoppe-Graff 2000, 183) Und was nun ist „wirklich", was sind Bereiche der Realität, an die das Kind sich anpassen muss? Doch wohl auch eben jene emotionalen Aspekte.

Es gibt also vielleicht immer ein Nebeneinander von „magischen" und „objektiven" Vorstellungen, die sich gegenseitig Impulse geben und unterstützen. Von daher kann es keinen Zeitpunkt der „Überwindung" einer magischen Weltsicht geben, sondern einen kontinuierlichen Prozess, der sowohl als Stabilisierung des Fiktionalitätsbewusstseins zu sehen ist, als auch als Förderung des „Weltwissens".[6] Beide „Weltsichten" sind wichtig für die Entwicklung, denn die „magischen" Perspektiven öffnen den Blick für noch nicht oder nicht mehr Mögliches (Lachmann). Eine „Überwindung" des magischen Weltbildes kann also nicht Ziel sein, wohl aber die Entwicklung des Wissens um Brüchigkeiten der Grenzen zwischen Fantasie und Realität, zwischen Innen und Außen.

Für den hier diskutierten Komplex, in dem die Unterscheidung zwischen Fiktion und Wirklichkeit und zwischen Fantasie und Realität zentral sind, ist der Blick auf die Medienerfahrungen der Kinder und die Angebote zur Erweiterung des Weltwissens hilfreich:

– Kinder können heute schon früh vielfältige Medienangebote nutzen. Unabhängig davon, wie reflektiert die Unterscheidung zwischen den Medieninhalten und der „Realität" sich entwickelt, diese Unterscheidung durchzieht Kindheit heute in einem viel stärkeren Maße als noch 1989 (als Meißners Studie publiziert wurde) und schon gar als zu Piagets Zeiten. Hieraus könnte folgen, dass sich zumindest die Grundlage eines Fiktionalitätsbewusstseins früher als meist angenommen entwickeln kann.[7]
– Kinder können heute mit vielen Angeboten zur Erkundung ihrer Umgebung bereits im Vorschulalter hinter die Dinge schauen und komplexe technische, naturwissenschaftliche, aber auch soziale Zusammenhänge erkennen. Ihr Weltwissen wird in allen relevanten Aspekten (vgl. Abraham/Launer 2002) breiter entwickelt sein als noch vor wenigen Jahrzehnten, als vielfach eher „kindertümelnd" und im Tenor „Das verstehst du noch nicht" auf Kinderfragen reagiert wurde.[8]
– Last but not least sind die vielen fantastischen Geschichten in Fernsehserien, Büchern und Hörfassungen sicherlich nicht ohne Wirkung auf die Entwicklung der Fähigkeit der Kinder, zwischen ausgedachtem „Möglichen" und ausgedachtem „Unmöglichen" zu unterscheiden. Ein Beispiel eines sechsjährigen Mädchens mag das illustrieren:

---

6 Vgl. hierzu auch Bernhard Ranks Ausführungen zu Peter von Matt. (Rank in diesem Band, S. 10 ff.)
7 Die Forschungen zur kindlichen Wahrnehmung von Werbung zeigen, dass Kinder, wenn die Signale deutlich sind, schon recht früh zwischen verschiedenen „Textsorten" (einem weiten, die Medien einbeziehenden Textbegriff folgend) unterscheiden können, dafür aber eindeutige Signale benötigen, vgl. unter anderem Aufenanger/Neuß 1999.
8 Dass hier eine Schere auseinander klafft zwischen Kindern, denen emotional und kognitiv viel geboten wird, und anderen, denen aus welchen Gründen auch immer, Erwerb von „Weltwissen" in diesem Sinne ermöglicht wird, ist erschreckend, macht aber diese Überlegungen nicht grundsätzlich falsch.

Nach Beendigung der Vorleselektüre von Carrolls *Alice im Wunderland* (die Geschichte war dem Kind aus dem Disney-Film und aus Zeichentrickfolgen bekannt) wurde darüber gesprochen, ob Alice nur geträumt habe oder ob ihre Erlebnisse „wirklich" geschehen wären. Das Kind war eindeutig: Alice habe das alles wirklich erlebt, es war kein Traum. Aber außerhalb des Buches sei solch eine Geschichte natürlich nicht möglich. Dasselbe Mädchen glaubt fest an Zahnfee, Nikolaus und Osterhasen und ist damit einer Meinung mit ihren etwas älteren Freundinnen und Freunden, die aber alle wie es selber die meisten fantastischen Geschichten als „nicht möglich" erkennen. Die Kinder können die Signale der Texte, die diesen als „fantastisch", also nicht möglich kennzeichnen, entschlüsseln. In der Realität aber, in der die Erwachsenen genau solche Signale nicht in ihre Aktionen rund um Ostern oder Weihnachten einfügen, sondern die Täuschung so perfekt wie möglich machen möchten, gelingt es vielen Kindern sehr viel später bzw. sie sehen überhaupt keinen Anlass an der tatsächlichen Existenz dieser Wesen zu zweifeln. Bis in die zweiten Schuljahre hinein streiten Kinder über die Existenz dieser Figuren, und die „Wundergläubigen" lassen sich nicht grundsätzlich von den Zweiflern verunsichern. Diese Art von Streit entsteht bei fantastischen Geschichten eher auf der Basis von unterschiedlichem Wissen, z. B. über das, was technisch möglich wäre, nicht grundsätzlich: Wenn in einer ersten Klasse Cornelia Funkes *Kein Keks für Kobolde* (Funke 1994) vorgelesen wird, glaubt keines der Kinder, dass es Kobolde tatsächlich gebe. Die Kinder wissen, dass ein *Magisches Baumhaus* (Osbourne 2000) sie nicht in vergangene Zeiten und ferne Länder katapultieren kann, und sie glauben weder, dass ihre Mutter nachts tatsächlich in ihren Kopf schaut, um dort aufzuräumen (auch wenn sie sich wundern, woher die Eltern so schnell wissen, was sie an Unsinn gemacht haben), oder dass sie mit Peter Pan ins Niemalsland fliegen könnten. (Barrie 1988)

Faszinierend ist dieses Nebeneinander von realistischer Weltsicht und „Wunderglauben", das sicherlich ein Spezifikum von Kindheit ist. Ist das nun eine Fähigkeit zum fließenden Wechsel zwischen Fantasie und Realität, die überwunden werden müsste, oder bieten sich hier auch Perspektiven für die Wahrnehmung von Innen- und Außenwelt, von Vorstellungen und inneren Bildern auf der einen und „Fakten" auf der anderen Seite? Wäre nicht eher eine behutsame Überführung der kindlichen Möglichkeiten, an „Wunder" zu glauben und fast zeitgleich die fantastischen Elemente eines Texte zu erkennen, in ästhetische Wahrnehmungsfähigkeit, die die Ausdrucksmöglichkeiten von Symbolen und Bildern als Bedeutungsträger für schwierig konkret zu Benennendes, für Gefühle, Träume, Ängste ein Ziel?

Mehrfachadressierung von fantastischer Literatur

Folgt man den meisten Autoren im Tagungsband *Peter Pans Kinder* zur *doppelten Adressiertheit in phantastischen Texten* (Bonacker 2004), so ist nicht nach dem Alter der Zielgruppe zu fragen, sondern nach dem Grad der

„Eingeführtheit" in die fantastische Literatur: Erfahrene und unerfahrene Leser von fantastischer Literatur sind (fast) unabhängig vom Alter für die meisten Genres zu finden, und die Erfahrenheit bestimmt auch den Umgang mit fantastischen Elementen und Signalen der Fantastik.[9] Hier soll nun nicht die These aufgestellt werden, es gäbe keine grundsätzlichen Unterschiede zwischen der kindlichen und der erwachsenen Literaturrezeption, es soll aber deutlich werden, dass diese erstens schwierig zu bestimmen sind und zweitens keinesfalls allgemeingültig und einschränkungslos für festgelegte Altersstufen feststehen können.

Das von Meißner für die fantastische Kinderliteratur skizzierte Modell, das nach Nikolajewa (Nikolajewa 1988; vgl. auch die Beiträge von Rank und Tabbert in diesem Band) eine fantastische Welt impliziert, aus der die fantastische Figur in die reale Welt gelangt und Carsten Gansels Grundmodell A entspricht (Gansel 1999 u. a.), weist im Ablauf der Konfrontation zwischen realer Welt und fantastischen Elementen auf den ersten Blick Parallelen zur „hochliterarischen" Fantastik auf, in der unerklärliche Phänomene in die real-fiktive Welt einbrechen. In dieser „hochliterarischen" an Erwachsene gerichteten Fantastik allerdings sind die fantastischen Elemente meist angstauslösend und führen eher selten zu einer „positiven" Entwicklung, sondern zum Zerbrechen der Protagonisten an dieser Spannung, an der Konfrontation zwischen dem Unerklärlichen und der nicht mehr so felsenfest zu umreißenden „Realität". Doch ist diese Parallele im Handlungsmuster sicherlich ein Grund für die grundsätzlich positive Einstellung Meißners diesen Texten und ihrem entwicklungsfördernden Potenzial gegenüber. Vielleicht auch bieten Texte dieses Handlungsmusters mehr Spielraum für Varianten und Variationen, die literarisch reizvoll mit der Grenze zwischen real-fiktiver Welt und fantastischer Welt spielen, als die Texte, die im folgenden Abschnitt als „typische" jugendliterarische Texte Thema sind. Ob dies aber den Handlungsmustern grundsätzlich immanent ist, wie Meißner suggeriert, ist fraglich.

Fantastische Kinderliteratur fördert neben der kindlichen Entwicklung im Sinne der Entwicklungspsychologie das literarische Verständnis und die literarische Genussfähigkeit. Diese beiden Funktionen werden vermutlich schon sehr früh gerade durch die implizit immer thematisierte Spannung zwischen „magischen" und „objektiven" Sichtweisen auf die Welt erfüllt. „Sehr früh" impliziert die Frage nach dem „wie lange": Ist es auch für Jugendliche (und Erwachsene) „legitim", Entwicklungs- und literarische Kompetenz fördernd, wenn sie sich Fantasieräumen öffnen? Sind Regressionsangebote in diesem Zusammenhang hilfreich? In seiner Auseinander-

---

9 Ingo Grebs Ansatz, in dem er Rainer Winter (Winter 1995) folgt, und Christian Kölzers Ansatz, der sich auf Barbara Wood bezieht, werden in dem Tagungsband von anderen Referenten teilweise aufgenommen, vgl. z. B. Greb 2004, Kölzer 2004, Petzold 2004.

setzung mit der fantastischen Jugendliteratur kommt Meißner erstaunlicherweise zu einem fast vernichtenden Urteil.

Fantastische Jugendliteratur: „Unzulässige" Größen- und Allmachtsfantasien?

Das von Meißner untersuchte Textkorpus der fantastischen Jugendliteratur enthält (fast) nur solche Texte, die den Übergang der Protagonisten in eine fantastische Welt darstellen.[10] Hier sieht er ein Muster, in dem zuvor schwache Jugendliche sich in einer anderen Welt behaupten und daraufhin entwickeln, und zwar auf in seinen Augen nicht nachvollziehbare, nicht schlüssige Weise.[11] Sie seien Auserwählte, deren Vorherbestimmtheit pubertäre Allmachts- und Größenfantasien (hier wieder Piagets Entwicklungspsychologie folgend) unterstützte, statt sie zu relativieren und so unterstützend für die Entwicklung zu wirken. Diese fantastische Literatur befördere also eher nicht wünschenswerte Regression bzw. ein Verharren in einer Entwicklungsstufe.

Problematisch ist unter anderem, dass Meißner hier eine andere Ebene in seiner Argumentation betritt als in seinen Überlegungen zur fantastischen Kinderliteratur: Dort ging er aus von dem fantastischen Element und rückte das Fantastische in den Mittelpunkt. Hier aber blickt er vor allem auf das Handlungsmuster der „Queste" oder „aventuire", das in der Abenteuerliteratur insgesamt den typischen Handlungsverlauf vorgibt. Es ist das Muster der Initiationsreise, die Peter Freese exemplarisch an einem nicht der Abenteuerliteratur und schon gar nicht der fantastischen Literatur zuzuordnenden Werk entwickelt hat, Salingers *Fänger im Roggen*. (Freese 1971) Auch in Günter Langes *Erwachsenen werden* (Lange 2000 b) und Corinna Kehlenbecks *Auf der Suche nach der abenteuerlichen Heldin* (Kehlenbeck 1996) sind die Beispieltexte eher selten der fantastischen Jugendliteratur zuzurechnen, und doch geht es immer wieder um Variationen der Motive der Initiationsreise. Zwar ist dies Muster in der fantastischen Literatur, in der die Handlung in einer fantastischen Welt spielt, häufig, doch es ist nicht an Fantastik gebunden.

Was nun aber ist das Spezifische an den jugendliterarischen Texten, die von einer Initiationsreise in eine fantastische Welt (und zurück) erzählen? Ist das Fantastische „nur" exotische Ausgestaltung, oder wohnen ihm Möglichkeiten der Darstellung inne, die wie bei der kinderliterarischen Fantastik

---

10 Bei Gansel sind dies Texte des Grundmodells B, allerdings berücksichtigt Meißner auch Texte, in denen die Protagonisten ihre Abenteuer in geschlossenen fantastischen Welten erleben, wie bei Tolkien: Dies wäre Gansels Modell C. (Gansel 1999 u. a., vgl. auch Rank und Tabbert in diesem Band, S. 10 ff. bzw. S. 119 ff.)
11 Beispiele für die von Meißner analysierten Titel: Käthe Recheis: *Der weißer Wolf* (1982); Wolfgang und Heike Hohlbein: *Märchenmond* (1983); Steve Jackson/Ian Livingstone: *Der Hexenmeister vom Flammenden Berg* (1983).

des Einbruchs fantastischer Elemente in die real-fiktive Welt Entwicklungsimpulse bieten, die einer „realistischen" Darstellung verschlossen bleiben? Hier empfiehlt es sich, noch einmal etwas genauer Meißners Argumentation anzuschauen, in der er die kritische Haltung diesen fantastischen Texten gegenüber formuliert:

> Das Ziel des Autors muß es nach Tolkien sein, durch die Gestaltung der Sekundärwelten beim Leser einen ‚Sekundärglauben' zu erzeugen. (...) Wie gelingt es Tolkien und anderen Autoren, den Leser zum ‚Sekundärglauben' zu führen, in eine Welt, in der er das ‚Unglaubliche' akzeptiert und nicht als bloße Phantasterei sofort verwirft?
> Eines der wichtigsten Mittel, mit denen den Sekundärwelten zur Legitimation verholfen werden soll, erkennt man bereits beim Aufschlagen vieler Bücher: Dem Leser wird eine sorgfältig ausgearbeitete Landkarte dargeboten, mit deren Hilfe er den Weg des Helden verfolgen kann, die aber in erster Linie die Funktion hat, die dargestellte Welt gleichsam als ‚Dokument' zu repräsentieren und damit ihre Glaubwürdigkeit zu erhöhen. (Meißner 1989, 122)

Es scheint, als spräche Meißner den lesenden Jugendlichen die Fähigkeit ab, die ausgedachten Welten als solche zu identifizieren. Ob Karte oder nicht, die fantastischen Welten sind meist eindeutig nicht real, sodass Parallelen nur auf der symbolischen oder allegorischen Ebene gefunden werden können.[12] Ob die Bücher so gelesen werden, ist eine andere Frage: Die Mehrfachadressierung liegt auch bei den fantastischen Abenteuern in solchen ausgedachten Welten vor, die Zielgruppe reicht weit in die Gruppe der jungen und weniger jungen Erwachsenen hinein. Die Lust, sich fantastische Welten auszudenken und diese Welten möglichst präzise und „bunt" darzustellen, kann sich durchaus auf dem Bewusstsein ihrer Irrealität entfalten. Dies kommt beeindruckend in Alberto Manguels und Gianni Guadalupis *Von Atlantis bis Utopia* (Manguel/Guadalupi 1981) zum Ausdruck: In Lexikonartikeln werden Schauplätze der fantastischen Literatur vorgestellt. Zeichnungen und Karten ergänzen die Details zu Geographie, Geologie, Wirtschaft, Bevölkerung und Flora und Fauna. Niemand wird den Autoren dieses ungewöhnlichen Lexikons unterstellen, sie würden die Schauplätze der fantastischen Literatur mit realen Orten verwechseln – diese Lust an der Fantastik lebt vom „So-tun-als-ob" und bringt damit die „ludische Dimension" und die „semantische Verschwendung" der Fantastik (Lachmann 1995, 229) zum Ausdruck.

Im Grunde spricht Meißner den Jugendlichen jegliches Fiktionalitätsbewusstsein ab. Zwar ist in weiten Teilen seinen Bewertungen der Texte zu folgen, doch die Argumentation ist nicht stimmig. Und diese Argumentation führt in gedankliche Sackgassen bzw. auf Abwege. Deutlich wird dies

---

12 Und dort, wo die Unterschiede gering sind, ist dies bewusst eingesetzt mit dem Ziel der Irritation, wie z. B. in Pullmans *Der goldene Kompass* (1996).

an seiner Klassifikation und Beurteilung von Astrid Lindgrens *Mio, mein Mio* (1954). Zitate aus dem Kapitel, in dem Mio sich Ritter Katos Burg nähert, werden eingeleitet und kommentiert in einem Abschnitt, der den Konflikt zwischen Gut und Böse als Strukturmerkmal der fantastischen Kinder- und Jugendliteratur analysiert. Hier geht Meißner auf eben das Handlungsmuster der Queste ein, das er zuvor als für die fantastische Jugendliteratur typisch herausgearbeitet hat: „Die Stilisierung des Bösen durch unheilverheißende Landschaften und eine Architektur des Schreckens soll nur das Vorspiel bilden für die Begegnung mit dem Bösen schlechthin." (Meißner 1989, 134)

Diese implizite Abwertung von Lindgrens fantastischer Erzählung für Kinder ist erstaunlich. Hier lässt Meißner sich von seiner zuvor getroffenen Einteilung zwischen dem Grundmuster der fantastischen Kinder- und der fantastischen Jugendliteratur in die Irre führen: Zwar ist das Handlungsmuster von *Mio, mein Mio* nicht das von ihm für die fantastische Kinderliteratur als typisch herausgearbeitete, sondern das der fantastischen Jugendliteratur, doch die Funktion des Fantastischen eben die der kinderliterarischen Fantastik. Die Lösung des dargestellten Problems wäre in der real-fiktiven Welt und mit „realistischen" Mitteln wenig glaubwürdig, so deprimierend und ausweglos ist Bos Situation bei den lieblosen Pflegeeltern. So ist es auch nur konsequent, dass die Autorin ihren Protagonisten nach bestandenen Abenteuern nicht zurückkehren lässt in diese Umgebung: Nicht er musste sich grundlegend ändern, sondern die Umgebung müsste sich verändern, um ihm ein menschenwürdiges, kindgerechtes Leben zu ermöglichen. Diese Lösung wäre zu „märchenhaft", also lässt Lindgren Mio für immer in der fantastischen Welt bleiben. Ob das nun bedeutet, dass er gestorben ist, oder ob es eine andere Art von „Flucht" ist, scheint den lesenden Kindern recht unwichtig zu sein: Für sie ist es eine „runde", stimmige Geschichte, die tröstlich endet, ohne „unrealistische" Lösungen in der real-fiktiven Welt anzubieten.

Und hier wird deutlich, weshalb diese Erzählung anders zu analysieren ist als die bei Meißner parallel vorgestellten fantastischen Bücher für Jugendliche und Erwachsene: Kinder haben wesentlich weniger Möglichkeiten, gestaltend auf ihre Umwelt einzuwirken bzw. durch ihr eigenes Verhalten dem Leben eine neue Richtung zu geben als Jugendliche und vor allem Erwachsene. Hier spielt das Regressionsangebot eine zentrale Rolle. Lindgren bietet dem vernachlässigten Kind eine Heimat, Geborgenheit, Fürsorglichkeit und Unterstützung bei der Entwicklung an. Sie fordert viel von ihrem Protagonisten, aber immer in einem Rahmen, der ihm Sicherheit auch in moralischer Hinsicht bietet.

Sicherlich wird man in der Regel den jugendlichen Protagonisten mehr zumuten können an „Auf-sich-gestellt-sein", an Zweifeln; an Sackgassen sowohl im Verlauf der äußeren Handlung als auch der inneren, moralisch-ethischen Entwicklung. Zweifel, Verwirrung und sogar Angst angesichts der fantastischen Elemente und der fantastischen Welten können in der Literatur für Jugendliche mehr Raum einnehmen als in der für Kinder. Ob diese Möglichkeiten immer ausgeschöpft werden, oder ob die fantastischen Erzählungen ihr Potenzial nicht ausschöpfen, ist nur in Einzelanalysen zu klären, nicht als für die Gesamtmenge dieser Texte gültig. Die von Meißner zur eher negativen Beurteilung der fantastischen Jugendliteratur herangezogenen Kriterien sind:

- Detailversessenheit als Quasi-Beweis der tatsächlichen Existenz der fantastischen Welten, die den Leser in sich einsaugen wollen (s. o.)
- Polarisierung von Gut und Böse
- Auserwähltheit des Protagonisten als Erlöserfigur (Bedienung u. Bestärkung von pubertären Omnipotenzfantasien)
- nicht nachvollziehbare radikale positive Entwicklung der zuvor schwachen Helden
- triviale Bilder vor allem in der Gestaltung des Bösen

Meines Erachtens sind diese Aspekte durchaus geeignet, um dem einzelnen Text und seinen Qualitäten auf die Spur zu kommen. Nur sind andere theoretische Bezüge notwendig ebenso wie eine saubere Trennung zwischen textinternen und rezeptionsorientierten Analysen. Auch muss dem einzelnen Text mehr Raum gewährt werden, will man ihn nicht als „Beweis" missbrauchen und somit zwangsläufig reduzieren.

Gut und Böse

Die Kritik an Tolkiens *Herr der Ringe* ist bekannt: Die „Bösen" sind abgrundtief böse und können nur ausgemerzt werden, während die „Guten" zwar nicht immer die richtigen Entscheidungen fällen, auch von den Anfechtungen und Verführungen des Ringes beeinflusst werden, aber im Grunde immer gut und höchstens nicht immer ganz klug sind.

Doch die Kämpfe zwischen „guten" und „bösen" Mächten sind in der fantastischen Jugendliteratur nicht zwangsläufig reduziert auf ein „Niedermetzeln" der Bösen, denen jede Entscheidung zur Umkehr verweigert und denen keine Vergebung zu Teil wird.[13] Christopher Zimmer hat in *Die Augen der Maru* (1998) genau die Bereitschaft zu Vergebung und Umkehr dargestellt. Der spannende Prozess, in dem sich der Leser nicht immer sicher ist, ob die junge Protagonistin Andri erfolgreich sein wird bei ihren Versuchen, Konfliktparteien zur friedlichen Einigung zu bewegen und sich in diesen Situationen selbst in Gefahr bringt, sind ein Gegenbeispiel, in dem Spannung und Lebendigkeit der Handlung aber keineswegs zu kurz kommen. In immer mehr fantastischen Geschichten geht es wie hier nicht um

---

13 Meißner muss man hier zu Gute halten, dass zur Zeit seiner Untersuchung bei weitem weniger Titel auf dem Markt waren, die differenziert mit den fantastischen Handlungselementen umgingen. (Vgl. Bonacker in diesem Band, S. 64 ff.)

Ausmerzung des Bösen, sondern um die Auseinandersetzung mit dem Bösen in jedem Menschen und um die Möglichkeiten der Veränderung, der Läuterung und Erlösung.

Im Zusammenhang mit den erfolgreichen *Harry Potter*-Bänden ist dieses Thema viel diskutiert worden. Insbesondere der fünfte Band *Harry Potter und der Orden des Phoenix* (2003) wirft interessante Fragen zur Erscheinung des Bösen auf. Das Böse, personifiziert durch Voldemort, eine Art gefallener Engel, so scheint es, findet Werkzeuge in den durch ihre psychische Struktur Empfänglichen, Korrumpierbaren, aber auch Harry selbst erscheint vor Anfechtungen und Verführungen nicht vollständig gefeit. Zumindest seine bis dahin so über jede Kritik erhabenen Motive im Kampf gegen Voldemort erscheinen durch Voldemorts Fragen nicht mehr ganz so hehr. Und auch Harrys Gegner in der Schule, Malfoy, ist nicht nur mehr der böse Junge, der ohne Grund Harry und andere schikaniert, sondern erfährt eine Ausgestaltung der Persönlichkeit, in der Ursachen und Begründungen für sein Verhalten durchschimmern. Noch ist die Geschichte nicht zu Ende geführt, allerdings weist der sechste Band, *Harry Potter und der Halbblutprinz* (2005) einige Schwächen gerade in der Gestaltung von Harrys Widersachern Snape und Malfoy auf. In ihrer Anlage ist Ambivalenz und das Angebot zu Vergebung und Umkehr durchaus enthalten. Nur ist natürlich eine Interpretation von Malfoys Verhalten z. B. als Resultat harter Erziehungsmethoden eines krankhaft ehrgeizigen Vaters vielleicht fast ein bisschen zu „politisch und pädagogisch korrekt", und hier verstrickt sich die Autorin nach und nach in zu wirre Figurengestaltungen. Dies trifft auch für Voldemort selbst zu: Die Autorin verstrickt sich mittlerweile in scheinpsychologische Erklärungsmuster für die Entwicklung des „Dämonischen" und verschenkt damit einen Teil der Kraft, die die Figur bis in den fünften Band hinein ausstrahlte. Diese Erklärungsmuster sind klischeehaft und wenig glaubwürdig und machen deutlich, dass es nicht ganz einfach ist, aus einer fantastischen Geschichte einen psychologischen Jugendroman zu machen.

Wie aber werden die Protagonisten der fantastischen Geschichten zu „Helden"? Hat eine göttliche Instanz sie auserwählt? Sind sie besonders „gut", oder sind sie vielleicht selbst besonders schwach und erlösungsbedürftig?

Berufung und Konsequenz

Obwohl sie nicht die auserwählte Retterin ist, gelingt es Anna in *Der durch den Spiegel kommt* (Boie 2001), das „Land auf der anderen Seite" von dem bösen Evil zu befreien, allerdings nur durch die Hilfe des Jungen Rajùn und dessen Musik. Sie entscheidet immer wieder nach eigenem Abwägen, sie entscheidet häufig genug auch getrieben von Angst, und sie ist sich keineswegs immer sicher, welche Konsequenzen ihr Handeln haben wird. Sie ist erfolgreich, *weil* sie diese eigenen Entscheidungen trifft und Verantwortung übernimmt. Franz W. Niehl hat sich ausführlich mit der Frage nach der Berufung in fantastischer Literatur aus christlich-theologischer Sicht befasst:

> Christlich betrachtet, ist der Mensch noch nicht fertig. Er hat seinen Weg noch vor sich; was aus ihm werden kann, muss sich noch herausstellen. Diese Offenheit schließt die Aufgabe ein, etwas zu erreichen, nämlich ein anderer zu werden und sich darin zu finden. Berufung zielt sodann auf die Veränderung der Wirklichkeit. (Niehl 1985, 43)

Niehl fragt nun, wodurch sich die Berufenen auszeichnen, und stellt Krabat aus *Die schwarze Mühle* von Jurij Brežan heraus als Beispiel eines Berufenen, der sich aus eigenem Entschluss gegen einen ausbeuterischen und der schwarzen Kunst verpflichteten Müller wehrt. Gekennzeichnet ist er durch einen ringförmigen Streifen in seiner Haut, der entstand, nachdem er ein Kind vor dem Ertrinken rettete. Keine exklusive Auszeichnung, die vorherbestimmt war, sondern Resultat seiner Fähigkeit zum Mitleiden: „Ein Krabat könnte jeder sein." (Ebd. 44)

In einer solchen Ausgestaltung des Themas „Berufung" sieht Niehl einen bedeutenden Aspekt für gestaltetes Leben in dieser Welt:

> Ich habe eine Aufgabe in der Welt, und zwar eine Aufgabe, die nur ich erfüllen kann, in den Beziehungen, in denen ich lebe, in der Zeit, in die hinein ich geboren bin, an dieser Stelle Welt zu verändern, an dieser Stelle jene Sensibilität und jene Freundlichkeit zu erwerben, die ausschließlich von mir gelebt werden können. – Indem wir die Berufung als Motiv der Verkündigung vernachlässigen, vermindern wir zugleich den Anspruch an gestaltetes Leben. Und hier macht phantastische Literatur deutlich: Es wäre schlimm, in gesichtsloser Anonymität zu versinken; es ist notwendig, ein Einzelner zu sein mit einer Aufgabe in dieser Welt. (Ebd. 45)

Eine fast notwendig erscheinende Folge der Darstellung von Berufung als bewusste und freiwillige Annahme einer Aufgabe ist ein Handeln, dass nicht in eng gefasster eindimensionaler Kausalität in vorhersagbare Konsequenzen mündet. *Harry Potter* ist in beiden Aspekten wesentlich offener und vielschichtiger, als Kritiker gelegentlich behaupten: Harrys Berufung, Harrys Kraft, sich Voldemort zu widersetzen, ist nicht (nur) Resultat einer Vorherbestimmung, sondern aus der Liebe und Selbstlosigkeit seiner Mutter erwachsen. Sein Erfolg im Kampf gegen Voldemort wiederum ist Resultat seiner Fähigkeit zum Mitleiden, seines Gerechtigkeitsempfindens und seiner Spontaneität, aber auch seiner Fähigkeit zur Selbstkritik. Nie kann er vorhersagen, welche Folgen sein Tun haben wird. Er entscheidet auf der Grundlage seines moralischen Empfindens, aber auch seiner Lust zu etwas und seiner Angst.

Ganz anders in dem (durchaus faszinierend und spannend erzählten) *Wintersonnenwende* (1973) von Susan Cooper: Will ist der siebte Sohn eines siebten Sohnes. Dadurch ist er, ohne irgendetwas selbst zu tun oder zu entscheiden, eingebunden in den Kampf des Lichts gegen Mächte der Finsternis, der sich in den Tagen um die Wintersonnenwende wieder einmal entscheiden muss. Will kann, entgegen seinem Namen, nichts selbst entscheiden, er muss sich nach festen von den anderen „Uralten" ihm erzählten Regeln verhalten und so die Kraft der Finsternis brechen helfen. Das Böse selbst bleibt nicht greifbar, es manifestiert sich in über Zeiten hinweg wirksamen Gestalten, die der keltischen oder/und der angelsächsischen Sagenwelt entlehnt zu sein scheinen. Bezugnahmen auf für Will aktuelle Ereignisse gibt es nicht.

Geraldine McCaughrean arbeitet in *Die Brut der Drachensteine* (1999) auf sehr viel überzeugendere Art Motive und Figuren aus Überlieferungen und Sagen in das Geschehen ein: Der 12-jährige Phelim, der mit seiner lebens- und menschenfeindlichen Schwester in einer abgelegenen Hütte haust, wird eines Morgens von einer Horde kleiner Haus-, Hof- und Feldkobolde empfangen, die in der Küche ein heilloses Chaos angerichtet haben. Die Schwester, die solches Treiben nie und nimmer gelitten hätte, ist auf ihrer monatlichen Verkaufstour mit handbemaltem Spielzeug. So ist Phelim den nun auf ihn zu rollenden Ereignissen ganz alleine ausgeliefert: Die Kobolde, deren Existenz er beharrlich wegzurationalisieren versucht, erklären, er sei der Einzige, der die Welt vor dem erwachenden Stoor-Drachen und seiner Brut, den Heckerlingen, retten könne: Er sei Jack O'Green, „the Green Man". Phelim glaubt das alles natürlich nicht, doch die Kleinen werfen ihn aus dem Haus, so dass er zwangsläufig den ersten Heckerlingen begegnen muss. Es gelingt Phelim mit der Hilfe eines skurrilen „Gefolges", trotz aller Zweifel, trotz aller gefährlicher Situationen, den Drachen zu töten und so die Flut der Heckerlinge zu beenden, wodurch er auch Selbstbewusstsein gewinnt. So bietet der Handlungsbogen auf den ersten Blick keine ungewöhnlichen Aspekte. Doch der Rahmen und die Sprache zeigen eine tiefere Bedeutungsebene auf: Die Geräusche des Krieges sind es, die den Drachen aus seinem Jahrhunderte langen Schlaf aufwecken. Und die Gräuel des Krieges vermischen sich in den Darstellungen mit denen der Heckerlinge: sinnlose, unvorstellbar grausame Metzeleien.

So ist die Brut der Drachensteine bildhafte Darstellung der Kriegsgreuel, vielleicht dem ersten Weltkrieg zuzuordnen, aber die genaue Zuordnung ist unwichtig. Es ist ein „moderner" Krieg, der große Landstriche „unpersönlich" verwüstet, und die Anklage ist eindeutig, genauso wie die Aufforderung an jeden, nicht nur an Phelim, etwas dagegen zu tun, dem Krieg Einhalt zu bieten. Zwar beharren die Kobolde darauf, dass Phelim durch seine Geburt, durch die Identität seines Vaters, auserwählt sei, doch so ganz verifiziert wird dies nicht. Basis für die Berufung kann auch sein, dass Phelim, dessen Schwester kein Haustier duldet, einer imaginären Katze regelmäßig ein Schälchen Milch hinstellte, das die Kobolde als für sie bestimmte Gabe ansahen und austranken. Phelim war in ihren Augen jemand, der noch Respekt vor ihnen hatte, aus unserer Perspektive ist Phelim jemand, der offen ist für Fantasie und der mildtätig ist: Grund genug, ihn zu erwählen und zu berufen.

Die Thematisierung von „Berufung" löst in vielen Texten ein kritisches Hinterfragen eben dieser Vorstellung als Zeichen des Wirkens einer übernatürlichen Macht aus. Dadurch entsteht eine gewissen „Ambivalenzsemantik" (Lachmann 1995), das Fantastische wird in Frage gestellt.[14]

Ambivalenz und Zweifel

Mit Renate Lachmanns Einteilung in „klassische" und „nichtklassische" Varianten der Fantastik ist eine Basis zu Einordnung und zur Analyse der Texte gegeben, die das Fantastische in den Mittelpunkt stellt. In der klassischen Variante, so Lachmann, ist die Konstruktion einer Ambivalenz-Semantik zentral und damit Staunen und Zweifel. In der nichtklassischen Variante wird die Ambivalenz gelöscht; das Ereignis wird als Indiz für die defizitäre Verfasstheit der Welt gedeutet; es gibt kein Staunen und keinen Zweifel.

Der phantastische Diskurs entwickelt divergierende Varianten je nachdem, welche literarischen und außerliterarischen Diskurse historischer und aktueller Provinienz (...) intertextuell verarbeitet werden. Differenzen in der Sinnkonstitution erlauben es, von zwei Typen phantastischer Literatur zu sprechen, bei deren Unterscheidung ausschlaggebend ist, in welche Sinnperspektiven das Phantasma gerückt wird, bzw. ob solche überhaupt zugelassen werden.
Die semantische Differenz des Phantasmas, die es durch komplexe Verfahren der Sinnzuweisung, aber auch durch Sinnverweigerung gewinnt, ist an die Thematisierung oder Nicht-Thematisierung von Verwunderung oder Zweifel gebunden. (...)
Es ist insbesondere die ‚klassische' Variante der Phantastik (...)[15], der es um die Konstruktion einer Ambivalenzsemantik zu tun ist, die stets beide Pole im Blick behält, keine eindeutige Klärung zuläßt und dennoch die Deutungsarbeit selbst zum Ovens des Erzählens macht. (...) In der vor- und nachromantischen nichtklassischen Phantastik, besonders in ihrer grotesken oder absurden Variante, wird die Ambivalenz des Zufalls gelöscht. Hier wird das zufällig Eintretende sinnkritisch gedeutet, um Arbitrarität und Inkohärenz als Indiz für die defizitäre Verfasstheit der Welt

---

14 Natürlich ist das, was Renate Lachmann meint, sehr viel komplexer als die Ambivalenz in Hinblick auf die Berufung oder sonstige Hintergründe für die Auserwähltheit der Protagonisten, denn bei den von Lachmann analysierten fantastischen Texten steht die grundsätzliche Frage nach der Existenz des Übernatürlichen im Mittelpunkt. Trotzdem scheint hier m.E. ein Ansatzpunkt zu sein für eine für Jugendliche spannende Auseinandersetzung mit der durch Zweifel ausgelösten Ambivalenz dem „Phantasma" (Lachmann) gegenüber.
15 Lachmann nennt hier u. a. Potocki, Hoffmann, Henry James.

erscheinen zu lassen. Das schier Unmögliche, Grundlose und Unbegründbare wird erzählt und beschrieben ohne Zwischeninstanz des Staunens und des Zweifelns. Die Phantastik in ihrer klassischen Variante dagegen arbeitet mit dem Zweifel auch da, wo ihr Semantisierungswille auf Klärung setzt. (Lachmann 1995, 225–227)

So ist zwar die fantastische Jugendliteratur meist der nicht-klassischen Variante der Fantastik zuzuordnen[16], in der die grundsätzliche Ambivalenzspannung aufgehoben ist, die also im engen Sinne Todorovs keine Unschlüssigkeit aufweist, doch durch das Hinterfragen der übernatürlichen Macht kehrt sie quasi zurück. Hier zeigt sich wieder die Mehrfachadressierung: Leser mit viel Kenntnis fantastischer Literatur und ihrer Muster werden eher eine solche Brüchigkeit auch in der Gestaltung der übernatürlichen Mächte erkennen, andere, weniger „geübte", vielleicht eher das Übernatürliche als im Text nicht hinterfragbar annehmen. Hier bieten sich Potenziale an, die sowohl aus entwicklungspsychologischer als auch aus literaturdidaktischer Perspektive spannend sind.[17] Die Thematisierung von „Auserwähltheit", die Spiegelung der realen Welt mit fantastischen Vorzeichen, die lustvolle Gestaltung „märchenhafter" oder aber beängstigender und immer symbolreicher Welten bieten Kindern und Jugendlichen Räume, die den Blick auf das „Mehr" im Leben öffnen können.

Fantastische Literatur ist Literatur – nicht nur entwicklungspsychologischer Impuls

Maria Lypp stellt fest, dass das Fantastische Kindern hilft beim Verstehen von Literatur und damit auch von Wirklichkeit:

> Bestimmte Bereiche der Wirklichkeit sind für sie zu komplex und können nur in der vereinfachenden Bildlichkeit des Fantastischen zugänglich gemacht werden. (Lypp 1984, 125; vgl. auch Rank in diesem Band, S. 10 ff.)

Renate Lachmann sieht im Fantastischen eine Möglichkeit, Alterität und das Fremde, das Andere in unserer Kultur zum Ausdruck zu bringen:[18]

> Doch während die nicht-phantastische Literatur (…) wie eine Proto-Anthropologie fungiert, erscheint die Phantastik in der Überschreitung akzeptierter *Anthropologica* eher als Meta-Anthropologie oder Anti-

---

16 Auch hier wieder ist natürlich bei Lachmann wesentlich mehr gemeint als „nur" die in vielen fantastischen Texten durchscheinende Zivilisationskritik, aber, s. Anmerkung 14, hier lassen sich Ansatzpunkte für eine Auseinandersetzung mit Fantastik finden.
17 Auch „populäre" Fantastik, die auf den ersten Blick trivial zu sein scheint, bietet Anregungen für eine differenzierte Auseinandersetzung mit Fantastik, wie Reinhold Lüthen in diesem Band (S. 226 ff.) zeigt.
18 Vgl. zu diesem Aspekt der Funktion von Fantastik Haas in diesem Band (S. 26 ff.).

Anthropologie. Der *phantastische* Mensch scheint seine Anthropologie zu durchkreuzen oder gar zu leugnen – er wird Agent und Patient einer alternativen Anthropologie, in der er als Träumer, Halluzinierender, Wahnsinniger, Monster auftritt. (...) Zum Fremden wird auch das, was die Kehrseite einer Kultur, ihr Anderes, Verleugnetes, Verbotenes, Begehrtes ist. Es scheint, als sei es allein die phantastische Literatur, die sich mit dem Anderen in dieser Doppelbedeutung beschäftigt und etwas in die Kultur zurückholt und manifest macht, was den Ausgrenzungen zum Opfer gefallen ist. (Lachmann 2002, 9)

Auch wenn auf den ersten Blick diese Aussagen als kaum auf die fantastische Kinderliteratur zutreffend und höchstens Teilen der fantastischen Jugendliteratur angemessen erscheinen: Zumindest einzelne Titel auch für Kinder zeigen, dass die kindlichen Protagonisten sich mit einem fremdartig erscheinenden „Anderen" auseinandersetzen müssen. Die Erzählungen weisen dabei unterschiedlich verunsichernde und beängstigende Elemente auf. Auch die komisch-fantastischen Erzählungen wie die vom Sams z. B. (Maar 1973 ff.) stellen die Begegnung zwischen einem verdrängten, abgespaltenen Anderen und dem Überangepassten dar, wenn auch diese Begegnung in der Hauptsache komisch verläuft.

Beängstigender ist *Hannahs Gespenst*, ein trauriger Clown, den sich die Außenseiterin als Entschuldigung ausgedacht hat, als sie (mal wieder) zu spät in die Schule kommt. (Merrick 1999) Morphy, der Clown, ist Sinnbild für ihre Einsamkeit und ihr Anderssein, aber er ist kein fantastischer Freund oder Helfer, sondern fast bedrohlich in seiner Penetranz. Und in der Entschuldigungsgeschichte, aus der er entstand, erzählte Hannah von einem Mann, der furchteinflößend war und vor dem sie weglief. Die Begegnung mit dem Fantastischen gibt in dieser an Kinder gerichteten Geschichte zwar einen positiven Entwicklungsimpuls. Hannah lässt die Konfrontation mit dem Anderen zu und öffnet sich durch die Begegnung mit Morphy auch den Schattenseiten im Leben ihrer Klassenkameraden, statt in egozentrischer Sicht nur sich selbst als unglücklich wahrzunehmen, sie schaut also hinter die Fassade der Beliebtheit und kann so Freundschaften eingehen; doch entwickelt die von ihr ja selbst geschaffene fantastische Figur ein sehr bedrohliches Eigenleben.

Wie Maria Lypp zutreffend feststellt, ist für Kinder die allegorische Bedeutung eines fantastischen Elementes oder eines Textes nicht unbedingt verständlich. Auch die mögliche Deutung eines fantastischen Elementes als Fantasie eines Kindes, wie es für Erwachsene im Falle von *Hannahs Gespenst* offensichtlich ist, ist für Kinder nicht zwingend. Sie lesen solche Texte zuerst als „fantastisch", das Geschehen ist für sie weder über rhetorische Figuren noch als Trugbild oder Traum der Protagonisten erklärbar:

> Dennoch braucht die Kinderliteratur auf die Prämisse der Unbestimmbarkeit nicht zu verzichten; sie gibt ihr nur einen empfängerspezifisch

modifizierten Sinn. Das Fantastische wirkt hier weniger als Beunruhigung, die auf klare Distinktion drängt, denn als reizvolle Vermischung der realen und irrealen Sphäre, als ein Offenhalten und Verschweben der Grenzen. Wenn das Fantastische den kindlichen Leser durch intensive Ambivalenz aus der Welt des Wunderbaren hinausdrängt, gerät er in eine Unentschlossenheit, die nicht durch die Entscheidung über Realität oder Wunder gefährdet ist, sondern die die Konfrontation beider Sphären in eine problemlose Koexistenz überführt, was dem Fantastischen mehr Stabilität sichert als die ständig von Auflösung bedrohte Unschlüssigkeit im Sinne TODOROVs. (...)

Texte, die im engeren Sinn nicht fantastisch sind [im Sinne von Todorovs „Unschlüssigkeit", G. S.], weil sich Unschlüssigkeit vor ihrer allegorischen Bedeutung verflüchtigt, werden also in der Kinderliteratur als fantastisch gelten können, weil Unschlüssigkeit eine wirkungsästhetische, leserabhängige Kategorie ist. Nach dem Maß der Fähigkeit/Unfähigkeit, allegorisch vermittelte Bedeutungen zu entschlüsseln, wird der kindliche Leser das Erzählte entweder der ihm bekannten Realität zuordnen oder aber es in der irrealen Sphäre belassen und sich damit analog zur kindlichen Wissensbildung verhalten, die mit Hilfe von Mythisierungen Nichtwissen vorläufig kompensiert. (Lypp 1984, 104 f.)

Literarische Erfahrung und Fiktionalitätsbewusstsein

Wichtig ist bei Maria Lypps Ausführungen, dass die Entwicklung der literarischen Kompetenz eine entscheidende Rolle spielt bei der Rezeption von Literatur und beim Umgang mit fantastischen Elementen. Für kleine Kinder ist das Fantastische und Wunderbare ein deutliches Fiktionalitätssignal:

> Die literarische Erzählung wird als Erlebnisbericht verkannt in dem Maße, in dem sie um der täuschenden Ähnlichkeit mit der Wirklichkeit willen ihre Fiktivitätsregel nicht preisgibt; je mehr sich das Erzählte aber offensichtlich von der Wirklichkeit entfernt, etwa in Wunder- und Zauberreiche hineinspielt, desto deutlicher vermag der kindliche Leser eine Abweichung festzustellen, die er zunächst allerdings mit den alltagsweltlichen Kategorien (wahr – unwahr, ernst – unernst) erfaßt. Diese Abweichung tritt ihm als deutlich wahrnehmbare materielle Regel entgegen, als planmäßig (zum Lesevergnügen) Ausgedachtes. Gegenüber der Komplexität des – vermeintlichen – Wirklichkeitsberichtes erscheint diese Regel einschränkend und daher einfach, gegenüber der Komplexität der Fiktivitätsregel ist sie es tatsächlich auch. (Lypp 1984, 46)

Zwar baut die fantastische Kinderliteratur nicht auf dieser einfachen Regel zur Unterscheidung von Fiktion und Wirklichkeitsbericht auf, doch gerade durch Irritationen, durch verschieden deutbare Erscheinungen und Handlungsmomente, durch für den „eingeweihten" und geübten Leser allegorisch und symbolisch verstehbare Elemente, die aber durchaus auf der

Handlungsebene als „wirklich geschehend" lesbar sind, bietet sie Ansätze zum Hineinwachsen in die literarischen Möglichkeiten und Ausdrucksmittel. Fantastische Kinder- und Jugendliteratur, das haben die Autoren und Autorinnen des von Maren Bonacker herausgegebenen Bandes *Peter Pans Kinder* (Bonacker 2005) deutlich gemacht, ist durch die Mehrdeutigkeit mehrfachadressiert. Dabei ist nicht mehr von einer rein auf Alter basierenden Entwicklung der literarischen Kompetenz auszugehen, sondern von einer je nach Intensität der Erfahrungen mit Mustern der fantastischen Literatur bestimmten Fähigkeit, die quer zu den Altersstufen bei Kindern oder Jugendlichen zum Teil höher als bei Erwachsenen sein kann. Insbesondere durch die vielfältigen unterschiedlichen Medienerfahrungen heute aufwachsender Kinder ist die Heterogenität im Umgang mit Fiktionalität, mit rhetorischen Figuren, mit Deutungsmöglichkeiten von fantastischen Elementen und Handlungsabläufen sehr unterschiedlich entwickelt.

Fantastische Kinderliteratur kommt also auf der einen Seite vermutlich grundsätzlich Kindern und ihrer spezifischen Weltsicht und ihrem spezifischen Umgang mit Literatur und Fiktionalität entgegen: Erstens „übersetzt" sie komplexe Aspekte des (kindlichen) Lebens in ausdrucksstarke „einfache" bildhafte Darstellungen, die nicht entschlüsselt werden müssen, um für Lesegenuss und Berührtheit zu „funktionieren", aber entschlüsselt werden können. Zweitens nutzt die fantastische Literatur die kindliche Bereitschaft, Sphären der Realität und der Fantasie zu vereinen bzw. zwischen ihnen hin- und herzupendeln. Dabei wissen die Kinder, dass fantastische Elemente nicht real sind, was, da wäre Meißner zu folgen, den Lesegenuss vielleicht gerade auslöst. Insofern kann man hier anschließen an Lypps Feststellung, was die frühkindliche Rezeption von eindeutig nicht-realen Darstellungen angeht: Gerade dass fantastische Elemente nicht real möglich wären, löst bei den Lesern eine Irritation aus, die vielleicht dazu führt, die Bedeutung hinter dem Element wahrzunehmen, das Element als Symbol für etwas zu deuten. Hier bietet Fantastik gerade über die Darstellung von Fremdem Möglichkeiten, die das literarische Lernen befördern können.

Dr. Gudrun Stenzel, Haidrath 3, 21521 Wohltorf

Dagmar Grenz

Phantasieräume statt Alltagswelten. Paul Maars *Der verborgene Schatz* – eine Märchenerzählung

1 Die Gattung: Einflüsse von Volksmärchen, phantastischer Erzählung und den Märchen aus Tausend und einer Nacht[1]

Das Kinderbuch *Der verborgene Schatz* von P. Maar[2] ist ein Kunstmärchen, das sich qua Gattung an dem Formschema des Volksmärchens orientiert (vgl. Klotz 1985, 2) und sich zugleich von ihm unterscheidet, indem es die Grundstruktur des Volksmärchens abwandelt. Dabei übernimmt es Merkmale, die es mit der phantastischen Erzählung teilt, ohne dass es zu einer phantastischen Erzählung würde.

Wie im Volksmärchen dient im *Verb. Schatz* das Handlungsschema der Wiederherstellung einer zeitweilig gestörten Weltordnung, und zwar einer Ordnung der Harmonie (vgl. Klotz 1985, 14 f.). Nach einer Exposition, in der die „gewöhnliche Ruhelage" (Klotz 1985, 15) dargestellt und dann gestört wird, verlässt der Held seine vertraute Umgebung, um eine Aufgabe zu lösen, nämlich einen Schatz zu finden. Für die Lösung der Aufgabe steht ein Preis aus, ein „wertvoller Ehepartner" und „Reichtum" (Klotz 1970, 77). Unterwegs hat der Held Abenteuer zu bestehen; den „hohen Preis", den er anstrebt, muss er mit hohem Einsatz verdienen; mehrere Male ist er in Lebensgefahr (Klotz 1970, 77).

Wie im Volksmärchen gibt es Schädiger- und Helferfiguren. Schädiger sind die Räuber und die Wölfe; Helfer ist zweimal die Räubertochter und zweimal ein Tier. Ein wichtiges Stilprinzip sind Oppositionen, Parallelismus und Wiederholung; so folgt die äußere Handlung immer wieder dem Schema Mangel und Aufbruch oder Gefahr und Rettung. Das Ende ist glücklich,

---

1 Der Begriff des Wirklichkeitsmärchens (vgl. Wührl 1984, Grenz 1986 b) wäre an dieser Stelle genauer als der der phantastischen Erzählung; da er in der Kinder- und Jugendliteraturforschung kaum noch gebraucht wird, wird hier auf ihn verzichtet. – Das Volksmärchen wird nicht der Phantastik als Oberbegriff zugeordnet, sondern als Gattung davon unterschieden. Zu den verschiedenen Positionen vgl. Rank 2002 a.
2 Im Folgenden: *Verb. Schatz*.

der (zu Beginn in bescheidenen Verhältnissen lebende) Held gewinnt den materiellen Schatz und den immateriellen, die Liebespartnerin, und nichts mehr kann beider Glück gefährden. Der Held selbst zeichnet sich durch keine besonderen Eigenschaften aus – außer durch seine Naivität, die an den „tumben" Märchenhelden erinnert (Klotz 1970, 80). Bereits sein Name – kleiner Muhar im Unterschied zum großen Muhar – weist darauf hin.

Der kleine Muhar in der Räuberhöhle, Mädchen, 10 Jahre

Das wohl bekannteste Merkmal des Volksmärchens, das Wunderbare, ist zwar handlungsbestimmend; es wird aber eher zurückhaltend eingesetzt. So erscheint es nicht in Gestalt eines überirdischen Helfers oder eines wunderbaren Gegenstandes, sondern in Form von zwei Träumen, die zwei Figuren, der Protagonist und ein Gegenspieler, unabhängig voneinander träumen und die, zusammengenommen, dem Helden den Weg zu dem gesuchten Schatz weisen. Das Wunderbare besteht hier also in der Erfüllung der Prophezeiung von zwei Träumen, die – nur für den Helden erkennbar – wechselseitig aufeinander verweisen.

Auch in Bezug auf den Wirklichkeitscharakter des Wunderbaren unterscheidet sich der *Verb. Schatz* vom Volksmärchen. In diesem ist das Wunderbare selbstverständlich; Zauber und Magie sind etwas Alltägliches, es gibt nur *eine* Welt (vgl. Caillois 1974, 46), weswegen Lüthi (1992, 8) von Eindimensionalität spricht. Im *Verb. Schatz* glaubt der Held zwar an die Wahrheit des Traumes, auch dann noch, als er den versprochenen Schatz nicht findet. Allerdings – und durch diese Psychologisierung unterscheidet sich die Erzählung wesentlich vom Volksmärchen – zweifelt er an dem Sinn seines Vorhabens und meint selbstkritisch, dass er der Stimme des Traumes „blindlings" gefolgt sei, ohne sich „am Anfang einen Plan zu machen", „ohne zu überlegen" (44).[3] Der Traum, so lässt sich sagen, sagt zwar die Wahrheit, aber diese reicht für die erfolgreiche Schatzsuche nicht aus. Damit wäre sie aber nur noch begrenzt gültig, und der Traum verlöre seinen märchenhaft-wunderbaren Charakter. Durch einige der Gegenspieler kommt die rational-vernünftige Weltsicht vollends ins Spiel; sie lachen den Helden aus, weil er an seinen Traum glaubt. Von einer Figur wird er gerade zu dem Zeitpunkt, als er kurz davor ist, seine Suche aufzugeben, als „junger Verrückter" bezeichnet, dem dass ,Zur-Vernunft-Kommen' positiv gegenübergestellt wird (48 f.). Der Glaube des Märchens an die Selbstverständlichkeit des Wunderbaren, mit dem der Held ausgezogen ist, wird also explizit in Frage gestellt.

Dieser Zweifel verbindet den *Verb. Schatz* mit der phantastischen Erzählung. Das für diese bestimmende Gegeneinander zweier unterschiedlicher Wirklichkeitsebenen (vgl. z. B. Penning 1980) – der (innerliterarisch als solcher dargestellten) empirisch-alltäglichen Welt, die den Gesetzen der *ratio* folgt, und der Welt des Wunderbaren, die in die empirische Welt einbricht, sie durchdringt und verändert oder in die der Protagonist sich hineinbegibt – ist für den *Verb. Schatz* allerdings nicht konstitutiv. Vorherrschend ist die Eindimensionalität, wenn auch nicht wie im Volksmärchen als unverbrüchliches Prinzip, sondern bis zum Wendepunkt der Geschichte mehrfach in Frage gestellt durch ein subtiles Spiel mit der Position einer ,vernünftigen' Weltsicht. Der Umschlag erfolgt schließlich gerade durch den Vertreter des Vernünftigen: Der Traum, den dieser dem Hel-

---

3 Zitate aus dem *Verb. Schatz* erfolgen durch Angabe der Seitenzahl.

den erzählt, um ihn von seinem Glauben an das Wunderbare zu heilen, weist dem Protagonisten zum Ort des Schatzes, und damit bestätigt der Schluss gerade das Märchenhaft-Wunderbare.

Die Stellung von Maars Kunstmärchen zwischen Volksmärchen und phantastischer Erzählung für Kinder zeigt sich auch in einer Reihe weiterer Merkmale; hierbei kommen (ohne immer angeführt werden zu können) auch Gemeinsamkeiten und Unterschiede im Hinblick auf die Märchen aus 1001 Nacht ins Spiel:

- Die Handlung wird weiter ausgemalt als im Volksmärchen.
- Die Angaben von Zeit und Raum sind – in Anlehnung an die *Märchen aus 1001 Nacht* –[4] nicht so abstrakt wie im Märchen. So spielt die Erzählung zwar „vor sehr langer Zeit" (5) und an einem weit entfernten Ort, nämlich im Orient. Die Zeit ist aber durch das Auftauchen von Moschee und Minarett historisch nicht völlig unbestimmt. Städte und Figuren tragen arabisch-orientalische (oder ähnlich klingende) Namen. Die Bewohner der Städte kennen wechselseitig den Namen der anderen Stadt, leben also nicht im „Irgendwo" wie die Figuren des Volksmärchens. Zu den Schauplätzen kann man eine Landkarte anfertigen. Dennoch erscheint der Orient nicht als ein historisch konkreter Raum. So werden letztlich allgemeine oder als typisch gelten könnende Merkmale genannt, die sich an die Märchen aus 1001 Nacht anlehnen. Die Namen sind dagegen aus deutschen Orienterzählungen (von K. May, W. Hauff und F. Rückert) übernommen (vgl. P. Maar 2005 b).
- Einige Figuren sind psychologisch differnziert (wie in den *Märchen aus 1001 Nacht*): so der Held, dem in Krisensituationen Schwermut, Angst, Sehnsucht nach zu Hause, Zweifel und Bedrücktsein zugeschrieben werden; die Räubertochter, die sich in ihn verliebt und ihm zur Flucht verhilft und damit gegen das Gesetz ihrer Familie verstößt; Fatme, die „Gehilfin" (6), die ihn – zunächst unerwidert – liebt und ihren Kummer verbergen muss.
- Statt einer Schwarz-Weiß-Dichotomie, wie sie für die Figuren des Volksmärchens und der *Märchen aus 1001 Nacht* charakteristisch ist, gibt es eine Abschattierung von Tönen zwischen Weiß und Schwarz. Man erkennt im Figurenarsenal zwar die Gruppen der Schädiger und der Helfer; sie sind als solche aber nicht so eindeutig gezeichnet. So sind die Räuber keine Bösewichte, sondern sie schaden dem Helden, weil sie so handeln, wie Räuber handeln müssen. Vor allem gibt es keine direkte Charakterisierung durch den Erzähler, auch wenn dieser sich zu Beginn im Tone mündlichen Erzählens als eine Figur einbringt, die die Geschichte von Anfang bis Ende überblickt. Der Leser muss die Wertigkeit der Figuren aufgrund ihres Verhaltens selbst herausfinden.

---

4 E. T. A. Hoffmann nahm diese bezeichnenderweise als Vorbild für seine Wirklichkeitsmärchen (vgl. Wührl 1984, 140 f.).

- Die Schädiger unterscheiden sich in Figuren, die dem Helden lediglich unfreundlich gesonnen sind, und solche (wie die Räuber), die ihm nach dem Leben trachten. Alle verbindet ihm gegenüber eine bestimmte Haltung, die leitmotivartig die Erzählung durchzieht: Sie lachen über ihn, lachen ihn aus oder verspotten ihn und weisen ihn zurück. Man könnte von einer Psychologisierung der ‚Schädigung' sprechen.
- Der Held liebt zunächst Yasmina, die schön ist, ihn aber wegen seiner Armut ablehnt, und erkennt am Ende seine Liebe für Fatme, die arm ist, aber ihn liebt. Er macht also eine Entwicklung durch: Der verborgene Schatz ist sowohl der materielle, der im Garten seines Hauses vergraben ist, wie auch der ideelle, die Liebe der jungen Frau, die er bereits seit langem kennt. Beide Schätze liegen „vor der eigenen Haustür" (63). Diese Erkenntnis wird am Ende – anders als im Märchen – sentenzartig formuliert.
- Wichtige Motive der Handlung finden sich in einer *Geschichte aus 1001 Nacht* (351./352. Nacht; vgl. Zöhrer 2005, P. Maar 2005 b): Aufbrechen zu einer anderen Stadt, um dort das im Traum verheißene Vermögen zu finden, schlechte Behandlung durch die Bewohner, durch den Traum eines anderen erfahren, dass der Schatz unter dem Baum im eigenen Garten vergraben ist.[5]
- Das Motiv der schönen, aber hartherzigen jungen Frau, die am Ende bestraft wird, und der guten, die am Ende belohnt wird, ist aus dem Volksmärchen bekannt. Die Bestrafung ist allerdings psychologisiert: Yasmina wird vom Helden am Ende ‚nur' gedemütigt.
- Der Erzähler spart nicht nur die direkte Charakterisierung der Figuren aus, sondern lässt auch anderswo Leerstellen stehen, so wenn Motive für die Handlung einer Figur (z. B. des Räubermädchens) ausgespart werden. Auch hier muss der Leser selbst aktiv werden.

Und schließlich noch die Abgrenzung zur Abenteuerliteratur. Wie in dieser besteht der Held Abenteuer, und zwar an Schauplätzen, die fern der ihm vertrauten Umgebung liegen, und wie dort geht es um eine Schatzsuche. Der Unterschied zum Abenteuerroman besteht in dem märchenhaften Stilprinzip, der Figur des Helden, der nicht mit „überragenden Eigenschaften" (Hasubek 1975, 7) wie Geistesgegenwart, Klugheit und Kaltblütigkeit ausgestattet ist, und in der Darstellung des Außergewöhnlichen, das – anders als in der Abenteuerliteratur – nicht als „potentiell real" (Baumgärtner/ Launer 2000, 415) erscheint.

Paul Maars Erzählung ist einfach und zugleich komplex. Auf ihn trifft der Begriff der Einfachheit, wie ihn Lypp formuliert hat – als Reduktion von Komplexität (vgl. Lypp 2000) – voll zu. Auch als erwachsene Leserin habe ich in der Erzählung immer wieder etwas Neues entdecken können.

---

5 Vgl. auch Paul Coelho: *Der Alchimist* (1988/1993)

2 Didaktische Analyse

Der verborgene Schatz vermag Kinder verschiedenen Alters aufgrund der Motive Liebe, Schatzsuche, Abenteuer und des orientalischen Schauplatzes anzusprechen und ihnen literarisches Lernen im Hinblick auf unterschiedliche Teilkompetenzen (vgl. Spinner 2006) ebenso wie eine Erweiterung ihres Weltwissens zu ermöglichen.

2.1 Eröffnung von Phantasieräumen

Im Unterschied zur phantastischen Erzählung, in der die (fiktive) empirische Alltagswelt den kindlichen LeserInnen den Rückbezug auf die eigene Alltagswelt nahe legt, spart die Märchenerzählung diese aus und eröffnet stattdessen einen weiten Phantasieraum durch Ansiedlung des Schauplatzes an einem zeitlich und räumlich weit entlegenen Ort, dem Orient. Durch die Art der Darstellung wird dieser zudem auf typische (oder stereotype) Merkmale reduziert. Ein solcher Raum fordert nicht zur Abarbeitung an der Realität auf, sondern bietet sich als Projektionsraum für die eigene Phantasie an. Dabei wird der Reiz des Abenteuerlich-Fremden vermutlich größer sein als bei einem deutschen Volksmärchen.

2.2 Erweiterung des (impliziten) Gattungswissens; Perspektivenübernahme

Das Volksmärchen ist als Gattung literarisch weniger komplex als die phantastische Erzählung, da nur *eine* Welt dargestellt wird. Es hebt sich deutlich von der Erfahrungswelt ab und gibt dadurch seinen fiktionalen Charakter leichter zu erkennen (vgl. Lypp 1984, 101 f.). Maars Märchenerzählung teilt diesen Zug mit dem Volksmärchen, weist aber auch eine Reihe von Unterschieden auf (Psychologisierung der Figuren, Einführung des Zweifels am Wunderbaren; Raum des Orients). Die Kinder können also an Vertrautes anknüpfen – sei es an literarische Muster, sei es an ihr eigenes (früheres) animistisches Denken (vgl. Meißner 1989 b) – bzw. neue literarische Formen kennenlernen und spielerisch wie die Erzählung selbst darüber hinausgehen.

Die Psychologisierung der Figuren (ohne die der Zweifel nicht möglich wäre) verlangt vom kindlichen Leser die Fähigkeit des Sichhineinversetzens in das Innere der Figuren, also die Perspektivenübernahme.

Das Stilprinzip des Märchens (z. B. Wiederholung – Opposition) erleichtert das Verständnis des Textes und macht die Kinder mit einfachen literarischen Strukturen bekannt bzw. vertieft deren (implizite) Kenntnis.

2.3 Sprache der Gefühle und Stärkung des eigenen Selbst

Die Alltagswelt wird ausgespart; umso schärfer konturiert erscheinen – wie im Volksmärchen – menschliche Grundsituationen und -gefühle, die auch den Kindern nicht fremd sind. Die innere Handlung stellt folgende Gefühlszustände dar: Liebe – verschmähte Liebe; Schwermut – Hoffnung; Angst – Erleichterung; Zweifel – Hoffnung; Verzweiflung – Erleichterung und schließlich Erfüllung der Aufgabe und materielles und ideelles Glück. Wie im Volksmärchen kann dieses Handlungsschema beim Kind durch Identifikation mit dem Helden zu einer Stärkung des eigenen Selbst führen: So wird dargestellt, dass der eigene Weg zwar mit vielen Gefahren verbunden ist und es manchmal keinen Ausweg zu geben scheint, dass der Held aber, indem er an seinem Traum – also seiner inneren Stimme – festhält, am Ende für seine Mühen und seinen Mut belohnt wird.

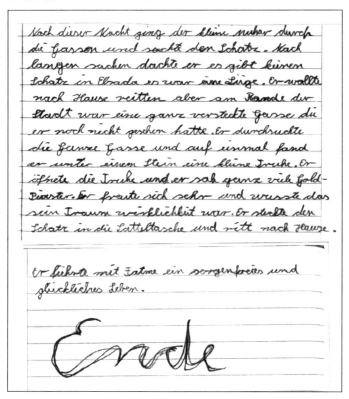

Eigene Schlussversion, Junge, 10 Jahre

Im Unterschied zum Volksmärchen erfordert die Erzählung von Maar allerdings vom kindlichen Leser eine weitere (implizite) Erkenntnisleistung: Es geht nicht nur darum, sich treu zu sein, sondern auch Irrtümer zu erkennen und daraus zu lernen.

2.4 Interkulturelles Lernen?

Wenn man den Maßstab der *political correctness* anlegt, scheint die Erzählung kein interkulturelles Lernen zu ermöglichen. Dem zeitgenössischen europäischen Bewusstsein anstößige Dinge werden ausgespart: Die Frauen sind nicht unterdrückt und tragen weder Kopftuch noch Schleier. Fatme wird als Muhars Gehilfin dargestellt, die mit ihm allein in einem Haus wohnt, nicht, wie es in einem Märchen aus 1001 Nacht wäre, als seine Sklavin. Die Räuberbande wird angeführt von einer Frau. Der reiche Walid behauptet, er lasse seine Tochter selbst entscheiden, wen sie heiraten will, und lässt sie und ihre Dienerin mit einem Bewerber um ihre Hand allein. Fatime, das Räubermädchen, macht sogar einen Emanzipationsprozess durch: Aus Liebe rettet sie Muhar und löst sich damit von den Gesetzen ihrer Familie.

Der Autor nutzt also seine Freiheit als heute lebender Zeitgenosse, eine Erzählung zu schreiben, die einen eigenen märchenhaften Orient entwirft[6] – angelehnt an das Volksmärchen, die Märchen aus *1001 Nacht* und überformt von einem liberal-aufklärerischen westeuropäischen Bewusstsein, das in Form der Moderne in vielen islamischen Ländern *auch* Einzug gehalten hat. Damit wird die heute vorherrschende Verengung des europäischen Blicks auf den Islam – die Fixierung auf Terror, Atomwaffen und Parallelgesellschaften – geöffnet für die Vielfalt der arabisch-islamischen Welt (zu der z. B., so während des maurischen Reichs in Spanien, auch der Toleranzgedanke gehört). Die Illustrationen von I. Pin betonen das Leichte, Spielerische der Erzählung und setzen das christliche Symbol des Kreuzes in den orientalischen Raum hinein – als Hinweis vielleicht auf den gemeinsamen Ursprung von Christentum und Islam im Orient oder auch als Vision eines neuen Kosmopolitismus, innerhalb dessen die Konfessionszugehörigkeit nicht mehr entscheidend ist.

Auch für Kinder ist ein anderer Blick auf arabisch-islamische Länder wichtig. Dass der Orient dabei als faszinierender Projektionsraum für die eigene Phantasie erscheint, lässt sich zwar als Exotisierung (und damit auch Verfehlung) des Fremden kritisieren. Auf der anderen Seite kann der Exotismus (gerade bei Kindern) auf das Fremde neugierig machen, so bereits durch die Kleidung (Turban, Fez, Beduinentuch, Pluderhose, Kaftan) und andere sinnliche Details. Indem er „Kopf, Herz und Sinne" öffnet, vermag er den ersten Grund zu legen „für die Wissbegierde und die Bereitschaft, auch andere Zusammenhänge [als die dargestellten] wahrzunehmen und zu erlernen" (Mattenklott 1991, 47 f.). Mit Erdheim (1992, 21) gesprochen: Das Fremde weckt Angst und Neugier, und es ist Aufgabe der Kultur, die Neugier – die Faszination durch das Fremde – zu stärken.[7]

---

6 So bereits in *Lippels Traum*, einer phantastischen Erzählung. Vgl. auch Maar 2005 b.
7 Einige SchülerInnen können z. B. von dem *Verb. Schatz* dazu angeregt werden, die *Märchen aus 1001 Nacht* zu lesen.

Islamische Kinder schließlich können sich durch die Klassenlektüre der Erzählung in ihrem Selbstbewusstsein gestärkt fühlen. Sie sind für den Raum des Orients in mancherlei Hinsicht Experten, und ihr kultureller Hintergrund erscheint endlich einmal nicht als Problemfeld.

3 Das Unterrichtskonzept

Zugrunde gelegt wird das Szenische Interpretieren (vgl. Scheller 1996, Grenz 1999 a, b, c), das den SchülerInnen literarisches Lernen auf der kognitiven, emotionalen, imaginativen und sinnlich-körperlichen Ebene ermöglicht. Der Text wird als Partitur verstanden, die von dem Leser/Spieler jeweils mit Hilfe eigener Erfahrungen und Vorstellungen konkretisiert wird. Im Folgenden wird insbesondere auf die Förderung der Imagination und der Fähigkeit der Perspektivenübernahme (vgl. Spinner 2006) bzw., weitergefasst, der Fähigkeit des emotionalen Beteiligtseins an der fiktionalen Welt (vgl. Hurrelmann 2003) eingegangen.

Beim Szenischen Interpretieren übernimmt jedes Kind die Rolle einer Figur, blickt also aus der Figurenperspektive auf das Geschehen und die anderen Figuren. Dabei ist es szenisch wie auch schreibend und malend tätig. Beim Bau von Standbildern und Statuen sowie dem Malen von Comics zu Spielszenen und dem literarischen Gespräch wird außerdem die Perspektive von anderen Figuren bzw. die Außenperspektive auf den Text eingenommen. Besonders förderlich für die Übernahme der Figurenperspektive sind – neben einer langen Einfühlungsphase – die Rollengespräche, die die Spielleiterin zu Beginn und am Ende des Spiels mit den SpielerInnen führt, und der Bau von Standbildern und Statuen, bei denen den zum Standbild erstarrten Figuren von den beobachtenden Kindern eingesagt wird, was sie in dieser Situation (oder in dieser Beziehungskonstellation) gerade denken könnten. Hier können sich auch mehre Kinder gleichzeitig hinter eine Figur stellen und ihren Gedanken eine Stimme leihen, die dann nacheinander von der Spielleiterin abgerufen wird (Stimmenorchester).

Um die Einfühlung in die Figuren und den Raum, in dem sie agieren, zu erleichtern, wird großer Wert auf die innere Vorstellung von sinnlichen Wahrnehmungen gelegt. Dies geschieht mit Hilfe von gegenständlichen Details des Schauplatzes und der Handlung, die z.T. noch über die Informationen der Erzählung hinausgehen, aber innerhalb des Rahmens, den diese vorgibt, verbleiben. Möglichkeiten, die angewandt wurden, sind: eine Phantasiereise zu einer Stadt im Raum des (märchenhaften) Orients, ergänzt durch zusätzliche Informationen und Bilder (zur geographischen Lage, zu typischen Häusern und Gassen, zum Klima, zum Raum der Wüste), außerdem das Mitbringen von Gegenständen (einer „Rose von Jericho", einer Pfefferminzpflanze, an der gerochen werden konnte, und von Datteln, der Frucht der Dattelpalme, die die Kinder am Ende einer Stunde verzehrten). Wichtig ist die Verkleidung und hier insbesondere die Kopfbedeckung, durch

Walid der Reiche, Selbstbild der eigenen Figur, Junge, 9 Jahre

die das Fremde auf einfache Weise veranschaulicht wird. Requisiten der Spielhandlung waren u. a.: ein als Wasserkrug dienender Bastkorb, den Fatme, vom Brunnen kommend, auf dem Kopf trug, ein Teppich, um darauf zu sitzen, Becher, aus denen der Tee oder der Dattelschnaps getrunken wurden, ein Baum (die Pfefferminzpflanze oder von Kindern dargestellt), schöne Steine und Behältnisse als Schätze und Schatztruhen, Spielzeugdolche, Stühle (und Tücher), die den Höhlengang durch einen Felsen bzw. das Felsentor von Elsada verdeutlichen.

Das Lesen, zu dem die Szenische Interpretation führt, ist ein verlangsamtes, genaues Lesen (vgl. Frommer 1988). Bei dem *Verb. Schatz*, der nur auf der Ebene der Oberflächenstruktur einfach ist, lohnt sich die genaue Betrachtung von Textstellen und von Begriffen, die den Kindern nicht geläufig sind, in besonderer Weise, und zwar da, wo es um innere Befindlichkeiten geht. Diese würden die Kinder ohne genaues Lesen nicht aktiv wahrnehmen.

Im Schreiben einer eigenen Schlussversion (ausgehend von dem Zeitpunkt, zu dem der Held seine Schatzsuche fast aufgeben will), können die Kinder die Gattung beibehalten oder verändern (in die Richtung des Volksmärchens oder der Abenteuererzählung) und lernen, auf die Stimmigkeit der einzelnen Handlungsteile zu achten.

4 Textverarbeitungsweisen der Kinder

Die Erzählung wurde mit großer emotionaler Beteiligung der Kinder in vier Klassen szenisch interpretiert, die die 3., 4. und 5. Schulstufe umfassten.[8] Im Folgenden werden schwerpunktmäßig einige Rezeptionsweisen der Lerngruppe vorgestellt, die aus Dritt- und Viertklässlern (9 bis 10 Jahre alt) zusammengesetzt war.

4.1 Entfaltung der Imagination

Der Raum des Orients war für die Kinder ein zentrales Merkmal der Erzählung, das ihre Phantasie sehr ansprach. Durch die fremdartige Kleidung, die zu Beginn jeder (Doppel-)Stunde angezogen wurde, war der Übergang zu dieser fiktionalen Welt schnell hergestellt. Andere Übungen wie die Einfühlung in die Lieblingsbeschäftigung der Figur halfen den Kindern, diese in ihrem konkreten Lebensumfeld zu verankern.

Wie eng die Vergegenwärtigung von sinnlichen Wahrnehmungen mit den benutzten Requisiten verbunden war, zeigte sich am Ende, als die Kinder die wichtigsten der von uns szenisch interpretierten Szenen noch einmal spielten, um sie später auf dem Schulfest zeigen zu können. So wussten einzelne Schüler noch genau, welche Gegenstände als Wasserkrug oder als Schatzkästchen gedient hatten und wo diese sich im Klassenzimmer befanden. Erstaunlich war auch, wie sehr die Kinder durch das Szenische Spiel, also durch die körperlichen Handlungen und Haltungen (und natürlich das aufmerksamere vorbereitende Lesen), die Szenen, in denen sie selbst gespielt hatten, sich angeeignet hatten. Sie konnten diese nun frei, d. h. ohne Buch spielen, auch wenn sie z. T. schon über zwei Wochen zurücklagen.

4.2 Perspektivenübernahme, Füllung von Leerstellen

Die Kinder waren „koproduzierende" Leser der Geschichte (Waldmann 1981, 91), indem sie z. B. Begründungen für die Handlungen von Figuren formulierten. Die „Felsenwärter von Elsada", die den kleinen Muhar um sein Geld betrügen, gaben eine Begründung an, die möglicherweise ein Reflex ihrer (oder der allgemeinen) materiellen Situation ist:

J.: „Weil wir nicht viel verdienen."

J.: „Unser Leben ist uns wichtiger als das eines Fremden." (R1)[9]

---

8 Und zwar in zwei 4. und einer 5. Klasse (Gymnasium) von Studierenden der Universität Hamburg im Rahmen des von mir betreuten Integrierten Schulpraktikums und in einer 3./4. Klasse von mir (in Köln).

9 J. = Junge, M. = Mädchen. Die Äußerungen der Kinder, durchnummeriert von R1 bis R7, stammen aus der Mitschrift der zumeist anwesenden Lehrerin und den eigenen

Dem kleinen Muhar, der nach der Abweisung durch Yasmina schwermütig in seinem Garten sitzt, sagten zwei Kinder ein, dass das Leben für ihn nun keinen Sinn mehr mache bzw. sinnlos geworden sei, ein anderes: „Und sie will mich nicht zum Mann nehmen." (R2) Hier hat eine sprachlich eigenständige Verarbeitung des Textes stattgefunden – einmal durch weiteres Entfalten der Bedeutung von Schwermut, zum anderen durch eine eigene Formulierung für die stattgefundene Abweisung.

Parviz, der Wüstenräuber, Selbstbild der eigenen Figur, Junge 10 Jahre

Dass Fatime, das Räubermädchen, das Muhar das Leben rettet, sich in ihn verliebt hat, wird im Text nicht explizit gesagt; es gibt dafür aber genügend Hinweise. Während eine Studentin interpretierte, die beiden verbinde Freundschaft und Mitleid, war es für die Kinder eindeutig Liebe:

> Spielleiterin: „Warum wolltest du nicht, dass er getötet wird?"
> ‚Fatime': „Weil ich ihn liebe." (R3)

Erinnerungsprotokollen (R1, R2, Teile von R7), den Tonbandtranskriptionen (R3, R4, R6, Teile von R7) und dem Rollenheft einer Spielerin (R5).

Die Liebe war für die Kinder (ebenso wie die Schatzsuche) von Anfang an ein wichtiges Thema; zugleich war es schambesetzt. So mochten die beiden Fatme-Spielerinnen ihren Wunsch, Muhar möge sie heiraten, der Spielleiterin zu Beginn nur ins Ohr flüstern. Umso befreiter und fröhlicher war ihr Lachen und das der anderen Kinder nach dem Geständnis der Fatime-Spielerin.

Auch widersprüchliche Gefühle einer Figur, die aus dem Text erschlossen werden müssen, wurden von den Kindern ausgedrückt, so nach der Flucht Muhars das Hin- und Hergerissensein Fatimes zwischen Freude und Bedauern (in Form eines Stimmenorchesters):

M.: „Gut, dass er entflohen ist."
M.: „Ich finde, der kleine Muhar sieht jetzt richtig glücklich aus."
M.: „Schade, dass er die Yasmina liebt."
M.: „Schade, dass er die andere mehr mochte als mich."
J.: „Hoffentlich sehe ich ihn bald wieder."
J.: „Schade, er musste leider weg."
J.: „Es ist aber eigentlich gut so, dass er geflohen ist." (R4)

4.3 Das Wunderbare und der Zweifel

In ihrer Einschätzung des Wunderbaren orientierten sich die Kinder an der Perspektive des Helden. So wie er nahmen sie das Wunderbare des Traums als selbstverständlich hin, ebenso Muhars sofortigen Aufbruch nach Elsada.

Aus der Figurenperspektive sah es etwas anders aus. Hier glaubte die stolze ‚Yasmina' – ohne Hilfe durch eine Vorgabe des Textes –, dass der kleine Muhar den Schatz nicht finden wird: „Er ist viel zu dumm, und man glaubt doch nicht an Träume" (R5). Die Räuber äußerten im Spiel ihrer Szene, dem Text folgend, an Muhars Traum Zweifel, allerdings wurde er nicht Teil ihrer Außenperspektive auf den Text.

Zum Thema für die Kinder wurde der Zweifel erst, als der Held am Gelingen seiner Suche selbst zweifelt und sein unüberlegtes Handeln kritisiert. So äußerte eine Spielerin des kleinen Muhar – nach der vergeblichen Schatzsuche am zweiten Tag – auf die Frage, ob sie denn den Schatz am nächsten Tag finden werde: „Ich glaub' nicht. Weil ich hab' auch gar nicht nachgedacht, ja, ich hab' gar nicht nachgedacht, und deswegen glaube ich nicht, dass ich den Schatz finde." (R6)

Nach der gleichfalls vergeblichen Schatzsuche des dritten Tages möchte der „kleine Muhar" nach Memoluk zurückreiten und meint, dass er den Schatz vielleicht unterwegs findet. Die anderen Kinder sagten ihm ein (R7):

„Ich glaube nicht mehr daran, dass ich ihn [den Schatz] noch finden werde."

„Ich war dumm, dass ich geglaubt habe, den Schatz zu finden."

„Die Räuber hatten Recht."
„Ich gehe lieber wieder nach Memoluk, um den Schatz zu finden."

Während die Kinder vorher auf der Ebene des Märchens an den Schatz glaubten, zweifelten sie nun wie Muhar am Erfolg seines Unterfangens und übernahmen z. T. die ‚vernünftige' Weltsicht; wie in der Erzählung blieb aber offen, ob der Zweifel für sie nicht nur vorübergehend war.

Im anschließenden literarischen Gespräch über die Positionen des Helden (Glaube an seinen Traum) und des Emirs (Auslachen des Träumers) differenzierten einige Kinder zwischen den Träumen: Es gebe solche wie den des kleinen Muhar, die die Wahrheit sagten, und andere Träume, denen man nicht folgen solle. Auffällig ist hier – bei einer zentralen Frage der Erzählung – das Zulassen zweier unterschiedlicher Perspektiven. Bedenkt man, dass der Traum, psychoanalytisch gesehen, der Schlüssel zum Unterbewussten, also zur verborgenen Wahrheit ist, und bezieht seine Doppelbedeutung mit ein (Nacht- oder Tagtraum – sehnlicher Wunsch, Lebenstraum), wird deutlich, wie viel die Kinder bereits erkannt haben, auch wenn sie dies noch nicht begrifflich fassen konnten.

Am Ende bewegten sich die Kinder – die meisten noch vor Kenntnis des eigentlichen Schlusses – wieder uneingeschränkt auf der Ebene des Wunderbaren. In ihren Schlussversionen ist der Zweifel nur noch ein retardierendes Moment. Alle lassen den kleinen Muhar den Schatz finden (und folgen damit Struktur und Titel der Geschichte): z. B. indem der Held noch einmal sucht und nun fündig wird oder indem er zufällig auf ein Zeichen (z. B. einen Pfeil) stößt, das ihm den Weg weist. Die andere Variante ist die Einführung eines zweiten Traums oder eines wunderbaren Gegenstands, z. B. eines goldenen Schwertes oder einer Frucht mit einem Diamanten in ihrem Inneren. Zahlreiche Kinder wenden weitere Stilmerkmale des Märchens an (Wiederholung eines Motivs, Verbindung von Schatz und Liebesglück, Anklingen der Schlussformel).

Die Kinder waren sich des Wunderbaren von Maars Märchenerzählung nicht bewusst. Ähnlichkeiten mit den Märchen der Brüder Grimm sahen sie nicht. Eine Schülerin meinte, unwidersprochen von den anderen, im *Verb. Schatz* gebe es ja keine sprechenden Tiere, und er spiele woanders, nicht im Wald, sondern im Orient. Für die Kinder hatte die Geschichte wohl eher den Charakter einer Abenteuererzählung (auch in ihr hat der Held ja viele Schwierigkeiten zu bestehen, bis er den Schatz findet). So bezeichneten zwei Jungen die Träume Muhars und des Emirs als Schatzkarten; ein anderer sah deren Verknüpfung als zufällig an.

Dass sich die Kinder des Märchencharakters von P. Maars Kunstmärchen nicht bewusst waren, liegt m. E. daran, dass das Wunderbare nicht so offen zutage tritt, wie eine Schülerin es ja treffend beschrieben hat (vgl. S. 204). Zudem ist das Motiv des Traumes nicht an die Gattung des Märchens gebunden und in sich sehr komplex. Schließlich war die Frage, ob es sich um Wunderbares oder ‚Realität' handelt, für die Kinder noch nicht relevant; beide Ebenen liegen in ihrer Vorstellung noch nahe beieinander. Implizit haben sie jedoch die Stellung des *Verb. Schatzes* zwischen Volksmärchen und phantastischer Erzählung auf differenzierte Weise nachvollzogen. Noch bedeutender als diese Leistung erscheint mir freilich die tiefgehende emotionale Beteiligung, mit der sich die Kinder auf die Figuren und die literarische Welt einließen.

Prof. Dr. Dagmar Grenz, Siebengebirgsallee 74, 50939 Köln

Verena Kassler

Fantastische Literatur in der Grundschule: Tilde Michels' *Kleiner König Kalle Wirsch*

Das Faszinierende an der Fantastik

Betrachtet man die aktuellen Bestsellerlisten im Bereich der Belletristik, so wird schnell der Eindruck erweckt, die reale Welt von heute existiere nicht mehr – zumindest nicht mehr in Buchform. Angeführt vom zuletzt erschienenen 6. Band der *Harry Potter*-Reihe, wird die Liste der meistgelesenen Bücher gegenwärtig vervollständigt durch Cornelia Funkes magische Tintenwelt (*Tintenblut* und *Tintenherz*) und Browns Verschwörungsromane für Erwachsene (*Sakrileg* und *Diabolus*). Dazwischen finden wir Follett und Schätzing mit ihren apokalyptisch angehauchten Werken sowie weitere Bände von *Harry Potter*. Insgesamt 11 von 15 Büchern beschäftigen sich lieber mit Zaubereien und magischen, dem wirklichen Leben fernen Welten, als mit dem Hier und Jetzt (vgl. z. B. Bestsellerliste in: STERN 42/ 13.10.2005, 246). Was hat das zu bedeuten? Ist die Realität zu langweilig, zu eintönig oder einfach nur zu deprimierend? Was veranlasst die (jungen) Leserinnen und Leser dazu, sich lieber mit nicht existierenden Welten auseinander zu setzen als mit der „wirklichen" Wirklichkeit, mit all ihren „wirklichen" Menschen und all ihren „wirklichen" Problemen? Ist der Boom der fantastischen Literatur dadurch zu erklären, dass sich viele Leser wegen einer politisch und wirtschaftlich unsicheren Zukunft in eine „Scheinwelt" flüchten, zumindest für wenige Stunden? Eine Scheinwelt, in der sie nicht mit den Alltagssorgen konfrontiert werden, sondern einfach wieder Kind sein dürfen?

Auch in den Schulen kann, will oder sollte man sich diesem aktuellen Trend nicht entziehen. Da sich aber *Harry Potter*, auch wenn der Titelheld für viele Kinder eine Art Popstar unter den Romanfiguren zu sein scheint, nicht unbedingt als Klassenlektüre für die Primarstufe eignet, steht man als Lehrerin häufig vor der Frage, wie man dem Wunsch der Kinder nach fantastischer Literatur auch im Unterricht der Grundschule am besten nachkommen kann. Eine Möglichkeit bietet das fantastische Buch *Kleiner König Kalle Wirsch* von Tilde Michels.

Tilde Michels' *Kleiner König Kalle Wirsch*

Die folgenden Angaben über das Leben und Wirken von Tilde Michels stützen sich auf die Aufsätze von Künnemann (1977) und Ossowski (1995). Danach ist die 1920 geborene Tilde Michels vor allem als Bilder- und Kinderbuchautorin bekannt geworden, war jedoch auch als Übersetzerin und Mitarbeiterin für Funk und Fernsehen erfolgreich. Ihr Abitur absolvierte sie in Frankfurt, dann verschlug es sie nach Hamburg, wo sie ein Fremdspracheninstitut für Englisch und Französisch besuchte, und nach Paris, wo sie als Sekretärin arbeitete. Anschließend fuhr sie nach England, um Verwandten bei ihrer Arbeit in einem Heim für behinderte Kinder zu helfen. Nach ihrer Heirat zog sie nach München.

Mit dem Text für das Bilderbuch *Karlines Ente* (1960) begann Tilde Michels' Karriere als Kinderbuchautorin. Für *Es klopft bei Wanja in der Nacht* (1985) wurde sie 1986 mit dem Gustav-Heinemann-Friedenspreis ausgezeichnet, für *Lena und der Wolfsgraben* erhielt sie 1991 den Züricher Kinderbuchpreis. *Es klopft bei Wanja in der Nacht* und *Freundschaft für immer und ewig* kamen auf die Auswahlliste zum Deutschen Jugendliteraturpreis (1985 und 1990), um nur einige Auszeichnungen zu nennen. Den größten Erfolg beim Publikum erzielte jedoch ihr Buch *Kleiner König Kalle Wirsch*, das erstmals 1969 erschien und in viele Sprachen übersetzt wurde. Es wurde mit der Augsburger Puppenkiste verfilmt und ist auch als Tonträger (CD, Kassetten, Schallplatten) erhältlich. Das Buch findet man derzeit zwar nicht auf den aktuellen Bestsellerlisten, es liegt jedoch als Taschenbuchausgabe und in einer preiswerten Ausgabe der Süddeutschen Zeitung (Junge Bibliothek; vgl. Matzig 2006) vor, was eine wichtige Voraussetzung für die Verwendung im Unterricht ist.

Kalle Wirsch – eine fantastische Lektüre?

Tilde Michels' Zielgruppe sind hauptsächlich Kinder bis zwölf Jahre. Deren Interessen, aber auch deren Probleme webt sie, unter Einbeziehung eigener Kindheitserlebnisse, in die Erzählung über *Kalle Wirsch* ein. Dabei bevorzugt sie das Fantastische und Märchenhafte, aber sie berücksichtigt immer auch die „begreifbare Welt" der Kinder. Die Existenz zweier Welten, nämlich der realen Menschenwelt und der Wunderwelt, ist ein wesentliches Merkmal fantastischer Literatur.

> Alle theoretischen Ansätze zur Bestimmung der phantastischen Literatur richten ihr Hauptmerk auf das im Text gestaltete Ineinandergreifen einer ‚realen' Welt und einer Welt, die mit den Mitteln logischen Denkens nicht erfassbar ist. (…) Einer mit den Gesetzmäßigkeiten des logisch-empirischen Denkens übereinstimmenden fiktionalen Wirklichkeit wird eine davon abweichende, mit rationalen Mitteln nicht mehr erklärbare Handlungsebene entgegengestellt. (Meißner 1989 b, 63 f.)

Dieser Definitionsansatz spiegelt sich in bekannten Werken der Kinder- und Jugendliteratur wieder. Bücher von Michael Ende (*Momo*, 1973; *Die unendliche Geschicht*, 1979) oder Astrid Lindgren (*Ronja Räubertochter*, 1982) sind Beispiele dafür.

Wichtige Protagonisten in *Kalle Wirsch* sind, neben zwei Menschenkindern und Kalle selbst, die Erdmännchen, die so klein sind, dass sie unter der Erde wohnen können. Das Motiv der kleinen Wesen, die von den Menschen unentdeckt in ihrer Welt leben, findet man auch in Tove Janssons *Mumin-Büchern* (dt. ab 1955; vgl. Kaminski 1977), in J. R. R. Tolkiens *Der Hobbit* (dt. 1957) oder bei Astrid Lindgrens *Ronja Räubertochter* (dt. 1982) mit ihren „Rumpelwichten", um nur einige intertextuelle Bezüge zu nennen.

Auch Kalle Wirsch ist ein Erdmännchen, das tief unter der Erde lebt und König über die Erdmännchenvölker der Wirsche, Wolde, Gilche, Trumpe und Murke ist. Sein Widersacher Zoppo Trump lässt jedoch nichts unversucht, um Kalle vom Thron zu stoßen. Er fordert ihn gleich zu Beginn des Buches zum Kampf heraus. Der Kampf soll in der Wiwogitrumu-Burg, deren Name sich aus den Anfangssilben der Namen der Erdmännchenvölker zusammensetzt, stattfinden. Zoppo weiß jedoch, dass er nur eine Chance hat, wenn Kalle nicht rechtzeitig zum Kampf erscheint. Durch einen Sabotageakt, ausgeführt von Zoppos Anhängern, wird Kalle eines Tages an die Erdoberfläche befördert. Dort macht er Bekanntschaft mit den Menschenkindern Max und Jenny. Trotz diverser Vorurteile gegenüber Menschen und ihrem „Menschenkram" freundet sich Kalle mit den beiden an. Ein Zauber macht es möglich, dass die Kinder auf Erdmännchengröße schrumpfen und Kalle Wirsch in die geheimnisvolle Welt unter die Erde begleiten können. Dort helfen sie ihm, rechtzeitig zur Wiwogitrumu-Burg zu kommen. Doch der Weg dorthin erweist sich als äußerst schwierig, da Zoppo und seine Anhänger jede Gelegenheit nutzen, um Kalle loszuwerden. Max und Jenny erleben zusammen mit dem Leser unter der Erde viele spannende Abenteuer, bei denen sie auf die skurrilsten Bewohner der Unterwelt treffen – auf harmlose und witzige Wesen, aber auch auf gefährliche. Das Buch endet damit, dass Kalle doch noch rechtzeitig zum Kampf erscheint, seinen Widersacher besiegt und somit seinen Königstitel erfolgreich verteidigt. Max und Jenny kehren in ihre Menschenwelt zurück, jedoch nicht bevor sie sich mit Kalle ewige Freundschaft geschworen haben.

Unterricht mit *Kleiner König Kalle Wirsch*

Die folgenden Vorschläge für den Umgang mit der Lektüre *Kleiner König Kalle Wirsch* beruhen auf Unterrichtseinheiten, die mit vierten Klassen einer Grundschule durchgeführt wurden. Oberstes Ziel war dabei die Förderung der Lesemotivation. Die Wahl fiel nicht nur wegen seiner fantastischen Dimension auf *Kalle Wirsch*, sondern auch, weil die Lektüre über den fantastischen Aspekt hinaus vielfältige Möglichkeiten der Auseinandersetzung bietet. Beim gemeinsamen Abenteuer mit Max, Jenny und Kalle in der Unterwelt erhält der Leser z. B. wissenschaftliche Informationen (vgl. die Entstehung einer Tropfsteinhöhle, die Entstehung von Erdbeben und Vulkanausbrüchen, die Gefahr von radioaktiven Strahlen usw.). Diese Themen können fächerübergreifend im Unterricht aufgegriffen oder als Differenzierung, deren Einsatz nicht erst seit der PISA-Studie immer stärker gefordert wird, für einzelne Gruppen oder Schüler verwendet werden. Nicht zuletzt erfüllt das Buch auch eine erzieherische Funktion, da, aufgezeigt an der Freundschaft zwischen Kalle, Max und Jenny, Hilfsbereitschaft als Tugend herausgestellt wird und Botschaften wie „das Gute siegt über das Böse" oder „gemeinsam sind wir stark" vermittelt werden. Dies wird auch deutlich, wenn man, wie Gerhard Matzig, die Lektüre hinsichtlich des Phänomens der „Macht" betrachtet. Danach ist es Tilde Michels mit *Kalle Wirsch* gelungen, „die Welt zu erklären", wobei auszugehen ist von der These, dass „von jenen die größte Gefahr droht, die die Macht nicht haben können, aber unbedingt haben wollen (…). Wer das begriffen hat, der weiß, was die Welt in ihrem Innersten zusammenhält: die Differenz zwischen Macht und Ohnmacht, die Spannung von oben und unten, der Unterschied zwischen drinnen und draußen." (Matzig 2006)

Dieser unberechtigte Machtanspruch wird durch die Figur des Zoppo Trumps, aber auch durch den Drachen Murrumesch verkörpert. Zoppo Trump will sich die Macht mit allen Mitteln erschleichen, wäre aber im Gegensatz zu Kalle Wirsch, dem das Volk am Herzen liegt, kein guter König, denn er will die Macht nur um ihretwillen. Der schreckliche Murrumesch hat ebenfalls kein Interesse daran, ein gerechter Herrscher über die Erdmännchen zu sein. Er ist das typische Beispiel für Machtmissbrauch, denn er hat die mächtigste Waffe eines Erdmännchenkönigs, einen Uranstein, geraubt und setzt dessen tödliche Strahlen willkürlich gegen jedermann ein.

Der für Kinder motivierende Charakter der spannenden Handlung dürfte deutlich geworden sein. Als motivierend erweisen sich aber auch die von der Autorin gern verwendeten Fantasiewörter, wie z. B. „gromtschumalim" (65)[1] oder Kalles oft gebrauchtes „Hiii-käckäckäck" (z. B. 27). Die im Buch verwendete Sprache stellte sich allgemein als sehr ansprechend für Kinder im Grundschulalter heraus, zumal teilweise Wörter dem alltäglichen Wortschatz von Kindern und Jugendlichen entnommen sind, z. B. „futsch" (10) oder „verflixt" (27). Zu erwähnen ist in diesem Zusammenhang auch die Redeweise von Kalle Wirsch, die zum Teil (seinem Namen alle Ehre machend) recht wirsch, aber alltagsnah ist. Vielleicht ist es gerade die Mischung aus Menschlichkeit und Fantastischem, die den Titelhelden so sympathisch macht.

---

1 Die Seitenzahlen beziehen sich auf die dtv junior Taschenbuchausgabe von 2001.

Das nachfolgende Unterrichtsmodell besteht aus einer eher traditionell organisierten Lektüre- und Arbeitsphase, die jedoch auf vielfältige Möglichkeiten eines handlungsorientierten Umgangs mit dem Buch verweist (vgl. dazu auch Haas 1996), und einer an offenen Unterrichtskonzepten orientierten Projektphase.

Lektüre- und Arbeitsphase

Als Einstieg in die Lektüre eignet sich die Kampfansage von Zoppo Trump zu Beginn der Geschichte, die entweder von der Lehrerin vorgetragen wird oder von einem Tonträger kommt. Der Aufruf lautet: „Ich, Zoppo Trump, fordere den Erdmännchenkönig Kalle Wirsch zum Kampf! Dieser Kampf soll zur Zeit des nächsten Vollmonds in der Wiwogitrumu-Burg ausgetragen werden. Zoppo der Starke" (7). Die Kinder können daraufhin Mutmaßungen über den Fortgang der Geschichte anstellen und lernen das erste Kapitel kennen.

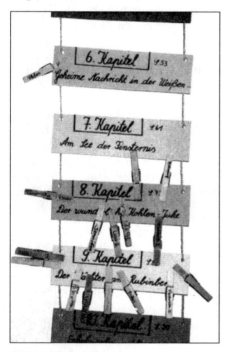

Kalle Wirsch-Kalender

Nachdem die Kinder das Buch erhalten und genauer betrachtet haben (Klappentext, Hinweise zur Autorin ...), wird mit ihnen eine Vereinbarung getroffen: Es wird zwar immer besprochen, welche Kapitel für die nächste Unterrichtsstunde vorbereitet werden sollen, doch jeder darf so weit lesen wie er will, da es im Sinne der Lesemotivation wenig sinnvoll wäre, den Leseeifer zu bremsen. Schnelle Leserinnen und Leser sollen jedoch über den Fortgang der Geschichte nichts verraten. Um einen Überblick darüber zu haben, wer bei welchem Kapitel angekommen ist, und vor allem auch als Ansporn für „leseunlustige" Kinder, wird im Klassenzimmer ein „Kalle Wirsch-Kalender" aufgehängt. Dabei wird der Titel jedes Kapitels auf eine Wortkarte geschrieben und die Wortkarten werden in der richtigen Reihenfolge untereinander geheftet. Jedes Kind bekommt eine Wäscheklammer mit seinem Namen und befestigt die Klammer immer an der „Kalenderseite", die es bereits erlesen hat. Dies ist auch eine gute Rückmeldung für die Lehrerin darüber, wie eifrig die Schüler lesen bzw. wo Schwierigkeiten auftreten oder die Motivation ins Stocken gerät.

Bewährt hat sich auch eine „Kalle Wirsch-Wand", die neben Figuren aus dem Buch (als kolorierte Fotokopien) auch Beiträge der Kinder zeigt. Die Handlungsorte (Höhle, See ...) sind schon am Anfang dargestellt, die Figuren werden jedoch erst nach ihrem Auftreten im Buch ergänzt. Somit haben die Kinder, die schon über die für das Unterrichtsgespräch relevanten Kapitel hinaus lesen, einen Überblick darüber, an welcher Stelle des Buches wir uns mit der gesamten Klasse gerade befinden. Andere Schüler wird die Wand neugierig über den Fortlauf der Geschichte machen und zusätzlich motivieren. Mittels der Kalle-Wirsch-Wand sind die Figuren aus der Lektüre ständig präsent, was dazu beiträgt, dass sie den Kindern vertraut werden und zum Weiterlesen anregen. Darüber hinaus kann die Wand auch als eine Art Gedächtnisstütze betrachtet werden.

In Kapitel 3 erfahren Max und Jenny mehr über Kalles „Untertanen", die Erdmännchenvölker. Als Kalle einige der Erdmännchennamen nennt, z. B. Immo, Ykko, Gurru (35), stellen die Schüler schnell fest, dass alle Namen aus zwei Silben und einem Doppelmitlaut in der Mitte bestehen. So werden sie angeregt, sich selbst einen Kalle Wirsch-Namen zu überlegen. Dieser wird auf einen Zettel geschrieben und an der Kalle Wirsch-Wand befestigt. So werden die Protagonisten durch die Schülerinnen und Schüler selbst ein Stück durch die „Unterwelt" begleitet. Ihnen soll das Gefühl vermittelt werden, dass sie den Abenteurern im Buch sehr nahe sind.

In Max und Jenny keimt immer mehr der Wunsch auf, Kalle unter die Erde zu begleiten und ihm zu helfen. Die seltene Wurzel „Raxel" (37) macht es möglich, dass die Kinder auf Erdmännchengröße schrumpfen und ihrem Abenteuer mit Kalle unter der Erde nun nichts mehr im Weg steht. Die Vorstellung, sich ganz klein und unauffällig zu machen, regt die Fantasie der Schüler an. Sie äußern sich dazu oder schreiben auf, was sie gerne anstellen oder wohin sie gerne gehen würden, wenn es diese Wunderwurzel „Raxel", wirklich gäbe (vgl. auch *Alice im Wunderland*).

In Kapitel 6 gelangen Kalle, Max und Jenny in eine Tropfsteinhöhle. Das kann als Anlass genommen werden, fächerübergreifend das Thema „Tropfsteinhöhle" aufzugreifen und als Differenzierung vor allem den Kindern anzubieten, die mit dem Inhalt der Lektüre schon sehr vertraut sind bzw. das Buch schon zu Ende gelesen haben. Die Kinder bringen Näheres über die Entstehung der Tropfsteinhöhlen in Erfahrung, sammeln Bilder oder halten evtl. ein Kurzreferat darüber. Im weiteren Verlauf erzählt Kalle seinen Menschenfreunden, was Erdmännchen bei einem Festmahl alles essen, z. B. geröstete Heuschrecken, Mottenklöße usw. (59) Nachdem die Schüler ihren Ekel kundgetan haben, verfassen sie mit ihrer Gruppe oder in Partnerarbeit für die Erdmännchen gern eine Speisekarte mit ähnlichen „Delikatessen". Diese Speisekarten werden an die Kalle Wirsch-Wand zur Wiwogitrumu-Burg geheftet, da dort jährlich ein Festmahl stattfindet.

Kapitel 9 führt den Leser zum „Wächter am Rubinberg" (83 ff.). Ein Ausflug in die Welt der Edelsteine (Nachschlagen im Lexikon, Referat als Differenzierungsangebot ...) bietet sich hier ebenso an, wie das Erstellen eigener Rätsel, denn der Wächter am Rubinberg gewährt Kalle und seinen Freunden nur Einlass, wenn sie das von ihm gestellte Rätsel lösen können.

Kapitel 13 greift ein immer wieder aktuelles und umstrittenes Thema auf: die Radioaktivität. Kalle Wirsch besitzt als einzige Waffe einen Uranstein, den er in einem kleinen Behälter als Kette um den Hals trägt. Dieser Uranstein wird ihm aber von Murrumesch gestohlen. Über den Nutzen des Urans, aber auch über mögliche Gefahren, wird im Klassenverband gesprochen, zumal vielleicht nicht allen Kindern Begriffe wie „Atommüll" aus den Medien bekannt sind. Vor allem die Katastrophe von Tschernobyl, die sich im April 1986 ereignete, wird immer wieder die Schlagzeilen beherrschen. Es gelingt Kalle, Murrumesch zu besiegen und sich seine Waffe zurückzuholen. Diesen Kampf dürfen sich die Schüler als Hörspiel (Kohlhepp/Treyz 1994).

Das Abenteuer neigt sich nun dem Ende zu. Kalle Wirsch kommt rechtzeitig auf der Wiwogitrumu-Burg an, um gegen Zoppo Trump anzutreten. Er siegt und verteidigt so seinen Königstitel. Max und Jenny kehren in ihre Welt zurück. Zum Ausklang der Lektüre können noch einzelne Szenen des Hörspiels angehört und mit dem Buch verglichen werden oder die als DVD vorliegende Umsetzung durch die Augsburger Puppenkiste wird von den Schülerinnen und Schülern beurteilt. Auch ein (fiktiver) Brief mit Kommentaren oder Fragen an die Autorin bietet sich an.

Projektphase

Als besonders intensive Form der Auseinandersetzung mit der Lektüre hat sich die Erarbeitung einer Lesekiste (vgl. Knobloch 2001 a) herausgestellt, die lektürebegleitend oder aber auch als Möglichkeit kreativer Ausgestaltung angefertigt werden kann. Die Idee der Lesekiste besteht darin, dass ein leerer Schuhkarton während oder nach der Lektüre in Einzel-, Partner- oder Gruppenarbeit mit Gegenständen bzw. Materialien gefüllt wird, die im Text direkt oder indirekt angesprochen werden. Neben dem Kriterium, dass sie in Verbindung mit der Lektüre stehen, müssen diese Materialien noch weitere Bedingungen erfüllen (z. B. Aspekt der geeigneten Größe oder der Haltbarkeit). So entsteht zum Buch eine passend gestaltete Lesekiste, deren Inhalt der Antizipation des Textes, der Motivation, der Konkretisierung, der handlungs- und produktionsorientierten Auseinandersetzung mit dem Text durch plastische Illustration dient. Vor allem aber gibt die Lesekiste Anlass zu einer Kommunikation über die Lektüre. Da die Kinder die Gegenstände vorwiegend zu Hause suchen und sammeln, findet auch ein Kommunikationsprozess daheim statt: Die Familie nimmt dadurch Anteil an der Lektüre der Kinder (vgl. Knobloch 2001 a, 5). Diese Form des Umgangs mit dem

Buch kann so dazu beitragen, die für die Lesemotivation wichtige Brücke zwischen Schule und Elternhaus zu schlagen.

Von Schülern gestaltete Lesekisten

Rückblick

Die Schüler haben das Buch *Kleiner König Kalle Wirsch* sehr positiv aufgenommen. Anhand des Kalle Wirsch-Kalenders war zu erkennen, dass es viele Schüler schon am ersten Tag so gefesselt hat, dass sie es innerhalb kürzester Zeit zu Ende lasen. Diese Kinder nahmen, motiviert durch das Abenteuer von *Kalle Wirsch*, die verschiedenen Differenzierungsangebote gerne an und präsentierten sich der Klasse stolz als Fachleute für die verschiedensten Themen.

Beim Anfertigen der Lesekisten entwickelten viele Kinder einen bis dahin nicht gekannten Ehrgeiz. Stets waren sie darum bemüht, Lesekisten von Mitschülern zu übertreffen. Der „Schuhkarton" wurde ausgebaut, bekam einen Seitentrakt, ein Obergeschoss und ein Dach und wurde reich verziert. Für diese Arbeit trafen sich viele Schüler sogar am Nachmittag.

„Das gute Buch ist dasjenige, dessen Lektüre seinen Leser nach dem nächsten Buch verlangen lässt" hat Bodo Franzmann einmal gesagt (Knobloch 2001 b, 5). Ich wage zu behaupten, dass *Kleiner König Kalle Wirsch* zu diesen guten Büchern zählt.

Verena Kassler, Obere Hauptstr. 40, 85368 Wang

Kirsten Kumschlies

Kindliche Rezeptionen beim Szenischen Interpretieren von *Hodder, der Nachtschwärmer* in einer 4. Grundschulklasse

Einleitung

„Es war sehr schön, in dir zu leben", so schreibt eine Viertklässlerin nach der Szenischen Interpretation des Kinderbuches *Hodder, der Nachtschwärmer* in ihrem Abschiedsbrief an die Figur, deren Rolle sie übernommen hatte. Das Mädchen akzentuiert mit dieser Aussage, wie wertvoll und lebensnah es für es war, einen literarischen Text mit szenischen Verfahren aus „Binnenperspektive" (Grenz 1999 a) zu erkunden und verweist damit auf die Bedeutung, die es für Grundschulkinder haben kann, literarische Texte szenisch zu interpretieren. Das konnte bereits in vielfältigen Kontexten gezeigt werden (vgl. Grenz 1999 a, b, c, d; dies. 2004; Scheller 1996; ders. 2004; Siems 1999; dies. 2001).

Der vorliegende Beitrag berichtet von der Szenischen Interpretation des Kinderbuches *Hodder, der Nachtschwärmer* in einer 4. Grundschulklasse. Schwerpunkt der Darstellung ist hierbei der Unterrichtsbericht mit dem Anliegen, Anregungen für die Praxis zu liefern. Zudem wird das Buch – entsprechend der Zielrichtung der Beiträge dieses Heftes – in die phantastische Kinderliteratur eingeordnet. Demnach werden auch die kindlichen Rezeptionen, die bei der Szenischen Interpretation des Buches transparent wurden, vor allem in Hinblick auf die phantastische Handlungsebene des Textes betrachtet. Am Ende des Beitrags steht die Kurzanalyse von zwei Kindertexten, wobei auch hier die Wahrnehmung der phantastischen Momente des Kinderbuches durch die Schreiberin im Vordergrund stehen.

Inhalt und Kurzinterpretation des Buches

Hodder, der Nachtschwärmer erzählt von dem zehnjährigen Hodder, der nach dem Tod der Mutter allein mit seinem Vater in Kopenhagen lebt. Dieser arbeitet nachts als Plakatekleber. Hodder kann in der Nacht häufig nicht schlafen. Er sitzt dann am Fenster und schaut auf die Straße. Seit neuestem bekommt Hodder nachts Besuch von einer Fee, die ihm verkündet, er sei auserwählt, um die Welt zu retten. Diesem Auftrag will Hodder gerne nachkommen, doch erscheint ihm die Welt zu groß und bei seinem Plan zur

Expedition zur Errettung der Welt weiß Hodder nicht so recht, wo er anfangen soll. Da erscheint es ihm plausibler, doch lieber seinen Klassenkameraden Philipp mit der Rettung der Welt zu beauftragen – denn im Gegensatz zu Hodder wird dieser nicht abgewählt, wenn in der Schule Mannschaften gebildet werden. Nach und nach wird dem Leser deutlich, dass es sich bei Hodder um einen Außenseiter handelt, der in der Schule keine Freunde hat. Immer wieder hat er mit Ausgrenzungserfahrungen zu kämpfen, evoziert vor allen Dingen durch das beliebte „Konsum- und Medienkind" Alexander. Doch Hodder lässt sich nicht beirren. Mit seiner direkten, skurrilen Art überfordert er seine Lehrerin, ohne dies zu merken. Hodder ist sich seiner eigenen Wunderlichkeit nicht bewusst. Er wird von den Schulkameraden für einen Sonderling gehalten, wenn er mitten im Unterricht von den Farben des Meers spricht oder beharrlich die Lehrerin nach dem Namen ihres Parfüms fragt. Philipp, ein sportbegeisterter Junge, fühlt sich von dem sonderbaren Verhalten Hodders gleichermaßen angezogen wie abgestoßen. Er beginnt Hodder zu beobachten und zu verfolgen, was beim Protagonisten zu großer Verunsicherung führt. Hodder wird nun gezwungen, seine Traumwelt aufzubrechen. Gestaltet er seinen Alltag bis dahin mit ihm ganz eigenen Ritualen wie dem regelmäßigen Konsum von Streuselschnecken, so flieht er nachts und in Tagträumen zu imaginären Freunden, einem Preisboxer, einem blauen Hund und der Dame vom Zigarettenplakat, mit denen er auf phantastischer Ebene die Expedition zur Rettung der Welt plant. Diese findet am Ende nicht statt, vielmehr kann Hodder sich von seinen phantastischen Freunden verabschieden, als er auf realistischer Ebene Freundschaft mit Philipp schließt.

Einordnung des Romans in die phantastische Kinderliteratur

Aufgrund seiner phantastischen Motive kann man *Hodder, der Nachtschwärmer* in die Gattung der phantastischen Kinderliteratur einordnen. Es tauchen phantastische Figuren auf: eine Fee, ein dichtender Boxer, ein blauer Hund, der Häuptling eines Stammes, der auf der fiktiven Insel Guambilua lebt und Lola Namenlos, eine Frau in roten Schuhen, welche jedoch nicht eindeutig als phantastische oder realistische Figur identifiziert werden kann. Einerseits handelt es sich um die Frau aus der Zigarettenwerbung, andererseits ist es wahrscheinlich, dass Hodder sie tatsächlich aus dem Fenster heraus beobachtet (vgl. Reuter 2002, 11). All diese Figuren sind Teil von Hodders Traumwelt, in die er sich flüchtet, wenn sein Vater nachts Plakate klebt und er nicht schlafen kann. An dieser Konzeption ist erkennbar, dass die primäre und die sekundäre Welt (vgl. Tabbert 2002 c, 188) fließend ineinander übergehen und nicht klar voneinander trennbar sind. In der primären Welt finden die Ereignisse statt, die Hodder in Schule und Familie erlebt, in der sekundären z. B. jene, in der Hodder mit Lola einen Boxkampf von Big Mac Johnson besucht. Die Fee, die Hodder eines

Nachts aufsucht, lässt sich als Bote aus der phantastischen Welt verstehen, durch welche dem Protagonisten Zugang zu dieser gewährt wird. Allerdings ist nicht eindeutig, wo die phantastische Welt aufhört und wo sie beginnt, was besonders an der Figur der Lola transparent wird. Sie wird beschrieben als „eine Dame mit grünem Mantel und roten Schuhen", die nachts an Hodders Haus vorbei geht, wenn dieser allein zu Hause ist und nicht schlafen kann.

Lola muss als phantastische Figur verstanden werden, da sie in all den Szenen eine Rolle spielt, die klar auf der phantastischen Ebene des Romans angesiedelt sind (vgl. v. a. Reuter 2002, 125 ff., 178 ff.). Sie begleitet Hodder zum Boxkampf Big Mac Johnsons und verschwindet am Ende des Romans gemeinsam mit den anderen phantastischen Figuren (vgl. ebd.,185). Der fließende Übergang zwischen realistischer und phantastischer Ebene ist ein Sonderfall für die Gattung der phantastischen Kinderliteratur. In dem meisten Fällen sind die Ebenen deutlich voneinander zu unterscheiden.[1] Nach Tabbert könnte man ebensolche Bücher auch der realistischen Kinderliteratur zuordnen, sofern man die psychologische Verankerung der dargestellten Traumwelt in der Alltagswelt betont (vgl. Tabbert 2002 c, 191). Es handelt sich hier folglich um einen Grenzfall zwischen phantastischer und realistischer Kinderliteratur. Ich plädiere für die Einordnung des Romans in die phantastische Kinderliteratur, da die phantastische Handlungsebene den Text von problemorientierten Kinderbüchern insofern abgrenzt, dass die psychologische Verankerung der Traumwelt in diesem Text nicht explizit gemacht wird: Die beiden Welten sind so stark ineinander verschränkt, dass sich die phantastische nicht einfach nur als Traum Hodders beschreiben lässt. Hodder kann nicht zwischen Fiktion und Wirklichkeit unterscheiden, was im Text nicht als Mangel sondern auch als Stärke des Protagonisten erscheint. Mattenklott vergleicht Hodder treffend mit einem Künstler, nennt ihn einen „Dichter ‚avant la lettre'" (Mattenklott 2000, 35), der seine Umwelt oft missversteht, da ihm die Trennung von seiner Traumwelt und der Realität (noch) nicht gelingt.

Die phantastische Welt in *Hodder, der Nachtschwärmer* lässt sich nur zum Teil als eine solche deuten, in die sich Hodder aufgrund seiner Probleme in der sozialen Umwelt in seinen Träumen flüchtet. Zwar ersetzen ihm phantastische Figuren die Freunde, die er auf realistischer Ebene nicht hat (vgl. Reuter 2002, 102), jedoch folgt Reuters Buch anderen Wegen als die bekannte phantastische Erzählung, in welcher der einsame kindliche Protagonist auf imaginäre Freunde zurück greift, sondern die Grenzen zwischen realen Räumen und imaginären Räumen werden hier kunstvoll offen gehalten, so bringt es Mattenklott auf den Punkt (vgl. Mattenklott 2000, 32).

---

1 Vgl. zum Beispiel Lindgrens *Pippi Langstrumpf* oder Joanne K. Rowlings *Harry Potter*-Bücher. Im ersten Fall sind realistisch und phantastisch konzipierte Figuren immer klar voneinander unterscheidbar, im zweiten sind realistische und phantastische Welt eindeutig voneinander abgrenzbar.

Zum Ende des Romans löst sich die phantastische Welt in der realistischen auf: Hodder hat die Welt errettet und einen Freund gefunden, die phantastischen Figuren sind verschwunden.

Planung und Vorbereitung der Szenischen Interpretation

Die im Folgenden vorgestellte Unterrichtsreihe richtet sich an eine 4. Grundschulklasse mit 18 SchülerInnen. Besetzt werden für die Szenische Interpretation folgende Rollen: Hodder (3x), Hodders Vater (1x), Hodders Großvater (1x), Lehrerin Asta K. Andersen (1x), Kamma (2x), Philipp (2x), Alexander (2x), eine Bäckersfrau (1x), Fee (1x), Big Mac Johnson (1x), Lola (1x), William Ludo (1x). In größeren Klassen bietet es sich an, auch noch die zweite Bäckersfrau und/oder den Schuldirektor zu besetzen bzw. weitere Mehrfachbesetzungen vorzunehmen. Für jede Figur wird eine Rollenkarte entworfen, die das einzelne Kind bei seiner Einfühlung in die Figur unterstützen soll. Hier werden wichtige Merkmale der entsprechenden Figur zusammengestellt, wie die folgende Rollenkarte für den Protagonisten Hodder illustriert.[2]

Hodder

Du heißt Hodder Emanuel Jacobsen und lebst mit deinem Vater in Kopenhagen. Deine Lieblingsspeise sind Streuselschnecken. Du kaufst dir täglich eine Streuselschnecke beim Bäcker. Du bist ziemlich klein und schmächtig für dein Alter und nicht sehr stark und hast rote Haare.

Deine Mutter ist gestorben, als du noch ganz klein warst. Du kannst dich kaum noch an sie erinnern. Du übernimmst viele Tätigkeiten im Haushalt, um deinen Vater zu unterstützen. Der arbeitet nachts, deshalb bist du in den Nächten meistens allein. Oft kannst du nicht schlafen, dann guckst aus dem Fenster und beobachtest die Leute aus dem Nachbarhaus.

Jedes Kind sollte nach der Rollenverteilung eine solche Rollenkarte erhalten. Weiterhin stellt die Lehrerin gekürzte Fassungen der Rollenkarten auf Folien zusammen, die den Kindern eine Übersicht geben, welche Figuren im Buch vorkommen und sie bei der Entscheidung für eine Rolle unterstützen sollten (vgl. Grenz 1999 a, 27). Weiterhin kopiert sie (kurze) Textausschnitte aus dem Buch für jede einzelne Figur, in der charakteristische Merkmale der jeweiligen Figur deutlich werden.

Zudem werden auf einem Blatt Fragen zur Figur zusammengestellt, die den Kindern beim Schreiben der Rollenbiografie helfen sollen (vgl. ebd., Scheller 2004, 62 ff.). Für die von den Kindern produzierten Texte und Bilder stellt die Lehrerin sogenannte Rollenhefte zur Verfügung, wofür sich am besten DIN A4-Schreibhefte eignen.

---

2 Vgl. zur Erstellung von Rollenkarten Grenz 1999 a, 27, Siems 1999, 46.

Schließlich sollten unterschiedliche Requisiten beschafft werden, die einerseits dem Aufbau des Ortes (vgl. Grenz 1999 a, 27), andererseits der Verkleidung der Kinder dienlich sind, z. B. kann man eine Streuselschnecke aus Pappe basteln und verschiedene Verkleidungsstücke für die Figuren bereitstellen.

Die Konzeption der Unterrichtsreihe versucht, Verfahren der Szenischen Interpretation auszuwählen, die dem Text angemessen erscheinen.[3] Handlungsleitend waren bei der Planung folgende Fragen:

- Warum ist Hodder ein Außenseiter?
- Wie geht er damit um?
- Wie gehen die anderen Figuren damit um?
- Was verändert sich im Laufe der Handlung?
- Wie fühlt sich Hodder?
- Wie fühlen sich die anderen Figuren ihm gegenüber?
- Was bedeutet in diesem Text die Errettung der Welt?

Durchführung der Szenischen Interpretation

Das hier vorgestellte Unterrichtsmodell ist konzipiert für acht Schultage, an denen jeweils eine Doppelstunde zur Verfügung steht.

Erster Tag:
- Einstieg in die Szenische Interpretation über eine Phantasiereise zum Handlungsort Kopenhagen
- Vorlesen des 1. Kapitels
- Rollenverteilung (mithilfe von Rollenkarten auf Folie)
- Aufbau des Ortes durch die Hodder-SpielerInnen, parallel: literarisches Gespräch zum 1. Kapitel
- Ausgabe von Rollenkarten, Rollenheften und Büchern an die Kinder
- Malen eines Bildes von Hodders Zimmer und/oder seiner Straße

Zweiter Tag:
Im Vordergrund steht hier die Einfühlung in Figurenperspektiven, in deren körperliche Haltungen und Sprechgesti. Hierbei kann mit bekannten Verfahren der Szenischen Interpretation gearbeitet werden:
- Körperhaltung und Gang: Hier geht es darum, dass die SpielerInnen spezifische Körperhaltungen und Gangarten für ihre Figur finden. Das kann durch folgende Übung geschehen: Alle Kinder gehen gleichzeitig durch den Raum. Die Spielleiterin gibt verschiedene Tempi vor, wie die SpielerInnen gehen bzw. sich setzen sollen. Hierbei kann auch schon mit unterschiedlichen Stimmungen experimentiert werden, welche die Spielleiterin ansagt (traurig, fröhlich, wütend, glücklich usw.). Danach können

---

3 Die Verfahren der Szenischen Interpretation sind nicht beliebig auszuwählen, sondern müssen dem jeweiligen Text angemessen sein. Vgl. dazu Scheller 1996, 23, ders. 2004, 88 ff.

sich die Spielenden im Halbkreis aufstellen und der Reihe nach in der nun gefundenen Haltung der Figur in die Mitte gehen und sich den anderen mit Namen vorstellen.
- Sprechhaltung: Die Spielleiterin gibt eine Textpassage vor, aus der sich die SpielerInnen einen für ihre Figur typischen Satz aussuchen. Anschließend bewegen sie sich durch den Raum und erproben dabei verschiedene Möglichkeiten, wie man den gewählten Satz sprechen kann. Die Spielleiterin kann hierzu Vorgaben machen, indem sie (wie oben bei den Gangarten) unterschiedliche Stimmungen ansagt. Am Ende sollte sich jedes Kind für eine Sprechhaltung entscheiden und den Satz nun in ähnlicher Weise wie zuvor die Körperhaltung (oder auch in Kombination mit dieser) den MitspielerInnen vorstellen (vgl. Grenz 1999 a, Scheller 1996, ders. 2004).
- Fortgang der Texterschließung: Vorlesen des 2. Kapitels, Bau von Standbildern zu von den SchülerInnen ausgewählten Textpassagen

Dritter Tag:
- Einführung des Themas „Tagebucheinträge" anhand von Hodders Tagebucheintrag in Kapitel 2 (Reuter 2002, 15–16) mit der Intention, die SchülerInnen an die Konventionen der Textsorte Tagebuch heranzuführen. Dieser Unterrichtsschritt ist nur dann notwendig, wenn die Klasse noch nicht mit dieser Textsorte gearbeitet hat. Das Schreiben von Tagebucheinträgen aus Figurenperspektive gehört zu den Verfahren der Szenischen Interpretation. In der hier vorgestellten Unterrichtsreihe kommt es beim Rollenschreiben der Kinder in ihre Rollenhefte zum Einsatz. Die Einführung des Themas zu diesem Zeitpunkt bietet sich deshalb an, weil der Protagonist Hodder im 2. Kapitel zu seinem Tagebuch greift und dieser Umstand hier als Einstieg in ein Gespräch mit den SchülerInnen über Tagebücher fungieren kann.
- Jedes Kind überlegt sich die Lieblingsbeschäftigung der Figur, deren Rolle es übernommen hat und stellt diese pantomimisch dar, dies wird begleitet durch Rollengespräche mit der Spielleiterin (vgl. Grenz 1999a).
- Vorlesen des 3. Kapitels
- Vorbereitung einer Spielszene in der Kleingruppe: Hodder, Asta K. Andersen und der Vater: Die Lehrerin verrät Hodder den Namen ihres Parfüms (Reuter 2002, 30-31). Parallel dazu erledigen die nicht am Spiel beteiligten SchülerInnen eine oder mehrere der folgenden Aufgaben, die in Form von Arbeitsblättern auf einer Theke im Klassenraum ausgelegt werden: Malen eines Bildes der eigenen Figur/der Insel Guambilua/von Hodders Klasse, Schreiben eines Tagebucheintrags der eigenen Figur/ eines Briefs von Hodder nach Guambilua.

Vierter Tag:
- Wiederholung der Übungen zu Körper- und Sprechhaltungen der Figuren zwecks vertiefender Einfühlung in die Figurenperspektiven
- Präsentation der am Vortag vorbereiteten Spielszene, unterstützt durch Ein- und Ausfühlungsfragen durch die Spielleiterin, mit anschließender szenischer Reflexion durch Standbilder (vgl. Grenz 1999 a, Scheller 1996, ders. 2004)
- Vorlesen des 4. Kapitels mit anschließendem literarischem Gespräch
- Vorbereitung einer Spielszene in der Kleingruppe: Hodder und Lola begegnen sich auf der Straße (Reuter 2002, 38–42)/Ergänzung der Arbeitsaufträge für die übrigen SchülerInnen um folgende Aufträge: Basteln einer Papierschwalbe, Entwurf eines Plans von Hodders Expedition zur Rettung der Welt, Malen eines Bildes von der Fee, das Hodder seinem Vater hinlegt (ebd., 43)
- Hausaufgabe: Lesen des 5. Kapitels

Fünfter Tag:
- Gespräch über das 5. Kapitel
- Präsentation der vorbereiteten Spielszene, Gespräch über das Spiel
- Vorbereitung einer Spielszene in der Kleingruppe: Hodder, Asta K. Andersen, Kamma, Philipp, Alexander: Unterricht in Hodders Klasse (Reuter 2002, 47–51)/Ergänzung der Arbeitsaufträge für die NichtspielerInnen um folgende Aufgaben: Malen eines Bildes von Hodder, Philipp und Alexander mit ihren gleichen Bauchspeicheldrüsen, Beschreibung des Herbstes in Anlehnung an Hodders Aussage: „Der Herbst roch sauer und schwarz und alt und ein wenig nach feuchtem Holz" (ebd., 46).

Sechster Tag:
- Szenische Lesung der vorbereiteten Spielszene, Gespräch über das Spiel
- Bau von zwei Statuen (Soziogrammen) zwecks Erarbeitung der Figurenkonstellation in Bezug auf die Exposition des Buches: 1. Hodder zwischen den realistischen Figuren, 2. Hodder zwischen den phantastischen Figuren
- Beginn der Arbeit an den Rollenbiografien (Hilfsmittel: Rollenkarten, Arbeitsblatt mit Fragen zur Figur)
- Hausaufgabe: Lesen von Kapitel 7, Kapitel 10 zusätzlich für lesefreudige Kinder

Siebter Tag:
- Literarisches Gespräch über Kapitel 7 und Kapitel 10
- Freies Spiel/Improvisation zum Gespräch zwischen Hodder und der Fee (Reuter 2002, 70–74)
- Aufnahme einer Kassette durch den Großvater-Spieler/Spielerin und einem weiteren Kind, das hier die Rolle der Großmutter übernimmt/ Variation eines Rollenmonologs, basierend auf des Großvaters Erzählung vom Hund (ebd., 96–98)/Die anderen SchülerInnen arbeiten parallel weiter an ihren Rollenbiografien
- Hausaufgabe: Lesen von Kapitel 16 und Beginn von Kapitel 17 (bis S. 161)

Achter Tag:
- Vorlesen der Rollenbiographien auf freiwilliger Basis
- Literarisches Gespräch über Kapitel 16/17
- Bau eines Standbildes zur Schlüsselszene: Philipp bietet Hodder seine Kerze an (Reuter 2002, 168)
- Vorlesen des Schlusses (ebd., 178-185) mit anschließendem Standbildbau zur Schlussszene
- Bau von zwei Statuen in Bezug auf die Figurenkonstellation am Romanende: 1. Hodder und die realistischen Figuren, 2. Hodder und die phantastischen Figuren
- Verabschiedung von den Figuren: Schreiben von Abschiedsbriefen an die Figuren/ Szenische Verabschiedung: Jedes Kind legt das für die eigene Figur charakteristische Requisit auf die Spielfläche und verabschiedet sich mündlich von seiner Figur.
- Abschlussgespräch über das Buch und die Szenische Interpretation, dabei gemeinsames Essen von Streuselschnecken und Hören des Liedes „Kumbaya my lord"[4]

Bewertung und Reflexion der Unterrichtsreihe

In meinem Unterrichtsversuch waren die SchülerInnen mit Motivation und Engagement an der Szenischen Interpretation des Buches beteiligt.[5] Die Kinder zeigten sowohl eine hohe Lesemotivation als auch großes Interesse an dem Text und hörten intensiv zu, als ihnen vorgelesen wurde.

Die meisten SchülerInnen mochten den Protagonisten Hodder anscheinend sehr. Sie äußerten sich sowohl mündlich als auch schriftlich positiv zu ihm und akzeptierten damit die Darstellung des Außenseiters als Sympathieträger im literarischen Text. Offen ist, ob sie ihn tatsächlich als Außenseiter wahrnahmen, da Hodder vom Text selbst nicht explizit als Außenseiter bezeichnet wird und auch die Kinder dieses Wort im Verlauf der Unterrichtsreihe nicht benutzten.

Das Ende des Buches missfiel den SchülerInnen mehrheitlich, weil sich hier die phantastische Handlungsebene als Traum des Protagonisten entpuppt. Sie beklagten sich darüber, dass die Expedition zur Rettung der Welt nicht stattfindet und kamen im Unterrichtsgespräch zu dem Schluss, dass Hodder die Welt nicht gerettet habe. Deutlich wird hier einerseits die schon vielfach belegte kindliche Affinität zu phantastischen Handlungselementen in literarischen Texten (vgl. Bertschi-Kaufmann 2000, Richter 2001) und andererseits

---

4 Das Lied *Kumbaya my lord* kommt im Buch in den Schulszenen vor: Wenn es unter den Schülern in Hodders Klasse ganz still wird, hört man es die 7. Klasse von nebenan singen (vgl. Reuter 2002, 49/119).

5 Die Begeisterung der Kinder ging so weit, dass sie meist nicht in die nachfolgenden Stunden wollten, selbst, wenn es sich hierbei um Sport handelte, zu dem die SchülerInnen sonst sehr gerne gehen.

die Tendenz der SchülerInnen, die phantastische Handlungsebene insofern mit der realistischen gleichzusetzen, dass sie dieser denselben Stellenwert zuerkennen. Sie betrachten die phantastische Welt nicht als einen Traum des Protagonisten, sondern sehen diese als einen Teil der Handlung an, der neben der realistischen Welt steht und dieser nicht nachzuordnen ist. So wäre es dem kindlichen Verständnis nach nur folgerichtig, wenn Hodder am Ende des Romans zur Rettung der Welt nach Guambilua aufbräche, damit die Handlung auch auf phantastischer Ebene zu einem guten Ende geführt wird – wie es ja auch auf der realistischen Erzählebene der Fall ist.

Abschließend wird ein Blick auf zwei Schülertexte geworfen, die während der Szenischen Interpretation entstanden sind: auf jene des Mädchens, welches die Fee spielte. In diesen wird deutlich, dass die Schülerin die Bedeutung der phantastischen Handlungsebene für die realistische erkannt hat, wodurch sie sich von der Mehrheit der anderen kindlichen Rezeptionen absetzt.

Texte der Fee-Spielerin[6]

(0) Hallo Hodder!
(1) Es ist ungesund, Streuselschnecken in der Nacht zu essen. (2) Aber du kannst die Streuselschnecken essen, ich verbiete es dir nicht.
(3) Nimm jeden Morgen ein Bad, damit du nicht zu sehr müffelst.
(4) Ich hoffe, du hast verstanden, was ich mit dem Erretten der Welt meine. (5) Ich wusste, dass in Philipp auch etwas Gutes steckt, ich hoffe, eure Freundschaft wird sich noch erweitern. (6) Im Moment habt ihr die stärkste Freundschaft, die ich gesehen habe. (7) Ich hoffe, wir sehen uns bald wieder, deine Flora Fee

(0) Liebe Flora Fee!
(1) Es war eine schöne Zeit mit dir, aber leider wird uns das Schicksal jetzt trennen. (2) Da wir das Buch nicht ganz durchgelesen haben, sondern Seiten übersprungen haben, ist es für uns schon zu Ende. (3) Ich fand es schade, dass du nicht so oft vorgekommen bist.
(4) Es wäre auch schön gewesen, wenn du auf der Reise mit gewesen wärst. (5) Ich habe auch eine Frage an dich, die du bestimmt nicht beantworten kannst: Wärst du gern auf die Reise mitgekommen?
(6) Ich werde dich sehr vermissen.
Deine Sandra

---

6 Die Schülerin schrieb weiterhin eine ausführliche Rollenbiografie für die Fee, auf die hier aus Platzgründen nicht eingegangen werden kann. Vgl. dazu Kumschlies (in Vorbereitung).

Die Schülerin zeigt mit diesen beiden Texten eine hohe emotionale Beteiligung am literarischen Text und macht deutlich, dass sie sich in die Rolle der Fee stark eingefühlt hat. Das Mädchen vollzieht aber nicht nur die Perspektive der Fee empathisch nach[7], sondern auch jene von Hodder und Philipp. Sie versteht Hodders Einsamkeit und auch das Verhalten Philipps, der aus einer „Gefühlsenge" heraus agiert, wie es Mattenklott treffend formuliert (Mattenklott 2000, 34). Das gelingt dem Mädchen, indem es die Stärke der Freundschaft zwischen Hodder und Philipp als Sinnbild für die Errettung der Welt begreift und somit zu erkennen gibt, dass es die Funktion der phantastischen Handlungsebene für die realistische verstanden hat, was vielen anderen Kindern hingegen noch Mühe bereitet. Die Schülerin nutzt die Figur der Fee als „Türöffner in die fiktionale Welt" (Hurrelmann 2003, 6), wozu die Szenische Interpretation von ihrer Anlage her besonders anregt (vgl. Grenz 2004, 293). Auf der Grundlage der geleisteten Einfühlung in die Perspektive der Fee gewinnt das Mädchen einen Überblick über das gesamte literarische Geschehen, was eine empathische Haltung gegenüber allen Buchfiguren impliziert. Ihre innige Beziehung zu der Fee unterstreicht die Schülerin in ihrem Abschiedsbrief an die Figur, in dem zudem deutlich wird, dass auch dieses Mädchen enttäuscht über das Ende des Romans ist, bei dem sich die phantastische Handlungsebene als Traum des Protagonisten entpuppt. Das Mädchen betont hier sein Bedauern über das Ende der Szenischen Interpretation und darüber, dass nicht alle Textstellen szenisch interpretiert, sondern einige übersprungen wurden. Die Schülerin bewertet

---

7 Empathie verstehe ich hier in Anlehnung an Erich Schön als flexiblen Umgang mit den Grenzen eigener und fremder Identität (Schön 1995, 10). Vgl. auch Hurrelmann 2003, Grenz 2004.

somit sowohl Unterrichtsreihe als auch literarischen Text positiv, wobei ihr – wie den anderen Kindern – missfällt, wie am Ende des Romans mit der phantastischen Ebene umgegangen wird.

Schluss

Die Szenische Interpretation erscheint in der vorgestellten Unterrichtsreihe als geeignete Methode für den Umgang mit dem Buch *Hodder, der Nachtschwärmer*.

Die Analyse der kindlichen Rezeptionen zeigt an, dass die Kinder der phantastischen Handlungsebene denselben Stellenwert zumessen wie der realistischen.

Es handelt sich bei der vorgestellten Grundschulklasse nicht um eine besonders leistungsstarke Klasse, sondern vielmehr um eine mit SchülerInnen aus einem sozial schwachen Gebiet in Hamburg. Die Freude und das Engagement, das die Kinder beim Szenischen Interpretieren von *Hodder, der Nachtschwärmer* zeigten, belegen einmal mehr, dass die Szenische Interpretation eine Unterrichtsmethode ist, die auch SchülerInnen, die im Elternhaus kein anregendes Leseklima erfahren, Zugang zu anspruchsvollen Texten der modernen Kinderliteratur ermöglicht (vgl. dazu besonders Grenz 2004). Es gelingt ihnen hierbei ein Eintauchen in den literarischen Text, er wird von innen erkundet und erlebt, womit Begeisterung bei Kindern erweckt wird für ein so komplexes Buch wie *Hodder, der Nachtschwärmer*, welches von der Klassenlehrerin zuvor als zu schwierig für die SchülerInnen angesehen wurde. Die Kinder finden durch die Einfühlung in die Figurenperspektiven in den Text hinein und machen so eine intensive Erfahrung literarischen Lernens.

Kirsten Kumschlies, Melchersstr. 11, 28213 Bremen

Reinhold Lüthen

Von den Fantasyromanen der Gegenwart zu den fantastischen Erzählungen der Romantiker

Wolfgang und Heike Hohlbeins *Drachenfeuer* und
E. T. A. Hoffmanns *Der goldne Topf*

Vor einigen Monaten suchte mich unsere Bibliothekarin auf und teilte mir mit, dass über einen längeren Zeitraum hinweg Bücher des Genres Fantasy offensichtlich entwendet wurden. Es waren alles Neuanschaffungen. Die Nachricht erfreute mich nicht, doch tröstete ich mich mit der wohl berechtigten Vermutung, dass die entwendeten Bücher immerhin leidenschaftliche Leserinnen bzw. Leser gefunden hatten, ein Schicksal, das den Mauerblümchen im Büchereibestand eigentlich doch auch zu wünschen wäre.

Ich wurde an diesen Vorfall erinnert, als ich mit einer Klasse des 11. Jahrgangs, in der ich Englisch und Deutsch zu unterrichten hatte, die Unterrichtsvorhaben für das Fach Deutsch besprach. Aus meinen Erfahrungen im Englischunterricht wusste ich bereits, dass das Interesse dieser Lerngruppe an literarischen Texten überdurchschnittlich groß ist. Im ersten Halbjahr hatte diese Klasse im Rahmen einer Unterrichtseinheit zu der für diesen Jahrgang in Niedersachsen verbindlichen Epoche der Aufklärung Lessings *Nathan der Weise* gelesen. Begreift man die Romantik nicht als reaktionäre Gegenbewegung zur Aufklärung, sondern als deren Fortführung unter anderen Vorzeichen, so liegt nahe, erste Einblicke in diese Epoche im Kontext mit der Aufklärung zu gewähren. Der der Ratio verpflichteten Aufklärung mit ihrer strikten Außenorientierung, die sich nur allzu oft in eine oberflächliche Hingabe an die Welt „der Zahlen und Figuren" orientiert, setzen die Romantiker ein Weltbild entgegen, das bestimmt ist durch den Glauben an eine weitgehende Selbstbestimmung des Menschen auf der Grundlage einer allumfassenden Bildung. Auch der psychische Innenraum, der Bezug zum Jenseits, das Unheimliche, rational nicht zu Erfassende sind aus dem Blickwinkel der Romantiker für den Menschen von Bedeutung. Im Gespräch wurde den Schülerinnen und Schülern schnell bewusst, dass das Interesse an dem „Anderen", der „Nachtseite" der menschlichen Existenz, dem Unbegreiflichen und Fantastischen sich immer wieder Bahn bricht im literarischen Leben. Die Schülerinnen und Schüler verwiesen auf Autoren wie Rowling, Tolkien und auch Hohlbein. So lag es nahe, als Einstieg in die zu planende umfangreiche Unterrichtseinheit nicht etwa mit einem Text aus dem 18. bzw. 19. Jahrhundert zu beginnen, sondern einen Roman der Gegenwartsliteratur heranzuziehen. Da in der Reihe „Junge Bibliothek" der Süddeutschen Zeitung gerade der Fantasyroman *Drachenfeuer* von Wolfgang und Heike Hohlbein zu einem unschlagbar günstigen Preis angeboten wurde, schlug ich diesen Roman zur Lektüre vor. Ein Schüler der Klasse, der diesen Roman bereits gelesen hatte, sah kein Problem in der Tatsache, dass die Handlung des Romans aus der Sicht eines Zwölfjährigen wiedergegeben wird, auch Erwachsene könnten diesen Roman lesen, ohne sich langweilen zu müssen. Die Entscheidung für diesen Text fiel mit breiter Mehrheit. Gerade aus dem Kreise der Jungen kamen Äußerungen, das sei doch immerhin einmal etwas anderes. Etliche Jungen und Mädchen der Klasse bekannten sich als Leser und Leserinnen von Fantasyliteratur. Der Umfang des Romans (507 Seiten) wurde klaglos akzeptiert.

Für die Lektüre gab ich den Schülerinnen gut zwei Wochen Zeit. Auf lesebegleitende Aufgaben verzichtete ich bewusst im Interesse der Lesemotivation und des ungesteuerten Zugangs.

Der Inhalt des Romans ist in den Grundzügen schnell erzählt. Durch einen Zufall entdeckt der zwölfjährige Chris den Zugang zu einer anderen, fantastischen Welt. Wie Frodo Beutlin in *Der Herr der Ringe* ist auch Chris auserwählt, ein vordergründig friedvolles Reich vor einer gewaltsamen Eroberung durch brutale Invasoren zu schützen. Nur wenn es ihm gelingt, ein Drachenei für das bedrohte Volk der Erinns zu holen, ist Rettung möglich. Chris begibt sich auf den gefährlichen Weg, wächst an dieser Aufgabe und erfüllt sie schließlich. Durch die Magier Erinns zum Leben erweckt vermag der junge Drache die Feinde zu vernichten. Doch einmal losgelassen lässt sich das Ungeheuer nicht mehr bändigen und gefährdet alles Leben auf der Welt. Bereits wieder in die reale Welt zurückgekehrt gelingt es Chris schließlich den Drachen zu töten und damit die Welt zu retten. Der Roman schließt, indem die Autoren eine sinnstiftende Brücke zwischen realer und fantastischer Welt schlagen. Die existenzgefährdende Kraft des Drachen findet ihre Entsprechung in dem nuklearen Vernichtungspotenzial der Großmächte:

> Es war ein Bericht über eine Sitzung des englischen Unterhauses; die letzte vor der Sommerpause, wie es hieß. Der Reporter schrieb, dass es in der Debatte – die sehr heftig gewesen sein sollte – um die Anschaffung einer neuen Waffengattung für die NATO gegangen war. (…) Chris' Hände zitterten plötzlich und ihm war eiskalt, als der die letzte Zeile des Berichtes las: Der Name des revolutionären Waffensystems, so hieß es dort, war Dragon. (Hohlbein 2005, 507)

Erarbeitung des Romans im Unterricht

Erste Eindrücke – Schreibkonferenz

Eine Schreibkonferenz gab den Schülerinnen und Schülern zunächst die Möglichkeit zur Darstellung ihrer Leseeindrücke. In kleinen Gruppen sammelten sie sich um ein Plakat und hielten ihre noch sehr subjektiven Kommentare fest. Das Spektrum reichte dabei von „Das schlechteste Buch, das ich in der letzten Zeit gelesen habe" über „Trotz eines langatmigen Beginns ein spannendes Buch" bis zu „Ich habe das Buch gern gelesen". Interessant wurde es immer dann, wenn sich ein Dialog innerhalb der Gruppe entwickelten, die Schülerinnen und Schüler also aufeinander eingingen. Ohne dass es vom Lehrer eingefordert wurde, bewegten sich die Kommentare weg von bloßen Meinungen hin zu begründeten Stellungnahmen. Am Ende gab es für die Gruppen noch die Chance, die Kommentare der jeweils anderen Gruppen zu lesen und gegebenenfalls eigene Kommentare hinzuzufügen. Die Ergebnisse wurden nicht im Plenum besprochen, sondern in Form einer Wandzeitung dokumentiert. Bei Bedarf konnte im Verlauf der Unterrichtseinheit auf die fixierten Kommentare zurückgegriffen werden im Sinne einer Entwicklung hin zu differenzierteren Urteilen bzw. einer Revision erster Eindrücke.

Wie schreibt man einen Bestseller? Oder:
Die Suche nach der Rezeptur

Im Fortlauf der Unterrichtseinheit begaben sich die Schülerinnen und Schüler auf die Suche nach der „Rezeptur" des vorliegenden Romans im Besonderen und der „Rezeptur" von Fantasyliteratur im Allgemeinen. Der Unterricht wurde strukturiert durch Phasen im Plenum, die vor allen Dingen der gemeinsamen Erörterung des methodischen Vorgehens dienten, sowie der Präsentation der Ergebnisse und der Arbeit in Kleingruppen nach Interessenschwerpunkten. Als Vergleichsfolie dienten den Schülerinnen und Schülern bekannte Werke anderer Autoren bzw. der Hohlbeins. Zunächst spielt die Handlung in einer imaginierten Welt, die neben, vor oder nach der unseren existiert. Bevölkert wird diese Welt von den für dieses Genre typischen Wesen wie Trollen, Elfen, Halbelfen, Magiern, mächtigen Herrschern und furchterregenden Kriegern. Die Handlung basiert letztlich auf einem existentiellen Konflikt zwischen guten und bösen Mächten, d. h. der Konflikt ist prinzipiell nur zu lösen, wenn das Böse vernichtet wird. Weiterhin bedarf es eines sympathischen, jugendlichen Helden, der die Welt bzw. das Gute retten muss. Zunächst scheint er seiner Aufgabe nicht gewachsen zu sein, hegt gar Selbstzweifel, letztlich aber bewältigt er die Aufgabe. Er schafft dieses aber nur, weil er Helfer oder Ratgeber hat, die über spezifische herausragende Fähigkeiten verfügen und zumeist keine Menschen sind, sondern eben Elfen, Magier oder gar gottähnliche Wesen. Hinzu kommen meist besondere Waffen, im Falle von *Drachenfeuer* ein Wurfeisen, das sein böses Ziel von selbst findet und dieses vernichtet.

Recherche in der Bibliothek

Die Charaktere

Von den Schülerinnen und Schülern erstellte Charakterprofile führten zu dem Ergebnis, dass die meisten Charaktere des Romans sehr einfach gehalten sind. Als Kategorisierungskriterien gab ich die dem Englischen entlehnten, sehr anschaulichen Merkmale „flach" und „rund" vor. Allerdings wurde auch festgehalten, dass sich einige wenige Charaktere der Kategorie „rund" annähern, wenn sie zum Beispiel zweifeln, wenn starke Helden Schwächen zeigen. Der Protagonist Chris jedoch weist auf jeden Fall überwiegend positive Charakterzüge auf. Seine Schwächen sind vernachlässigenswert. Wie in den zum Vergleich herangezogenen Romanen wurden die Charaktere des Romans von den Hohlbeins tendenziell statisch gestaltet, eine wirkliche Entwicklung konnte nicht nachgewiesen werden.

Wertewelt und Weltordnung

In einem nächsten Schritt wandte sich die Lerngruppe der Erarbeitung der „Weltordnung" zu, die in *Drachenfeuer* und zahlreichen anderen Romanen des Genres gestaltet wird. Die Schülerinnen und Schüler arbeiteten heraus, dass – abgesehen von den wichtigen Protagonisten und Antagonisten – dem Individuum eine relativ geringe Bedeutung zukommt. Im Vordergrund steht das Schicksal der Helden und der Völker. Immer wieder kommt es zu großen Schlachten, die den Helden Gelegenheit bieten, ihre herausragenden Fähigkeiten zu beweisen. Getreu dem Motto „wo gehobelt wird, da fallen

Späne" heißt nach dem Ende des Volkes der Sidhe bei den Hohlbeins auch folgerichtig: „Es ist der Lauf der Dinge. Alles stirbt, um dem Neuen Platz zu machen. Nur so kann die Welt weiter existieren." (Hohlbein 2005, 495) Das Neue, das ist das Volk der Milesier, die sich mit Gewalt einen neuen Lebensraum suchen, nachdem die Lebensbedingungen in ihrer alten Heimat ihnen keine Zukunft mehr verheißen. Die Schülerinnen und Schüler kamen zu dem Ergebnis, dass sowohl dem Hohlbeinschen Roman als auch anderen Werken der Fantasyliteratur eine archaische Weltordnung zugrunde liegt, die nach dem Führerprinzip geordnet ist. Demokratische Strukturen konnten sie nicht entdecken. Sie entdeckten zahlreiche Parallelen zur Welt des Mittelalters, angefangen bei der ständisch strukturierten Gesellschaftsordnung über die Art und Weise der Kriegsführung bis hin zur Werteordnung, in der es um Begriffe wie Ehre, Tapferkeit oder Treue bis in den Tod geht. Die zum Schluss des Romans bedeutungsschwangere Verknüpfung mit dem Schicksal der realen Welt empfanden die Jugendlichen im Übrigen als aufgesetzt und störend.

Rezeption

Abschließend wurde die Frage erörtert, wie groß das Interesse an Fantasyliteratur überhaupt ist und an welche Leserinnen und Leser sich Fantasyliteratur richtet bzw. welche Lesebedürfnisse dieses Genre befriedigt. Die Schülerinnen und Schüler gingen dabei von ihren eigenen Erfahrungen aus, befragten Mitschüler und Mitschülerinnen, recherchierten im Internet bzw. in unserer Schulbibliothek und im Buchhandel. Die Schülerinnen und Schüler kamen zu dem Ergebnis, dass Fantasyliteratur in unserer Schulbibliothek überproportional häufig ausgeliehen wird (s.o!). Auch der örtliche Buchhandel bestätigte das rege Interesse an Fantasyliteratur und verwies darüber hinaus auf die zahlreichen Neuerscheinungen zu diesem Genre. Zumindest für ihr Umfeld bestätigten sich die Vermutungen der Schülerinnen und Schüler, dass Fantasyliteratur mehrheitlich von Kindern, Jugendlichen und jungen Erwachsenen gelesen wird. Im Gespräch zeigte sich, dass männliche Jugendliche entgegen ihren sonstigen Lesegewohnheiten besonders gern auf Fantasyliteratur zugreifen. Leitendes Leseinteresse ist nach Auffassung der Schülerinnen und Schüler das Bedürfnis nach spannender Unterhaltung und damit verbunden das Eintauchen in exotische Welten, also letztlich ein eskapistisches Interesse. Innerhalb der Lerngruppe gibt es ausgesprochene Anhänger von Fantasyliteratur und eher kritisch-distanzierte Leser, die dem im Unterricht gelesenen Roman von Hohlbein als auch dem Genre im Allgemeinen mit dem Vorwurf der Trivialität begegnen.

Fantasy und Romantik

Ausgehend von der aktuellen Fantasyliteratur begaben sich die Schülerinnen und Schüler auf Spurensuche zu den Wurzeln des Genres. Sie stießen zum einen auf vorliterarische Formen wie Märchen, Sagen oder tradierte

Mythen, zum anderen auf die Epoche der Romantik, deren Autoren zum Teil aus denselben Quellen schöpften wie die Autoren gegenwärtiger Fantasyromane. Eine Schülerin analysierte daraufhin den Roman *Drachenfeuer* ausführlich im Hinblick auf den Rückgriff auf die keltische Mythologie und präsentierte eine Fülle von Ergebnissen. Der Schwerpunkt der Arbeit lag aber auf der Epoche der Romantik. Es wurde schnell deutlich, dass die heutige Fantasyliteratur an Autoren der Romantik wie E. T. A. Hoffmann, Edgar Allan Poe, Tieck oder auch Mary Shelley anknüpfte. Arbeitsteilig erschlossen die Schülerinnen und Schüler die Epoche der Romantik, indem sie sich mit der Begriffsgeschichte, der Früh- und Spätromantik, dem gesellschaftlichen Kontext, der romantischen Malerei und Musik, der ideologischen Fundierung, der Abgrenzung von der Aufklärung und der Klassik sowie exemplarisch mit herausragenden Autoren der deutschen Romantik wie Hoffmann, Eichendorff, Bettina von Arnim, Novalis und Heine auseinandersetzten.

Drachenfeuer und *Der goldne Topf* im Vergleich

Ausschnitte aus E. T. A. Hoffmanns Kunstmärchen *Der goldne Topf* sollten der Lerngruppe abschließend einen vertiefenden Einblick in die Welt der Romantiker bieten und zugleich die Differenz zwischen der doch wesentlich auf Effekte und Unterhaltung angelegten Fantasyliteratur der Hohlbeins und dem Werk E. T. A. Hoffmanns deutlich werden lassen. Das 1813/14 entstandene Kunstmärchen zeigt einen Wanderer zwischen den Welten. Ähnlich wie in dem Roman *Drachenfeuer* spielen auch bei Hoffmann Grenzgänge zwischen Parallelwelten und das Fantastische eine große Rollen. Desgleichen haben wir einen jugendlichen Protagonisten, der eher zufällig von der einen in die andere Welt gelangt. Der Student Anselmus stolpert unversehens von der vernunftgeleiteten in eine fantastische Welt: Auch er, der Tollpatsch in der realen Welt, ist wie Chris in *Drachenblut* ein Auserwählter, der Aufgaben zu erfüllen hat, um guten Mächten im Kampf gegen feindliche Mächte beizustehen. Zusehends entfernt er sich aus der bürgerlichen Welt, gilt seinen Mitbürgern als verrückt. Am Ende wechselt er endgültig in das Reich der Fantasie, der Poesie. Doch bei Hoffmann bedarf es einer eingehenden Textanalyse zur Trennung der realen von den fantastischen Elementen der Erzählung. Es bleibt zunächst zweifelhaft, ob Anselmus nicht nur geträumt hat. Die Schülerinnen und Schüler fanden heraus, dass Hoffmann seine Erzählung deutlich komplexer angelegt hat. Sie stellten fest, dass man die Geschichte, vom Standpunkt eines ordentlichen, der Realität verhafteten Bürgers aus, durchaus als die Genese einer Geisteskrankheit lesen könnte, einer Lesart, der sich insbesondere die dem Fantastischen gegenüber kritisch eingestellten Jugendlichen anschlossen. Sie mussten aber akzeptieren, dass sich der Text eben auch als Märchen lesen lässt. Die Erzählung verweigert sich somit einer endgültigen Deutung. Eine Erfahrung, die für die meisten Schülerinnen und Schüler der Klasse neu war.

Minifacharbeiten

Da die Klasse mittlerweile Gefallen an einem eher projektorientierten und weniger lehrgangsorientierten Unterricht gefunden hatte, der eben auch einmal auf dem Weg über Unterhaltungsliteratur zu den Inhalten gymnasialen Deutschunterrichts führt, habe ich den Schülerinnen und Schülern angeboten, bei Interesse „*Minifacharbeiten*" zu dem Themenbereichen *Fantasy* und *Literatur der Romantik* schreiben zu können. Damit komme ich zum einen dem Interesse etlicher Schülerinnen und Schüler nach einer vertiefenden Auseinandersetzung mit den erwähnten Themenbereichen entgegen, zum anderen erfülle ich die Vorgabe der Fachkonferenz Deutsch an unserem Gymnasium, Schülerinnen und Schüler auf die in Niedersachsen obligatorische Facharbeit im Jahrgang 12 vorzubereiten. So kann ich methodische Trockenübungen vermeiden. Diese Minifacharbeiten sind nicht gedacht im Sinne einer Vorwegnahme der Facharbeit, sondern haben eher exemplarischen Wert, indem z. B. nur einzelne Aspekte einer Gliederung ausgeführt werden[1].

Reinhold Lüthen, Mirabilisweg 15, 31655 Stadthagen

---

1 Vgl. dazu Klösel/Lüthen 2000, 62 ff. und 2001.

Literatur

1 Primärliteratur

1.1 Bücher

Abraham, Peter: Das Schulgespenst. Berlin (O.): Kinderbuch Verlag 1978
Adams, Richard: Watership Down. Harmondsworth 1977. Dt. Unten an Fluss, Übers. Egon Strohm. Berlin 2004
Allsburg, Chris van: Das Wrack der Zephyr. Aus d. Amerik. von Alissa Walser. Ravensburg: Maier (OA New York 1983)
Andersen, Hans Christian: Die Schneekönigin. Aus d. Dän. von Mathilde Mann. Frankfurt/M.: Insel 1999
Andersen, Hans Christian: Däumelinchen. In: Ders.: Die schönsten Märchen. Aus d. Dän. von Mathilde Mann. Frankfurt/M.: Insel 2000, 39–54
Anderson, Edith [Hrsg.]: Blitz aus heiterm Himmel. Rostock: Hinstorff 1975
Baker, E. D.: The Frog Princess. London 2002. Dt.: Esmeralda, Froschprinzessin. Aus d. Engl. von Susanne Härtel. Weinheim: Beltz&Gelberg 2004
Barrie, James Matthew: Peter Pan. Harmondsworth: Penguin 1974
Barrie, James Matthew: Peter Pan. Aus d. Engl. von Bernd Wilms. Ill. von Sybille Hein. Hamburg: Dressler 1988 (OA 1911)
Bauer, Jutta: Opas Engel. Hamburg: Carlsen 2001
Baum, Frank: The Wizard of Oz. Harmondsworth: Penguin 1988
Baum, L. Frank: Der Zauberer von Oz. Aus d. Amerik. von Sybil Gräfin Schönfeld. Berlin: Dressler 1964
Biegel, Paul: Nachts kommen sie. Aus d. Niederländischen von Monica Barendrecht u. Thomas Charpey. Zürich: Nagel & Kimche 1997
Biermann, Wolf: Das Märchen vom kleinen Herrn Moritz, der eine Glatze kriegte. In: Middelhauve, Gertraud [Hrsg.]: Dichter erzählen Kindern. Köln: Middelhauve 1966, 230–233
Blazon, Nina: Im Bann des Fluchträgers. Wien: Ueberreuter 2003
Boie, Kirsten: Prinzessin Rosenblüte. Hamburg: Oetinger 1995
Boie, Kirsten: Der durch den Spiegel kommt. Ill. von Dorothea Göbel. Hamburg: Oetinger 2001
Boie, Kirsten: Die Medlevinger. Ein fantastischer Krimi in vier Teilen. Ill. von Volker Fredrich. Hamburg: Oetinger 2004
Bojunga-Nunes, Lygia: Die gelbe Tasche. Aus d. Port. von Karin Schreiner. Hamburg: Dressler 1983
Borges, Jorge Luis (zus. mit Margarita Guerrero): Manual de zoología fantástica. Mexico: Fondo de Cultura Económica 1957
Borges, Jorge Luis (zus. mit Margarita Guerrero): El libro de los seres imaginarios. Buenos Aires: Editorial Kier 1967
Borges, Jorge Luis: The Book of Imaginary Beings. Revise, enlarged and translated by Norman Thomas die Giovanni in collaboration with the author. New York: Dutton 1969; London: Jonathan Cape 1970; London: Vintage 2002

Borges, Jorge Luis: Einhorn, Sphinx und Salamander. Das Buch der imaginären Wesen. Ins Deutsche übers. von Ulla de Herrera, Edith Aron und Gisbert Haefs. München: Hanser 1982; Frankfurt/M.: Fischer 1993

Borges, Jorge Luis: Fiktionen. Erzählungen 1939–1944. Übers. von Karl August Horst, Wolfgang Luchting u. Gisbert Haefs. Frankfurt/M.: Fischer 1992 a (OA Buenos Aires 1941, 1944)

Borges, Jorge Luis: Die Bibliothek von Babel. Übers. von Karl August Horst u. Gisbert Haefs. In: Borges 1992 a, 67–76 (= 1992 b) (OA Buenos Aires 1941)

Bormann, Norbert: Lexikon der Monster, Geister und Dämonen. Berlin: Lexikon 2000

Braun, Volker: Berichte von Hinze und Kunze. Frankfurt/M.: Suhrkamp 1983/2000

Bremer Stadtmusikanten, Die roten. [Ohne Erscheinungsvermerk, ca. 1972]

Brežan, Jurij: Die schwarze Mühle. Ill. von Werner Klemke. Berlin: Verlag Neues Leben 1968

Brežan, Jurij: Krabat oder die Verwandlung der Welt. Berlin: Verlag Neues Leben 1976

Briggs, Raymond: Mein Schneemann. München: Bertelsmann 1978 (OA London 1978)

Briggs, Raymond: Der Mann. Aus d. Engl. von Nina Schindler. Oldenburg: Lappan 1993 (OA London 1992)

Brock, Peter: Die Wunderbrille. Berlin (O.): Kinderbuch Verlag 1964

Browne, Anthony: Der Tunnel. Aus d. Engl. von Peter Baumann. Oldenburg: Lappan 1989 (OA London 1989)

Budde, Nadia: Kurz nach sechs kommt die Echs. Wuppertal: Hammer 2002

Bulgakow, Michail: Der Meister und Margarita. Aus d. Russ. von Thomas Reschke. [22. Aufl.] München: dtv 2003.

Carle, Eric: Großes Bilderbuch der Fabeltiere. Textauswahl f. d. dt.-sprachige Ausg. von Jutta Grützmacher. Hildesheim: Gerstenberg 1992 (OA New York 1991)

Carroll, Lewis: Alice im Wunderland. Aus d. Engl. von Christian Enzensberger. Ill. von John Tenniel. Frankfurt/M.: Insel Verlag 1973 (OA London 1865)

Carroll, Lewis: Alice in Wonderland. Authoritative Texts of Alice's Adventures in Wonderland, Through the Looking-Glass, The Hunting of the Snark. New York 1992

Chamisso, Adelbert von: Peter Schlemihls wundersame Geschichte. Stuttgart: Reclam 2003 (OA 1814)

Chant, Joy: Red Moon and Black Mountain. The End of the House of Kendrith. London 1970. Dt.: Roter Mond und schwarzer Berg. Aus d. Engl. von Hans J. Schütz. Stuttgart: Klett-Cotta 1978

Chesterton, G. K.: Der Held von Notting Hill. Aus d. Engl. von Manfred Georg. Frankfurt/M.: Suhrkamp 1985

Colfer, Eoin: Artemis Fowl. London 2001. Dt.: Artemis Fowl. Aus d. Engl. von Claudia Feldmann. München: List 2001

Colfer, Eoin: Artemis Fowl – The Arctic Incident. London 2002. Dt.: Artemis Fowl – Die Verschwörung. Aus d. Engl. von Claudia Feldmann. München: List 2002

Colfer, Eoin: Artemis Fowl – The Eternity Code. London 2003. Dt.: Artemis Fowl – Der Geheimcode. Aus d. Engl. von Claudia Feldmann. München: List 2003

Colfer, Eoin: Artemis Fowl – The Opal Deception. London 2005. Dt.: Artemis Fowl – Die Rache. Aus d. Engl. von Claudia Feldmann. Berlin: List 2006

Contessa, C. W. / F. de la Motte Fouqué / E. T. A. Hoffmann: Kinder-Märchen. Bd. 1 u. 2, hrsg. von Hans-Heino Ewers. Stuttgart: Reclam 1987
Cooper, Susan: Wintersonnenwende. Aus d. Engl. von Annemarie Böll. Ravensburg: Otto Maier 1980
Dahl, Roald: The BFG. Harmondsworth 1984. Dt.: Sophiechen und der Riese. Aus d. Engl. von Adam Quidam. Reinbek: Rowohlt 1997
Dragt, Tonke: Die Türme des Februar. Ein (zur Zeit noch) anonymes Tagebuch, mit Anmerkungen und Fußnoten herausgegeben von Tonke Dragt. Aus d. Niederl. von Liesl Linn. Weinheim/Basel: Beltz&Gelberg 1983 (OA Den Haag 1973)
Drvenkar, Zoran: Sag mir, was du siehst. Hamburg: Carlsen 2002
Durian, Sybille: Der Tag, an dem die Schule verschwand. Berlin (O.): Kinderbuch Verlag 1985
Eco, Umberto: Der Name der Rose. Aus d. Ital. von Burkhard Kroeber. München: Hanser 1982 (OA Mailand 1980)
Eichendorff, Joseph von: Das Marmorbild. In: ders.: Das Marmorbild. Das Schloss Dürande. Novellen. Stuttgart: Reclam 1967, 5–48 (EA 1819)
Eichendorff, Joseph von: Aus dem Leben eines Taugenichts. München: dtv 1997 (EA 1826)
Ende, Michael: Jim Knopf und Lukas, der Lokomotivführer. Illustr. von F. J. Tripp. Stuttgart: Thienemann 1960
Ende, Michael: Jim Knopf und die Wilde 13. Ill. von F. J. Tripp. Stuttgart: Thienemann 1962
Ende, Michael: Momo oder Die seltsame Geschichte von den Zeit-Dieben und von dem Kind, das den Menschen die gestohlene Zeit zurückbrachte. Ein Märchen-Roman. Stuttgart: Thienemann 1973
Ende, Michael: Die unendliche Geschichte. Von A bis Z mit Buchstaben und Bildern versehen von Roswitha Quadflieg. Stuttgart: Thienemann 1979 (2004)
Ende, Michael: Der satanarchäolügenialkohöllische Wunschpunsch. Stuttgart: Thienemann 1990
Enzensberger, Hans Magnus: Wo warst du, Robert? München: Hanser 1998; München: dtv 2000
Erlbruch, Wolf: Nachts. Wuppertal: Hammer 1999
Fforde, Jasper: Der Fall Jan Eyre. Aus d. Engl. von Lorenz Stern. München: dtv 2004
Franke, Jürgen E.: Midgard. Friedberg: Verlag für Fantasy- und SF-Spiele 1981
Führmann, Franz: Die dampfenden Hälse der Pferde im Turm von Babel. Ein Spielbuch in Sachen Sprache. Ein Sachbuch der Sprachspiele. Ein Sprachbuch voll Spielsachen. Berlin (O.): Kinderbuch Verlag 1978
Funke, Cornelia: Kein Keks für Kobolde. Mit Ill. d. Autorin. Frankfurt/M: Fischer 1994
Funke, Cornelia: Drachenreiter. Hamburg: Dressler 1997
Funke, Cornelia: Herr der Diebe. Hamburg: Dressler 2000
Funke, Cornelia: Tintenherz. Mit Ill. d. Autorin. Hamburg: Dressler 2003
Funke, Cornelia: Tintenblut. Mit Ill. d. Autorin. Hamburg: Dressler 2005
Gaarder, Jostein / Hagerup, Klaus: Bibbi Bokkens magische Bibliothek. Aus d. Norw. von Gabriele Haefs. München: Hanser 2001; München: dtv junior 2003
Grahame, Kenneth: The Wind in the Willows. New York 1969. Dt. Der Wind in den Weiden. Aus d. Engl. von Harry Rowohlt; Ill. von E. H. Shephard. Zürich: Kein und Aber 2004

Graute, Oliver / Oliver Hoffmann / Kai Meyer: Engel. Mannheim: Verlag Feder & Schwert 2005

Gygax, Ernest / Dave Arneson: Dungeons & Dragons. Lake Geneva: Tactical Studies Rules (TSR) 1974 (dt. Fantasy Spiele Verlags-GmbH 1983)

Hacks, Peter: Meta Morfoß. Ill. v. Gisela Neumann. Berlin (O.): Kinderbuch Verlag 1975

Härtling, Peter: Jakob hinter der blauen Tür. Ill. von Sabine Friedrichsen. Weinheim/Basel: Beltz&Gelberg 1983

Hahn, Ulla (Hrsg.): Stimmen im Kanon. Deutsche Gedichte. Stuttgart: Reclam 2003

Hannover, Heinrich: Das Pferd Huppdiwupp und andere lustige Geschichten. Ill. von Wilfried Zeller-Zellenberg. Wien: Ueberreuter 1968

Hannover, Heinrich: Die Birnendiebe vom Bodensee. Geschichten für alle, die wissen wollen, wie man Geschichten erzählt, verändert, verbessert. Ill. von Maria Rühmann. Frankfurt/M.: März 1970

Hardel, Lilo: Otto und der Zauberer Faulebaul. Ill. v. Inge Friebel. Berlin (O.): Kinderbuch Verlag 1956

Hauff, Wilhelm: Das kalte Herz. Stuttgart: Reclam 2000 (OA 1827)

Heidelbach, Nikolaus: Ein Buch für Bruno. Weinheim/Basel: Beltz&Gelberg 1997

Hein, Christoph: Das Wildpferd unterm Kachelofen. Ein schönes dickes Buch von Jakob Borg und seinen Freunden. Ill. von Manfred Bofinger. Berlin (O.): Altberliner 1984

Heine, Helme: Freunde. Weinheim/Basel: Beltz&Gelberg 2004

Herburger, Günter: Birne kann alles. 26 Abenteuergeschichten für Kinder. Ill. von Daniel Herburger. Darmstadt/Neuwied: Luchterhand 1971

Hoffmann, Ernst Theodor Amadeus: Der goldene Topf. Ein Märchen aus der neuen Zeit. Stuttgart: Reclam 1989/1993 (EA 1814)

Hoffmann, Ernst Theodor Amadeus: Nußknacker und Mausekönig. In: Contessa, C. W. / F. de la Motte Fouqué / E. T. A. Hoffmann: Kinder-Märchen. Bd. 1 u. 2, hrsg. von Hans-Heino Ewers. Stuttgart: Reclam 1987, 66–144 (EA 1816)

Hoffmann, Ernst Theodor Amadeus: Nussknacker und Mausekönig. Ill. von Ulrike Mühlhoff. Hamburg: Dressler 1993

Hoffmann, Ernst Theodor Amadeus: Das fremde Kind. In: Contessa, C. W. / F. de la Motte Fouqué / E. T. A. Hoffmann: Kinder-Märchen. Bd. 1 u. 2, hrsg. von Hans-Heino Ewers. Stuttgart: Reclam 1987, 148–203 (EA 1817)

Hoffmann, Ernst Theodor Amadeus: Die Serapionsbrüder. Erster und zweiter Band. Zitiert nach der Ausgabe von H. Geiger. Berlin/Darmstadt: Tempel-Verlag 1963

Hohlbein, Wolfgang und Heike: Drachenfeuer. Wien: Ueberreuter 1988; München: Süddeutsche Zeitung/SZ Junge Bibliothek 2005

Hohlbein, Heike und Wolfgang: Märchenmond. Wien: Ueberreuter 1983

Hohlbein, Wolfgang und Heike: Das Buch. Wien: Ueberreuter 2003

Holtz-Baumert, Gerhard: Sieben und dreimal sieben Geschichten. Berlin (O.): Kinderbuch Verlag 1979

Horwood, William: The Willows in Winter. New York 1993. Dt.: Winter in den Weiden. Aus d. Engl. von Anne Löhr-Gössling. Stuttgart: Thienemann 1995

Horwood, William: Toad Triumphant. New York 1995. Dt.: Frühling in den Weiden. Aus d. Engl. von. Anne Löhr-Gössling. Stuttgart: Thienemann 1996

Horwood, William: The Willows and Beyond. New York 1996. Dt.: Herbst in den Weiden. Aus d. Engl. von Anne Löhr-Gössling. Stuttgart: Thienemann 1997

Horwood, William: Willows at Christmas. New York 1998. Dt.: Weihnachten in den Weiden. Aus d. Engl. von Elisabeth Spang. Stuttgart: Thienemann 2001

Hüttner, Hannes: Das Blaue vom Himmel. Ill. v. Gerhard Rappus. Berlin (O.): Kinderbuch Verlag 1974

Isau, Ralf: Die geheime Bibliothek des Thaddäus Tillmann Trutz. Würzburg: Arena 2005.

Jackson, Steve / Livingston, Ian: Der Hexenmeister vom Flammenden Berg – ein Fantasy-Abenteuer-Spiel-Buch. Stuttgart: Thienemann 1983

Janosch: Hannes Strohkopp und der unsichtbare Indianer. München: Parabel 1966

Janosch [d.i. Horst Eckert]: Oh, wie schön ist Panama. Die Geschichte, wie der kleine Tiger und der kleine Bär nach Panama reisen. Weinheim/Basel: Beltz& Gelberg 1978

Jianghong, Chen: Han Gan und das Wunderpferd. Aus d. Franz. von Erika und Karl A. Klewer. Frankfurt/M.: Moritz 2004 (OA Paris 2004)

Kant, Uwe: Wie Janek eine Geschichte holen ging. Ill. v. Egberth Herfurth. Berlin (O.): Kinderbuch Verlag 1980

Kästner, Erich: Der 35. Mai oder Konrad reitet in die Südsee. München: dtv 2004 (OA 1932)

Kästner, Erich: Die Konferenz der Tiere. Ill. v. Walter Trier. Hamburg: Dressler 1990 (OA 1949)

Kiesov, Ulrich: Das Schwarze Auge. München: Droemersche Verlagsanstalt und Eching: Schmidt Spiel & Freizeit 1984

Kindl, Patrice: Goose Chase. New York 2001. Dt.: Alexandria oder Gänse bringen Glück. Aus d. Amerik. von Ingrid Weixelbaumer. München: dtv 2002

Kingsley, Charles: The Water Babies. London 1973. (OA 1863) Dt.: Die Wasserkinder. Aus d. Engl. von Helga Pfetsch. Frankfurt/M.: Sauerländer 1982

Kipling, Rudyard: The Jungle Book. Harmondsworth 1987. (OA 1894) Dt.: Das Dschungelbuch. Aus d. Engl. von Wolf Harranth. Hamburg: Dressler 2004

Klein, Rosel: Die dicke Tilla. Berlin (O.): Kinderbuch Verlag 1981

Kożik, Christa: Moritz in der Litfaßsäule. Ill. v. Günter Wongel Berlin (O.): Kinderbuch Verlag 1980

Kożik, Christa: Der Engel mit dem goldenen Schnurrbart. Ill. v. G. Ruth Mossner. Berlin (O.): Kinderbuch Verlag 1983

Krüss, James: Timm Thaler oder Das verkaufte Lachen. Hamburg: Oetinger 2001 (EA 1962)

Kubin, Alfred: Die andere Seite. München/Leipzig 1909 (Reprint edition Spangenberg 1990)

Küchenmeister, Wera: Die Stadt aus Spaß. Ill. v. Karl Fischer. Berlin (O.): Kinderbuch Verlag 1966

Kunze, Reiner: Der Löwe Leopold. Fast Märchen, fast Geschichten. Ill. v. Albrecht Bodecker. Berlin (O.): Kinderbuch Verlag 1976 a

Kunze, Reiner: Der Löwe Leopold. Fast Märchen, fast Geschichten. Frankfurt/M.: Fischer 1970

Kunze, Reiner: Die wunderbaren Jahre. Frankfurt/M.: Fischer 1976 b

Lagin, Lazar: Zauberer Hottab. Moskau 1938

Lem, Stanislaw: Transfer. Aus d. Poln. von Maria Kurecka. Frankfurt/M.: Suhrkamp 1976

Lewis, Clive S.: Die Chroniken von Narnia. Aus d. Engl. von Lisa Tetzner, Lena Lademann-Wildhagen u.a. Freiburg: Herder u.a. 1957–1974; Neuausg. München/Wien: Ueberreuter 2002 ff. (OA London 1950-1956)
Lewis, C. S.: The Chronicles of Narnia. Complete Set. New York 1994. Dt.: Die Chroniken von Narnia – Gesamtausgabe. Aus d. Engl. von Ulla Neckauer, Lisa Tetzner und Hans Eich. Wien: Ueberreuter 2005.
Lewis, C. S.: Der König von Narnia. Aus d. Englischen von Lisa Tetzner. Wien/ München: Betz 1977 (OA London 1950)
Lindgren, Astrid: Pippi Langstrumpf. Aus d. Schwed. von Cäcilie Heinig; Ill. von Walter Scharnweber. Hamburg: Oetinger 1949/1986 (OA Stockholm 1945)
Lindgren, Astrid: Mio, mein Mio. Aus d. Schwed. von Karl Kurt Peters; Ill. von Ilon Wikland. Hamburg: Oetinger 1998 (OA Stockholm 1954; dte. EA 1955)
Lindgren, Astrid: Lillebror und Karlsson vom Dach. Ill. von Ilon Wikland,. Aus d. Schwed. von Thyra Dohrenburg. Hamburg: Oetinger, 1956 (OA Stockholm 1955)
Lindgren, Astrid: Die Brüder Löwenherz. Aus d. Schwed. von Anna-Liese Kornitzky. Hamburg: Oetinger 1975 (OA Stockholm 1973)
Lindgren, Astrid: Ronja Räubertochter. Aus d. Schwed. von Anna-Liese Kornitzky. Hamburg: Oetinger 1982 (OA Stockholm 1981)
Lofting, Hugh. The Story of Doctor Dolittle. London 2001 (EA 1920). Dt.: Dr. Dolittle und seine Tiere. Aus d. Engl. von Gisbert Haefs. Hamburg: Dressler 2000

Maar, Paul: Der tätowierte Hund. Hamburg: Oetinger 1968; Neuausg. Mit Ill. d. Autors. Hamburg: Oetinger 1988; Reinbek: Rowohlt 1988
Maar, Paul: Eine Woche voller Samstage. Mit Ill. des Autors. Hamburg: Oetinger 1973
Maar, Paul: Lippels Traum. Mit Ill. d. Autors. Hamburg: Oetinger 1984
Maar, Paul: Der Aufzug. Ill. von Nikolaus Heidelbach. Weinheim/Basel: Beltz& Gelberg 1993
Maar, Paul: Der verborgene Schatz. Ill. von Isabel Pin. Hamburg: Oetinger 2005 a (auch als Hörbuch und Hörspiel erschienen: Dortmund 2005 b)
MacDonald, George: At the Back of the North Wind. London 1994. Dt.: Hinter dem Nordwind. Aus d. Engl. von Brigitte Elbe. Ill. von Arthur Hughes. Stuttgart: Freies Geistesleben 2005
MacDonald, George: The Princess and the Goblin and The Princess and Curdie. Oxford 1990. Dt. Die Prinzessin und der Kobold. Aus d. Engl. von Brigitte Elbe, Stuttgart: Freies Geistesleben 1996 sowie Die Prinzessin und Curdie. Aus d. Engl. von Brigitte Elbe. Stuttgart: Freies Geistesleben 1997
Martin der Mars(x)-Mensch (Ill.). Berlin: Basis o.J. [1971]
McCaughrean, Geraldine: Die Brut der Drachensteine. Aus d. Engl. von Klaus Weimann. Weinheim, Basel: Beltz&Gelberg (Edition Anrich) 2001 (OA 1999)
Melling, David: Die Geister-Bibliothek. Mit Ill. d. Autors. Aus d. Engl. von Mirjam Pressler. Hamburg: Oetinger 2005 (OA London 2004)
Merrick, Anne: Hannahs Gespenst. Aus d. Engl. von Eva Riekert. Stuttgart: Freies Geistesleben 1999
Meyer, Kai: Rattenzauber. Berlin: Rütten und Loening 1995
Meyer, Kai: Merle-Trilogie. Die fließende Königin / Das steinerne Licht / Das gläserne Wort. Bindlach: Loewe 2001–2002

Meyer, Kai: Wellenläufer-Trilogie. Die Wellenläufer / Die Muschelmagier / Die Wasserweber. Bindlach: Loewe 2003–2004
Meyer, Kai: Frostfeuer. Bindlach: Loewe 2005
Michels, Tilde: Kleiner König Kalle Wirsch. Stuttgart: Hoch 1969; München: dtv 1998, 2001; München: Süddeutsche Zeitung/SZ Junge Bibliothek 2006
Michl, Reinhard: Morgens früh um sechs. München: Hanser 1997
Milne, Alan A.: Pu der Bär. (Ill. von E. H. Shepard. Aus d. Engl. von E. L. Schiffer. Berlin: Dressler [1946]; Neuausg. aus d. Engl. von Harry Rowohlt. Hamburg: Dressler 1987 (OA London 1926; dte. EA Berlin 1928)
Milne, A. A.: Winnie-the-Pooh. London 1971. Dt.: Pu der Bär. Aus d. Engl. von Harry Rowohlt. Hamburg: Dressler 1999
Milne, A. A.: The House at Pooh Corner. London 1973. Dt.: Pu baut ein Haus. Aus d. Engl. von Harry Rowohlt. Hamburg: Dressler 1999
Morgner, Irmtraud: Leben und Abenteuer der Trobadora Beatriz nach Zeugnissen ihrer Spielfrau Laura. Roman in dreizehn Büchern und sieben Intermezzos. Berlin (O.) u. Weimar: Aufbau 1974
Morgner, Irmtraud: Amanda. Ein Hexenroman. Darmstadt/Neuwied: Luchterhand 1983
Neill, Alexander S.: Die grüne Wolke. Aus d. Engl. von Harry Rowohlt; Ill. von F. K. Waechter. Reinbek: Rowohlt 1971 (OA London 1938)
Nesbit, Edith: Five Children and It. Harmondsworth 1974 (OA London 1902). Dt.: Psammy sorgt für Abenteuer. Aus d. Engl. von Sybil Gräfin Schönfeldt. Ill. von Sabine Friedrichson. Berlin: Dressler 1972; Hamburg: Dressler 1996
Nesbit, Edith: The House of Arden. Harmondsworth 1985 (OA London 1908)
Nesbit, Edith: Die Kinder von Arden. Aus d. Engl. von Sybil Gräfin Schönfeld. Ravensburg: Otto Maier 1970; Hamburg: Dressler 2001
Nesbit, Edith: Der Traum von Arden. Aus d. Engl. von Sybil Gräfin Schönfeld. Ill. von Eberhard Binder-Stassfurht. Ravensburg: Otto Maier 1973
Nesbit, Edith: The Phoenix and the Carpet. Harmondsworth 1985. Dt.: Feuervogel und Zauberteppich. Aus d. Engl. von Sybil Gräfin Schönfeldt. Hamburg: Dressler 1977
Nesbit, Edith: The Story of the Amulet. Harmondsworth 1985. Dt.: Geheimnisvolle Reisen mit Psammy. Aus d. Engl. von Sybil Gräfin Schönfeldt. Hamburg: Dressler 1983
Nimmo, Jenny: Midnight for Charlie Bone (Children of the Red King 1). London 2002. Dt.: Charlie Bone und das Geheimnis der sprechenden Bilder. Aus d. Engl. von Cornelia Holfelder-von der Tann. Ravensburg: Ravensburger 2003
Nossow, Nikolai: Nimmerklug in Sonnenstadt. Moskau 1959
Nöstlinger, Christine: Die feuerrote Friederike. Mit Ill. der Autorin. Wien/München: Jugend u. Volk 1970
Nöstlinger, Christine: Wir pfeifen auf den Gurkenkönig. Wolfgang Hogelmann erzählt die Wahrheit, ohne auf die Deutschlehrergliederung zu verzichten. Ill. von Werner Maurer. Weinheim/Basel: Beltz&Gelberg 1972
Nöstlinger, Christine: Konrad oder Das Kind aus der Konservenbüchse. Ill. von Frantz Wittkamp. Hamburg: Oetinger 1975
Novalis: Hyacinth und Rosenblüthchen. In: ders.: Gedichte. Die Lehrlinge zu Sais. Frankfurt/M u. Leipzig: Insel 1987, 115–121 (EA 1795)
Osbourne, Mary Pope: Das magische Baumhaus – Im Tal der Dinosaurier. Aus d. Amerik. von Sabine Rahn. Ill. v. Jutta Knipping. Bindlach: Loewe 2000 (OA 1992)

Pausewang, Gudrun: Die letzten Kinder von Schewenborn oder ... sieht so unsere Zukunft aus? Ravensburg: Otto Maier 1983
Pausewang, Gudrun: Die Wolke. Jetzt werden wir nicht mehr sagen können, wir hätten von nichts gewusst. Ravensburg: Otto Maier 1987
Petzoldt, Leander: Kleines Lexikon der Dämonen und Elementargeister. München: Beck 1990
Pludra, Benno: Das Herz des Piraten. Ill. v. Gerhard Goßmann. Berlin (O.): Kinderbuch Verlag 1985; Weinheim/Basel: Beltz&Gelberg 2004
Potter, Beatrix: The Tale of Peter Rabbit. London 1987. Dt.: Die Geschichte von Peter Hase. Aus d. Engl. von Cornelia Krutz-Arnold. Düsseldorf: Sauerländer 2002
Pratchett, Terry: The Colour of Magic. London 1996. Dt.: Die Farben der Magie. Aus d. Engl. von Andreas Brandhorst: München: Piper 2004
Preußler, Otfried: Der kleine Wassermann. Ill. von Winnie Gayler. Stuttgart: Thienemann 1956
Preußler, Otfried: Die kleine Hexe. Stuttgart: Thienemann 1957
Preußler, Otfried: Krabat. Ill. von Herbert Holzing. Stuttgart: Thienemann 1971
Pullman, Philip. His Dark Materials I: Northern Lights. London 1998 [1995]. Dt.: Der Goldene Kompass. Aus d. Engl. von Andrea Kann u. Wolfram Ströle. Hamburg: Carlsen 1996
Pullman, Philip. His Dark Materials II: The Subtle Knife. London 1998 [1997]. Dt.: Das magische Messer. Aus d. Engl. von Andrea Kann u. Wolfram Ströle. Hamburg: Carlsen 1997
Pullman, Philip. His Dark Materials III: The Amber Spyglass. London 2001 [2000]. Dt.: Das Bernsteinteleskop. Aus d. Engl. von Andrea Kann u. Wolfram Ströle. Hamburg: Carlsen 2001
Pullman, Philip: His Dark Materials. New York 2003. Dt.: Der Goldene Kompass / Das magische Messer / Das Bernstein-Teleskop. Aus d. Engl. von Wolfram Ströle u.a. München: Heyne 2002
Recheis, Käthe: Der weiße Wolf. Freiburg/Wien: Herder 1982
Rein-Hagen, Mark: Vampire, the Masquerade. Clakston: White Wolf Publishing 1991. Mannheim: Verlag Feder & Schwert 1991
Renn, Ludwig: Der Neger Nobi. Berlin (O.): Kinderbuch Verlag 1955
Reuter, Bjarne: Hodder, der Nachtschwärmer. Aus d. Dän. von Peter Urban. Halle. Frankfurt/M.: Fischer 2002
Richter, Jutta: Der Hund mit dem gelben Herzen oder die Geschichte vom Gegenteil. München/Wien: Hanser 1998
Riordan, Rick: The Lightning Thief. New York 2005. Dt.: Percy Jackson in: Diebe im Olymp. Aus d. Amerik. von Gabriele Haefs. Hamburg: Carlsen 2006
Riordan, Rick: The Sea of Monsters. New York 2006. Percy Jackson in: Im Bann des Zyklopen. Aus d. Amerik. von Gabriele Haefs. Hamburg: Carlsen 2006
Rowling, Joanne K.: Harry Potter und der Stein der Weisen. Aus d. Engl. von Klaus Fritz. Hamburg: Carlsen 1998 a (OA London 1997)
Rowling, Joanne K.: Harry Potter und die Kammer des Schreckens. Aus d. Engl. von Klaus Fritz. Hamburg: Carlsen 1999 a (OA London 1998 b)
Rowling, Joanne, K.: Harry Potter und der Gefangene von Askaban. Aus d. Engl. von Klaus Fritz. Hamburg: Carlsen 1999 b (OA London 1999 c)
Rowling, Joanne K.: Harry Potter und der Feuerkelch. Aus d. Engl. von Klaus Fritz. Hamburg: Carlsen 2000 a (OA London: Bloomsbury 2000 b)

Rowling, Joanne K.: Harry Potter und der Orden des Phönix. Aus d. Engl. von Klaus Fritz. Hamburg: Carlsen 2003 a (OA London 2003 b)

Rowling, Joanne K.: Harry Potter und der Halbblutprinz. Aus d. Engl. von Klaus Fritz. Hamburg: Carlsen 2005 a (OA London 2005 b)

Saint-Exupéry, Antoine de: Der kleine Prinz. Mit Ill. des Verfassers. Aus d. Franz. von Grete und Josef Leitgeb. Düsseldorf 1950; 60. Aufl. 2004 (OA Paris 1946)

Scamander, Newt [d.i. Joanne K. Rowling]: Fantastic Beasts & Where to Find Them. Ill. von J. K. Rowling. London: Bloomsbury (in association with Obscurus Books) 2001 a

Scamander, Newt [d.i. Joanne K. Rowling]: Phantastische Tierwesen und wo sie zu finden sind. Ill. von J. K. Rowling. Aus d. Engl. von Klaus Fritz. [Hamburg]: Carlsen (in Zusammenarbeit mit Obscurus Books) 2001 b

Schroeder, Binette: Der Froschkönig. Gossau Zürich: Nord Süd 1989

Schroeder, Binette: Laura. Gossau Zürich: Nord Süd 1999

Sendak, Maurice: Wo die wilden Kerle wohnen. Aus d. Amerik. von Claudia Schmölders. Zürich: Diogenes 1967 (OA New York 1963)

Sendak, Maurice: In der Nachtküche. Aus d. Amerik. von Hans Manz. Zürich: Diogenes 1971 (OA New York 1970)

Sendak, Maurice: Als Papa fort war. Zürich: Diogenes 1984 (OA New York 1981)

Sendak, Maurice: We Are All in the Dumps with Jack and Guy. New York: Harper/Collins 1993

Sendak, Maurice / Tony Kushner: Brundibar. Aus d. Amerik. von Mirjam Pressler. Hildesheim: Gerstenberg 2004 (OA New York 2003)

Steinhöfel, Andreas: Es ist ein Elch entsprungen. Ill. von Kerstin Meyer. Hamburg: Carlsen 1995

Stroud, Jonathan: The Amulet of Samarkand. London 2003. Dt.: Bartimäus – Das Amulett von Samarkand. Aus d. Engl. von Katharina Orgaß. München: Random House 2004

Tetzner, Gerti: Maxi. Berlin (O.): Kinderbuch Verlag 1979

Tieck, Ludwig: Der blonde Eckbert. In: ders.: Märchen aus dem ‚Phantasus'. Stuttgart: Reclam 2003, 28-51 (EA 1797) (= 2003 a)

Tieck, Ludwig: Der Runenberg. In: ders.: Märchen aus dem ‚Phantasus'. Stuttgart: Reclam 2003, 86-112 (EA 1802) (= 2003 b)

Tieck, Ludwig: Die Elfen. In: ders.: Märchen aus dem ‚Phantasus'. Stuttgart: Reclam 2003, 211-234 (EA 1811) (= 2003 c)

Tolkien, J[ohn]. R[onald]. R[euel].: The Fellowship of the Ring. Being the First Part of The Lord of the Rings. London: George Allen & Unwin 1954 a

Tolkien, J[ohn]. R[onald]. R[euel].: The Two Towers. Being the Second Part of The Lord of the Rings. London: George Allen & Unwin 1954 b

Tolkien, J. R. R : The Lord of the Rings. London: George Allen & Unwin 1954 c

Tolkien, J[ohn]. R[onald]. R[euel].: The Return of the King. Being the Third Part of The Lord of the Rings. London: George Allen & Unwin 1955

Tolkien, J. R. R.: Der Herr der Ringe. Aus d. Engl. von Margaret Carraux. Stuttgart: Klett 1970

Tolkien, John Ronald Reuel: Kleiner Hobbit und der große Zauberer. Ill. von Horus Engels; aus dem. Engl. von Walter Scherf. Recklinghausen: Paulus 1957; München: dtv 1991 (OA London 1937)

Tomin, Juri: Ein Zauberer geht durch die Stadt. Moskau 1963

Travers, Pamela L.: Mary Poppins. Ill. von Horst Lemke. Aus d. Engl. von Elisabeth Kessel. Berlin: Dressler 1952 (OA London 1934)
Uebe, Ingrid: Lillekille. Ill. von Hans Poppel. Stuttgart: Thienemann 1978
Waechter, Friedrich Karl: Wir können noch viel zusammen machen. Mit Ill. des Autors. München: Parabel 1973
Waechter, Friedrich Karl: Vollmond. Zürich: Diogenes 2005
Wedding, Alex: Hubert, das Flußpferd. Berlin (O.): Kinderbuch Verlag 1963
Wellm, Alfred: Das Mädchen mit der Katze. Berlin (O.): Kinderbuch Verlag 1983
Wengoborski, Brigitte: Fünf Finger sind eine Faust. Berlin: Basis o.J. [1969]
Whisp, Kennilworthy [d.i. Joanne K. Rowling]: Quidditch Through the Ages. Ill. von J. K. Rowling. London: Bloomsbury (in association with Whizz Hard Books) 2001 a
Whisp, Kennilworthy [d.i. Joanne K. Rowling]: Quidditch im Wandel der Zeiten. Ill. von J. K. Rowling. Aus d. Engl. von Klaus Fritz. [Hamburg]: Carlsen (in Zusammenarbeit mit Whizz Hard Books) 2001 b
Wolkow, Alexander: Der Zauberer der Smaragdenstadt. Moskau 1962
Zimmer, Christopher: Die Augen der Maru. Wien: Ueberreuter 1998
Zimmer Bradley, Marion: Die Nebel von Avalon. Aus d. Amerik. von Manfred Ohl u. Hans Sartorius. Frankfurt/M.: Krüger 1984
Zitelmann, Arnulf: Hypatia. Weinheim/Basel: Beltz&Gelberg 1988
Zwerger, Lisbeth: Rotkäppchen. Zürich: Neugebauer 1987

1.2 Hörbücher u. Hörspiele

Kleiner König Kalle Wirsch. Gelesen von Wolfgang Völz. München: Random House 2006 (Hörbuch)
Kleiner König Kalle Wirsch. Von Bernd Kohlhepp und Jürgen Treyz. Düsseldorf: Patmos 1994 (Hörspiel)

1.3 Filme

Bibi Blocksberg (D 2002). Regie: Hermine Huntgeburth. Drehbuch: Elfie Donnelly. Mit Sidonie von Krosigk, Katja Riemann, Corinna Harfouch, Ulrich Noethen, Maximilian Befort, Monica Bleibtreu
Bibi Blockberg und das Geheimnis der Blauen Eulen (D 2004). Regie: Franziska Buch. Drehbuch: Elfie Donnelly. Mit Sidonie von Krosigk, Marie-Louise Stahl, Edgar Selge, Katja Riemann, Corinna Harfouch, Ulrich Noethen
Der Herr der Ringe: Die Gefährten (The Lord of the Rings: The Fellowship of the Ring; Neuseeland/USA 2001). Regie: Peter Jackson. Drehbuch: Fran Walsh, Philippa Boyens, Peter Jackson. Mit Elijah Wood, Sean Astin, Ian McKellen, Viggo Mortensen, Dominc Monaghan, Billy Boyd
Der Herr der Ringe: Die zwei Türme (The Lord of the Rings: The Two Towers; Neuseeland/USA 2002). Regie: Peter Jackson. Drehbuch: Fran Walsh, Philippa Boyens, Peter Jackson. Mit Elijah Wood, Sean Astin, Ian McKellen, Viggo Mortensen, Dominc Monaghan, Billy Boyd
Der Herr der Ringe: Die Rückkehr des Königs (The Lord of the Rings: The Return of the King; Neuseeland/USA 2003). Regie: Peter Jackson. Drehbuch: Fran Walsh, Philippa Boyens, Peter Jackson. Mit Elijah Wood, Sean Astin, Ian McKellen, Viggo Mortensen, Dominc Monaghan, Billy Boyd

Der Zauberer von Oz (The Wizard of Oz; USA 1939). Regie: Victor Fleming. Drehbuch: Noel Langley, Florence Ryerson, Edgar Allan Woolf. Mit Judy Garland, Frank Morgan, Ray Bolger, Bert Lahr, Jack Haley, Margaret Hamilton

Die Chroniken von Narnia: Der König von Narnia (The Chronicles of Narnia: The Lion, the Witch and the Wardrobe; USA 2005). Regie: Andrew Adamson. Drehbuch: Ann Peacock, Andrew Adamson, Christopher Marcus, Stephen McFeely. Mit Georgie Henley, Skandar Keynes, William Moseley, Anna Popplewell, Tilda Swinton, James McAvoy

Die unendliche Geschichte (BRD 1984), Regie: Wolfgang Petersen. Drehbuch: Wolfgang Petersen, Hermann Weigel. Mit Barret Oliver, Noah Hathaway, Tami Stronach, Thomas Hill, Moses Gunn, Tilo Prückner

Harry Potter und der Stein der Weisen (Harry Potter and the Philosopher's Stone; UK/USA 2001). Regie: Chris Columbus. Drehbuch: Steve Kloves. Mit Daniel Radcliffe, Rupert Grint, Emma Watson, Richard Harris, Robbie Coltrane, Maggie Smith

Harry Potter und die Kammer des Schreckens (Harry Potter and the Chamber of Secrets; UK/USA 2002). Regie: Chris Columbus. Drehbuch: Steve Kloves. Mit Daniel Radcliffe, Rupert Grint, Emma Watson, Kenneth Branagh, Alan Rickman, Robbie Coltrane

Harry Potter und der Gefangene von Askaban (Harry Potter and the Prisoner of Azkaban; UK/USA 2004). Regie: Alfonso Cuarón. Drehbuch: Steve Kloves. Mit Daniel Radcliffe, Rupert Grint, Emma Watson, Michael Gambon, Gary Oldman, David Thewlis

Harry Potter und der Feuerkelch (Harry Potter and the Goblet of Fire; UK/USA 2005). Regie: Mike Newell. Drehbuch: Steve Kloves. Mit Daniel Radcliffe, Rupert Grint, Emma Watson, Jason Isaacs, Michael Gambon, Ralph Fiennes

Herr der Diebe (The Thief Lord; D 2006). Regie: Richard Claus. Drehbuch: Richard Claus, Daniel Musgrave. Mit Aaron Johnson, Jasper Harris, Rollo Weeks, Alice Connor, George MacKay, Lathaniel Dyer

His Dark Materials: The Golden Compass (USA 2007 in Produktion). Drehbuch und Regie: Chris Weitz

Kleiner König Kalle Wirsch. Regie: Manfred Jenning, Augsburger Puppenkiste. Nortorf: Lighthouse hrMEDIA 2005 (DVD)

Lemony Snicket – Rätselhafte Ereignisse (Lemony Snicket's A Series of Unfortuante Events; USA 2004). Regie: Brad Silberling. Drehbuch: Robert Gordon. Mit Jim Carrey, Liam Aiken, Emily Browning,Kara Hoffman, Billy Connolly, Meryl Streep

Tintenherz (Inkheart; USA/D 2007; in Produktion). Regie: Iain Softley. Drehbuch: David Lindsay-Abaire

1.4 Computerspiele

Arx Fatalis, Arkane Studios, 2002
Dark Age of Camelot, Mythic Entertainment, 2001
Day of the Tentacle, LucasArts, 1993
Deus Ex 1+2, Ion Storm, 200/2004
Dungeon Siege, Microsoft, 2002
Enclave, Starbreeze Studios, 2003
Everquest, Verant Interactive, 1999

Fable, Microsoft, 2005
Gothic, Piranha Bytes, 2001
Guild Wars, ArenaNet, 2005
Half Life 2, Valve, 2004
Heretic/Hexen-Reihe, Raven Software, 1994-1998
Heroes of Might and Magic-Reihe, New World Computing, 1994–2006
Morrowind, Bethesda, 2002
Myst-Serie, Cyan Worlds, 1993-2005
Ryzom Ring, Nevrax, 2006
Simon the Sorcerer, Adventure Soft, 1994
System Shock 1+2, Looking Glass Studios, 1994/1999
The Saga of Ryzom, Nevrax, 2004
Thief: Deadly Shadows, Ion Storm, 2004
Tomb Raider, Core Design, 1996
Ultima Online, Elecreonic Arts, 1997
World of WarCraft, Blizzard, 2005
WarCraft-Reihe, Blizzard, 1994–2003

2 Sekundärliteratur

Abeln, Jürgen C.: Einsatz von Fantasy-Rollenspielen in der Sozialarbeit. Vechta 1999 (unveröff. Diplomarbeit)
Abraham, Ulf: Übergänge. Literatur, Sozialisation und literarisches Lernen. Opladen/Wiesbaden 1988
Abraham, Ulf: Familienlektüre wie zum Beispiel *Harry Potter*. In: Jahrbuch für Internationale Germanistik. XXXIII/2001, H. 1, 82–97
Abraham, Ulf / Christoph Launer (Hrsg.): Weltwissen erlesen. Literarisches Lernen im fächerverbindenden Unterricht. Baltmannsweiler 2002
Agde, Günter (Hrsg.): Kahlschlag. Das 11. Plenum des ZK der SED 1965. Studien und Dokumente. 2. Aufl., Berlin 2000
Anders, Günter: Die Antiquiertheit des Menschen. München 1956
Arnott, Michael / Iain Beavan (University of Aberdeen): The Aberdeen Bestiary. www.abdn.ac.uk/bestiary (06.01.2006)
Arns, Alfons Maria: Public Cinema. Das Kino zwischen Multiplex und Lichtspieltheater. In: Filmdienst 59/2006, H. 5, 6–10
Assmann, Jan: Die Mosaische Unterscheidung oder Der Preis des Monotheismus. München/Wien 2003
Aufenanger, Stefan / Norbert Neuß: Alles Werbung oder was? – Vermittlung von Werbekompetenz im Kindergarten. Kiel 1999
Baader, Meike Sophia: Die romantische Idee des Kindes und der Kindheit. Auf der Suche nach der verlorenen Unschuld. Neuwied 1996
Badke, David: The Medieval Bestiary. Animals in the Middle Ages. http://bestiary.ca/index.html (06.01.2006)
Barck, Simone / Langermann, Martina / Lokatis, Siegfried: „Jedes Buch ein Abenteuer". Zensursystem und literarische Öffentlichkeiten in der DDR bis Ende der sechziger-Jahre. 2. Aufl., Berlin 1998 (Zeithistorische Studien Bd. 9)
Barner, Wilfried (Hrsg.): Geschichte der deutschen Literatur von 1945 bis zur Gegenwart. München 1994

Baudry, Jean-Louis: Le dispositif: approches métapsychologiques de l'impression de réalité. In: Communications, No. 23/1975, 56–72

Baumgärtner, Alfred Clemens / Christoph Launer: Abenteuerliteratur. In: Günter Lange (Hrsg.): Taschenbuch der Kinder- und Jugendliteratur, Bd. 1. Baltmannsweiler 2000, 415–444

Beck, Ulrich: Risikogesellschaft. Auf dem Weg in eine andere Moderne. Frankfurt/M. 1986

Becker, Ricarda: Initiation. In: Rolf Wilhelm Brednich (Hrsg.): Enzyklopädie des Märchens. Handwörterbuch zur historischen und vergleichenden Erzählforschung, Bd. 7. Berlin/New York 1993, 183–188

Beckhöfer-Fialho, Aura: Medieval Bestiaries and the Birth of Zoology [1996]. www.antlionpit.com/aura.html (16.06.2006)

Behler, Ernst: Frühromantik. Berlin/New York 1992

Bemmann, Hans: Die Funktion irrealer Erzählmuster im Kinderbuch. In: DU 27/1975, H. 5

Benjamin, Walter: Über Kinder, Jugend und Erziehung. Frankfurt/M. 1969 (es 391)

Bertschi-Kaufmann, Andrea: Lesen und Schreiben in einer Medienumgebung. Die literalen Aktivitäten von Primarschulkindern. Aarau 2000 (Zugl.: Zürich, Univ., Diss., 2000)

Best, Otto F.: Handbuch literarischer Fachbegriffe. Definitionen und Beispiele. Frankfurt/M. 1972

Billeter, Erika / André Stoll: Fabeltiere aus Oaxaca. Francisco Toledo illustriert die „Zoología Fantástica" von Jorge Luis Borges. Künzelsau 2001

Bloch, Ernst: Ästhetik des Vor-Scheins 1. In: E. B., Gesammelte Schriften. Frankfurt/M. 1959

Blume, Bruno: Umwege, Sprünge, Ungeplantes – Nadia Budde im Porträt. In: Eselsohr 1/2005, 16 f.

Bonacker, Maren (Hrsg.): Peter Pans Kinder. Doppelte Adressiertheit in phantastischen Texten. Trier 2004

Bonin, Felix von: Kleines Handlexikon der Märchensymbolik. Stuttgart 2001

Boonyaprasop, Tanya: Intertextualität in den „Harry Potter"-Büchern. Erlangen/Nürnberg 2001 (Erlangen-Nürnberg, Univ., Magisterarbeit)

Borges, Jorge Luis: Die Bibliothek von Babel. Stuttgart 1974 (OA Buenos Aires 1941)

Born, Monika: Religiöse Kinder- und Jugendliteratur. In: Günter Lange (Hrsg.): Taschenbuch der Kinder- und Jugendliteratur, Bd. 2. 2., korr. Aufl., Baltmannsweiler 2000, 399–414

Briggs, Julia und Butts, Dennis: The Emergence of Form 1850–1890. In: Hunt 1995, 130–165

Broich, Ulrich / Manfred Pfister (Hrsg.): Intertextualität. Formen, Funktionen, anglistische Fallstudien. Tübingen 1985 (= 1985 a)

Broich, Ulrich / Manfred Pfister: Vorwort. In: dies. 1985, IX–XII (= 1985 b)

Broich, Ulrich: Formen der Markierung von Intertextualität. In: Broich / Pfister 1985 a, 31–47 (= 1985 a)

Broich, Ulrich: Zur Einzeltextreferenz. In: Broich / Pfister 1985 a, 48–52 (=1985 b)

Brown, Stephen: Die Botschaft des Zauberlehrlings. Die Magie der Marke Harry Potter. München 2005 (OA London 2004)

Brunken, Otto: Kinder- und Jugendliteratur von den Anfängen bis 1945. In: Günter Lange (Hrsg.): Taschenbuch der Kinder- und Jugendliteratur, Bd. 1: Grundlagen und Gattungen. Baltmannsweiler 2000, 17–96

Büker, Petra: Literarisches Lernen in der Primar- und Orientierungsstufe. In: Klaus-Michael Bogdal / Hermann Korte (Hgg.): Grundzüge der Literaturdidaktik. München 2002, 120–133

Bussewitz, Wolfgang: Sowjetische Literatur für Kinder und Jugendliche. Von einem Autorenkollektiv unter Leitung von Wolfgang Bussewitz. Berlin (O.) 1987

Bußmann, Gabriele: Vertrauen als Handlungskompetenz. Vorüberlegungen zu einer religiösen Entwicklungstheorie, dargestellt in Auseinandersetzung mit den Entwicklungstheorien von F. Oser und J. W. Fowler. Münster 1990 (Münster Univ., Diss.)

Caillois, Roger: Das Bild des Phantastischen. Vom Märchen bis zur Science-Fiction. In: Rein A. Zondergeld (Hrsg.): Phaicon 1. Almanach der phantastischen Literatur. Frankfurt/M. 1974, 44-83

Cambridge International Dictionary of English. Cambridge 1999 (1995).

Campbell, Joseph: Der Heros in tausend Gestalten. Frankfurt/M. 1995

Carrier, Martin: „Da lösen sich die vertrauten Kategorien auf". Ein Gespräch mit Martin Carrier. In: DIE ZEIT Nr. 5 v. 26.1.2006, 34

Carpenter, Humphrey: Secret Gardens. A Study of the Golden Age of Children's Literature. London 1985

Cornelius, Corinna: Harry Potter – geretteter Retter im Kampf gegen dunkle Mächte? Religionspädagogischer Blick auf religiöse Implikationen, archaisch-mythologische Motive und supranaturale Elemente. Münster 2003

Dahl, Erhard: die Entstehung der Phantastischen Kinder- und Jugenderzählung in England. Paderborn 1986

Darton, F. J. Harvey: Children's Books in England. Five Centuries of Social Life. (1932) 3. Aufl. Cambridge 1982

Deschner, Karlheinz: Kriminalgeschichte des Christentums, Bd. 2: Die Spätantike. Reinbek 1988

Distelmeyer, Jan: Gnadenloser Angriff auf den Markt: Die zweite Fantasy-Hysteriewelle des Winters rollt. In: Die Zeit 51/2001, 45 (http://zeus.zeit.de/text/2001/51/200151_herr_der_ringe.xml)

Doderer, Klaus: Über Zielsetzungen, Methoden und Ergebnisse. In: Doderer, Klaus (Hrsg.): Jugendliteratur zwischen Trümmern und Wohlstand 1945–1960. Weinheim/Basel 1993, 1–15

Doonan, Jane: Songs from the Ghetto. *Brundibar* retold by Kushner and Sendak. In: The School Librarian 52, 3/2004, 116–118

Dormeyer, Detlev / Friedhelm Munzel (Hgg.): Faszination „Harry Potter": Was steckt dahinter? Münster 2005 (Wissenschaft aktuell. Theologie Bd. 5)

Drexler, Christoph / Nikolaus Wandinger (Hgg.): Leben, Tod und Zauberstab. Auf theologischer Spurensuche in Harry Potter, Münster 2004

Durst, Uwe: Theorie der phantastischen Literatur. Tübingen/Basel 2001

Ebert, Günter: Ansichten zur Entwicklung der epischen Kinder- und Jugendliteratur in der DDR von 1945 bis 1975. Berlin (O.) 1976 (Studien zur Geschichte der deutschen Kinder- und Jugendliteratur. Hrsg. v. Horst Kunze, Bd. 8)

Eco, Umberto: Im Wald der Fiktionen. Sechs Streifzüge durch die Literatur. Aus d. Ital. von Burkhart Kroeber. München/Wien 1994

Eliade, Mircea: Ewige Bilder und Sinnbilder. Vom unvergänglichen menschlichen Seelenraum. Olten/Freiburg im Breisgau 1958

Eliade, Mircea: Wissenschaft und Märchen. In: Felix Karlinger (Hrsg.): Wege der Märchenforschung. 2. Aufl., Darmstadt 1985, 311–319

Eliade, Mircea: Das Mysterium der Wiedergeburt. Versuch über einige Initiationstypen. Frankfurt/M., Leipzig 1997

Elias, Norbert: Über den Prozeß der Zivilisation. Soziogenetische und psychogenetische Untersuchungen, 2 Bde. Basel 1939 (Frankfurt/M. 1998 ff.)

Emmerich, Wolfgang: Kleine Literaturgeschichte der DDR. 2. Aufl. (erweiterte Neuausgabe), Leipzig 1997

Ende, Michael: Lust am Spiel der Phantasie. In: Börsenblatt für den Deutschen Buchhandel, Nr. 101/1986, 3266–3275

Engelmann, David: Wozu phantastische Geschichten erzählt werden. Ein Bericht über die Lektüre von Otfried Preußlers KRABAT in einer 5. Gymnasialklasse. In: Volkacher Bote. Mitteilungsblatt der Deutschen Akademie für Kinder- und Jugendliteratur Nr. 13/1984, 4

Erdheim, Mario: Fremdeln. Kulturelle Unverträglichkeit und Anziehung. In: Kursbuch 107/1992, 19–32

Ermert, Karl (Hrsg.): Verfremdung und Erkenntnis. Phantastik in Literatur, Bild und Film. Loccumer Protokolle 66/1984, 149

Ewers, Hans-Heino: Paul Maar, der Geschichtenerzähler: In: Oetinger Lesebuch. Almanach 1987/88. Hamburg 1987, 156 ff. (= 1987 a)

Ewers, Hans-Heino: Nachwort. In: ders. (Hrsg.), Kinder-Märchen von C. W. Contessa / F. de la Motte Fouqué / E. T. A. Hoffmann. Stuttgart 1987, 327–350 (= 1987 b)

Ewers, Hans-Heino: Kindheit als poetische Daseinsform. Studien zur Entstehung der romantischen Kindheitsutopie im 18. Jahrhundert: Herder, Jean Paul, Novalis und Tieck. München 1989

Ewers, Hans-Heino: Romantik. In: Reiner Wild (Hrsg.): Geschichte der deutschen Kinder- und Jugendliteratur. 2., erg. Aufl., Stuttgart 2002, 99–138

Eyssen, Remy: Der Film DIE UNENDLICHE GESCHICHTE. Story – Dreharbeiten – Hintergrundbericht. München 1984

Filmer, Kate (Hrsg.): The Victorian Fantasists: Essays on Culture, Society and Belief in the Mythopoeic Fiction of the Victorian Age. Basinstoke 1991

Flusser, Vilém: Glaubensverlust. In: ders.: Medienkultur. 4. Aufl., Frankfurt/M., 2005 a, 29–40

Flusser, Vilém: Bilderstatus. In: ders.: Medienkultur. 4. Aufl., Frankfurt/M. 2005 b, 69–82

Freese, Peter: Die Initiationsreise. Studien zum jugendlichen Helden im modernen amerikanischen Roman. mit einer exemplarischen Analyse von J. D. Salingers „Catcher in the Rye". Neumünster 1971

Frenzel, Elisabeth: Motive der Weltliteratur. 5. Aufl., Stuttgart 1999

Freud, Sigmund: Die Traumdeutung. Studienausgabe Bd. II. 10., korrigierte Aufl. Frankfurt/M. 1996

Freund, Winfried: Phantasie und Phantastik im Kinder- und Jugendbuch. In: Literatur für Leser, H. 4/1980

Freund, Winfried: Das zeitgenössische Kinder- und Jugendbuch. Paderborn 1982

Freund, Winfried: Schnellkurs Märchen. Köln 2005

Frey, Gerd: Spiele mit dem Computer – SciFi, Fantasy, Rollenspiele & Co. Ein Reiseführer. Kilchberg/Zürich 2004

Friedrich, Hans-Edwin: Was ist Fantasy – Begriff, Geschichte, Trends. In: 1001 Buch – Das Magazin für Kinder- und Jugendliteratur, H. 1/2004, 4–8

Fritsch, Matthias / Martin Lindwedel / Thomas Schärtl: Wo nie zuvor ein Mensch gewesen ist. Science-fiction-Filme: Angewandte Philosophie und Theologie. Regensburg 2003

Fritz, Jürgen: Warum Computerspiele faszinieren. Weinheim/München 1995

Frommer, Harald: Langsam lesen lernen! Ein Plädoyer für die gelegentliche Langzeit-Lektüre. In: Der Deutschunterricht 40/1988, H. 4, 21–44

Fühmann, Franz: Das mythische Moment in der Literatur. In: ders.: Erfahrungen und Widersprüche. Versuche über Literatur. Frankfurt/M. 1976, 147–219

Gabriel, Karl: Art. Gesellschaft und Religion. In: Gottfried Bitter u.a. (Hrsg.): Neues Handbuch religionspädagogischer Grundbegriffe. München 2002, 139–143

Gansel, Carsten: Phantastisches und Phantastik in der Literatur für Kinder und Jugendlich in der BRD. In: Schauplatz. Aufsätze zur Kinder- und Jugendliteratur und zu anderen Medien. Berlin (O.) 1986, 57–71

Gansel, Carsten: Phantastisches und Michael Endes ‚Unendliche Geschichte'. In: Schauplatz 2. Aufsätze zur Kinder- und Jugendliteratur und zu anderen Medienkünsten. Berlin (O.) 1988, 67–87

Gansel, Carsten: Mobilisierung der Phantasie oder Versuch über das Phantastische in der DDR-Prosa. In: Siegfried Rönisch (Hrsg.): DDR-Literatur '88 im Gespräch. Berlin (O.) Weimar 1989, 66–98 (= 1989 a)

Gansel, Carsten: Zur Rolle des Phantastischen als Mittel realistischer Wirklichkeitserkundung und -wertung im Literaturprozeß der DDR und bei ausgewählten Autoren im Zeitraum zwischen 1949 bis 1988 – Traditionen, Tendenzen, Varianten und Funktionen. Berlin (O.) 1989 (Dissertation B, Akademie für Gesellschaftswissenschaften beim ZK der SED. Institut für marxistisch-leninistische Kultur- und Kunstwissenschaften) (= 1989 b)

Gansel, Carsten: Phantastisches und moderne Literatur für Kinder und Erwachsene. In: Der Deutschunterricht 50/1998, H. 6, 78-82 (= 1998 a)

Gansel, Carsten: Vom Märchen zur Discworld-Novel. Phantastisches und Märchenhaftes in der aktuellen Literatur für Kinder und Jugendliche. In: Deutschunterricht, 51/1998, H. 12, 597–606 (= 1998 b)

Gansel, Carsten: Von Gespenstern, Cyberspace und Abgründen des Ich. Zu Aspekten von Spannung und Phantastik im Subsystem Kinder- und Jugendliteratur. In: Tausend und Ein Buch, Nr. 2/1998, 15–25 (Teil 1) und Nr. 3/1998, 4–15 (Teil 2) (= 1998 c)

Gansel, Carsten: Moderne Kinder- und Jugendliteratur. Ein Praxishandbuch für den Unterricht. Berlin 1999

Gauger, Wilhelm: Verfremdung und Erkenntnis, Aufklärung und Remythisierung oder: Braucht die Welt Wunder? In: Karl Ermert (Hrsg.): Verfremdung und Erkenntnis. Phantastik in Literatur, Bild und Film. Loccumer Protokolle 66/1984, 147–151

Genette, Gérard: Palimpseste. Die Literatur auf zweiter Stufe. Frankfurt/M. 1993 (1996) (EA: Paris 1982)

Gennep, Arnold van: Übergangsriten. Frankfurt a.M./New York 1986

George, Edith (Hrsg.): Die Phantasie und ihre Wunder. Über poetische Entdeckungen in der Kinderliteratur. Berlin (O.) 1978 (Resultate 4. Theoretische Schriften zur Kinder- und Jugendliteratur)

Giesen, Rolf: Sagenhafte Welten. Der phantastische Film. München 1990

Girndt-Dannenberg, Dorothee: Zur Funktion phantastischer Elemente in der erzählenden Jugendliteratur. In: Ernst G. von Bernstorff (Hrsg.): Aspekte der erzählenden Jugendliteratur. Baltmannsweiler 1977, 149–185

Gombrich, E. H.: Die Geschichte der Kunst. 16. Aufl., Frankfurt 1997

Greb, Ingo: Horror ohne Altersgrenze – Generationsspezifische Lesarten von *Darren Shan*. In: Bonacker 2004, 71-81

Green, Julien: Die Wahrscheinlichkeit des Unmöglichen. In: Phaïcon 2. Frankfurt/M. 1975, 85

Green, Roger Lancelyn: The Golden Age of Children's Books. In: Essays and Studies 1962, 59-73. Repr. in: Peter Hunt (Hrsg.): Children's Literature. The Development of Criticism. London 1990, 36-48

Grenz, Dagmar: Der schwierige Abschied vom ‚guten' Vater. In: Fundevogel, Mai 1985, 10-13

Grenz, Dagmar: Die Abwehr des Verdrängten. Zur Rezeption von Christine Nöstlingers phantastischer Erzählung ‚Wir pfeifen auf den Gurkenkönig'. In: Wirkendes Wort. 36/1986, H. 6, 455–467 (= 1986 a)

Grenz, Dagmar: Die phantastische Erzählung in der Kinder- und Jugendliteratur. Überlegungen zur Bestimmung und den historischen Anfängen eines Genres. In: Informationen des Arbeitskreises für Jugendliteratur 3/1986, 33–50 (= 1986 b)

Grenz, Dagmar: E. T. A. Hoffmann als Autor für Kinder und Erwachsene. Oder: Das Kind und der Erwachsene als Leser der Kinderliteratur. In: dies. (Hrsg.): Kinderliteratur – Literatur auch für Erwachsene? Zum Verhältnis von Kinderliteratur und Erwachsenenliteratur. München: Fink 1990, 65–74

Grenz, Dagmar: Szenisches Interpretieren von Kinderliteratur. In: Grundschule H. 4/1999, 26–28 (= 1999 a)

Grenz, Dagmar: Das Herz des Piraten im vierten Schuljahr. In: Grundschule H. 4/1999, 39–42 (= 1999 b)

Grenz, Dagmar: Kannst du pfeifen, Johanna in einer dritten Klasse. In: Grundschule H. 4/1999, 29–30 (= 1999 c)

Grenz, Dagmar: Szenische Interpretation. In: Matthias Duderstadt / Claus Forytta (Hgg.): Literarisches Lernen. Frankfurt/M. 1999, 157–167 (= 1999 d)

Grenz, Dagmar: Szenische Interpretation, moderner Kinderroman und kindliche Rezeptionsprozesse. In: Literatur im Unterricht. Texte der Moderne und Postmoderne in der Schule. 5. Jg., 3/2004, 291–300

Gronemann, Helmut: PHANTÁSIEN. Das Reich des Unbewussten. Zürich 1985

Haas, Gerhard: Struktur und Funktion der phantastischen Literatur. In: Wirkendes Wort 5/1978, 340–356

Haas, Gerhard: Phantasie und Phantastik. In: Praxis Deutsch, H. 54/1982, 15–23

Haas, Gerhard (Hrsg.): Kinder- und Jugendliteratur. Ein Handbuch. 3. Aufl., Stuttgart 1984

Haas, Gerhard: Phantastische Literatur – Abschied von der Aufklärung? Versuch einer Analyse. In: Roswitha Cordes (Hrsg.): Phantastische Kinder- und Jugendliteratur. Schwerte 1985 (Veröffentlichungen der Katholischen Akademie Schwerte. Dokumentationen, Bd. 16)

Haas, Gerhard: Die phantastische Erzählung. In: Alfred C. Baumgärtner / Heinrich Pleticha (Hgg.): Kinder- und Jugendliteratur. Ein Lexikon. Meitingen 1995 (Loseblattausgabe: Grundwerk; NA 2002)

Haas, Gerhard: Unterrichtsvorschlag – Tilde Michels: Kleiner König Kalle Wirsch. In: Gerhard Haas (Hrsg.): Lesen in der Schule mit dtv junior. Unterrichtsvorschläge für die Primarstufe. München 1992, 3. Aufl. 1996, 33–41

Haas, Gerhard: Aspekte der Kinder- und Jugendliteratur. Genres, Formen und Funktionen. Frankfurt/M. 2003 (Kinder- und Jugendkultur, -literatur und -medien; Bd. 22)

Haas, Gerhard: Literarische Phantastik. Strukturelle, geistesgeschichtliche und thematische Aspekte. In: Gerhard Härle / Gina Weinkauff (Hgg.): Am Anfang war das Staunen. Wirklichkeitsentwürfe in der Kinder- und Jugendliteratur. Baltmannsweiler 2005, 117–134

Hahn, Ronald M. / Jansen, Volker / Stresau, Norbert: Lexikon des Fantasy-Films. 650 Filme von 1900 bis 1986. München 1986

Halbfas, Hubertus: Erfahrung und Sprache.Plädoyer für eine narrative Unterrichtskultur. In: Halbfas u.a. (Hgg.): Sprache, Umgang und Erziehung. Neuorientierung des Primarbereichs, Bd.3. Stuttgart 1975

Hartung, Anneli: „Erneuerung der deutschen Kultur"? Zur sowjetischen Kultur- und Literaturpolitik in der SBZ und der frühen DDR. In: Klaus Scherpe / Lutz Winckler (Hgg.): Frühe DDR-Literatur. Traditionen, Institutionen, Tendenzen. Berlin/Hamburg 1988, 33–61 (Argument Sonderband)

Hasubek, Peter: Abenteuerbuch. In: Klaus Doderer (Hrsg.): Lexikon der Kinder- und Jugendliteratur, Bd. 1. Weinheim/Basel 1975, 7–10

Hauser, Linus: Der Herr der Ringe und die Harry-Potter-Romane in philosophisch-theologischer Perspektive. In: INFO 33, Informationen für Religionslehrerinnen und Religionslehrer im Bistum Limburg, H. 3 (2004), 144–155

Hauser, Linus: Die Herausforderung der Religionspädagogik durch Neomythen. Sciencefiction und neue Formen der Religiosität. In: Thomas Schreijäck (Hrsg.): Christwerden im Kulturwandel. Analysen, Themen und Optionen für Religionspädagogik und Praktische Theologie. Freiburg 2001, 457–476

Hauser, Linus: Harry Potter – einer der tausendgestaltigen Helden, in: Dormeyer / Munzel 2005, 7–15

Heimbrock, Hans-Günter, Erfahrungen des Heiligen in säkularen Stadtkulturen. In: Thomas Schreijäck (Hrsg.): Christwerden im Kulturwandel. Analysen, Themen und Optionen für Religionspädagogik und Praktische Theologie. Freiburg 2001, 563–582

Hentig, Hartmut von: Die Menschen stärken, die Sachen klären. Ein Plädoyer für die Wiederherstellung der Aufklärung. Stuttgart 2000 (EA 1985)

Herwig, Henriette: Literaturwissenschaftliche Intertextualitätsforschung im Spannungsfeld konkurrierender Intertextualitätsbegriffe. In: Zeitschrift für Semiotik, 24, Nr. 2–3/2002, 163–176

Heumann, Jürgen: Einleitung oder – Was ist ‚religiös' in Kinder- und Jugendliteraturen? In: Ders. (Hrsg.): Über Gott und die Welt. Religion, Sinn und Werte im Kinder- und Jugendbuch. Frankfurt/M. 2005, 9–17 (Religion in der Öffentlichkeit, Bd. 8)

Hofmannsthal, Hugo von: Der Ersatz für die Träume. In: Anton Kaes (Hrsg.): Kino-Debatte. Texte zum Verhältnis von Literatur und Film 1909–1929. Tübingen 1978, 149–152

Hollingdale, Peter / Zena Sutherland: Internationalism, Fantasy, and Realism 1945-1970. In: Hunt 1995, 252–288
Holthuis, Susanne: Intertextualität. Aspekte einer rezeptionsorientierten Konzeption. Tübingen 1993
Hoppe-Graff, Siegfried: Spielen und Fernsehen: Phantasietätigkeit des Kindes. In: Siegfried Hoppe-Graff / Rolf Oerter (Hgg.): Spielen und Fernsehen. Über die Zusammenhänge von Spiel und Medien in der Welt des Kindes. Weinheim/ München 2000, 179–190
Hunt, Peter: An Introduction to Children's Literature. Oxford 1994
Hunt, Peter (Hrsg.): Children's Literature. An Illustrated History. Oxford 1995
Hurrelmann, Bettina: Literarische Figuren. Wirklichkeit und Konstruktivität. Basisartikel. In: Praxis Deutsch, H. 177/2003, 4–12
Jaquemin, Georges: Über das Phantastische in der Literatur. In: Phaïcon 2, Almanach der phantastischen Literatur. Hrsg. von Rein A. Zondergeld, Frankfurt/M. 1975, 33–53
Jarmatz, Klaus: Kunst für Kinder – Kunst für Erwachsene. In: Zur Theorie des sozialistischen Realismus. Hrsg. v. Institut für Gesellschaftswissenschaften beim ZK der SED. Lehrstuhl für marxistisch-leninistische Kultur- und Kunstwissenschaften. Gesamtleitung Hans Koch. Berlin (O.) 1974, 764–767
Jehmlich, Reimer: Phantastik – Science-Fiction – Utopie. In: Fantastik in Literatur und Kunst, hrsg. von Christian W. Thomsen und Jens M. Fischer. Darmstadt 1980, 11 ff.
Jung, Carl Gustav: Psychologischer Kommentar zum Bardo Thödol (Das tibetanische Totenbuch). In: ders.: Zur Psychologie westlicher und östlicher Religion. Gesammelte Werke 11. 5., vollständig revidierte Aufl. Olten/Freiburg im Breisgau 1988, 512-527 (= 1988 a)
Jung, Carl Gustav: Vom Werden der Persönlichkeit. In: ders.: Über die Entwicklung der Persönlichkeit. Gesammelte Werke 17. 6. Aufl., Olten/Freiburg im Breisgau 1988, 189–211 (= 1988 b)
Jung, Carl Gustav: Definitionen In: ders.: Psychologische Typen. Gesammelte Werke 6. 16. Aufl., Olten/Freiburg im Breisgau 1989, 444-528 (= 1989 a)
Jung, Carl Gustav: Die Beziehung zwischen dem Ich und dem Unbewußten. In: ders.: Zwei Schriften über analytische Psychologie. Gesammelte Werke 7. 4., vollständig revidierte Aufl., Olten/Freiburg im Breisgau 1989, 127–247 (= 1989 b)
Jung, Carl Gustav: Die Archetypen und das kollektive Unbewusste. Gesammelte Werke 9/I. 7. Aufl., Olten/Freiburg im Breisgau 1989 (= 1989 c)
Kaminski, Wilfred: Jansson, Tove. In: Klaus Doderer (Hrsg.): Lexikon der Kinder- und Jugendliteratur, Band 2. Weinheim 1977, 58 ff.
Kaminski, Winfred: Kinderbuch und Politik. Zu den Voraussetzungen der Rotfuchs-Reihe. In: Fundevogel, 1. Jg. 1984, H. 4/5, 17–19
Kaminski, Winfred: Die renitenten Mädchen der Christine Nöstlinger. In: Wilma Grossmann / Britta Naumann (Hgg.): Frauen- und Mädchenrollen in Kinder- und Schulbüchern. Dokumentation der Tagung der Max-Traeger-Stiftung vom 7.–9.11.1986 in Schmitten/Taunus. Frankfurt 1987, 83–92
Kaminski, Winfred: Die Fantasie in den Händen der grauen Herren. In: Börsenblatt für den deutschen Buchhandel, Nr. 46 vom 10.6.1988, 1793–1795 (= 1988 a)
Kaminski, Winfred: Aufstand im Kinderzimmer. Überlegungen zur antiautoritären Kinderliteratur. In: Lucia Binder (Hrsg.): Formale Aspekte der Kinder- und Ju-

gendliteratur. Strukturen, Sprache, Illustration. Ergebnisse der 24. Tagung des Internationalen Instituts für Jugendliteratur und Leseforschung, Salzburg, 24.–28. August 1988 (Wien, o.V.) 1988, 86–100; dasselbe gekürzt in: Fundevogel, Nr. 58/59/1989, 24–27 (= 1988 b)

Kaminski, Winfred: Ernstfall „Frieden". In: Fundevogel, Nr. 48/1988, 3 f. (= 1988 c)

Kaminski, Winfred: Die Katastrophen machen nicht Halt vor der Kinderzimmertür. In: So soll die Welt nicht werden. Kinder schreiben über ihre Zukunft, hrsg. von Regina Rusch. Kevelaer 1989, 58–60

Kaminski, Winfred: Christine Nöstlinger. Erfolgsautorin mit Ecken und Kanten. In: Hits für Kids, Nr. 2, April 1994, 19

Kaminski, Winfred: Meister der Fantastik. In: Börsenblatt für den Deutschen Buchhandel, Nr. 72 vom 8.9.1995, 12 f.

Kaminski, Winfred: Magische Lebensläufe oder die Umwertung der Vergangenheit. Das Kindheitsbild im Werk von Janosch (d.i. Horst Eckert). In: Aus „Wundertüte" und „Zauberkasten". Über die Kunst des Umgangs mit Kinder- und Jugendliteratur. Festschrift zum 65. Geburtstag von Heinz Jürgen Kliewer, hrsg. von Henner Barthel. Frankfurt/M. u.a. 2000 (Kinder- und Jugendkultur, -literatur und -medien; Bd. 9)

Kanzog, Klaus: Das Betreten und Wiederverlassen des ‚anderen' Raums. Therapeutische Funktionen der ‚Grenzüberschreitung'. In: Hans Krah, / Claus-Michael Ort (Hgg.): Weltentwürfe in Literatur und Medien. Phantastische Wirklichkeiten – realistische Imagination. Festschrift für Marianne Wünsch. Kiel 2000

Kappelhoff, Hermann: Kino und Psychoanalyse. In: Jürgen Felix (Hrsg.): Moderne Film Theorie. Mainz 2002, 130-159

Karbach, Walter: Phantastik des Obskuren als Obskurität des Phantastischen. Okkultistische Quellen der Phantastik. In: Christian W. Thomsen / Jens Malte Fischer (Hgg.): Phantastik in Literatur und Kunst. Darmstadt 1980, 281–298

Kathe, Peter: Struktur und Funktion von Fantasy-Rollenspielen. Friedberg 1988

Kaulen, Heinrich: Wunder und Wirklichkeit. Zur Definition, Funktionsvielfalt und Gattungsgeschichte der phantastischen Kinder- und Jugendliteratur. In: JuLit 30/2004, 12–20

Kehlenbeck, Corinna: Auf der Suche nach der abenteuerlichen Heldin. Frankfurt/M. 1996

Klee, Paul: Schöpferische Konfession. Bern 1920

Kleinspehn, Thomas: „… die waren sich gar nicht ähnlich". Bilderbücher aus psychoanalytischer Sicht. Anthony Browne: *Der Tunnel*. In: Thiele 1991, 164–186

Klösel, Horst / Reinhold Lüthen: Die Facharbeit – ein wichtiges Element in der gymnasialen Oberstufe. In: Praxis Deutsch Nr. 164/November 2000, 62 ff.

Klösel, Horst / Reinhold Lüthen. Planen. Schreiben. Präsentieren. Facharbeit. Schülerarbeitsheft Deutsch Sek. II. Leipzig 2001

Klotz, Volker: Weltordnung im Märchen. In: Neue Rundschau 81/1970, 73–91

Klotz, Volker: Das europäische Kunstmärchen. Fünfundzwanzig Kapitel seiner Geschichte von der Renaissance bis zur Moderne. 3., erw. Aufl., München 2002 (EA 1985)

Knobloch, Jörg: Die Zauberwelt der J. K. Rowling. Hintergründe & Facts zu „Harry Potter". Mülheim 2000

Knobloch, Jörg: Das Geheimnis der Lesekiste 1. Leseförderung per Schuhkarton in Grundschule und Bibliothek. Lichtenau 2001 (= 2001 a)

Knobloch, Jörg: TAG des Buches, LeseNACHT. Anregungen für ein ganzes Lesejahr – Grundschule und Bibliothek. Lichtenau 2001 (2001 b)

Koch, Ruth: Phantastische Erzählungen für Kinder. Untersuchungen zu ihrer Wertung und zur Charakteristik ihrer Gattung. In: K. Langosch (Hrsg.): Studien zur Jugendliteratur, H. 5/1959, 55–84 (Ratingen)

Kölzer, Christian: Warum Erwachsene ‚Jugendbücher' lesen dürfen – und andersherum! Dual address in Philip Pullmans Fantasy-Trilogie *His Dark Materials*. In: Bonacker 2004, 16–26

Kristeva, Julia: Sémeiotiké – Recherches pour une sémanalyse. Paris 1969

Krüger, Anna: Das Buch – Gefährte eurer Kinder. 2., erw. Aufl., Stuttgart 1952 (Heilpädagogische Schriftenreihe H. 27)

Krüger, Anna: Das fantastische Buch. In: Jugendliteratur. Monatshefte für Jugendschrifttum (München). 6. Jg., H. 8/1960, 343–363

Kuby, Gabriele: Harry Potter – gut oder böse. Kisslegg 2003

Kulik, Nils: Das Gute und das Böse in der phantastischen Kinder- und Jugendliteratur. Frankfurt/M. 2005 (Kinder- und Jugendkultur, -literatur und -medien – Theorie, Geschichte, Didaktik, Bd. 33)

Kümmerling-Meibauer, Bettina: Metalinguistic Awareness and the Child's Concept of Irony: The Relationship between Pictures and Text in Ironic Picture Books. In: The Lion and the Unicorn 23/1999, 157–183

Kumschlies, Kirsten: Literarische Kompetenz und Szenische Interpretation. Texte von Grundschulkindern als Zeugnisse der Rezeption (Hamburg, Univ. Diss.; in Vorbereitung)

Künnemann, Horst: Michels, Tilde. In: Klaus Doderer (Hrsg.): Lexikon der Kinder- und Jugendliteratur, Band 2. Weinheim 1977, 476 f.

Lachmann, Renate: Erzählte Phantastik. Zur Phantasiegeschichte und Semantik phantastischer Texte. Frankfurt/M. 2002

Lachmann, Renate: Exkurs: Anmerkungen zur Phantastik. In: Einführung in die Literaturwissenschaft. Hrsg. von Miltos Pechlivanos u.a. Stuttgart/Weimar 1995, 224–229

Lange, Günter (Hrsg.): Taschenbuch der Kinder- und Jugendliteratur, 2 Bände. Baltmannsweiler 2000 (= 2000 a, NA 2002)

Lange, Günter: Erwachsen werden. Jugendliterarische Adoleszenzromane im Deutschunterricht. Baltmannsweiler 2000 (= 2000 b)

Langer, Michael: Unheil aus Hogwarts? Streiflichter zur Harry-Potter-Rezeption in Theologie und Kirche. In: Dormeyer/Munzel 2005, 17–29

Lauterwaser, Walter: Das okkulte Schrifttum im 18. Jahrhundert. In: Weimarer Beiträge 51. Jg. 2005, H. 4

Le Blanc, Thomas: Von Einhörnern, Kobolden und Zauberern. Was ist eigentlich Fantasy? In: Deutsches Jahrbuch für Autoren/Autorinnen 2005/2006. Hrsg. v. Gerhild Tieger / Manfred Plinke. Berlin 2005, 102–106

Lehmann, Günther K.: Phantasie und künstlerische Arbeit. Betrachtungen zur poetischen Phantasie. Berlin (O.)/Weimar 1966/1976

Lehnert, Gertrud: Träume, Fluchten, Utopien. Wirklichkeit im Spiegel der phantastischen Kinder- und Jugendliteratur. In: Fundevogel, H. 88/89/1991

Lehnert, Gertrud: Phantastisches Erzählen seit den 1970er-Jahren. Zu einem kinderliterarischen Paradigmenwechsel. In: Zeitschrift für Germanistik, 2/1995, 279–289

Lévi-Strauss, Claude: Das wilde Denken. Frankfurt/M. 1973

Liesen, Pauline: Bühnen der Phantasie. In: JuLit 1/2004, 24–31
Linden, Thomas: Die Seele des Apfels. In: Eselsohr 1/2005, 12 (Interview mit Chen Jianghong)
Lüthi, Max: Das europäische Volksmärchen: Form und Wesen. 9. Aufl. Tübingen 1992
Lüthi, Max: Märchen. 10. aktualisierte Aufl. bearbeitet von Heinz Rölleke. Stuttgart/Weimar 2004
Lypp, Maria: Einfachheit als Kategorie der Kinderliteratur. Frankfurt/M. 1984
Lypp, Maria: Die Kunst des Einfachen in der Kinderliteratur. In: Günter Lange (Hrsg.): Taschenbuch der Kinder- und Jugendliteratur, Bd. 2. Baltmannsweiler 2000, 828-243
Maar, Michael: Das Muster des Phönix. FAZ, Nr. 223 v. 24.9.2005, 43
Maar, Paul: Liebe Frau Zöhrer. In: Eselsohr, 10/2005, 13
MacDonald, George: The Fantastic Imagination. In: Robert H. Boyer / Kenneth J. Zahorski (Hgg.): Fantasists on Fantasy. A Collection of Critical Reflections by Eighteen Masters of the Art. New York 1984, 14-21
Manguel, Alberto / Gianni Guadalupi: Von Atlantis bis Utopia. Ein Führer zu den imaginären Schauplätzen der Weltliteratur. München 1981
Manlove, Colin: From Alice to Harry Potter. Children's Fantasy in England. Christchurch/Neuseeland 2003
Manthey, Dirk / Jäörg Altendorf (Hgg.): Fantasy & Comic. Hamburg 1990
Martínez, Matias / Michael Scheffel: Einführung in die Erzähltheorie. München 1999
Marx(s)menschen und Superbirnen, Von. Kinderliteratur und Studentenbewegung. Eine Ausstellung des Instituts für Jugendbuchforschung: Frankfurt/M. 1990
Matt, Peter von: Hoffmanns Nacht und Newtons Licht. Eine Abschiedsvorlesung. In: ders.: Öffentliche Verehrung der Luftgeister. Reden zur Literatur. München/Wien 2003, 127–147
Mattenklott, Gundel: Multikulturelle Erziehung im Kinder- und Jugendbuch. Berlin 1991
Mattenklott, Gundel: Räume der Einbildungskraft. Das Entstehen literarischer Imaginationsräume am Beispiel des Preisbuchs Hodder, der Nachtschwärmer und des nominierten Kinderbuchs *Jakob heimatlos*. In: JuLit 4/2000, 26–40
Mattenklott, Gundel: Vom besorgten Mitleid bis zum Schrecken des Erhabenen. Angst ist nicht nur ein Thema oder Motiv der phantastischen Kinderliteratur – Angst ist ein Grundelement des Genres. In: JuLit 1/2002, 6–19
Matzig, Gerhard: Kampf in der Wiwogitrumu-Burg. Tilde Michels: „Kleiner König Kalle Wirsch". In: Süddeutsche Zeitung Nr. 102 v. 04.05.2006, 15
McLuhan, Marshall: Understanding Media. The Extensions of Man. Cambridge/London 1994
Meißner, Wolfgang: Phantastik in der Kinder- und Jugendliteratur der Gegenwart. Theorie und exemplarische Analyse von Erzähltexten der Jahre 1983 und 1984. Würzburg 1989
Möller, Manuel: Konstruktivismus und Nativismus. Die Debatte zwischen Jean Piaget und Naom Chomsky. Chemnitz 2006 (Magisterarbeit, http://archiv.tu-chemnitz.de/pub/2006/0036/data/index.html, zuletzt eingesehen am 30.8.2006)
Moreno, Jacob Levy: Gruppenpsychotherapie und Psychodrama. Einleitung in die Theorie und Praxis. Stuttgart/New York 1988

Mortier, Jean: Ein Buchmarkt mit neuen Strukturen. Zur Verlagspolitik und Buchplanung in der SBZ 1945–1949. In: Klaus Scherpe / Lutz Winckler (Hrsg.): Frühe DDR-Literatur. Traditionen, Institutionen, Tendenzen. Berlin/Hamburg 1988, 62–79 (Argument Sonderband)

Muir, Percy: English Children's Books 1600 to 1900. London 1954

Müller, Helmut: Die emanzipatorische Funktion der phantastischen Erzählung. In: Grundschule 11/1979, H. 10, 443–446

Munzel, Friedhelm: Harry Potter und die lebendigen Bücher. Aspekte zur Faszination des Lesens aus bibliotherapeutischer Sicht. In: Dormeyer / Munzel 2005, 83–94

Münz-Koenen, Ingeborg: Literaturverhältnisse und literarische Öffentlichkeit 1945 bis 1949. In: dies. (Hrsg.): Literarisches Leben in der DDR 1945 bis 1960. Literaturkonzepte und Leseprogramme. Von einem Autorenkollektiv: Ingeborg Münz-Koenen (Leitung), Therese Hörnigk, Gudrun Klatt, Leonore Krenzlin, Ursula Reinhold. Akademie der Wissenschaften der DDR. Zentralinstitut für Literaturgeschichte. Berlin (O.) 1979

Nadelman Lynn, Ruth: Fantasy Literature for Children and Young Adults. An annotated Bibliography. 4. Aufl., New Jersey 1995

Nehring, Wolfgang: E. T. A. Hoffmanns Erzählwerk: Ein Modell und seine Variationen. In: Steven Paul Scher (Hrsg.): Zu E. T. A. Hoffmann. Stuttgart: 1981, 55–73

Neumann, Erich: Ursprungsgeschichte des Bewusstseins. Zürich 1949

Nickel-Bacon, Irmgard: Vom Kunstmärchen zur Fantasy. Literarische Gattungstraditionen im zeitgenössischen Kinderfilm und genreadäquate Rezeptionsformen. In: Bettina Hurrelmann / Susanne Becker (Hgg.): Kindermedien nutzen. Medienkompetenz als Herausforderung für Erziehung und Unterricht. Weinheim/München 2003, 146–161 (= 2003 a)

Nickel-Bacon, Irmgard: Zum Spiel der Fiktionen mit Realitäten. In: Praxis Deutsch, 180/2003, 4–12 (= 2003 b)

Nickel-Bacon, Irmgard: *Harry Potter und der Stein der Weisen* in der Schule: Überlegungen zu einer medienintegrativen Literaturdidaktik. In: Christine Garbe / Maik Philipp (Hgg.): Harry Potter – Ein Literatur- und Medienereignis im Blickpunkt interdisziplinärer Forschung. Hamburg/Münster 2006, 279–300

Niehl, Franz W.: Phantastische Kinder- und Jugendliteratur und christlicher Glaube. Ein Gesprächsversuch. In: Roswitha Cordes (Hrsg.): Phantastische Kinder- und Jugendliteratur. Schwerte 1985, 37–55 (Veröffentlichungen der Katholischen Akademie Schwerte, Dokumentationen, Bd. 16)

Nikolajeva, Maria: The Magic Code. The Use of Magical Patterns in Fantasy for Children. Göteborg 1988

Nikolajeva, Maria: Children's Literature Comes of Age. Toward a New Aesthetic. New York 1996

Nodelman, Perry: Words About Pictures. The Narrative Art of Children's Picture Books. Athens/Georgia 1988

Nordhofen, Eckhard: Hans Binting: Das echte Bild. In: DIE ZEIT Nr. 52 vom 21.12. 2005, 47

Nünning, Ansgar (Hrsg.): Metzler Lexikon Literatur- und Kulturtheorie. Ansätze – Personen – Grundbegriffe. Stuttgart 1998

O'Sullivan, Emer: Kinderliterarische Komparatistik. Heidelberg 2000 (Probleme der Dichtung Bd. 28)

O'Sullivan, Emer: Der Zauberlehrling im Internat: Harry Potter im Kontext der britischen Literaturtradition. In: Heidi Lexe (Hrsg.): „Alohomora!" Ergebnisse des ersten Wiener Harry-Potter-Symposions. Wien 2002, 15–39

Oetken, Mareile: Grimm und grimmig. Märchenadaptionen heute. In: Eselsohr 1/2002, 8 f.

Oppermann, Eva: Englischsprachige Kinderbücher: „Kinderkram" oder anspruchsvolle Literatur für Erwachsene? Kassel 2005 (zugl. Kassel Univ. Diss. 2005)

Ossowski, Herbert: Tilde Michels. In: Alfred C. Baumgärtner / Heinrich Pleticha (Hgg.): Kinder- und Jugendliteratur. Ein Lexikon. Meitingen 1995 (Loseblattausgabe, Grundwerk)

Pallus, Walter / Müller, Gunnar (Hgg.): Neuanfänge. Studien zur frühen DDR-Literatur. Berlin (O.)/Weimar 1986

Patzelt, Birgit: Phantastische Kinder- und Jugendliteratur der 80er und 90er-Jahre. Frankfurt/M. u.a. 2001 (Kinder- und Jugendkultur, -literatur und -medien. Theorie – Geschichte – Didaktik; 16)

Penning, Dieter: Die Ordnung der Unordnung. Eine Bilanz zur Theorie der Phantastik. In: Christian W. Thomsen / Jens Malte Fischer (Hgg.): Phantastik in Literatur und Kunst. Darmstadt 1980, 34–51

Pesch, Helmut W.: Fantasy – Theorie und Geschichte einer literarischen Gattung. Köln 1982 (Köln, Univ. Diss. 1981)

Petzold, Dieter: Zwischen Weltkatastrophe und Eukatastrophe. Politik in Fantasy-Romanen. In: Inkling-Jahrbuch 4/1986, 63–85

Petzold, Dieter: Kinderheitsbilder im „Golden Age of Children's Literature". In: Roswitha Cordes (Hrsg.): Welt der Kinder – Kinder der Welt. Kindheitsbilder in der Kinder- und der Erwachsenenliteratur. Schwerte 1989, 40–54 (Dokumentationen der Katholischen Akademie Schwerte 20)

Petzold, Dieter: „A Christian Atheist": Religion in Terry Pratchetts postmoderner Fantasy Fiction. In: Susanne Bach (Hrsg.): Spiritualität und Transdendenz in der modernen englischsprachigen Literatur. Paderborn 2001, 49–69

Petzold, Dieter: Große Kunst, *juvenile trash* oder kollektives Spielzeug? Zum Erfolg der Harry-Potter-Bücher bei Jung und Alt. In: Bonacker 2004, 82–93

Petzold, Dieter: Tolkien im Zeitalter seiner unbegrenzten Reproduzierbarkeit. Parodien, Pastiches und *fan fiction* zum „Herrn der Ringe". In: Thomas Le Blanc / Bettina Twrsnick (Hgg.): Das dritte Zeitalter. J. R. R. Tolkiens „Herr der Ringe". Wetzlar 2006, 265–280 (Schriftenreihe und Materialien der Phantastischen Bibliothek Wetzlar 92) (= 2006 a)

Petzold, Dieter: Von Alice im Spiegelland zu Harry in der Echokammer. Gedanken zur Selbstreferenzialität der Fantasy Fiction. In: Maren Bonacker / Stefanie Kreuzer (Hgg.): Von Mittelerde bis in die Weiten des Alls. Fantasy und Science-Fiction in Literatur und Film. Wetzlar 2006, 11–30 (= 2006 b)

Petzoldt, Leander: Kleines Lexikon der Dämonen und Elementargeister. München 1990

Pfister, Manfred: Konzepte der Intertextualität. In: Broich / Pfister 1985, 1–30 (= 1985 a)

Pfister, Manfred: Zur Systemreferenz. In: Broich / Pfister 1985, 52-57 (= 1985 b)

Piaget, Jean: Nachahmung, Spiel und Traum. Stuttgart 1975

Pikulik, Lothar: Romantik als Ungenügen an der Normalität. Frankfurt/M. 1979

Pola, Thomas / Riwar, Monika: Zu: Harry Potter und die Apokalyptik. In: Dormeyer / Munzel 2005, 95–102

Preußler, Otfried: Zur Entstehungsgeschichte des „Krabat". In: Heinrich Pleticha / Hansjörg Weitbrecht (Hgg.): Das Otfried Preußler Lesebuch. München 1988, 86–90

Pröpper, Thomas / Striet, Magnus: Art. Theodizee. In: Lexikon für Theologie und Kirche, 3. Aufl., Bd. 9, Freiburg 2000, 1396–1398

Pulling, Patricia: Das Teufelsnetz: Sie wollen unsere Kinder. Und wenn wir uns nicht wehren, ist es zu spät. Marburg 1990

Raecke, Renate: Luftschiffers Traum. Chris Van Allsburg: *Das Wrack der Zephyr*. In: Thiele 1991, 210–224

Randall, Lise: Warped Passages. Unraveling the Mysteries of the Universe's Hidden Dimensions. New York 2004

Rank, Bernhard: Phantastik im Spannungsfeld zwischen literarischer Moderne und Unterhaltung. Ein Überblick über die Forschungsgeschichte der 90er-Jahre. In: Hans-Heino Ewers u.a. (Hgg.): Kinder- und Jugendliteraturforschung 2001/2002. Stuttgart/Weimar 2002, 101–125 (= 2002 a)

Rank, Bernhard: Forschungsliteratur zu „Harry Potter" – Teil 1. In: Hans-Heino Ewers u.a. (Hgg.): Kinder- und Jugendliteraturforschung 2001/2002. Stuttgart/Weimar 2002, 126–130 (= 2002 b)

Rank, Otto: Der Doppelgänger. In: Jens Malte Fischer (Hrsg.): Psychoanalytische Literaturinterpretation. Aufsätze aus „Imago. Zeitschrift für Anwendung der Psychoanalyse auf die Geisteswissenschaften" (1912–1937). Tübingen 1980, 104–188

Rath, Wolfgang / Ludwig Tieck: Das vergessene Genie. Studien zu seinem Erzählwerk. Paderborn u.a. 1996

Rath, Wolfgang: Die Novelle. Göttingen 2000

Rémi, Cornelia: Harry Potter Bibliography – Bibliographie. Last updated: 14 May 2006. www.eulenfeder.de/hpliteratur.html (09.07.2006)

Richter, Dieter / Johannes Merkel: Das historische Schicksal der Phantasie in der Literaturpädagogik seit dem 18. Jahrhundert. In: dies.: Märchen, Phantasie und soziales Lernen. Berlin 1974, 18–28

Richter, Karin: Wirklichkeitsmodellierung und Adressatenbezug – Wirkungsästhetische Analysen zur zeitgenössischen Kinder- und Jugendliteratur der DDR (1970–1985). Halle 1987 (Dissertation B, Martin Luther Universität Halle-Wittenberg)

Richter, Karin: Ein Blick ins Reich der Phantasie. Phantastische Texte in der Kinder- und Jugendliteratur der DDR. In: Hermann Havekost / Sandra Langenhahn / Anne Wicklein (Hgg.): Helden nach Plan? KJL in der DDR zwischen Wagnis und Zensur. Oldenburg 1993, 227–239 (Katalog zur Ausstellung im Rahmen der 19. Oldenburger Kinder- und Jugendbuchmesse. Bibliotheks- und Informationssystem der Universität Oldenburg)

Richter, Karin: Vom „Hasenjungen Dreiläufer" zum „Engel mit dem goldenen Schnurrbart". Gedanken zum Zusammenhang von Modernität und kritischem Gestus in der kinderliterarischen Prosa der DDR. In: Lange / Steffens (Hgg.): Moderne Formen des Erzählens in der Kinder- und Jugendliteratur der Gegenwart unter literarischen und didaktischen Aspekten. Würzburg: 1995, 83–98 (Schriftenreihe der Deutschen Akademie für Kinder- und Jugendliteratur Volkach, Bd. 15)

Richter, Karin: Kinder- und Jugendliteratur der DDR. In: Lange, Günter (Hrsg.): Taschenbuch der Kinder- und Jugendliteratur, Bd. 1: Grundlagen, Gattungen. Baltmannsweiler 2000, 137-156
Richter, Karin: Kinderliteratur in der Grundschule. Baltmannsweiler 2001
Richter, Karin / Burkhard Fuhs: Kindheitsbilder in der aktuellen Kinderliteratur. Widerspiegelung realer kindlicher Lebenswelten und ‚phantastische' Gegenentwürfe. In: Gudrun Stenzel (Hrsg.): Kinder lesen – Kinder leben. Kindheiten in der Kinderliteratur. Weinheim 2005, 115–130 (Beiträge Jugendliteratur und Medien, 16. Beiheft)
Roeder, Caroline: Nachdenken über Anna H. Phantastische DDR-Kinderliteratur. In: Beiträge Jugendliteratur und Medien. 55/2003, H. 1, 5–18
Roeder, Caroline: Phantastisches im Leseland. Die Entwicklung phantastischer Kinderliteratur der DDR (einschließlich der SBZ) – eine gattungsgeschichtliche Analyse. Frankfurt/M. 2006 (Kinder- und Jugendkultur, -literatur und –medien. Theorie – Geschichte – Didaktik, Bd. 44) (= 2006 a)
Roeder, Caroline: Mauerspringer, Grenzgänger oder literarische Boten? Ein Blick zurück auf die nominierten und ausgezeichnete Kinder- und Jugendliteratur der DDR. In: Hannelore Daubert / Julia Lentge (Hgg.): Momo trifft Marsmädchen – 50 Jahre Deutscher Jugendliteraturpreis. München 2006, 45–53 (Arbeitskreis für Jugendliteratur München) (= 2006 b)
Rogge, Jan-Uwe: Angst und Bange. Entwicklungsbedingte Ängste bei Kindern und ihre Verarbeitung mit Hilfe von Geschichten. In: JuLit 1/2002, 3–34
Ross, Nancy: List of Bestiary Manuscripts. www.medievalarthistory.co.uk/List_of_Bestiary_Manuscripts.html (06.01.2006)
Rössner, Michael: Cono Sur (Chile, La-Plata-Staaten, Paraguay): die Belebung durch das „populäre Genre" und die Blüte der phantastischen Literatur. In: Michael Rösner (Hrsg.): Lateinamerikanische Literaturgeschichte. 2., erw. Aufl., Stuttgart 2002, 347–372
Runge, Gabriele (Hrsg.): Über Gudrun Pausewang. Ravensburg 1991
Rusnok, Toka-Lena: *Laura*: Wie Kinder einer 1. Klasse aus Text und Bildern eines Bilderbuchs Sinn erschließen. In: Marion Bönnighausen u.a. (Hgg.): Intermedialität im Deutschunterricht. Baltmannsweiler 2004, 134–153
Ruster, Thomas: Natürliche und übernatürliche Himmelserkenntnis. Dogmatische Bemerkungen zu den Mächten des Bösen bei Harry Potter. In: Dormeyer / Munzel 2005, 43–55
Sauer, Inge: Der Menschenfreund. Friedrich Karl Waechter. In: JuLit 4/2005, 78–81
Schau genau! Variationen im Bilderbuch 1950–2000. Zürich 2002
Scheffel, Michael: Magischer Realismus. Die Geschichte eines Begriffs und ein Versuch seiner Bestimmung. Tübingen 1990
Scheller, Ingo: Szenische Interpretation. Basisartikel. In: Praxis Deutsch 23/1996, Nr. 136, 22–32
Scheller, Ingo: Szenische Interpretation. Theorie und Praxis eines handlungs- und erfahrungsbezogenen Literaturunterrichts in Sekundarstufe I und II. Seelze-Velber 2004
Schenkel, Elmar: Bibliothek der unsichtbaren Werke: Von Rabelais bis Rowling, von Dickens bis zur DNA bevölkern imaginäre Schriften Gutenbergs Galaxis. In: Frankfurter Allgemeine Zeitung v. 21.06.2001, 50

Schenkel, Elmar: Viktorianischer Zauberschrank. Die englische Kinderbuchautorin Edith Nesbit. In: Inklings – Jahrbuch für Literatur und Ästhetik 23/2005, 221–227
Schenkel, Elmar: Nur zuständig für Norwegen. Gottessichten: Science-fiction als theologische Disziplin. In: FAZ Nr. 3 vom 4.1.2006, 30
Schier, Kurt: Überlegungen zur Funktion von Phantasie und Wirklichkeit im Volksmärchen unserer Zeit. In: K. E. Maier (Hrsg.): Phantasie und Realität in der Jugendliteratur. 3. Jahrbuch des Arbeitskreises für Jugendliteratur. Bad Heilbrunn 1976
Schlaffer, Hannelore: Poetik der Novelle. Stuttgart/Weimar 1993
Schlegel, Friedrich: Kritische Schriften, hrsg. von Wolfdietrich Rasch. München, o.J.
Schön, Erich: Veränderungen literarischer Rezeptionskompetenz Jugendlicher im aktuellen Medienverbund. In: Lange / Steffens (Hgg.): Moderne Formen des Erzählens in der Kinder- und Jugendliteratur der Gegenwart unter literarischen und didaktischen Aspekten. Würzburg 1995, 99–127
Schröder, Horst: Die ersten Comics. Hamburg 1982
Schroeder, Klaus: Der SED-Staat. Partei Staat und Gesellschaft 1949–1990. Wien/München 1998
Schulze, Gerhard: Die Erlebnis-Gesellschaft: Kultursoziologie der Gegenwart. Frankfurt/M, New York 1992
Schwarcz, Joseph H.: Sendaks Trilogie. In: Tabbert 1987, 93–104
Schwöbel, Christoph: Art. Pluralismus II. In: Theologische Realenzyklopädie, Bd. 26. Berlin 1996, 724–739
Siems, Elke: Die Nachtvögel von Tormod Haugen. In: Grundschule 4/1999, 43–46
Siems, Elke: „Eine mächtige Liebe". Eine Erzählung von Christine Nöstlinger. In: Die Grundschulzeitschrift 146/2001, 13–19
Simonis, Annette: Grenzüberschreitungen in der phantastischen Literatur. Heidelberg 2005
Smith, Sean: Die Schöpferin von Harry Potter. Das Leben der J. K. Rowling. Hamburg/Wien 2002 (OA London 2001)
Spinner, Kaspar H.: Literarisches Lernen. In: Praxis Deutsch 33 (2006), Nr. 200 [unveröffentl. Ms.]
Steinlein, Rüdiger: Die domestizierte Phantasie. Studien zur Kinderliteratur, Kinderlektüre und Literaturpädagogik des 18. und frühen 19. Jahrhunderts. Heidelberg 1987
Steinlein, Rüdiger: Märchen als poetische Erziehungsform. Zum kinderliterarischen Status der Grimmschen „Kinder und Hausmärchen". In: Zeitschrift für Germanistik, NF 2/1995, 300-316
Steinlein, Rüdiger / Thomas Kramer: Überlegungen zu einem Projekt „Handbuch zur Kinder- und Jugendliteratur der SBZ/DDR 1945–1990". In: Zeitschrift für Germanistik. Neue Folge IX. (1999) H. 1, 1999, 153–161
Steinz, Jörg / Andrea Weinmann: Die Kinder- und Jugendliteratur in der Bundesrepublik nach 1945. In: Lange, Günter (Hrsg.): Taschenbuch der Kinder- und Jugendliteratur, Bd. 1: Grundlagen Gattungen. Baltmannsweiler 2000, 97–136
Steitz-Kallenbach, Jörg: „Sie haben mir meine Pippi kaputt gemacht!" Kindliche Entgrenzung und adoleszente Begrenzung im Werk Astrid Lindgrens. In: Gerhard Härle / Gina Weinkauff (Hgg.): Am Anfang war das Staunen. Wirklich-

keitsentwürfe in der Kinder- und Jugendliteratur. Baltmannsweiler 2005, 181–206

Stenzel, Gudrun: Faszination Fantasy – Realitätsflucht oder Spiel mit kreativem Potenzial. In: Beiträge Jugendliteratur und Medien 51. Jg., 3/1999, 131–139

Stenzel, Gudrun: Jugendliche Erlöser – Religiöse Themen, Stoffe und Motive in der fantastischen Kinder- und Jugendliteratur. In: Jürgen Heumann (Hrsg.): Über Gott und die Welt. Religion, Sinn und Werte im Kinder- und Jugendbuch. Frankfurt/M. 2005 a, 177–199 (Religion in der Öffentlichkeit, Bd. 8)

Stenzel, Gudrun: Peter Pan – zur Aktualität einer „klassischen" Kinderfigur. In: dies. (Hrsg.): Kinder lesen – Kinder leben. Kindheiten in der Kinderliteratur. Weinheim 2005 b, 164–180 (Beiträge Jugendliteratur und Medien, 16. Beiheft)

Stockar, Denise von: Die Wechselwirkung von Realem und Imaginiertem im Bilderbuch. In: Schau genau! 2002, 33–43

Stoll, André: Dionysisches Treiben in der Bibliothek des Dichters. Francisco Toledos surreale Zoologie, frei erfunden nach Jorge Luis Borges. In: Billeter / Stoll 2001, 6–15

Tabbert, Reinbert (Hrsg.): Maurice Sendak, Bilderbuchkünstler. Bonn 1987

Tabbert, Reinbert: Ein zweites goldenes Zeitalter: Zur englischen Kinderliteratur 1945–1970. In: Johannes-Peter Timm (Hrsg.): Ganzheitlicher Fremdsprachenunterricht. Weinheim/Basel 1995, 176–191

Tabbert, Reinbert: Englisch mit Monstern: Didaktische Hinweise auf phantastische Bilderbücher. In: anglistik & englischunterricht 59/1996, 181–202

Tabbert, Reinbert: Bildergeschichten von Raymond Briggs (6. und 8. Schuljahr). In: Der fremdsprachliche Unterricht 29/1997, 19–22

Tabbert, Reinbert: Bilderbücher als dramatische Kunst. In: Kinder- und Jugendliteraturforschung 1998/99. Stuttgart/Weimar 1999, 11–17 (ND in: Tabbert 2004, 46–53)

Tabbert, Reinbert: Von der Kindergeschichte zur Künstlergeschichte. Biographisch-genetische Analyse von Binette Schroeders *Laura* (1999). In: Thiele 2000, 93–103 (= 2000 a)

Tabbert, Reinbert: Zur inszenierenden Illustration von Kinderreimen: Beispiele eines Bilderbuchkonzepts. In: Henner Barthel u.a. (Hgg.): Aus „Wundertüte" und „Zauberkasten". Frankfurt/M. 2000, 493–504 (= 2000 b)

Tabbert, Reinbert: Phantastische Kinder- und Jugendliteratur. In: Günter Lange (Hrsg.): Taschenbuch der Kinder- und Jugendliteratur, Bd. 1. Baltmannsweiler 2000, 187–200 (= 2000 c)

Tabbert, Reinbert: Kinderliteratur kreativ. Analysen und Unterrichtsvorschläge. Baltmannsweiler 2004 (= 2004 a)

Tabbert, Reinbert: Komisch-phantastische Kindererzählungen. In: ders.: Kinderliteratur kreativ. Analysen und Unterrichtsvorschläge. Baltmannsweiler 2004, 31–39 (= 2004 b)

Tabbert, Reinbert: Engel in der Kinderliteratur. Fallstudien über Phantastik, Kitsch und gesellschaftliche Normen. In: Gerhard Härle / Gina Weinkauff (Hgg.): Am Anfang war das Staunen. Wirklichkeitsentwürfe in der Kinder- und Jugendliteratur. Baltmannsweiler 2005, 135–148 (= 2005 a)

The Shorter Oxford English Dictionary on Historical Principles. Vol I (A-Markworthy). Third Edition completely reset by G.W.S. Friedrichsen. Oxford 1986 (EA 1977)

Thiele, Jens (Hrsg.): Neue Erzählformen im Bilderbuch. Oldenburg 1991

Thiele, Jens: Das Bilderbuch. Oldenburg 2000
Todorov, Tzvetan: Einführung in die fantastische Literatur. München 1972; Frankfurt/M. 1992 (OA Paris 1970)
Tolkien, J. R. R.: On Fairy Stories. In: ders.: Tree and Leaf. London 1975, 9–73
Tolkien, J. R. R.: Gute Drachen sind rar. Drei Aufsätze. Stuttgart 1984
Tomberg, Markus: Zauberwelten im Kopf? Zur Metaphysik der ‚Harry Potter'-Rezeption. In: Jörg Knobloch (Hrsg.): ‚Harry Potter' in der Schule. Didaktische Annäherungen an ein Phänomen. Mülheim/Ruhr 2001, 121–132
Townsend, John Rowe: Written for Children. 3. Aufl., Harmondsworth 1987
Tügel, Hanne / Candida Höfer: Visionen für eine weise Welt. In: GEO 05/2006, 92–114
Uerlings, Herbert (Hrsg.): Theorie der Romantik. Stuttgart 2000
Vogler, Christopher: Die Odyssee des Drehbuchschreibers. Über die mythologischen Grundmuster des amerikanischen Erfolgskinos. 3. Aufl., Frankfurt/M. 1999
Voßkamp, Wilhelm: Der Bildungsroman in Deutschland und die Frühgeschichte seiner Rezeption in England, in: Jürgen Kocka (Hrsg.): Bürgertum im 19. Jahrhundert, Bd. 3. München 1988, 257–272
Voßkamp, Wilhelm: Perfectibilité und Bildung. Zu den Besonderheiten des deutschen Bildungskonzepts im Kontext der europäischen Utopie- und Fortschrittsdiskussion. In: Siegfried Jüttner / Jochen Schlobach (Hgg.): Europäische Aufklärung(en). Einheit und nationale Vielfalt. München 1992, 117–126
Waldmann, Günter: Produktives Lesen. Überlegungen zum Verhältnis von Rezeptionstheorie und Literaturunterricht. In: Jahrbuch der Deutschdidaktik 1980. Kronberg/Ts. 1981, 87–96
Wand, Ricarda: „Man muss allerhand machen im Bilderbuch". Eine Analyse von Nikolaus Heidelbachs *Ein Buch für Bruno*. In: Lesezeichen 15/2004, 57–65
Wardetzky, Kristin: Herakles und Königssohn. Narrative Phantasien von Kindern zwischen Mythos und Märchen. In: Märchenkinder – Kindermärchen. Kreuzlingen/München 1999, 21–39
Weinkauff, Gina: Intertextualität in Kästners Emil und die Detektive. In: Gerhard Fischer (Hrsg.): Erich Kästner-Jahrbuch 4. Würzburg 2004, 203–214
Werner, Hans-Georg: Der romantische Schriftsteller und sein Philister-Publikum. Zur Wirkungsfunktion von Erzählungen E. T. A. Hoffmanns. In: Weimarer Beiträge 24 (1978), 87–114
Wild, Gerhard: Ficciones. In: Walter Jens (Hrsg.): Kindlers neues Literatur-Lexikon (Studienausgabe), Band 2: Ba – Bo. München 1996, 941 ff.
Wild, Reiner: Aspekte gesellschaftlicher Modernisierung. In: ders. (Hrsg.): Gesellschaftliche Modernisierung und Kinder- und Jugendliteratur. St. Ingbert: Röhrig 1997, 9–29
Wild, Reiner (Hrsg.): Geschichte der deutschen Kinder- und Jugendliteratur. 2. erg. Aufl., Stuttgart 2002
Woodall, James: Jorge Luis Borges. Der Mann im Spiegel seiner Bücher. Eine Biographie. Aus d. Engl. von Merle Godde. Berlin 1999 (OA London 1996)
Wührl, Paul-Wolfgang: Das deutsche Kunstmärchen. Geschichte, Botschaft und Erzählstrukturen. Heidelberg 1984
Wünsch, Marianne: Die fantastische Literatur der frühen Moderne. Definition, denkgeschichtlicher Kontext, Strukturen. München 1991

Zapata, José A. Friedl: Nachwort [zu: Jorge Luis Borges: Die Bibliothek von Babel]. Stuttgart 1974, 73–83

Zayas, Luis H. / Bradford H. Lewis: Fantasy-Role-Playing for Mutual Aid in Children's Groups: A Case Illustration. In: Social Work with Groups 9 (1986) 1, 53–66

Ziebertz, Hans-Georg: Gesellschaftliche Herausforderungen der Religionsdidaktik. In: Georg Hilger / Stephan Leimgruber / Hans-Georg Ziebertz (Hgg.): Religionsdidaktik. Ein Leitfaden für Studium, Ausbildung und Beruf. München 2001, 67–87 (= 2001 a)

Ziebertz, Hans-Georg: Warum die religiöse Dimension der Wirklichkeit erschließen? In: Georg Hilger / Stephan Leimgruber / Hans-Georg Ziebertz (Hgg.): Religionsdidaktik. Ein Leitfaden für Studium, Ausbildung und Beruf.. München 2001, 107–122 (= 2001 b)

Zöhrer, Marlene: Glaub an deine Träume! In: Eselsohr 10/2005, 13

Zöller, Christa: Auf der Suche nach großen Erzählungen. In: Dormeyer / Munzel 2005, 111–119

Zondergeld, Rein A. / Holger E. Wiedenstried: Lexikon der Phantastischen Literatur. Stuttgart 1998

Die Autorinnen und Autoren

Jürgen C. Abeln, Diplom-Sozialpädagoge und Jugendpfleger der Gemeinde Wallenhorst bei Osnabrück. Er koordiniert dort die offene Jugendarbeit und die Straßensozialarbeit, ist zuständig für Beratungsgespräche und Leiter des Jugendzentrums „Blaue Tonne". Als Fantasy-Rollenspieler hat er bereits während seines Studiums einen Ansatz zur Nutzung dieser Rollenspiele in der Sozialarbeit entwickelt.

Maren Bonacker, 1972 in Friedberg (Hessen) geboren, arbeitet nach ihrem Studium der Anglistik und Romanistik in Gießen und langjähriger Tätigkeit als freie Journalistin für verschiedene Zeitungen und Fachzeitschriften in Deutschland, Österreich und der Schweiz als wissenschaftliche Mitarbeiterin für die Phantastische Bibliothek Wetzlar. Ihr Forschungsschwerpunkt ist die phantastische Kinder- und Jugendliteratur; sie promoviert zur Zeit über Adaptionen des Artus-Mythos in der Kinder- und Jugendliteratur. Zuletzt herausgegeben: *Peter Pans Kinder. Doppelte Adressiertheit in phantastischen Texten*.

Gerd Frey, Autor und Grafiker in Berlin, Tätigkeit für verschiedene Science Fiction-, Fantasy- und Fantastik-Magazine. Engagiert sich für die Popularisierung interaktiver Science Fiction und Fantasy im Bereich von Computerspielen. Veröffentlichungen: *Spiele mit dem Computer* (2004, für den Kurd Laßwitz-Preis nominiert). Sein Prosaband *Dunkle Sonne* (2002) wurde mit dem Deutschen Phantastik-Preis ausgezeichnet.

Prof. Dr. Dagmar Grenz lehrt am Fachbereich Erziehungswissenschaft der Universität Hamburg. Ihre Arbeitsschwerpunkte sind Literaturdidaktik und Kinder- und Jugendliteraturforschung.

Prof. Dr. Gerhard Haas absolvierte eine Ausbildung zum Volksschul- und Gymnasiallehrer und war Assistent an der Universität Tübingen. Bis zur Emeritierung 1994 lehrte und forschte er als Professor für Deutsche Literatur und ihre Didaktik an der Pädagogischen Hochschule Heidelberg. Arbeitsschwerpunkte: Essay und Essayismus, Kinder- und Jugendliteratur – speziell Phantastik, Märchen; Literaturdidaktik (Handlungs- und produktionsorientierter Literaturunterricht); 1980–1998 Mitherausgeber der Zeitschrift PRAXIS DEUTSCH; 1980–1993 Herausgeber von ‚Lesen in der Schule mit dtv junior'. Zu den genannten Gebieten zahlreiche Publikationen.

PD Dr. Matthias Hurst arbeitet am „European College of Liberal Arts" in Berlin (Fachrichtung: Filmwissenschaft, Literaturwissenschaft, Komparatistik). Arbeitsschwerpunkte: Film- und Erzähltheorie, Fantastik, Formen der Initiation in Literatur und Film.

Prof. Dr. Winfred Kaminski, Studium in Düsseldorf und Frankfurt, Promotion 1975, Habilitation 1991; langjähriger Wissenschaftlicher Mitarbeiter an der Universität Frankfurt. Seit 1990 Professor für Kulturpädagogik an der Fachhochschule Köln.

Verena Kassler arbeitet nach einem erziehungswissenschaftlichem Studium mit dem Schwerpunkt Deutsch seit mehreren Jahren als Lehrerin an einer Grundschule in Bayern.

Dr. Jörg Knobloch, Lehrer an einer Grund- und Hauptschule sowie Lehrbeauftragter für Didaktik der Kinder- und Jugendliteratur an der Universität München. Seit 2004 Redaktionsmitglied der Zeitschrift *Beiträge Jugendliteratur und Medien*. Veröffentlichungen u.a. *Die Zauberwelt der J. K. Rowling* (2000); *„Harry Potter" in der Schule* (hrsg. 2001).

Kirsten Kumschlies hat als Wissenschaftliche Mitarbeiterin am Lehrstuhl für Kinder- und Jugendliteraturforschung der Universität Hamburg gearbeitet und ist jetzt Referendarin in Bremen. Sie arbeitet z.Z. an einer Dissertation zum Thema „Literarische Kompetenz und Szenische Interpretation". Forschungsschwerpunkte: Literarisches Lernen, Szenische Interpretation (speziell in der Grundschule), Kinder- und Jugendliteraturforschung.

Wolfgang Löffler, Hauptschullehrer, seit mehr als 20 Jahren Rezensent für Kinder- und Jugendliteratur. Veröffentlichungen: *Abenteuerliche Phantastik, die sich selbst empfiehlt?* (über Wolfgang E. Hohlbein in: IJuM 1/1989, 9–19) sowie didaktische Materialien zu Kinder- und Jugendbüchern.

Reinhold Lüthen ist Oberstudiendirektor und Schulleiter am Gymnasium Ernestinum in Rinteln. Er unterrichtet die Fächer Deutsch und Englisch und ist Schulbuchautor und Mitglied der Jury des Heinrich Wolgast-Preises der GEW.

PD Dr. Irmgard Nickel-Bacon lehrt Literaturwissenschaft und Literaturdidaktik an der Bergischen Universität Wuppertal. Arbeits- und Forschungsschwerpunkte: Literatur der Romantik und der Biedermeierzeit, Gegenwartsliteratur, phantastische Kinderliteratur, Genderorientierungen in der aktuellen Kinderliteratur, medien- und methodenintegrative Literaturdidaktik.

Prof. Dr. Dieter Petzold unterrichtet am Institut für Anglistik und Amerikanistik der Universität Erlangen-Nürnberg. Seine Interessenschwerpunkte sind neben der Kinderliteratur die verschiedenen Formen der nicht-mimetischen Literatur sowie die Literatur der Jahrhundertwende.

Prof. Dr. Bernhard Rank ist Professor für Deutsche Sprache und Literatur und ihre Didaktik an der Pädagogischen Hochschule Heidelberg und Leiter des dortigen Lesezentrums. Arbeitsschwerpunkte: Theorie und Didaktik der Kinder- und Jugendliteratur, Leseforschung und Literaturunterricht.

Dr. Caroline Roeder arbeitet als Lehrbeauftragte an der Universität Duisburg-Essen. Sie ist Rezensentin für die FAZ und für Fachzeitschriften sowie Juryvorsitzende für den Deutschen Jugendliteraturpreis 2007.

Dr. Gudrun Stenzel ist Lehrbeauftragte für Kinder- und Jugendliteratur, Literaturdidaktik und Medienarbeit mit Kindern und Jugendlichen an der Universität Hamburg und an der Universität Lüneburg. Arbeits- und Forschungsschwerpunkte: Medienintegrierender Literaturunterricht, Kinder- und Jugendliteratur in der Schule, Fantastische Kinder- und Jugendliteratur. Tätig auch in der Weiterbildung für Lehrerinnen und Lehrer sowie Bibliothekarinnen und Bibliothekare. Redaktionsmitglied der Beiträge Jugendliteratur und Medien, Rezensentin für Kinder- und Jugendliteratur.

Prof. Dr. Reinbert Tabbert war Professor für Englisch an den Pädagogischen Hochschulen Reutlingen und Schwäbisch Gmünd und Lehrbeauftragter für Kinderliteratur an der Bibliothekshochschule Stuttgart. Veröffentlichungen zur Poetik, Didaktik und Komparatistik der Kinderliteratur. Schwerpunkte: Fantastik, Bilderbuch, Übersetzung, nationale Besonderheiten, Schaffens- und Rezeptionsprozesse.

Dr. theol. Markus Tomberg M.A.: Religionslehrer im kirchlichen Dienst am Friedrich-Hecker-Gymnasium in Radolfzell. Mitarbeit an einem Forschungsprojekt an der Universität Münster zu Fragen der Religionsdidaktik. Veröffentlichungen zur Religionsdidaktik, außerdem *Muggel gegen Zauberer. Wie harmlos ist Harry Potter?* (in: Herder-Korrespondenz 57/2003, 514–518).